HERAUSGEGEBEN VON
Dr. Barbara Ort und Ludwig Rendle

fragen suchen entdecken

1

Arbeitshilfen für NRW

ERARBEITET VON
Barbara Ort, Ludwig Rendle,
Margot Eder, Doris Friemel,
Ulla Heitmeier, Walter Liehmann

BEARBEITET VON
Karla Dommers, Hedwig Kulinna,
Hans-Werner Kulinna, Gabi Menke

Kösel

fragen – suchen – entdecken
Religion in der Grundschule 1 – 4

Herausgegeben von
Dr. Barbara Ort und OStDir Ludwig Rendle
mit Beratung von Prof. Dr. Lothar Kuld

fragen – suchen – entdecken 1 – Arbeitshilfen für NRW

Erarbeitet von
Barbara Ort, Ludwig Rendle, Margot Eder,
Doris Friemel, Ulla Heitmeier, Walter Liehmann

Bearbeitet von
Karla Dommers, Hedwig Kulinna,
Hans-Werner Kulinna, Gabi Menke

ISBN 3-466-50694-8 (Kösel)
ISBN 3-403-04110-7 (Auer)

Satz: Kösel-Verlag, München
Druck und Bindung: Ludwig Auer GmbH, Donauwörth
Sachzeichnungen: Maria Ackmann, Hagen
Notensatz: Christa Pfletschinger, München
Umschlag: Kaselow-Design, München

Der Kösel-Verlag ist Mitglied im »Verlagsring Religionsunterricht (VRU)«.

Vorwort

Liebe Kollegin, lieber Kollege,

diese Arbeitshilfen für NRW zum ersten Band des Grundschulwerkes **fragen – suchen – entdecken** wollen Sie bei Ihrer kreativen Arbeit mit dem Schulbuch begleitend unterstützen.

- Zum besseren Verständnis des Gesamtwerkes wird zu Beginn das Konzept von fragen – suchen – entdecken erläutert. Im Mittelpunkt steht dabei die **Betonung des eigenständigen Aneignungsprozesses** von Inhalten durch die Schülerinnen und Schüler. Die Konsequenzen, die sich aus dieser didaktischen Konzeption ergeben, bestimmen die didaktische Struktur der einzelnen Kapitel.

- Für **jahrgangsübergreifende Lerngruppen** finden Sie in diesen Arbeitshilfen zu jeder Schulbuchseite alternative Aufgabenstellungen und konkrete Unterrichtsbeispiele gemäß den entsprechenden Anforderungen für die Kinder aus dem jeweils anderen Jahrgang.

- Die **Bezüge zu den anderen Fächern** werden in jedem Kapitel deutlich aufgezeigt. Ihr Anliegen, fächerübergreifende Bezüge für das Lernen der Kinder herzustellen, wird gut begleitet.

- Eine Besonderheit stellen die ersten Seiten des jeweiligen Schulbuches dar. Sie sind überschrieben mit »Stille entdecken« und verweisen Sie und die Schülerinnen und Schüler auf eine wichtige Aufgabe des Religionsunterrichts: auf die Einübung der Stille, der Achtsamkeit, der Möglichkeiten, »Wege der inneren Erfahrung« zu erkunden und zu gehen. Diese Angebote sollen gleichsam wie ein roter Faden den Religionsunterricht in immer neuen Variationen während des Jahres begleiten.

- Die Folienmappe mit Kunstbildern **Schatzkiste 1/2**, die Folienmappe mit Fotos zu Alltagssituationen **Lebensbilder 1/2** und die CD **Liederkiste 1/2** sind zusätzliche Hilfen für Ihren Religionsunterricht.

Wir hoffen, dass die Arbeitshilfen mit ihren zahlreichen Impulsen, Arbeitsblättern und zusätzlichen Materialien eine lebendige und kreative Unterrichtsgestaltung ermöglichen.

Die Autorinnen und Autoren,
die Herausgeberin und der Herausgeber

Inhalt

A GRUNDLAGEN — Das Konzept zu „fragen - suchen - entdecken 1-4"

A GRUNDLAGEN — Das Begleitmaterial zu „fragen - suchen - entdecken 1-4"

B SCHULBUCH — Der Umschlag von „fragen - suchen - entdecken 1"

B SCHULBUCH — Meditationsseiten in „fragen - suchen - entdecken 1-4"

B SCHULBUCH — Stille entdecken in „fragen - suchen - entdecken 1"

KAPITEL 1 Herzlich willkommen im Religionsunterricht!

KAPITEL 2 Auf den Spuren Jesu

KAPITEL 4 Wir sind Kinder einer Erde

KAPITEL 5 Ostern feiern

KAPITEL 6 Gottes Welt entdecken

Das Konzept zu „fragen - suchen - entdecken 1-4"

Rahmenbedingungen

Bei der Planung der neuen Religionsbücher waren für uns folgende Kriterien maßgebend:

1. Die Vorgaben des Lehrplans:
Es waren für uns nicht nur die Lehrplaninhalte maßgebend, sondern das Gesamtbild des Religionsunterrichtes (RU), das dem Lehrplan zugrunde liegt.

2. Die Lebenswelt der Grundschülerinnen und Grundschüler:
Hier spielen sowohl die gesellschaftlichen Bedingungen, unter denen Kinder lernen, als auch die Religiosität der Schülerinnen und Schüler eine wichtige Rolle.

3. Religiöses Lernen als Prozess der Aneignung:
Wir haben uns vor allem auf die Untersuchungsergebnisse der strukturgenetischen Forschung gestützt, nach denen die Kinder eigenständige religiöse Vorstellungen entwickeln und die deshalb im RU als Subjekte ihrer eigenen Lernprozesse, Lebens- und Sinnentwürfe und ihrer Glaubensvorstellungen betrachtet werden müssen.

1. Die Aussagen des Lehrplans für NRW zum RU in der Grundschule

Kinder im Grundschulalter kommen mit unterschiedlichen religiösen Erfahrungen, Vorstellungen und Verstehensweisen in die Grundschule und bringen Interesse an Religion und Glauben mit. Sie haben die Fähigkeit zu staunen und wollen mit ihren Fragen ernst genommen werden.
Im RU werden die Schülerinnen und Schüler (Sch) darin unterstützt, ihre religiösen Bedürfnisse und ihre Vorstellungen von Gott und von der Welt zu klären. Sie sollen angeregt werden, ihre Hoffnungen und Ängste auszudrücken, sich mit ihren eigenen sowie mit den Fragen ihrer Mitschüler auseinander zu setzen und im gegenseitigen Austausch von- und miteinander zu lernen. Sch werden ermutigt, nach sich selbst und nach Gestaltungsformen des Zusammenlebens mit anderen, nach dem Woher und Wohin ihres Lebens und in diesem Zusammenhang nach Gott zu fragen.
Im Fachprofil des Lehrplans für Katholische Religionslehre werden die Ziele und Inhalte des RU in fünf Lernbereichen entfaltet (vgl. Richtlinien und Lehrpläne zur Erprobung, Katholische Religionslehre, Ministerium für Jugend, Schule und Kinder, Düsseldorf 2003):

1. Lernbereich: *„Ich, die Anderen, die Welt und Gott"*
Ausgehend von Lebenssituationen der Sch werden hier die grundlegenden menschlichen Fragen nach Ursprung und Sinn des Lebens thematisiert.
2. Lernbereich: *„Religion und Glauben im Leben der Menschen"*
Hier wird die Mehrdimensionalität der Welt aufgespürt und erkundet, wie Menschen ihren Glauben an Gott zum Ausdruck bringen.
3. Lernbereich: *„Das Wort Gottes und das Heilshandeln Jesu Christi in den biblischen Überlieferungen"*
In diesem zentralen Bereich werden die biblisch bezogenen Unterrichtsgegenstände angesprochen. Diese werden mit den Gegenständen der anderen vier Bereiche in Verbindung gebracht und bieten Grundlagen für das Verständnis biblischer Texte.
4. Lernbereich: *„Leben und Glauben in Gemeinde und Kirche"*
Hier werden durch die Erkundung des Lebens und Glaubens in Gemeinschaft Grundvollzüge der Verkündigung, der Liturgie und der Diakonie in den Blick genommen.
5. Lernbereich: *„Maßstäbe christlichen Lebens"*
In diesem Bereich werden christliche Orientierungen für das eigene Handeln reflektiert.

2. Die Lebenswelt der Grundschülerinnen und -schüler

Schulbücher müssen einerseits die Vorgaben eines Lehrplans beachten und einlösen, sie müssen andererseits aber auch die Lebenswelt der Grundschülerinnen und -schüler, ihre Verstehensvoraussetzungen und die Möglichkeiten eines religiösen Lernens im Blick haben.

GESELLSCHAFTLICHE BEDINGUNGEN
Wenn mit Pluralisierung und Individualisierung die Lebenswelt der Erwachsenen gekennzeichnet wird, dann gilt dies nicht minder für Sch. Denn Kindheit ist heute geprägt von einem Wandel der Lebensräume, von neuen Raum- und Zeitwahrnehmungen, von Ver-

häuslichung und Verinselung des Kinderlebens und dem Wandel in den familiären Systemen (vgl. z. B. Maria Fölling-Albers (Hg.), Veränderte Kindheit – veränderte Grundschule, Frankfurt 1993, 25 f.).
Ein Gesamtpanorama der veränderten Lebensbedingungen unserer Sch lässt die Verflochtenheit vieler Phänomene erkennen: So kann die veränderte Nachmittagsgestaltung der Sch nicht von der Veränderung der Familienstrukturen getrennt werden. Festzustellen ist vor allem eine Übernahme erwachsener Zeitorganisation. An die Stelle von spontan aufgesuchten Nachbarschaftsgruppen tritt eine verstärkte Institutionalisierung der Freizeit und der Freizeitgestaltung durch „Terminnetze". Die Vielfalt von Kursen sportlicher, musikalischer und handwerklicher Art verspricht Eltern und Sch, um den Preis einer verstärkten Institutionalisierung der Freizeitgestaltung, Ergänzung und Erweiterung der schulischen Ausbildung. Die Kommerzialisierung der Freizeit ist jeglicher Spontaneität entgegengerichtet und die Beschäftigungen sind oft so vorgegeben, dass es keiner großen Fantasie mehr bedarf. Vor allem die Natur und ihre wirklichen Zusammenhänge werden ausgeblendet. Eine vorpräparierte Welt wird präsentiert und schafft dazu noch mehr Distanz zu der unmittelbaren Realität. Verstärkt wird diese Erfahrungsarmut durch die elektronische Welt vom Fernsehen bis zum Computer, in denen keine unmittelbare Realität mehr erlebt wird, sondern Abbilder einer konstruierten Welt wahrgenommen werden. Bei allen positiven Aspekten, die einer modernen technischen Welt neu zuzuerkennen sind, bleiben doch als Probleme, dass rezeptive Aneignungsformen überwiegen und psychosoziale Konsequenzen in Richtung Isolierung und Kontaktverlust zu bewältigen sind. Während Hartmut von Hentig bereits 1984 „das allmähliche Verschwinden der Wirklichkeit" diagnostizierte, beklagt Horst Rumpf, dass die Schule in einen Wettlauf mit den Medien eintrete und durch ihre Art des Lernens die Realitätsverschiebungen noch vergrößere (vgl. Horst Rumpf, Die übergangene Sinnlichkeit, München 1981). Die Überlegungen, welche Wirkungen davon auf die Innenwelten der Sch ausgehen, stehen erst am Anfang. Vermutet wird, dass die überbordenden „Erfahrungen aus zweiter Hand" das Erleben der Sch besetzen und ihre Wahrnehmungen und ihre Fantasie mit übernommenen standardisierten Bildwelten überfluten. An die Stelle der selbst gemachten unmittelbaren Erfahrungen tritt Übernommenes. Während die „Fernsinne" (sehen, hören) in Anspruch genommen werden, verkümmern die „Nahsinne" (tasten, riechen, schmekken). Eigentätigkeit und direkte Wahrnehmung und Erfahrung der Welt nehmen ab. Da erscheint die These berechtigt, dass Lehrkräfte und Erzieherinnen bei unseren Sch mit einer anders akzentuierten inneren Welt rechnen müssen.
Mit diesen Veränderungen korrespondiert bei Sch das Bedürfnis nach Stille, nach unmittelbarer Wahrnehmung und Erfahrung. Damit scheint eine Gegenbewegung gegenüber einer Veräußerlichung zu entstehen, die als Kairos für den RU verstanden werden kann.

DIE RELIGIOSITÄT DER SCH IM GRUNDSCHULALTER
Die Auswirkungen von Pluralisierung und Individualisierung in der Gesellschaft spiegeln sich auch im religiösen Bereich wider. Bei einem großen Teil der Sch stellen die Religionslehrerinnen und -lehrer fest, dass die religiöse Tradition, wie sie von der Kirche gelebt wird, im Leben der Sch weitgehend fremd bleibt. Bis auf Weihnachten spielt das Kirchenjahr kaum eine Rolle. Allerdings darf für die Familienerziehung nicht pauschal behauptet werden, dass Religion keine Rolle mehr spiele. „Vielmehr ist es vielfach die kirchliche Religion, die von dem beobachteten Wandel betroffen ist, während individuell-persönliche Formen von Religiosität und Sinnfindung nach wie vor bedeutsam sind" (vgl. Friedrich Schweitzer, Kind und Religion. Religiöse Sozialisation und Entwicklung im Grundschulalter, in: ders./Gabriele Faust-Siehl, Religion in der Grundschule, Frankfurt ^{4}2000, S. 62).
Der Religionspädagoge Friedrich Schweitzer warnt davor, bei Sch einfach von unbeschriebenen Blättern auszugehen, die der schulische RU erstmals „beschreiben" könne. Auch wenn der RU den Sch die Erstbegegnung mit biblischen Geschichten und mit Kirche ermöglicht, bringen Sch doch nach wie vor religiöse Vorerfahrung bereits in die Schule mit. An solchen Vorerfahrungen wird der RU nicht einfach vorbeigehen dürfen.
Die Individualisierung von Religion erzeugt eine immer heterogenere Zusammensetzung von Klassen oder Lerngruppen.
Die These von Friedrich Schweitzer, dass wir statt von einer Säkularisierung besser von einer religiösen Individualisierung und Pluralisierung auszugehen hätten, wird in den Untersuchungen, die im Folgenden dargestellt werden, weitgehend bestätigt.
Anton A. Bucher legt eine Untersuchung vor, in der die Grundschülerinnen und -schüler Religion als ihr drittliebstes Fach angeben. Dabei werden „genuin theologische Themen" häufiger registriert als „anthropologische oder lebenskundliche". Am häufigsten seien die Themen „Gott" (84 %) und „Jesus" (83 %), auffallend selten „Dritte Welt" (11 %), „Probleme in der Familie" (11 %) sowie „Probleme in der Schule" (14 %). Religion in der Grundschule ist somit weniger problemorientiert als vielmehr biblisch-theologisch akzentuiert. Den L gelingt es, auch bei 40 % jener Sch, die religiös nicht oder kaum sozialisiert sind (85 % kennen kein regelmäßiges Tischgebet), Religion als etwas für ihr Leben „sehr Wichtiges" zu vermitteln, und zwar insbesondere mit Methoden, die die Selbst-

tätigkeit der Sch ermöglichen und fördern. Die enorme Beliebtheit dieses Faches korreliert mit einer hohen Akzeptanz christlicher Glaubensinhalte. 90 % halten für wahr, Gott könne Wunder wirken; noch mehr, Jesus sei von den Toten auferstanden (vgl. Anton A. Bucher, RU zwischen Lernfach und Lebenshilfe, Stuttgart 2000, S. 47 f.). Diese religiöse Unbefangenheit – in einer als nachchristlich etikettierten Epoche eher überraschend – ist auch entwicklungspsychologisch bedingt und erinnert an das von Fowler beschriebene Stadium des mythisch-wörtlichen Glaubens.

3. Religiöses Lernen als Prozess der Aneignung

Die Ergebnisse der strukturgenetischen Forschungen gehen im Unterschied zu psychologischen Reifungstheorien davon aus, dass Sch religiöse Inhalte eigenständig mit ihren Denkstrukturen begreifen und mit Sinn erfüllen (vgl. z. B. Fritz Oser, Die Entstehung Gottes im Kinde, Zürich 1992). Die Entwicklung religiöser Urteilsstrukturen (Oser) und die Entwicklung von Selbststrukturierungen (Kegan) sind deshalb auch nicht abhängig vom Lebensalter, sondern von der Entwicklung der Fähigkeiten, die mit diesen Strukturen und Konzepten verbunden sind (vgl. Robert Kegan, Die Entwicklungsstufen des Selbst, München 1991).
Die entwicklungstheoretischen Arbeiten von Oser und Fowler legen uns nahe, Kinder und Jugendliche als Subjekte ihrer Lebens- und Sinnentwürfe zu betrachten. Sch übernehmen nicht einfach die religiösen Vorstellungen der Erwachsenen, sondern interpretieren diese Vorstellung im Rahmen ihres Weltverstehens. Für Glaube und Religion hat das zur Folge, dass ein Kind die Begriffe des Glaubens anders versteht als ein/e Erwachsene/r. Es übernimmt das Gesagte nicht einfach wie eine tabula rasa, sondern übersetzt das Gesagte und gleicht es den eigenen Verstehensmustern an.
So entwickelt ein Kind im Grundschulalter einen do-ut-des Glauben (Oser) wechselseitiger Gefälligkeiten oder jenes von Fowler mythisch-wörtlich genannte Glaubensverständnis, bei dem es sich in Geschichten über den Sinn der Welt verständigt, diese Geschichten aber nicht als Geschichten durchschaut, sondern wörtlich nimmt.
Ähnlich könnte man dies für die Konstruktion, Aneignung und Reflexion moralischer Sachverhalte annehmen (vgl. Lawrence Kohlberg, Die Psychologie der Moralentwicklung, Frankfurt/M. 1996). Auch sie verändert sich entwicklungsbedingt von einer Moral, die an konkreten Folgen einer Handlung (Lohn oder Strafe) orientiert ist, über eine Moral, die sich auf Rollenerwartungen (Rollenmoral), Gesetze und Verträge beruft, bis hin zu einer prinzipienorientierten Moral, die abstrakt mit Werten argumentiert.

Diese strukturgenetischen Annahmen und Beobachtungen zur Religiosität von Sch und Jugendlichen sind grundlegend für den RU. Dieser hat mit einer Vielfalt individueller Glaubensgeschichten zu tun und mit einer Pluralität von Glaubenskonstruktionen, die Sch jeweils für sich gefunden haben und die sie im Unterricht zur Geltung bringen. Der gemeinsame Nenner, auf den L sich noch beziehen können, sind die in einer Klassenstufe jeweils erwartbaren religiösen und moralischen Entwicklungsstufen.
Religiöses Lernen ist somit als ein Prozess der Aneignung zu verstehen, der vom Kind (und Jugendlichen) selbst gesteuert und vorangebracht wird, wenn die entsprechenden Lernanlässe gegeben sind. Als religionspädagogische Grundhaltung ergibt sich weder die des bloßen Reifen-Lassens noch die des ausschließlichen Vermittelns: Sch sollen vielmehr zu eigener Reflexion und Praxiserprobung angeregt, sie sollen als Subjekte ihres Glaubens betrachtet werden. Ihre Gottesvorstellungen beruhen nicht auf bloßen Übernahmen der Vorgaben, sondern stellen aktive Interpretationsweisen dar.
Sch sind auf diese Weise Subjekte ihrer eigenen Lernprozesse, Lebens- und Sinnentwürfe und ihrer Glaubensvorstellungen. Die Wirksamkeit religiöser Lernprozesse ist abhängig von den Zugangsweisen und Verstehensgrundlagen der Sch. Aus diesem Grund haben aufgedrängte Inhalte und Bedeutungen keine emotionale Tiefenwirkung. Der RU sollte deshalb auf die Vorstellungen und Begriffe, mit denen Sch Religion denken und entwickeln, eingehen und mit diesen arbeiten. Ein solcher Unterricht ermutigt Sch zu eigenständigen religiösen Vorstellungen und achtet durch Differenzierung des Lernfeldes auf den jeweiligen – im Einzelfall von der Mehrheit der Klasse vielleicht verschiedenen – glaubensbiografischen Kontext.
Ziel dieser Pädagogik ist religiöse Autonomie: Sie versteht Glaubensgeschichten als Entwicklungsgeschichten (vgl. Fritz Oser, Die Entstehung Gottes im Kinde, Zürich 1992). „Der Blick auf diese Entwicklungschancen begründet das Plädoyer für eine religionspädagogisch gewendete Theologie, die entwicklungsbedingte Konstruktionen des Glaubens durch das Kind zulässt und damit zum Ausgangspunkt einer für die Lebensumbrüche sensiblen Didaktik religiösen Lernens macht“ (vgl. Lothar Kuld, Wie hast du's mit der Religion? Die Gretchenfrage bei Kindern und Jugendlichen, in: Noormann, Harry/Becker, Ulrich/Trocholepcy, Bernd (Hg.), Ökumenisches Arbeitsbuch Religionspädagogik, Stuttgart 2000, S. 57-73, hier 72).
Die Religionsbücher wollen einen Unterricht unterstützen, der Sch ermutigt, zu eigenständigen religiösen Vorstellungen zu kommen.

Konsequenzen für die Religionsbücher „fragen – suchen – entdecken"

Selbstkonstruktion des Glaubens

Die oben skizzierten Einsichten über Erfahrungsorientierung und über die Selbstkonstruktion des Glaubens der Kinder (und Jugendlichen) sind die Grundlage für die Konzeption der Unterrichtsreihe fragen – suchen – entdecken für die Grundschule.
Wenn Sch einerseits Subjekte ihrer Lernprozesse sind und bleiben, sie andererseits aber Einsichten gewinnen und in einen Lernprozess eintreten sollen, dann müssen eine Fragehaltung und eine Suchbewegung der Sch initiiert und angestoßen werden, bei der sich Sch auch interessiert mit Glaubensüberlieferungen beschäftigen. Dies mündet in eine aktive und praktisch werdende Beschäftigung mit den Einsichten und neuen Erfahrungen am Ende einer Thematik.
Die Programmatik dieses Prozesses gibt der Titel der Bücher wieder: fragen – suchen – entdecken. Die folgende didaktische Grundstruktur konkretisiert diese allgemeine Absicht im Aufbau der einzelnen Kapitel und will damit der Lebenswelt der Grundschüler ebenso gerecht werden wie den Erkenntnissen der modernen strukturgenetischen Entwicklungspsychologie.

Didaktische Grundstruktur der Kapitel

Die folgende didaktische Grundstruktur beschreibt den Aufbau eines jeden Kapitels und dient als Suchraster zur Erschließung jeweils eines Themas des Lehrplans. Sie besteht aus drei Teilen und folgt dem Titel „fragen – suchen – entdecken":
Mit „fragen" ist der spezifische Zugang zu einem Thema markiert. Es wird ein Lernprozess angestoßen und angeregt.
Mit „suchen" wird die inhaltliche Beschäftigung mit einem Thema beschrieben, das so angelegt ist, dass der angeregte Lernprozess in Gang gehalten wird.
Das „Entdecken" macht den Bezug zum Leben der Sch deutlich, indem die Relevanz dessen, was inhaltlich erarbeitet worden ist, für das praktische Leben deutlich wird.

I. EINEN LERNPROZESS ANSTOẞEN
Zugänge: Wahrnehmen – Fragen – Erkunden

In diesem ersten Schritt erfolgt nicht nur das, was häufig als „Motivation" bezeichnet wird. Sch werden vielmehr angeregt zur Eigenwahrnehmung, zur Beobachtung und zum Fragenstellen. Ziel ist es, Sch über Wahrnehmungsübungen, Betrachten von Bildern, Hören von Geschichten und Erzählungen dazu anzuregen sich mit einer Thematik zu befassen und ihr durch Fragen auf den Grund zu gehen.
Jedes Kapitel beginnt mit einer oder mehreren Doppelseiten, in denen der „fragende" Lernprozess in Bewegung kommt. Die folgenden Stichworte sollen Möglichkeiten signalisieren, wie dies geschehen kann.

- **WAHRNEHMEN – STAUNEN**
  - Wecken und Intensivieren sinnlicher Wahrnehmungsfähigkeit (sehen, hören, atmen usw.)
  - Schaffen einer inneren Disposition für weitergehende religiöse Erfahrungen (still werden, staunen, loben)

- **FRAGEN – SUCHEN**
  - Anstiften zum Stellen der Fragen, die Sch bewegen
  - Stärken der natürlichen Fragebereitschaft der Sch und deren Weiterentwicklung durch gemeinsames Fragen
  - Verstehen der Fragen als Ausgangspunkt von Lernprozessen, die von den Sch mitgetragen werden (z. B. Warum feiern wir eigentlich Feste?)

- **ERKUNDEN – ERLEBEN**
  - Authentisches Lernen durch Begegnung mit Zeugnissen des Glaubens
  - Anregen und Inszenieren eigener Erfahrungen und Erlebnisse

II. EINEN LERNPROZESS IN GANG HALTEN
Inhaltliche Beschäftigung mit einem Thema

Diese Phase konfrontiert Sch nicht mit fertigem „Bescheidwissen", sondern regt sie zur Auseinandersetzung und Beschäftigung an, z. B. in Form von Dilemmageschichten (zahlreiche Gleichnisse, z. B. vom verlorenen Schaf, und biblische Erzählungen lassen sich mit einem Dilemmaschluss darstellen), zum Entdecken von Zusammenhängen, zum Infragestellen bisheriger kindlicher Annahmen und ihrer kognitiven Weiterentwicklung.
In diesem Hauptteil eines jeden Kapitels werden die notwendigen Informationen angeboten. Es wird bei jedem Thema geprüft, wie weit die Eigentätigkeit der Sch mit geeigneten Methoden, z. B. Freiarbeit, angeregt werden kann. In den Schulbüchern für die dritte und vierte Klasse wird diese Sachinformation durch ein Glossar ergänzt, in dem die wichtigsten Fachbegriffe erklärt werden und das die Kinder selbstständig benutzen können.

- **VERSTEHEN – SICH VERSTÄNDIGEN**
  - Unterstützen bei den Formulierungen gefundener Einsichten und Entdecken von Zusammenhängen

- Verstehen von Erzählungen und biblischen Geschichten in ihrem Bedeutungsüberschuss als Anstoß, eigene Erfahrungen mit anderen Augen zu sehen.

● **UNTERSCHEIDEN UND BEWERTEN – MASSSTÄBE FINDEN**
- Stimulieren der Entwicklung des ethischen Urteilens und Handelns
- Sensibilisieren für Ungerechtigkeiten

III. LERNPROZESSE PRAKTISCH WERDEN LASSEN
Aneignen – Handeln – praktisches Lernen – Miteinander leben

Das in Phase II. Erarbeitete nimmt in Phase III. Gestalt an, nicht in Form von Merksätzen oder Zusammenfassungen, sondern in beispielhaften Ausdrucksformen oder Möglichkeiten praktischen Umsetzens oder Handelns. Jedes Kapitel mündet ein in ein Praktisch-Werden der erarbeiteten Thematik. Sch können die Relevanz des Erarbeiteten für ihr tägliches Leben neu entdecken. Aus diesem Grund geht es in diesem dritten Teil darum, das Erfahrene in verschiedene Handlungszusammenhänge umzusetzen.

● **MITEINANDER LEBEN – ANTEIL NEHMEN**
- Einüben sozialer Umgangsformen und Regeln
- Erschließen religiöser Sprach- und Ausdrucksformen, Einüben der Fähigkeit, eigene Empfindungen anderen mitzuteilen (Bild, Sprache, Gestik)
- Kennenlernen von Ausdrucksformen in Bildern, Metaphern und Symbolen; Einüben, eigene Erfahrungen darin zum Ausdruck zu bringen
- Befähigen, andere zu verstehen

● **PRAKTISCHES LERNEN – HANDELN**
- Suchen von Handlungsperspektiven zur Veränderung von Missständen
- Erarbeiten von Konsequenzen für die Gestaltung des eigenen Lebens
- Gestalten und Umsetzen der Erkenntnisse in Spiel, Feier usw.

Ausgangspunkt und Ziel: fragende, suchende und entdeckende Schüler/innen

Wie die oben skizzierten Untersuchungen und Umfragen (s. S. 14 f.) dokumentieren, sind Grundschülerinnen und -schüler in religiösen Fragen ansprechbar, obwohl sie mehrheitlich in ihrem Elternhaus keine religiöse Erziehung erfahren haben. Von diesem Umstand geht „fragen – suchen – entdecken" konsequent aus. Sch nehmen die Realität mit wachem Sinn wahr, sie stellen Fragen und wollen Hintergründe klären.
Das Thema „Ostern feiern" soll beispielsweise in der Klasse eingeführt werden mit typischen Situationen, mit denen Ostern in einer säkularen Welt in Verbindung gebracht werden kann, wie Ferienreiseverkehr und Stau auf der Autobahn, Osterhasen oder Ostereier im Schaufenster usw. Sch werden angesichts dieser Phänomene zu der Frage ermuntert, weshalb das Osterfest gefeiert wird.
Diese Frage verlangt nach Klärung und Information über „die letzten Tage Jesu", seinen Tod am Kreuz sowie über die Erfahrung seiner Auferstehung. Im gemeinsamen Basteln einer Osterkerze kann die Bedeutung der Osterbotschaft von den Sch in einfachen Symbolen dargestellt werden. Sie erfahren damit im praktischen Tun, wie Glaube sich ausdrücken kann, und sie erkennen beim erkundenden Gang in die Kirche auch dort eine Osterkerze.
Wenn Sch auf die eben skizzierte Weise als fragende, suchende und entdeckende Sch eigentätig sein sollen, dann ist auch auf die Sprachebene zu achten. Sch verstehen in den ersten Grundschuljahren Inhalte und Texte überwiegend im wörtlichen Sinn, eine übertragende Bedeutung ist ihnen fremd.
Statt Belehrung sollen Erzählungen Vorrang besitzen. Diese lassen sich häufig wegen des Umfangs nicht in „fragen – suchen – entdecken" abdrucken. Dafür können kindgemäße und zugleich künstlerisch wertvolle Bilder Ausgangspunkt und Grundlage für Erzählungen sein.
Wo immer es sich anbietet, sollte das Lernen mit allen Sinnen erfolgen. Dabei kommt es vor allem darauf an, dass Sch zu eigenem Erfahren und zu eigenem Ausdruck und dessen Wahrnehmung angeregt werden: im Malen und Gestalten, im Musizieren, in der Bewegung, im Tanz, im Spiel. Zur Wahrnehmungsschule gehören auch Sehen, Hören, Riechen, Schmecken und Fühlen – sie sind die Tore zur Welt und können gleichzeitig Tore zur Innenwelt des Selbst sein.
Diese Konzeption trägt der pluralen weltanschaulichen Situation Rechnung und begreift den RU als Chance, Sch anzuregen und zu unterstützen, die Gestalt des eigenen Lebens zu entwickeln, ihre Frage nach Gott zu wecken und wach zu halten.
Wir sind uns bewusst, dass das wichtigste Medium gerade im Unterricht der Grundschule aber nicht ein Buch, sondern die Lehrerin oder der Lehrer ist. Bücher können anregen und unterstützen – gestaltet und getragen wird der RU von den Menschen, die von den Sch als glaubwürdige Zeuginnen und Zeugen ihrer Botschaft wahrgenommen werden.

Das Begleitmaterial zu „fragen - suchen - entdecken 1-4"

1. „fragen - suchen - entdecken - Arbeitshilfen"

Jeden Band der Schülerbücher erschließt ein unterrichtspraktischer Lehrerkommentar. Das schulbuchdidaktische Konzept wird vorgestellt. Die Möglichkeiten, mit den Meditationsseiten „Stille entdecken" während des Schuljahres vielseitig zu arbeiten, werden entfaltet. Jedes Kapitel wird in größere Lernzusammenhänge gestellt und in seinem didaktischen Aufbau vorgestellt. Schließlich wird jede (Doppel-) Seite erläutert, indem religionspädagogische und sachliche Information (1. Hintergrund) und eine Fülle von erprobten methodischen Anregungen geboten werden (2. Einsatzmöglichkeiten im RU). Zahlreiche Materialien und Arbeitsblätter (AB) erleichtern die Unterrichtsvorbereitung und Stundengestaltung. Gelegentlich finden sich Vorschläge, deren Vorbereitung aufwändiger ist (3. Weiterführende Anregungen).

2. Die Folienmappe Schatzkiste 1/2

Die Schatzkiste 1/2 (Kösel: Best.-Nr. 3-466-50651-4, Auer: Best.-Nr. 3-403-03500-X), enthält 24 Farbfolien mit Bildern der Kunst aus **fse 1** und **fse 2**. Die ausgewählten Kunstwerke helfen den thematischen Horizont der Grundschulreihe zu vertiefen und stehen für den kreativen Einsatz im Unterricht zur Verfügung. Aus „fragen – suchen – entdecken 1" sind folgende Bilder enthalten: „Haupt Christi" von Georges Rouault (S. 21), „Familie" von Emil Nolde (S. 35), „Die Anbetung der Hirten" von Gerard v. Honthorst (S. 40/41), „Die Kinderspiele" von Pieter Bruegel d. Ä. (S. 47), „Christus und die Kinder" von Emil Nolde (S. 55), „Generatio III" von Helmut Schober (S. 61), die Buchmalerei „Die letzten Tage Jesu" aus dem Echternacher Codex (S. 64/65), „Der Vollmond" von Paul Klee (S. 75). Der Schatzkiste ist ein Handblatt beigelegt, auf dem die historischen Werkdaten des jeweiligen Bildes und „Ein Grundmodell der Bilderschließung" zu finden sind.

3. Die CD Liederkiste 1/2

Die Liederkiste 1/2 (Kösel: Best.-Nr. 3-466-45737-8, Auer: Best.-Nr. 3-403-05915-4) enthält vertonte Lieder aus **fse 1** und **fse 2** (fse 1: Seiten 15, 26, 37, 46, 48, 49, 56, 60, 71, 82). Zusätzlich findet L Lieder von den Arbeitsblättern aus diesen *Arbeitshilfen* (z. B. Nr. 14 „Mache dich auf"). Darüber hinaus ermöglicht die CD mit zusätzlichen Liedern eine Vertiefung der Kapitelthemen (z. B. Nr. 13 zu Kap. 5 „Die Welt von oben sehen" **fse 76/77** oder Nr. 8, einen Rap zu Kap. 4. „Einladung zum Kinderfest" **fse 60**). Eigens für die „Liederkiste 1/2" getextet und komponiert wurde Lied Nr. 22 „Weil du manchmal" (**fse 15**) von Margot und Hans Eder. Lied Nr. 13 „Komm, lass uns die Welt entdecken" führt die Intention von „fragen – suchen – entdecken" über die Grenzen des Klassenraums hinaus weiter. Die Lieder dieser *Arbeitshilfen für NRW*, die auf der Liederkiste 1/2 zu hören sind, tragen ein Symbol auf dem AB.

4. Die Folienmappe Lebensbilder 1/2

Die Sammlung Lebensbilder 1/2 (Kösel: Best.-Nr. 3-466-50700-6; Auer: Best.-Nr. 3-403-04195-6) enthält 36 Folien von Alltags- und Symbolfotos, die als Bildimpulse unterrichtlich eingesetzt werden können:
- als Einstiegsbild (Eröffnungsgespräch),
- als Bild für eine arbeitsgleiche oder arbeitsteilige Gruppenarbeit,
- als Gesprächsbild für eine Partnerarbeit,
- als Impuls für Schreibanlässe,
- als Meditationsbild.

Weitere methodische Hinweise und thematische Zuordnungen sind im Begleitheft zur Foliensammlung enthalten. Außerdem ist ein umfangreiches Sachregister angefügt, das die thematische Suche erleichtert.

5. Die Handpuppe Relix

Die Handpuppe Relix (Kösel: Best.-Nr. 3-466-45742-4, Auer: Best.-Nr. 3-403-03550-6) lässt sich im RU in vielfältiger Weise spielerisch einsetzen. Sch spielen gerne mit einer solchen Puppe, die im Spiel wie zu einer Person wird (vgl. Flitner 1996, S. 144). L oder Sch erwecken Relix durch die Hand zum Leben. Dabei kommt die Gestalt den „Identifikationsbedürfnissen" der Kinder (Fritz 1989, S. 23) als Vermittlungsfigur sehr entgegen. Relix bietet die Möglichkeit eines Gesprächspartners auf kindlicher Ebene, mit dem das Kind eigene Gefühle und Erlebnisse besprechen kann,

die es gegenüber L kaum aussprechen würde. Als Medium ist er dem „androgynen Typ" zuzuordnen (Riegel/Ziebertz, S. 367), es sollte daher keine stereotype weibliche oder männliche Rollenzuweisung erfolgen. Relix spricht entsprechend der Vielfalt der Lerntypen verschiedene Eingangskanäle der Sch an: neben dem visuellen Sehtyp auch den auditiven Hörtyp, den haptischen Fühltyp, den verbalen Typ und den Gesprächstyp. Über einen längeren Zeitraum hinweg trägt Relix dazu bei, dass sich Sch entsprechend ihrer Entwicklungsphase von der mythisch-wörtlichen Entwicklungsphase (vgl. Fowler 1991, S. 151-167, und 1989, S. 87-91) mit einer antropomorphen Sicht der Welt distanzieren können, ohne diese zu zerstören. Dass Relix eine eigene Stimme bzw. Stimmlage bekommen sollte, ist in dem Hörbeispiel unter www.KTHF.Uni-Augsburg.de/lehrstuehle/didarel/rieggershtml anzuhören.

Literatur und Adresse

Flitner, A., Spielen-Lernen. Praxis und Deutung des Kinderspiels, München u. a. ^{10}1996

Fowler, J. W., Glaubensentwicklung – Perspektiven für Seelsorge und kirchliche Bildungsarbeit, München 1989

Ders., Stufen des Glaubens, Gütersloh 1991

Fritz, J., Spielzeugwelten. Eine Einführung in die Pädagogik der Spielmittel, Weinheim/München 1989

Ders., Theorie und Pädagogik des Spiels. Eine praxisorientierte Einführung, Weinheim/München ^{2}1993

Riegel, U./Ziebertz, H.-G., Mädchen und Jungen in der Schule, in: Hilger, G./Leimgruber, St./Ziebertz, H.-G. (Hg.), Religionsdidaktik. Ein Leitfaden für Studium, Ausbildung und Beruf, München 2001, S. 361-372

Der Umschlag von „fragen - suchen - entdecken 1"

Der Umschlag des Religionsbuches weist die Kinder (Sch), Lehrkräfte (L) und Eltern auf zwei wichtige Intentionen des Schulbuches **fragen – suchen – entdecken (fse)** hin:

Da sind zunächst die drei Verben „fragen", „suchen", „entdecken". Sch werden im RU angeregt zu fragen nach dem, was sie bewegt, und sich auseinanderzusetzen mit dem, was auf den verschiedenen Seiten von **fse** zum Fragen und Weiterfragen anregt. Das Fragen führt dazu, dass sich L und Sch auf einen „Suchweg" begeben und schließlich gemeinsam auch Entdeckungen machen, die hilfreich sind.

Die drei ausgewählten Illustrationen, die **fse 1** entnommen sind (**fse 38**, **fse 79** und **fse 10**), beziehen sich auf drei wichtige Themenbereiche des Schulbuchs. Erstens verdeutlicht die Illustration einer Szene aus der Bartimäus-Geschichte, dass Sch mit der biblischen und christlichen Tradition vertraut werden sollen. Zweitens zeigt das Bild der beiden Kinder, die eine Raupe durch das Vergrößerungsglas beobachten, dass Sch die Natur und die Welt entdecken und für sie Sorge tragen lernen. Und drittens weist die Illustration des Mädchens, das in den Spiegel schaut, darauf hin, sich selbst und die Mitmenschen wahr- und ernst zu nehmen.

Stille entdecken: Meditationsseiten in „fragen – suchen – entdecken 1–4"

Stille-Übungen im RU der Grundschule

Stille-Übungen wurden in verschiedenen Ansätzen der Reformpädagogik, wie z. B. von Maria Montessori, als Bestandteil einer neuen Schul- und Bildungskonzeption entwickelt. Sie sollen in Abkehr vom Klassenunterricht ein interessegeleitetes individuelles Arbeiten und die Fähigkeit zur persönlichen Vertiefung ermöglichen.
Innerhalb der Religionspädagogik hat vor allem Hubertus Halbfas die Überlegungen und Erfahrungen von Maria Montessori aufgegriffen und deren Bedeutung für den RU entwickelt und dargestellt. Stille ist nach Hubertus Halbfas Voraussetzung für einen „Weg zur Mitte" und zwar sowohl zur eigenen Mitte als auch zu Gott (vgl. Hubertus Halbfas, Der Sprung in den Brunnen, Düsseldorf 1989, S. 20).
Der Alltag heutiger Sch hat gegenüber früheren Zeiten eine rasante Veränderung erfahren. Sch wachsen heute in einer reizstarken, von elektronischen Medien geprägten und wenig strukturierten Umwelt auf. Deshalb ist es für Sch besonders wichtig, dass ritualisierte Handlungen, wie gemeinsame Mahlzeiten oder die Gute-Nacht-Geschichten, den Tag strukturieren. Dies ist eine wichtige Funktion von Ritualen für Sch: Rituale erlauben den Transfer von äußeren Erlebnissen zu innerem Bewusstsein. Aus diesem Grunde wurde die Bedeutung von Ritualen für den schulischen Alltag neu erkannt (vgl. Gertrud Kaufmann-Huber, Schüler brauchen Rituale, Freiburg 1997). Rituale in der Schule sind verabredete Abläufe, die über einen bestimmten Zeitraum eine feste Form behalten, deren Inhalt aber durchaus unterschiedlich sein kann. Rituale werden nicht jedes Mal neu diskutiert und ausgehandelt. In ihrer konstanten Selbstverständlichkeit liegt ja gerade ihre entlastende Funktion.
Regelmäßige Stille-Übungen sind deshalb in den vier Jahrgangsbänden des Unterrichtswerks vorgesehen.

Die religionspädagogische Bedeutung von Stille-Übungen

Stille-Übungen schaffen eine indirekte Bereitschaft für neue Erfahrungen

Stille-Übungen verhelfen Sch bzw. L zu Sammlung und innerer Besinnung. Sie verhelfen zu Ruhe und Eigentätigkeit und gleichen damit die Defizite einer von raschem Zeittakt und Medien geprägten Lebenswelt aus. Sch wie L können im Strom der Eindrücke innehalten. Und die Hektik der Ereignisse wird für einen Augenblick unterbrochen und angehalten.
Wohl deshalb empfinden alle Klassen diese Übungen in der Regel als wohltuend. Sch wie L nehmen sich dabei als Personen mit einer „inneren Welt" wahr. Der Unterricht verändert sich in der Weise, dass die „Wege der inneren Erfahrung" Lernen und Belehrung erweitern und bereichern. Es wird die notwendige Offenheit für die geforderten Prozesse erreicht, eine psychische Gefasstheit, Sensibilität und Bereitschaft, neue Erfahrungen machen zu können und sich selber ins Spiel zu bringen. Die Erfahrung des Elia (1 Könige 19,4-13), wonach Gott nicht im Sturm, Beben oder Feuer zu vernehmen ist, kann auch analog für den RU gelten. Nicht nur im Reden und Erklären, sondern auch im vernehmenden Schweigen bietet sich dem RU ein Fundament an, mit dem er Sch über bloßes Nutz- und Brauchwissen hinausführen kann.

Stille-Übungen eröffnen einen Weg innerer Erfahrung

Das Stichwort von der Erlebnisgesellschaft (Gerhard Schulze, Erlebnisgesellschaft, Frankfurt 1993) verdeutlicht, wie sehr unsere Gesellschaft, unsere Kinder und Jugendlichen geprägt sind von der „Reise nach draußen", d. h. von der Suche nach immer neuen Reizen und Erlebnissen. Stille-Übungen bilden ein Gegengewicht zur lauten Umwelt und werden als „Reise nach innen", als wohltuend und spannend empfunden. Die Erfahrung der Stille kann dazu führen, dass Sch sich selbst und ihre Erlebnisse in neuer Perspektive wahrnehmen. Wenn dies gelingt, dann werden Stille-Übungen zu inneren Weiterentwicklungen, zu „Pfaden der inneren Veränderung" und zu „spirituellen Lernwegen".

Stille-Übungen schaffen Offenheit für einfache Sinneswahrnehmungen

Es scheint so, als müssten Sch wieder einfache Dinge lernen. Dazu gehören die Sinneswahrnehmungen wie hören, sehen, riechen, tasten usw., die als so genannte Primär-Erfahrungen zur Folie werden können für religiöse Erfahrungen. Aus diesem Grunde wird auf den Eingangsseiten „Stille entdecken" für jede Jahrgangsstufe jeweils ein Sinnesorgan thematisiert (vgl. Arbeitshilfen S. 28 und 30 ff.).

Stille-Übungen haben einen eigenständigen Wert

1. Stille-Übungen lassen sich nicht durch Druck gegen den Willen einer Klasse durchsetzen. Wenn wir Widerstand spüren, werden wir geduldig warten und mit neuen und andersgearteten Angeboten versuchen, Sch zur inneren Bereitschaft zu führen.
2. Stille-Übungen haben ihre eigene Bedeutung und dürfen nicht instrumentalisiert werden. Natürlich helfen sie mit, dass Sch ihre hektische Unruhe leichter verlieren oder sich besser konzentrieren. Doch sind dies Nebenwirkungen und sollten nicht Hauptziel sein. Stille-Übungen sind auch nicht als Mittel der Disziplinierung zu funktionalisieren. Sie ermöglichen etwas grundlegend anderes als nur die Abwesenheit von Lärm und Unruhe.
3. Für Stille-Übungen lassen sich keine Normen aufstellen, um bestimmte „Ergebnisse" zu erzielen. Die Erfahrungen sind oft sehr persönlich und müssen entsprechend respektvoll behandelt werden. Gesprächsaufforderungen werden deshalb einladenden Charakter haben unter Achtung der Freiheit des und der Einzelnen, sich nicht zu äußern.

Stille-Übungen als Rituale

Wie das Wort Stille-Übungen schon sagt, bedürfen diese der ständigen Übung. Sie werden nicht nur als gelegentlicher Gag oder als Besonderheit bemüht, sondern lassen z. B. den Anfang einer Stunde zu einem Ritual werden. Damit signalisieren sie, dass die Klasse sich innerlich auf Religion einstellen soll. Wiederholungen einer Übung müssen dabei nicht stereotyp sein, bei gleich bleibendem Grundgerüst können verschiedene neue Akzentuierungen gesetzt werden.
Unter einem Ritual versteht man ein gleichbleibendes Vorgehen in einer festgelegten Ordnung. Das Wort leitet sich aus dem Lateinischen „ritualis: den religiösen Brauch, die Zeremonien betreffend" und dem Substantiv „ritus: heiliger, feierlicher Brauch" ab.
Daraus wird ersichtlich, dass Rituale ursprünglich im religiösen Bereich wurzeln. Auch im täglichen Leben begegnen uns zahlreiche Rituale, die es uns erleichtern, den Tag zu organisieren und das Zusammenleben fass- und erwartbarer zu gestalten.

Rahmenbedingungen und Gestaltung einer Stille-Übung

Der Raum

Günstig für eine längere Übung ist ein eigener Meditationsraum, den es bereits in vielen Schulen gibt.
Für die Übung im Klassenzimmer bietet sich der Sitzkreis an, den man mit einem farbigen Tuch, mit Blumen oder einem anderen „Mittezeichen" (Kerze/Stein/Duftschale/Muschel usw.) zentriert.
Wenn Sch am Platz üben, soll dieser frei von allem unnötigen Beiwerk sein. Sch brauchen genügend Platz um sich gegenseitig nicht zu stören.

Beginn und Ende der Übung

Die Stille-Übung beginnt mit einem Ton der Klangschale, einem Stillelied oder einem anderen akustischen Zeichen. Damit sind Vereinbarungen mit den Sch verbunden, das Reden einzustellen, ruhig zu werden, nur zu reden, wenn dazu aufgefordert wird. Sch berühren sich nicht. Unruhige Sch, die sich weigern mitzumachen, bleiben auf ihrem Platz oder gehen in die Ruheecke und beschäftigen sich still.
Wie der Anfang, ist auch das Ende der Übung durch ein Ritual gekennzeichnet: sich verneigen, körperliche Entspannung (sich strecken, sich bewegen), ruhig an den Platz gehen (Musikbegleitung) ... Den Abschluss bildet die Rückkehr in den Alltag, wenn es sich ergibt, mit Austausch des Erlebten oder durch Verarbeitung über das Malen/Formen/Schreiben oder eine andere Tätigkeit.

Die Zeit

Der Einsatz einer Stille-Übung richtet sich nach der Disposition der Klasse und dem Thema der Unterrichtseinheit. Günstige Zeiten sind der Tagesbeginn, der Anfang einer Stunde, der Woche, das Ende eines Unterrichtstages, einer Unterrichtswoche. Aber auch innerhalb einer Unterrichtsstunde kann sich zur Vertiefung eine Übung anbieten. Die Dauer einer Stille-Übung wird in ungeübten Gruppen sehr kurz sein und kann mit der Zeit immer länger werden. Stille-Übungen verlangen nach Wiederholungen: im Laufe der Unterrichtseinheit, im Ablauf der Schulwoche ...

Die Schülerinnen und Schüler

Ein Hauptaugenmerk ist auf die Situation der Sch zu richten: L muss herausfinden, wann Sch bereit sind, sich auf die Stille-Übung einzulassen. Nach einiger Zeit lernen Sch auch mit Störungen umzugehen (Nichtbeachten von Durchsagen, von Lärm, der von außen kommt). Unruhige Sch werden nicht gezwungen mitzumachen: Sie werden in ihrer Entscheidung respektiert. Einzige Abmachung: Sie sollen nicht stören. Manchmal sind die Störungen innerhalb der Gruppe so stark, dass die Übung abzubrechen ist. Es darf dabei nicht zu Schuldzuweisungen kommen. Den Sch soll die Lust an und die Bereitschaft zu weiteren Übungen nicht genommen werden. Ein Gespräch zu späterer Zeit mit Sch kann die Situation klären.

Die Lehrerin/der Lehrer

Stille-Übungen beginnen bei den Erwachsenen. Sie müssen sich selbst der Stille aussetzen, für sich selbst Ruheerfahrungen machen. Sehr hilfreich sind Erfahrungen, die in Meditationskursen erworben werden.

Bevor L die Übung mit Sch durchführt, hat er sie selbst für sich mehrmals ausprobiert und sie so gleichsam internalisiert. Vor der Übung hat L alle Materialien bereitgestellt (Symbole, Kassettenrecorder, Musik, Malutensilien usw.). Die Stimme ist dem Inhalt angepasst, zwischen einzelnen Sätzen bleiben Pausen, damit Sch sich auf Bilder oder Gesten einstellen können.

Der Ablauf einer Übung

In der Regel besteht jede Übung aus folgenden Phasen: Einstimmung durch ein Ritual – Bewegung – Ruheübung – (Thema) – Entspannung – Ausdruck. Die einzelnen Phasen erhalten je nach Thema und Situation unterschiedliches Gewicht. Bei allen individuellen Gestaltungsmöglichkeiten soll eine feste Form und eine klare Struktur Sch die notwendige Sicherheit geben: Sie wissen, worauf sie sich einlassen.

1. Die Übung beginnt mit dem Anfangsritual, z. B. mit einem Lied. Sch finden sich im Kreis zusammen, evtl. mit Hilfe von Musik oder Klängen der Klangschale. Sie lockern den Körper, bewegen sich bei Musik und setzen sich entspannt auf den Stuhl.
2. Im Mittelpunkt der Übung steht ein Inhalt, der auf verschiedene Weise vermittelt wird, z. B. durch eine Fantasiereise, eine Sinneswahrnehmung, den Umgang mit einem Symbol, durch eine Geschichte, eine Gebärde ...
3. Die Übung wird mit dem Abschlussritual beendet: Sch bewegen sich, dehnen und strecken den Körper, öffnen die Augen, verneigen sich, kehren still auf den Platz zurück (evtl. Musik einsetzen), lassen die Übung nachklingen. Eine Ausdrucksphase kann sich anschließen: Gespräch, Tanz, Malen, Schreiben.

Zu Beginn der ersten Jahrgangsstufe werden oft nur einzelne Phasen dieser Abfolge eingeübt. Im Laufe des Schuljahres kann eine längere Stille-Übung versucht werden.

Grundformen der Stille-Übung: Atmen – Aufrechtes Sitzen

Das Atmen

Bei vielen Übungen steht am Anfang die Beobachtung des Atems. Sch atmen durch die Nase ein und aus: Sie beobachten, wie sich der Bauch, der Brustkorb hebt und senkt, wie der Atem von selbst fließt, wie nach jedem Ausatmen eine kleine Pause entsteht. Die Beobachtung der Atmung kann unterstützt werden, indem Sch ihre Hand auf den Bauch legen oder ihre beiden Hände an den Brustkorb. Eine weitere Übung: Beim Einatmen geht der Atem von den Füßen bis in den Kopf (Scheitel), das Ausatmen können wir bis in die Beine (Füße, Zehenspitzen) verfolgen. Oder: Einatmen durch die Nase, ausatmen mit gespitztem Mund. Die Beobachtung des Atems kann die Stille-Übung einleiten.

Das aufrechte Sitzen

Das bewusste Sitzen ist eine gute Hilfe um zur Ruhe zu kommen: Die Füße stehen fest auf dem Boden. Die Fußsohlen spüren den Boden. Die Hände liegen locker auf den Oberschenkeln. Die Schultern hängen locker herab. Der Blick geht geradeaus. Die Wirbelsäule ist aufrecht. In der Vorstellung kann am Scheitel ein Faden befestigt sein, der zur Decke strebt. Für manche Kinder ist es leichter, wenn sie die Stuhllehne im Rücken spüren. Der Körper bewegt sich nicht mehr.

Aufbau der Stille-Übungen

Für eine kontinuierliche Arbeit sind in den Jahrgangsbänden 1 bis 4 folgende Elemente vorgesehen:
Für jedes Schuljahr wird ein **Symbol** angeboten:
1. Schuljahr: *die Tür*
2. Schuljahr: *der Baum*
3. Schuljahr: *das Brot*
4. Schuljahr: *der Weg*

Über die Schuljahre verteilt kommen folgende **Sinnenhaften Erfahrungen** zur Sprache:
1. Schuljahr: *hören*
2. Schuljahr: *sehen*
3. Schuljahr: *schmecken/riechen*
4. Schuljahr: *tasten*

Es werden je vier **Gebärden** vorgestellt. Schuljahrsübergreifend ergeben sie eine längere Gebärdenfolge (vgl. Arbeitshilfen S. 40 ff. und **AB 1.0.13, Arbeitshilfen S. 41**). Jede Reihe kann aber auch für sich stehen.
Daneben folgt für jedes Schuljahr ein weiteres **Angebot** für die Stille-Übung:
1. Schuljahr: *ein Mandala*
2. Schuljahr: *ein Text zum Meditieren:* ein irischer Segenswunsch
3. Schuljahr: *eine Symbolgeschichte:* Der Schlüssel zum Himmel
4. Schuljahr: *ein Labyrinth*

Die Eingangsseiten „Stille entdecken" werden abgeschlossen mit einem **Lied**, das die Stille-Übung eröffnen bzw. abschließen kann.
Weitere Anregungen für Stille-Übungen sind in den nachfolgenden Kapiteln der *Arbeitshilfen* zu finden.

Literatur

Brunner, R., Hörst du die Stille? Meditative Übungen mit Kindern, München 2001
Halbfas, H., Der Sprung in den Brunnen, Düsseldorf 1989
Maschwitz, G. u. R., Gemeinsam Stille entdecken. Übungen für Kinder und Erwachsene, München ²1997
Maschwitz, G. u. R., Neue Mandalas – aus der Mitte wachsen. 20 Blätter mit Malvorlagen und Begleitheft, München 1998
Maschwitz, G. u. R., Stille-Übungen mit Kindern, München ³1998
Merz, V., Von Außen nach innen, Zürich 1994
Schneider M. u. R. (Hg.), Meditieren mit Kindern. Set mit Anleitungsbuch, Musikkassette und Dias, Mülheim an der Ruhr 1994
Zimmermann, M., Träumen – Fühlen – Atmen. Entspannungsübungen mit Kindern (= Bausteine Kindergarten), Aachen o. J.

Stille entdecken in „fragen - suchen - entdecken 1"

1. Hintergrund

Am Beginn der Schulzeit steht für Sch das Bild der Tür. Sie ist ein Schwellensymbol für die Erfahrung des Vertraut-Seins einerseits und des Fremden andererseits. Sch des ersten Schuljahres stehen in dieser Übergangssituation. Sie verlassen die Sicherheit und Geborgenheit der ihnen bisher vertrauten Umgebung, um in eine ihnen weithin unbekannte Welt einzutreten. Vertrautes und Gewohntes geben Sicherheit, Neues und Ungewohntes locken und wollen zu Vertrautem und Eigenem werden.
Während des gesamten Schuljahres sollen Sch in immer neuen Variationen mit Hilfe der Türsymbolik diese beiden Aspekte anschaulich und mit allen Sinnen erfahren.

Bedeutungsebenen des Symbols „Tür"
Aus den zahlreichen Bedeutungsebenen, die sich mit dem Tür-Symbol verbinden, werden für die Arbeit im ersten Schuljahr folgende Aspekte hervorgehoben:

- Die Tür steht zwischen den beiden Bereichen Drinnen und Draußen. Sie schließt das Innen vom Außen ab.
- Sie ermöglicht und verhindert den Eintritt und den Durchgang von einem Bereich in den anderen.
- Die Tür ist wie viele Symbole in ihrer Bedeutung ambivalent: Sie verweist auf das Geborgensein, aber auch auf das Gefangensein; auf die Offenheit, aber auch auf das Unbehaust-Sein:
  - Hinter der Tür ist der Ort der Geborgenheit, der Sicherheit, des Zu-Hauseseins, des Schutzes, aber auch der Enge, des Eingeschlossenseins, der Gefangenschaft.
  - Die geöffnete Tür führt ins Freie, in unbekannte, zu entdeckende Räume, ermöglicht neue Erfahrungen, aber sie kann auch zum Symbol für Abweisung, für die Ungeborgenheit, das Fremde, das Unbehaust-Sein werden, das Gefühle der Angst und der Einsamkeit hervorruft.

Bildworte im Zusammenhang mit dem Symbol „Tür"
Jemandem die Tür öffnen bedeutet:
ihn einladen, hereinzukommen.

Jemandem die Tür weisen heißt:
ihn auszuschließen, ihn aus der Gemeinschaft auszustoßen.

Für jemanden zum „Türöffner" zu werden meint:
ihm zu helfen, mit Mut und ohne Angst Neues zu erfahren.

Für jemandem fällt die Tür ins Schloss meint:
Er ist eingesperrt oder ausgesperrt.

Das Symbol „Tür" in der Bibel
Auch in der Religionsgeschichte und in vielen Texten des Alten und Neuen Testaments werden die Tür und die ihr verwandten Begriffe zur Veranschaulichung gebraucht.
Das Alte Testament z. B. spricht von der Pforte des Himmels (Gen 28,17) und von den Pforten des Todes (Ps 107,18). Das Tor steht für die ganze Stadt, wenn es heißt: Der Herr liebt die Tore von Zion (Ps 87,2); er befreit, indem er die ehernen Tore zerbricht und die eisernen Riegel zerschlägt (Ps 107,16); die Weisungen Gottes sollen Menschen allgegenwärtig sein, deshalb sollen sie an die Türpfosten und die Stadttore geschrieben werden (Dt 6,9).
Im Neuen Testament sind Tür und Tor Symbole für den Zugang zur ewigen Seligkeit (Lk 13,23 ff.). Im Johannesevangelium sagt Jesus von sich: Ich bin die Tür (Joh 10,7 ff.); und in der Offenbarung spricht der erhöhte Herr: „Siehe, ich stehe vor der Tür und klopfe an. Wer meine Stimme hört und die Tür öffnet, bei dem werde ich eintreten und wir werden Mahl halten, ich mit ihm und er mit mir" (Offb 3,20).

Verwandte Symbole
Verwandte Symbole ergänzen das Symbol Tür: Das Haus, das durch die Tür betreten und verlassen wird, und der Schlüssel, der Türen öffnet und zuschließt.
Nicht alle Dimensionen werden im ersten Schuljahr angesprochen werden. Die Vielfalt aber zeigt, wie Sch und L sich in immer neuen Anläufen mit diesem alltäglichen und viel benutzten Gegenstand beschäftigen können, wie sie dabei Erfahrungen machen, die hinter dem Sichtbaren das Unsichtbare entdecken lassen, und Sch sensibel werden lassen für die religiöse Dimension menschlichen Lebens.

Hausspruch

T: Gina Ruck-Pauquèt
M: Klaus Gräske

F B g
1. In mei - nem Haus da woh - ne ich,
C F
1. da schla - fe ich, da es - se ich. Und
B F B F
wenn du willst, dann öff - ne ich
g C 1. F 2. F
die Tür und lass dich rein. Und rein.

2. In meinem Haus
da lache ich,
da weine ich,
da träume ich.

Und wenn ich will,
dann schließe ich
die Tür
und bin allein.

Wo ist der Schlüssel?

Die Kipptüre der Garage steht offen.
Der Vater ist mit dem Auto weggefahren.
Die Mutter ist einkaufen gegangen.
Peter geht in die Garage.
Er untersucht Vaters Werkzeug.
Er baut mit den leeren Öldosen einen Turm.
Da greift der Wind unter das Kipptor der Garage.
Rums.
Und die Garage ist zu.
Das Schloss ist eingeschnappt.
Peter steht erschrocken da.
Die Kipptüre hat innen keine Klinke.
Und einen Schlüssel hat Peter nicht.
Er stemmt sich gegen die Tür.
Umsonst.
Peter schreit um Hilfe.
Nach einer halben Stunde kommt die Mutter heim.
Sie holt den Reserveschlüssel.
Sie befreit Peter.
Er sagt: Jetzt bin ich endlich erlöst.
Und ist froh.

K. Finger

2. Einsatzmöglichkeiten im RU

Über die nachfolgend notierten Anregungen hinaus werden L und Sch im Laufe des Jahres weitere eigene Möglichkeiten entdecken. Die Beispiele sind zunächst mehr der Realebene entnommen, im zweiten Teil der Symbolebene. L wird selbst die einzelnen Ebenen je nach der Situation der Klasse ansprechen.

Das Foto der Tür genauer anschauen

Die Tür lässt eine Wohnungstür bzw. Zimmertür vermuten. Das Türblatt ist aus Holz. Vier senkrechte (zwei größere oben, zwei kleinere unten) Rechtecke und ein waagrechtes in der unteren Hälfte gliedern die Tür. Die Türklinke und das Schlüsselloch vervollständigen sie. Der Türrahmen umschließt die Tür. Die Türangeln sind nicht zu sehen. Die Tür ist leicht geöffnet. Ein helles Licht schimmert durch die Tür und lässt eine helle Lichtquelle vermuten. Deren Schein wirft einen Lichtkegel auf den Boden.

- Sch beschreiben: Was sehe ich? Was für eine Tür ist das? Wer steht wohl hinter der Tür? Was ist hinter der Tür? Wer ist zur Tür hinausgegangen?
- Wo möchte ich sein?

Türen auf dem Weg zur Schule

- Sch berichten: Durch welche Türen sind sie heute schon gegangen, bis sie zur Schule kamen (Zimmertür, Wohnungstür, Haustür, Schultür, Klassenzimmertür)?
- Fantasieübung: Ich gehe aus meiner Zimmertür, aus der Haustür usw., bis ich auf meinem Platz sitze.
- Ich male, wie ich aus dem Haus gehe oder nach Hause komme. Gehe ich lieber nach Hause oder aus dem Haus?

Türen entdecken

- Sch und L legen ein Bodenbild: Schultür, Haustür, Tür zum Kaufhaus, Kirchentür.
- Woran erkenne ich die verschiedenen Türen?
- Sch legen Fotos von verschiedenen Türen um die Tür in fse.
- Im Laufe des Schuljahres wird eine „Türausstellung" arrangiert und mit „Türtexten" angereichert.

Wir verzieren unsere Klassentür

- Sch sammeln Ideen, wie sie ihre Klassenzimmertür verzieren: malen, basteln, fotografieren.
- Sie nehmen wahr, wie andere Klassen ihre Tür schmücken.

Offen oder geschlossen?

- *Einstieg:* Eine offene Tür: Was bedeutet sie? Was „sagt" sie?

Der Gedanke wird weiterentwickelt bis zur Identifikation: Ich bin die geöffnete Tür.

- Eine geschlossene Tür: Was „sagt" sie? Identifikation: Ich bin die geschlossene Tür.
- Ich öffne meine Zimmertür, ich schließe meine Zimmertür. Wann?
- L liest Gedicht vor: „In meinem Haus da wohne ich" (**AB 1.0.1, Arbeitshilfen S. 25**).
- Früher haben die Menschen ihre Stadt mit einer Mauer und mit Stadttoren versehen: Warum wohl?
- *Weiterführung:* In der Bibel wird von einer himmlischen Stadt erzählt: Sie hat 12 Tore. Jedes Tor besteht aus einer einzigen Perle. Wie mag es hinter den Toren aussehen?

Ein Kinderlied spielen

Machet auf das Tor, es kommt ein goldner Wagen. Was will er, will er denn? Er will die Schönste/den Schönsten haben. Die erste ist es nicht, der zweite ist es nicht, die dritte will er haben.
Zwei Kinder bilden mit hochgestreckten Armen ein Tor, die übrigen gehen durch das Tor, wer gefangen wird – die beiden Arme nach unten führen –, scheidet aus.

Eingeschlossen-Sein – Ausgesperrt-Sein

- Ein Zimmer bzw. das Haus nicht verlassen können: Sch erzählen von eigenen Erlebnissen.
- L liest die Erzählung von der verschlossenen Garagentür vor **AB 1.0.2, Arbeitshilfen S. 25**.
- Sch erzählen Erlebnisse vom Ausgesperrt-Sein (Haus, Wohnung). Ich stehe vor einer verschlossenen Tür: Ich bin ausgesperrt (z. B. ein Kind wird ausgesperrt aus dem Klassenzimmer).
  - Was empfinde ich? Was wünsche ich? Wie mache ich mich bemerkbar?
  - Ich erlebe, dass ich angewiesen bin auf jemanden, der mir öffnet. Ich warte.
- Eine Tür öffnet sich für mich: Szenische Darstellung: Ich werde eingeladen (**fse 60**: Einladung zum Erdenkinderfest; Liederkiste 1/2, Lied 8: Einladung zum Kinderfest).
- Eine Tür schließt sich: Szenische Darstellung: Ich weise jemandem die Tür.
- Mit Farben malen: Wie empfinde ich die beiden Erfahrungen (eingeschlossen – ausgesperrt sein)?

Weitere „Türerlebnisse"

- Türen, vor denen ich Angst habe (Zahnarzttür ...).
- Türen, vor denen ich neugierig, gespannt bin (z. B. die Türen vom Adventskalender öffnen, die Schulhaustür am ersten Schultag).

Ich bin wie eine Tür

- Was heißt das? Sich öffnen wie eine Tür: Das Herz öffnen.
- Sich verschließen: Wie fühlt sich das an?
- Beide Verhaltensweisen in Gebärden darstellen; sich von anderen (behutsam!) öffnen lassen.

Macht die Türen auf

T: Wolfgang Longardt/M: Detlev Jöcker

Strophe D A7 D
1. Ei - ne Tür, ei - ne Tür tut sich auf für mich
D D A7
und das Licht und das Licht, das grüßt dich und
D Refrain G D A
mich. Macht die Tü - ren auf, macht die
D G D
Her - zen weit und ver - schließt euch nicht,
A D
es ist Weih - nachts - zeit.

2. Tritt herein, tritt herein,
   schau das Wunder an,
   wie ein Kind, wie ein Kind
   uns verwandeln kann.
   Macht die Türen auf ...

3. Jesus kommt, Jesus kommt,
   lädt zum Frieden ein.
   Lass den Streit, lass den Streit,
   es darf Weihnacht sein.
   Macht die Türen auf ...

Eine Fantasiereise: Was ist hinter der Tür?

Setze dich bequem hin, du kannst den Kopf auf die Unterarme legen, schließe die Augen, beobachte, wie der Atem kommt und geht ...
Du verlässt in Gedanken durch die Tür das Klassenzimmer, das Schulhaus, gehst die Straße entlang, immer weiter.
Du kommst vor eine Tür: Wie sieht sie aus (Farbe, alt, modern)?
Du drückst die Klinke herunter und öffnest vorsichtig die Tür ...
Was siehst du (warten)? Vielleicht etwas, was du dir schon immer gewünscht hast ...?
Wie sieht es aus (Größe, Farbe)? Kannst du mit ihm spielen?
Wen siehst du? Vielleicht einen Menschen, den du gern hast, den du besuchen möchtest?
Sprich mit ihm. Hörst du, was er dir antwortet?
Vielleicht möchtest du ihn umarmen ...

Nun lege den Gegenstand wieder hin,
nun verabschiede dich von dem Menschen.
Gehe langsam zur Tür, schaue dich noch einmal um, öffne die Tür, schließe sie hinter dir fest zu.
Gehe nun den Weg zurück, durch die Schultür, die Klassentür, gehe zu deinem Platz, setz dich.
Recke und strecke dich; atme tief ein und aus; öffne die Augen.
Male, was du gesehen und erlebt hast.

Variationen:

- die Tür öffnen: Du bist überrascht;
- du freust dich, das/die/den zu sehen;
- du siehst, was du dir wünschst.

Hinweis: Langsam sprechen und genügend Pausen lassen, sodass die inneren Bilder entstehen können.

Ein Lied zur Weihnachtszeit singen

- Sch üben ein Weihnachtslied ein: „Macht die Türen auf": **AB 1.0.3, Arbeitshilfen S. 27**.
- Die Sternsinger schreiben ihren Wunsch für das Haus, die Wohnung, an die Tür: C + M + B = Christus mansionem benedicat, Christus segne dieses Haus (vgl. **fse 43**). Sch überlegen Wünsche für die Klassentür bzw. die Schulhaustür.

Eine Fantasiereise unternehmen

- L leitet eine Fantasiereise an: **AB 1.0.4, Arbeitshilfen S. 27**.
  - Was habe ich gesehen? Wen habe ich gesehen?
  - Male, was hinter der Tür war.
- Sch kleben eine Tür ins Heft: **AB 1.0.5, Arbeitshilfen S. 29**. Sie kleben hinter der Tür ein Bild ein und schreiben einen Namen: Was/wer ist für mich wichtig? Wem öffne ich die Tür?

Die Türsymbolik im Jesus-und im Oster-Kapitel verfolgen

- Jesus zieht durch Dörfer und Städte. Er verkündet den Menschen eine gute Nachricht. Menschen öffnen ihm die Türen. Er kehrt bei ihnen ein. Was hören sie, was erleben sie?
- Für Bartimäus hat sich eine Tür geöffnet. Was könnte das heißen?
- Die gute Nachricht ist für die Menschen wie eine Tür, die sich öffnet und sie froh macht.
- Jesus nimmt die Kinder in seine Arme: Er öffnet sein Herz für die Kinder (als wenn sich für sie eine Tür öffnet).
- Nach dem Tod Jesu waren die Herzen der Jüngerinnen und Jünger verschlossen. Jesus hat sie ihnen geöffnet. Er ist ihnen erschienen (**fse 67**).

Die vorangegangenen Übungen bereiten den Gebrauch der biblischen Sprache vor, die wesentlich Symbolsprache ist. Sch der ersten Klasse verstehen die Symbolsprache in der Regel nur sehr eingeschränkt, dennoch sollen hier einige Möglichkeiten der Anbahnung aufgezeigt werden. In den späteren Jahrgängen kann weiter damit gearbeitet werden (vgl. Arbeitshilfen S. 23 f.).

3. Weiterführende Anregungen

Den Schlüssel zum Schloss aufspüren

Zum Symbol der Tür gehört als ein weiteres Symbol der Schlüssel, der die Tür aufschließt und zuschließt.

- Sch beschreiben den realen Gegenstand.
- Sch erzählen eigene Erlebnisse: Ich habe meinen Schlüssel verloren, ich habe ihn wiedergefunden.
- L liest das Märchen nach den Gebrüdern Grimm: Der goldene Schlüssel (**AB 1.0.6, Arbeitshilfen S. 31**).
- Sch formen mit Plastilin, was in dem Kästchen zu finden ist.
- Sie malen, was in dem kostbaren Kästchen liegt, und legen ihre Bilder um das Kästchen herum (**AB 1.0.7, Arbeitshilfen S. 33**).

Das Türsymbol im Märchen erkunden und deuten

Märchen, in denen eine Tür/ein Tor eine wichtige Rolle spielt, sind z. B:
Der Wolf und die sieben jungen Geißlein (Brüder Grimm, KHM, 5): Tür als Schutz; die geöffnete Tür als Tod bringend.
Frau Holle (Brüder Grimm, KHM, 24): das Tor, das Gold regnet; das Tor, das Pech regnet.
Hänsel und Gretel (Brüder Grimm, KHM, 15): die Tür als Verheißung, die Tür als Gefängnis.

Literatur

Bihler, Elsbeth, Symbole des Lebens, Symbole des Glaubens, Bd. 3, Limburg 1995, S. 142-171

1. Hintergrund

Das Hören hat als grundlegende Sinneswahrnehmung eine besondere Funktion für die Menschen: Es ist Voraussetzung für die Entwicklung der Sprache und damit für die wichtigste Form menschlicher Kommunikation.
Das Ohr ist zugleich eines der kompliziertesten Organe unseres Körpers, es kann ganz leise Töne registrieren ebenso wie sehr starken Schallwellen (z. B. beim Rockkonzert) standhalten. Ebenso kann es selektiv wahrnehmen, z. B. aus einem Chor eine einzelne Stimme heraushören.
Im Unterschied zu den Augen können sich die Ohren nicht schließen, um sich vor Reizüberflutung zu schützen, sie sind Lärm, Krach und Geräuschen schutzlos ausgeliefert. Das Hören geht häufig dem Sehen voraus. Geräusche dringen an unser Ohr, oft noch nicht eindeutig, bis wir das auch sehen können, was wir hörten. So sind Hören und Sehen aufeinander angewiesen.
Das Wort „Hören" wird häufig mit Präpositionen ver-

Meine Tür

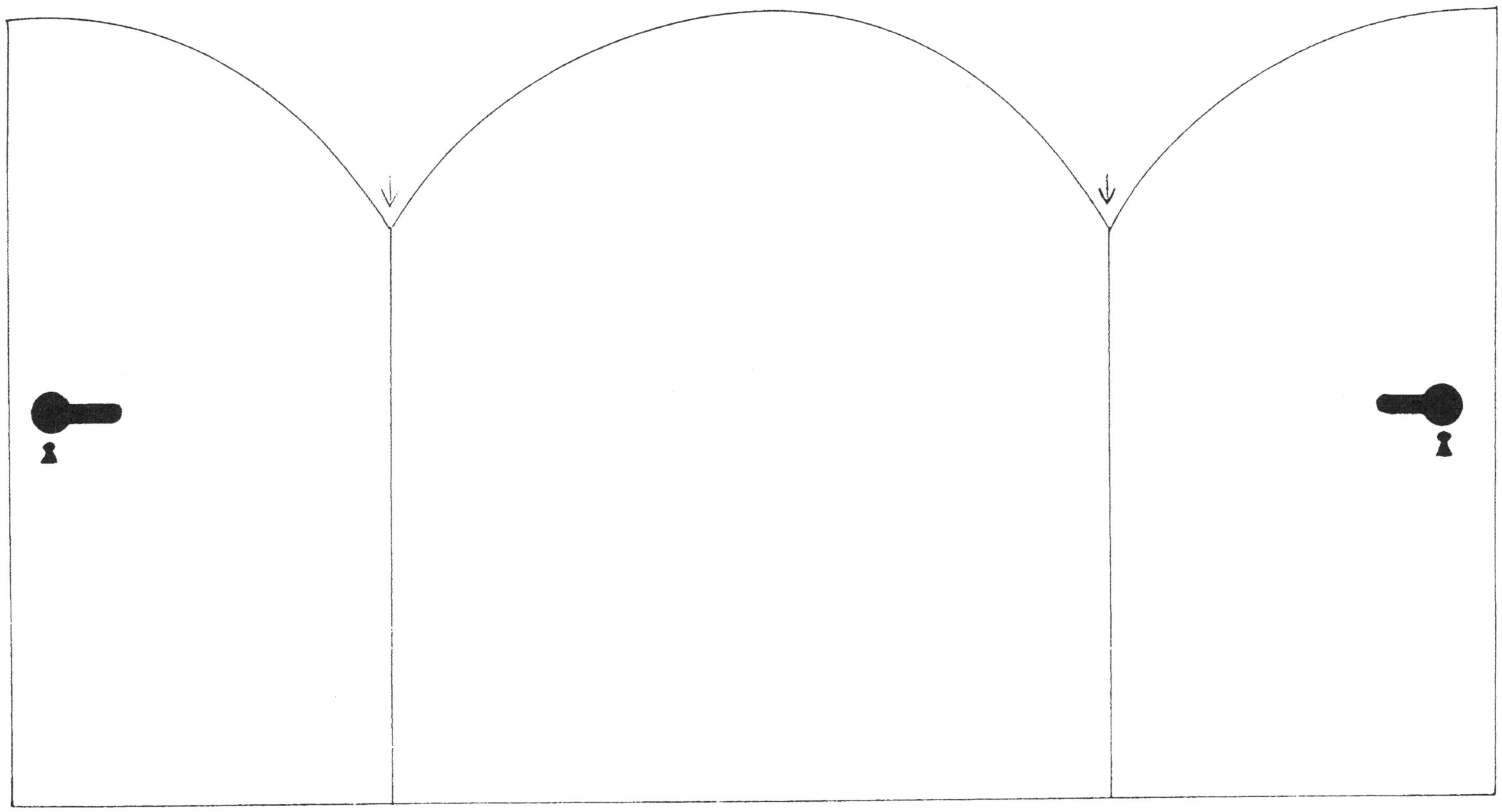

➤ Schneide die Tür entlang der Linien aus und knicke die Türflügel (siehe Pfeile) nach hinten um.

bunden, wie z. B. zuhören, auf etwas hören, jemanden erhören, etwas anhören, abhören. Damit wird die Bedeutung des Wortes differenziert; es erhält jeweils einen eigenen Akzent. Wer zuhört, konzentriert sich mit ungeteilter Aufmerksamkeit auf das, was der andere überbringen möchte. Erhört wird der, dessen Bitte entsprochen wird, während das Anhören eher unverbindlich bleibt.

„Hören" in der Bibel

In den biblischen Überlieferungen wird Gott häufig angefleht, damit er auf die Bitten seines Volkes hört. In den Psalmen korrespondiert mit der Bitte um Erhörung die Erfahrung des Gehört-Werdens, z. B. „Höre, o Gott, meine Klage" (Ps 61,2) und „Der Herr hat mein Weinen gehört" (Ps 6,9). Gott hört vor allem das Rufen der Unterdrückten. Gott fordert aber auch auf: „Hört auf mich!"

Im Buch Deuteronomium wird dieses Hören in Verbindung gebracht mit „im Gedächtnis behalten": „Bewahre und höre all das" (Dtn 12,38).

Die Propheten beklagen, dass das Volk Israel nicht auf die Weisungen Jahwes hörte, z. B. „Mit geöffneten Ohren hat dieses Volk nicht gehört" (Jes 42,20) oder „Ein Volk von Tauben, die dennoch Ohren haben" (Jes 43,8). Die Erwartung des zukünftigen Heils beinhaltet deshalb, dass „die Ohren der Tauben aufgetan werden" (Jes 35,5).

Im Neuen Testament ist es vor allem der Evangelist Markus, der dieses Motiv des Alten Testaments aufnimmt, der deshalb zuerst von der Heilung eines Taubstummen (Mk 7,31-37) vor der eines Blinden berichtet und damit das Hören vor das Sehen stellt. Jesus beklagt immer wieder, dass seine Botschaft auf taube Ohren stoße. Aus diesem Grund zielt die Heilung eines Taubstummen dahin, den Menschen Ohr und Mund zu öffnen, vor allem denjenigen, die zwar hören und sprechen können, aber gegenüber der Botschaft Jesu verschlossen bleiben.

Hör-Übungen

Was einleitend über die Bedeutung und die Anleitung von Stille-Übungen dargestellt wurde (vgl. Arbeitshilfen S. 21 ff.), gilt im Besonderen für die Übungen zum Hören.

In Sinnesübungen, wie z. B. Hör-Übungen, wird die Fülle der auf die Kinder einströmenden Umwelteindrücke reduziert und konzentriert, indem nur einer der üblicherweise integriert wahrnehmenden Sinne angesprochen wird. Die intensive Beschäftigung mit einem Sinnesorgan schult und verstärkt die auf das Organ bezogene Wahrnehmungsfähigkeit.

Die Stille ist entweder notwendige Begleiterscheinung der Aufgabe (z. B. bei den Hör-Übungen) oder sie entsteht durch die Aufgabenstellung von alleine. Die folgenden Übungen erreichen eine Sensibilisierung für das Hören bzw. das Lauschen. Nicht jedes Hören ist zugleich ein Lauschen. Wir können hin- oder weghören, manchmal hören wir nur mit halbem Ohr oder wir überhören etwas. Lauschen hingegen bedeutet gesammelte Wachheit und ungeteilte Präsenz. Lauschen ist einfühlendes Hören, das auch das innere Ohr erreicht.

Die im Folgenden dargestellten Übungen zielen in erster Linie auf ein solch vertieftes Hinhören oder Lauschen. Sie sind nicht ausschließlich für den RU konzipiert; sie sind auch unter allgemeinen pädagogischen Gesichtspunkten fächerübergreifend einsetzbar. Allerdings bekommt das Hören im religionspädagogischen Kontext eine neue Qualität im Zusammenhang mit dem Hören auf Gottes Botschaft und auf die innere Stimme.

Sch zur Stille zu führen kann auch deren Bereitschaft erhöhen, sich für die Erfahrungen, die der RU anstoßen möchte, zu öffnen.

Sch brauchen oft Hilfen, um zur Ruhe und Stille zu kommen. Deshalb sind spielerische Formen, die aus der Bewegung zur Stille führen, geeignet, Sch langsam mit Körper und Geist zur Ruhe kommen zu lassen. Ein äußerer Vorgang zielt dabei darauf ab, eine innere Haltung und Verfasstheit zu bewirken. Bewegung und Aktivität sollen ausschwingen und ausklingen können.

2. Einsatzmöglichkeiten im RU

Dem Mädchen mit der Muschel begegnen

Das Foto **fse 5** zeigt ein Mädchen im Freien (Garten, Wanderung in den Ferien). Sie hält eine Muschel in beiden Händen, die sie vielleicht aus den Ferien mitgebracht hat.

- Sch beschreiben, was sie auf dem Foto sehen.
- Das Mädchen hält die Muschel an das Ohr und lauscht. Was hört sie?
- Sch erzählen von eigenen Erfahrungen mit einer Muschel.
- Sch legen beide Hände wie eine Muschel um ihre Ohren: Was hören sie?
  Hinweis: Günstig ist es, wenn L eine Muschel für eine Hör-Übung einsetzt. Sch probieren aus.

Zur Ruhe kommen - hören lernen

Den Reifen hören

Ein Rhythmikreifen wird senkrecht auf den Boden gestellt und in eine Drehbewegung versetzt. Sch beobachten den sich drehenden Reifen, wie er schließlich zu Boden geht und dort still liegen bleibt. Sch ahmen die Bewegungen und Geräusche des sich drehenden Reifens klatschend, trampelnd oder summend nach. Sobald er still liegt, sind alle ruhig.

Der goldene Schlüssel

Zur Winterszeit, als einmal ein tiefer Schnee lag, musste ein armer Junge hinausgehen und Holz auf einem Schlitten holen. Wie er es nun zusammengesucht und aufgeladen hatte, wollte er, weil er so erfroren war, noch nicht nach Haus gehen, sondern erst Feuer anmachen und sich ein bisschen wärmen. Da scharrte er den Schnee weg, und wie er so den Erdboden aufräumte, fand er einen kleinen goldenen Schlüssel. Nun glaubte er, wo der Schlüssel wäre, müsste auch das Schloss dazu sein, grub in der Erde und fand ein eisernes Kästchen. „Wenn der Schlüssel nur passt!", dachte er. „Es sind gewiss kostbare Sachen in dem Kästchen." Er suchte, aber es war kein Schlüsselloch da, endlich entdeckte er eins, aber so klein, dass man es kaum sehen konnte. Er probierte und der Schlüssel passte glücklich. Da drehte er einmal herum: öffnete den Deckel – was wohl in dem Kästchen lag?

Brüder Grimm

Fantasieübung: Einen Stein ins Wasser werfen

Du bist an einem einsamen See im Wald, der See liegt ruhig da, es ist ganz still.
Du schaust dir den stillen See an.
Am Ufer findest du einen runden Stein.
Du nimmst ihn in die Hand
und wirfst ihn weit in den ruhigen See hinein.
Du hörst das Eintauchen des Steins in den See.
An der Stelle, wo der Stein ins Wasser gefallen ist, bilden sich Wellenringe an der Wasseroberfläche.
Langsam breiten sich die Wellenkreise über den ganzen See aus.
Dein kleiner Stein bewegt das Wasser in Wellen immer weiter.
Mit der Zeit werden die Wellen schwächer.
Je weiter sie sich vom Entstehungsort entfernen, desto schwächer werden sie.
Du kannst die Wellen sehen, weil die glänzende Wasseroberfläche das Licht zurückwirft.
Der eintauchende Stein hat das Wasser in Wellen versetzt.
Du konntest den Stein auch ins Wasser fallen hören.
Der Stein hat nämlich auch die Luft in Wellen bewegt.
Du kannst es nicht sehen,
aber du kannst es hören, wenn die Luftwellen an deinem Ohr ankommen.
Schallwellen sind schon lange an deinem Ohr angekommen, während das Wasser sich noch bewegt
– immer weniger –,
bis der See ganz ruhig liegt.

Variante: Sch schließen die Augen und hören die Geräusche des sich drehenden Reifens. Sobald er still liegt, werden die Augen geöffnet.

Der Kugel folgen
Der Reifen liegt auf dem Boden. Eine Holzkugel wird an den Innenrand gelegt und mit der Hand in Bewegung gebracht, sodass sie am Rand entlang rollt, ohne herauszuspringen. Alle beobachten die Kugel und sehen, wie sie zur Ruhe kommt.

Summen – Töne fühlen
L summt in verschiedenen Tonlagen und bittet Sch, nach und nach einzusetzen und mitzusummen. Diese sollen dabei verschiedene Töne ausprobieren und auf deren Wirkung im Körper achten. Nach etwa drei Minuten bleiben Sch bei dem Ton, der ihrer Meinung nach am besten zu ihnen passt. Nach und nach lassen Sch das Summen immer leiser werden und so langsam verklingen.
Vor der Übung kann es zur Verdeutlichung hilfreich sein, gemeinsam verschiedene Vokale zu singen und ihre Klangstellen im Körper durch das Auflegen der Hände aufzuspüren.

Der Klangschale lauschen
Sch schließen die Augen und legen den Kopf auf die Bank. Anschließend schlägt L einen Ton mit der Klangschale (Triangel, Glocke, Gong) an. Sch heben erst dann den Kopf bzw. öffnen die Augen, wenn der Ton ihrer Meinung nach völlig verklungen ist.

Eine Minute still stehen
Sch stellen sich hin und schließen die Augen. Jede/r soll so lange stehen bleiben, bis ihrer/seiner Meinung nach eine Minute vorüber ist. Mit zunehmender Übung verfeinert sich das Zeitgefühl.

Geräusche von außen wahrnehmen
Sch sitzen auf ihren Plätzen und schließen die Augen. L öffnet leise das Fenster. Sch lauschen auf die Geräusche, die von außen eindringen. Anschließend tauschen sie aus, was alles zu hören war.

Nach innen hören
Während der Stille achten Sch auf ihre Eigengeräusche (Atem, Verdauungsorgane).

Schulgeräusche erkennen
Sch sitzen bei geschlossenen Augen mit dem Rücken zu L. L erzeugt typische Geräusche aus dem Schulalltag: z. B. Tafel aufklappen, mit der Kreide auf Tafel schreiben, Fenster öffnen, Wasserhahn aufdrehen, ein Buch zuklappen, den OHP anschalten, Papier zerknüllen.

Geräuschekassette selbst herstellen
Sch nehmen zu Hause Geräusche mit dem Kassettenrekorder auf. In der Schule wird das Band vorgespielt; die anderen erraten, um welche Geräusche es sich handelt.

Töne und Musik aufnehmen

Töne einatmen
Musik wird vorgespielt. Sch lassen die Töne nicht nur mit den Ohren, sondern auch durch tiefes Einatmen in sich eindringen. Häufig spüren sie, wie die Musik im Bauch kribbelt.

Musik mit dem ganzen Körper aufnehmen
Sch lassen Musik auf sich wirken. L lenkt die Aufmerksamkeit zu den nach oben geöffneten Handflächen der Sch und bittet sie, sich vorzustellen, wie sie die Musik durch die Handflächen aufnehmen. Die Musik beginnt nach einigen Übungen im ganzen Körper zu schwingen bzw. fließt durch den ganzen Körper hindurch.

Ganzheitlich hören
Es wird eine abwechslungsreiche (möglichst nicht vertraute) Musik gewählt, der Sch in entspannter Haltung lauschen. Welche Farbe hat die Musik? Wie fühlt sie sich an? Woran erinnert sie dich?

Fantasieübung: Einen Stein ins Wasser werfen
Sch sitzen entspannt auf ihren Plätzen und haben die Augen geschlossen. Leise Meditationsmusik spielt. L liest Text von **AB 1.0.8, Arbeitshilfen S. 31**.

Hör-Übungen in Form von Spielen

Schatzsuche
Ein Kind bewacht den Schatz, es sitzt mit verbundenen Augen auf einem Stuhl. Darunter liegt der Schatz (Schlüsselbund, Buch o. Ä.). Alle anderen Sch sitzen im Kreis. L zeigt auf ein Kind, dies schleicht los und versucht den Schatz zu bekommen. Der Hüter zeigt dorthin, wo er etwas hört. Befindet sich dort der Dieb, muss er zum Platz zurückgehen und das nächste Kind versucht sein Glück.

Hör-Kim
Ein Kind erzeugt eine Reihe von Geräuschen (Schlagen auf den Tisch, Klopfen an die Scheibe, Tafelquietschen usw.). Dann wird die Reihe wiederholt oder verändert oder etwas wird weggelassen oder hinzugefügt. Die anderen Sch sitzen mit verbundenen Augen da und versuchen zu hören, was sich verändert hat.

Der goldene Schlüssel

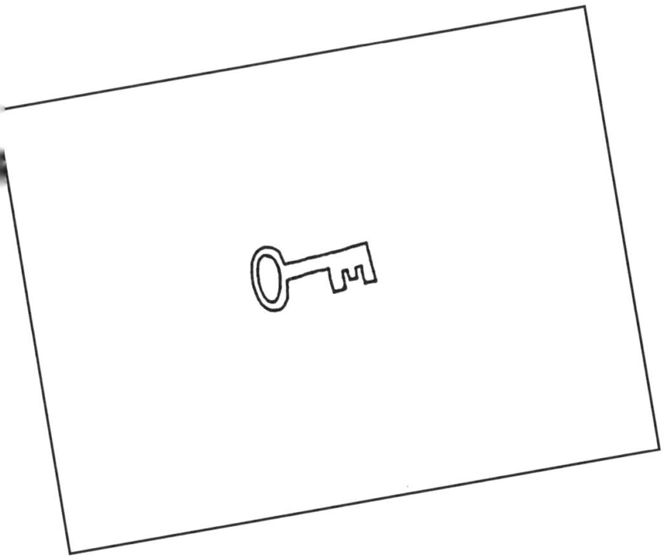

Stille Post
Sch sitzen im Kreis. Ein Kind denkt sich einen Satz aus und flüstert ihn dem nächsten ins Ohr. Dieses gibt an das nächste weiter, was es gehört hat. Das letzte Kind sagt laut, was bei ihm angekommen ist. Dann gibt das erste Kind bekannt, was es am Anfang geflüstert hatte. Anschließend wird besprochen, was geschehen ist: Was ist anders geworden? Woran hat es gelegen?

Ein Hör-Test: Hören und überhören
Ergänzt die angegebenen Situationen:
Ich höre gerne, ...
... wenn mir jemand sagt, dass er oder sie mich mag.
... wenn die Schulglocke am Ende der Stunde läutet.
Ich höre nicht gerne, ...
... wenn die Eltern mir eine Arbeit übertragen.
... wenn L mich ermahnt.
Ich überhöre gerne, ...
... wenn die Mutter oder der Vater mich etwas fragen.
... wenn die Geschwister mich um etwas bitten.

Mandalas

1. Hintergrund

Ein Mandala ist ein Bild, das Figuren und Zeichen konzentrisch um eine betonte Mitte herum ordnet. Das Wort Mandala kommt aus dem indischen Sanskrit und heißt „Kreis". Es gilt in der indischen und tibetischen Tradition als uraltes Meditationszeichen, als Schaubild der seelischen Ganzheit eines einzelnen Menschen und zugleich als Darstellung einer übergeordneten göttlichen Ordnung.
Mandalas spielen besonders im Buddhismus als Werkzeug zur religiösen Versenkung eine Rolle. Bekannt sind die Mandalas der tibetischen Mönche: Es sind riesige Figuren, die in wochenlanger Arbeit aus farbigem Sand auf dem Boden ausgelegt werden. Ist das Mandala fertig, wird es zerstört. Es geht nicht um das fertige Kunstwerk, sondern um den Vorgang seiner Herstellung. Der Weg ist das Ziel.
Überall auf der Welt findet man solche Zeichen und Symbole, die eine geheimnisvolle Anziehung auf Menschen ausüben. Auch in der christlichen Überlieferung sind sie bekannt, z. B. das Radbild des Nikolaus von der Flüe oder die Fensterrosetten mittelalterlicher gotischer Kirchen.
Eine typische westliche Form des Mandalas finden wir in den Darstellungen vom Labyrinth. Das „klassische" Labyrinth ist nicht der Irrgarten mit vielerlei Abzweigungen, sondern der geschlossene, gewundene Weg. Wer ihn beschreitet, wird in vielerlei Umgängen gezwungen, um die Mitte herumzulaufen. Erst wenn er den Innenraum vollständig abgeschritten hat, kann er das Zentrum erreichen. Viele mittelalterliche Kathedralen haben im Fußboden des Eingangsbereichs ein Labyrinth-Mosaik.
Vermutlich haben sich Mandalas aus der Betrachtung der Natur entwickelt. Wir finden sie in der Baumscheibe mit ihren Jahresringen, bei der sich öffnenden Blume, in den Kreisen, die das Wasser zieht.
Der Kreis übt durch seine einfache und klare Form große Wirkung auf die Menschen aus. C. G. Jung hat in seinen Studien entdeckt, dass das Symbol des Kreises immer wieder für eine Zentrierung der eigenen Persönlichkeit, für ein Zur-Mitte-Finden steht, in dem heilende und ordnende Kräfte wirken. In Mandalas kommen Strukturen der Seele zum Ausdruck, die das Individuelle übersteigen und in die umfassenden Rhythmen des Lebens einbeziehen.
Das Arbeiten mit Mandalas kann in allen Altersstufen erfolgen. „Auch Sch, die noch nicht einmal lesen und schreiben können, machen gerne mit" (Döring 30). Auch wenn L Mandalas ohne thematischen Bezug einsetzen können, ist das Arbeiten mit Mandalas vor allem zur Vertiefung eines Themas oder Themenbereichs sinnvoll. Das Unterrichtsthema wird in der vorgesehenen Ordnung im Mandala gestaltet, wird vom einzelnen Sch verinnerlicht und findet einen individuellen Ausdruck. Für diesen Prozess ist genügend Zeit einzuplanen. Eine ruhige Atmosphäre (Musik), ein frei geräumter Platz, ein gestalteter gemeinsamer Beginn (Klangschale) erleichtern den Einstieg in das Mandala-Gestalten. Die Arbeit mit Mandalas ausschließlich zur „Ruhigstellung" der Sch zu funktionalisieren, würde viele Chancen vertun.

2. Einsatzmöglichkeiten im RU

Mandalas in der Natur entdecken
Sch betrachten und betasten Naturalien, z. B. durchgeschnittenes Obst und Gemüse, wie Apfel, Rotkohl, Chinakohl, das Gänseblümchen, die Baumscheibe mit ihren Jahresringen, das Schneckenhaus usw.

Mandalas mit Materialien aus der Natur legen
Sch gestalten mit Naturmaterialien (Steinen, Federn, Kastanien, Zapfen) oder Legematerial im Kreis „Mitte-Bilder". Als Grundlage dienen Tücher. Eine Kerze oder ein Teelicht wird anfangs zur Orientierung in die Mitte gestellt. Ein Rhythmikreifen hilft die Kreisform zu finden. Wenn das Bild fertig ist, wird der Reifen entfernt.

Die fertigen Mitte-Bilder werden gemeinsam betrachtet oder mit Gesang oder meditativem Tanz umschritten.

Mandalas aus Naturmaterialien selbst entwerfen

Wenn Sch der Umgang mit Mandalas im ersten Schritt vertraut ist, können sie bald selbst Grundstrukturen eines Mandalas entwickeln. Von Naturmaterialien, z. B. einer Blüte (Rose, Kamille) oder einem Schneckenhaus (Spirale), lassen sich Grundstrukturen ablesen, die Sch mit farbigen Wollfäden auf dem Boden legen und zu einer Mitte zentrieren. Zu dieser Grundstruktur lassen sich auch getrocknete Blätter, Blütenblätter, Blüten oder Gräser legen (vgl. Fotos **fse 5**).

Jahreszeiten-Mandalas erfinden

Die Entscheidung, mit welchen Materialien Mandalas gelegt werden, hängt von den Jahreszeiten und den örtlichen Gegebenheiten ab.

- Naturerfahrungen des Urlaubs werden mit Muscheln und Steinen eingefangen.
- Ein Blüten-Mandala bietet **AB 1.0.9, Arbeitshilfen S. 36**.
- Ein Herbst-Mandala wird aus buntem Laub, Eicheln und Nüssen gestaltet.
- Bei einem Lehrgang in den Wald legen Sch ein Tannenzapfen-Mandala an.
- Ein Erntedank-Mandala aus Früchten des Feldes, der Gärten oder des Waldes wird zum Erntedankfest im Rahmen eines Gottesdienstes in der Kirche oder der Schule gelegt oder auch als Zeichnung oder Klebebild angefertigt nach **AB 1.0.10, Arbeitshilfen S. 37**.
- Ein Advents-Mandala entsteht aus vier Teelichtern, Tannen- und Kieferngrün und roten Bändern.
- Ein Stern-Mandala (**AB 1.3.21, Arbeitshilfen S. 149**) wird im Rahmen des Kap. 3 „Advent und Weihnachten erleben" gestaltet. Eine einfache Gestaltungsvorlage für ein Kerzen-Mandala bietet **AB 1.0.11, Arbeitshilfen S. 38**.
- Ein Winter-Mandala wie ein Eiskristall lässt sich aus weißen und blauen Tüchern und Wollfäden legen. Eine anspruchsvolle Gestaltungsvorlage bietet **AB 1.0.12, Arbeitshilfen S. 39**.

Mandalas ausmalen

L stellt genügend bunte Stifte zur Verfügung, damit die Farbauswahlmöglichkeiten während des Malens erhalten bleiben. Buntstifte, Wachsmalfarben und Kreide ermöglichen einen differenzierteren bzw. flächigeren Farbauftrag als (oft giftige) Filzstifte.
Sch wählen die Farben völlig frei. Es gibt keine Vorgaben über Farben, die „zueinander passen".
Während des Malens müssen Sch still sein. Unter Umständen unterstützt meditative Musik die Phase des Stillwerdens.
Für das Malen steht ausreichend Zeit zur Verfügung. Wird sie einmal knapp, ist es besser, das Mandala unfertig zur Seite zu legen und später zu vervollständigen, als es noch schnell „voll" zu malen.
Wenn einzelne Kinder früher fertig werden als der Rest der Klasse, können sie das ausgemalte Mandala weiter bearbeiten, z. B. die Kreisform ausschneiden, auf farbiges Papier kleben; dem Mandala eine Überschrift geben; ein Gedicht dazu erfinden; die Rükkseite mit Karton verstärken.
Alle ausgemalten Mandalas werden als Fries an die Wand gehängt und dienen als Anregung und Verzierung des Klassenraumes.
Es empfiehlt sich, nach dem Malen ein Gespräch anzubieten, bei dem die Bilder gezeigt und die Erfahrungen und Gedanken ausgetauscht werden.
L wählt die Schwierigkeit und Größe der Vorlagen gemäß der Erfahrung der Sch und der Maltechnik aus. Verwenden Sch Buntstifte, genügt die Größe DIN A4 oder kleiner. Malen Sch mit Wasserfarben, tun sie sich mit DIN-A4- oder DIN-A3-Papier leichter.

Das Wichtigste beim Malen eines Mandalas ist das Malen selbst. Danach folgt etwas Neues, das mit dem Malen nicht in Verbindung steht.

Weiterarbeit mit gemalten Mandalas

Eine Klassen-Galerie einrichten

Die einfachste Form, Mandalas der einzelnen Sch in der Klasse zu zeigen, ist es, sie im Klassenzimmer aufzuhängen, z. B. so, dass aus den einzelnen Mandalas ein großes Gesamtmandala gestaltet wird.
Die Papierbilder, vor allem, wenn sie mit Wasserfarben gemalt sind, halten länger, wenn L sie mit Mattlack überzieht.

Leuchtende Mandalas herstellen

Die gemalten Mandalas werden auf der Rückseite mit üblichem Speiseöl ganz dünn eingeölt, ohne dass die Farben verwischen. Am Fenster aufgehängt, leuchten die Farben dann besonders schön.

Ein Transparent anfertigen

L schneidet aus schwarzem oder farblich passendem Plakatkarton einen Rahmen und klebt das geölte Mandala dahinter. Mit einem breiteren Rahmen aus Karton, der geknickt wird, lässt sich das Mandala aufstellen und von hinten mit einer Kerze beleuchten.

Mandala-Laternen basteln

Ein zusammenhängender Rahmen aus Plakat-Karton für vier geölte Mandalas lässt sich als Standlaterne über einer Kerze, einem Teelicht oder mit einem Drahtbügel als Laterne zum Tragen verwenden.

Blüten-Mandala

Erntedank-Mandala

Kerzen-Mandala

Winter-Mandala

Einen Kalender herstellen
Die Mandalas werden auf vorgefertigten Kalenderblättern (Fachhandel) oder farbigem Karton zu einem Wochen- oder Monatskalender zusammengefasst.

3. Weiterführende Anregungen

Große Sand- oder Kies-Mandalas streuen
Als Grundstruktur dient ein Mandala, das schon farbig ausgemalt wurde. Sch streuen farbigen Sand auf die aufgemalten Flächen. Erleichtert wird das Streuen, wenn der Sand in kleine Tütchen gefüllt ist, in deren eine Ecke ein kleines Loch geschnitten wurde.
Wenn farbiger Kies verwendet wird (z. B. Kakteen-Kies), entstehen durch die unterschiedlich großen Kies-Körner Relief-Strukturen. Dieses Material eignet sich vor allem zur Gestaltung von Pausenhöfen.

Ein Mandala töpfern
Sch formen eine Scheibe aus Ton, Knetgummi, Fimo. Dabei ritzen Sch ein Grundmotiv ein. Je nach Größe der Scheibe und Erfahrung der Sch werden kleinteiligere Ornamente ergänzt. Soll am Ende eine Glasur die Scheibe verschönern, dürfen die Flächen nicht zu klein sein! Wenn die Schule einen Werkraum (inkl. Brennofen) hat, empfiehlt es sich, dort zu töpfern und die Objekte nach der Trocknungsphase zu brennen, damit Sch die Mandalas nach Hause nehmen können.

Literatur

Bläsius, Jutta, Madalas mit allen Sinnen. Kreisbilder tasten, turnen, sehen, hören und schmecken. Neue Gestaltungsvorschläge, München 2003
Döring, Bruno, Mandalas der Welt, München 1992, Heft 1
Maschwitz, Gerda u. Rüdiger, Neue Mandalas – aus der Mitte wachsen. 20 Blätter mit Malvorlagen und Begleitheft, München 1998

1. Hintergrund

Für die Stille-Übungen wird eine über die vier Jahrgänge verteilte Gebärdenfolge angeboten (**AB 1.0.13, Arbeitshilfen S. 41**). Alle Grundhaltungen (ausgenommen die liegende Haltung) sind aufgenommen. In jedem Jahrgang werden vier Gebärden eingeübt; bis zum Schluss der Grundschulzeit kann so eine 16-teilige Gebärdenfolge verinnerlicht werden.
Gebärden sind in allen Religionen eine Ausdrucksform des Gebetes. Im Christentum kennen wir das Stehen, das Knien, die Orante-Haltung, die Verneigung u. a. m. Gebärden verdeutlichen, dass der Körper wesentlich am Gebet beteiligt ist. fse bietet L und Sch an, die Sprache der Gebärden kennen zu lernen und sich in sie einzuüben.
Gebärden wirken, indem man sich auf sie ganz einlässt. Die äußere Haltung bewirkt eine innere Gestimmtheit. Am Anfang steht die Wahrnehmung des Körpers: Ich bin da, gegenwärtig, spüre, wie ich atme, bin mir meiner Haltung bewusst, bin mir gegenüber achtsam, nehme mich wahr und so an, wie ich bin. Die Offenheit gegenüber der eigenen Person überträgt sich auf die Offenheit anderen gegenüber, ermöglicht auch ein Achtsam-Werden gegenüber der Umwelt. Schließlich sind Gebärden eine Form des Gebetes.
Die Reihenfolge der vier Gebärden orientiert sich am Rhythmus: Offene – geschlossene Form.

Gebärde 1
Im Stehen: Die Hände liegen übereinander auf dem Unterbauch, die Daumen in der Nabelgegend. Sch stehen eine Weile ruhig. Dann in den Knien ein wenig nachgeben und sie wieder aufrichten. Die Augen schließen. Die Ruhe wahrnehmen. Den Atem spüren. Mit den Händen den Bauch spüren. Mit dem Bauch die Hände spüren. Die Haltung auflösen und wiederholen.
Bild: Ähnlich wie ein Baum verwurzelt sein, wie ein fester Stamm sein.
Worte: Ich spüre meine Mitte. Ich bin in meiner Mitte. Ich bin da, ganz bei mir.
Wie ich hat vieles eine Mitte: die Blume, das Mandala, die Rosette in der Kirche, der Apfel. Ich suche die Mitte von dem, was mich umgibt.

Gebärde 2
Im Stehen: Unterarme sind nach vorne gerichtet, die Hände mit der Innenfläche nach oben offen.
Beginn: Entspannt stehen, die Arme sind am Körper. Den rechten Arm langsam nach vorne führen, dann ebenso langsam den linken Arm. Die Handinnenfläche bleibt nach oben gerichtet.
Alternative: Den Oberkörper beugen und mit beiden Armen von unten her „schöpfen", bis die Haltung eingenommen ist.
Bild: Die Hände sind eine leere Schale. Ich lasse sie füllen: mit einem Gegenstand (Zweig, Stein), mit einem Wort, das mir wichtig ist, mit einem Namen. Sich vorstellen, was in meiner Hand liegen soll, was für mich wertvoll ist, ein wertvolles Geschenk.

Gebärdenfolge

Worte: Ich bin offen für das, was kommt. Ich lasse mich beschenken. Gott hat uns reichlich beschenkt: mit Menschen, mit der Natur, mit einem (gesunden) Körper.
Fantasieübung: Etwas wird in meine Hand gelegt: Was ich mir wünsche – ein Wort, das ich hören möchte – ein Satz – Wie heißt er?

Gebärde 3

Die Arme sind in Schulterhöhe ausgebreitet und die Handinnenflächen nach oben gerichtet.
Beginn: Die Arme werden über die Seite langsam nach oben geführt bis in Schulterhöhe, die Handinnenflächen zeigen nach oben. Die Arme langsam sinken lassen. Wiederholen. Die Haltung mit dem Atem verbinden: Einatmend die Arme heben, ausatmend die Arme senken. Den Raum erspüren: den Raum über den Armen, den Raum unter den Armen. Versuchen, ein paar Atemzüge in der Haltung zu bleiben.
Bild: Ich bin wie ein Baum: Beine, Rumpf und Kopf sind der Stamm. Mit den Füßen bin ich fest verwurzelt in der Erde. Die Arme strecken sich wie die Äste der Sonne entgegen.
Worte: Wir freuen uns über die Sonne, den blauen Himmel. Wir freuen uns über den schönen Tag. Ich atme tief die frische Luft ein. Wir erheben unsere Hände zu Gott. Wir loben ihn für ...
„Und meine Seele spannte weit ihre Flügel aus!" (Eichendorff)

Gebärde 4

Einen Fuß bewusst hinstellen, den anderen dazustellen: leicht auseinander. Die Arme hängen entspannt. Die Finger sind leicht geöffnet, dann geschlossen, die Finger umschließen den Daumen locker (ohne sie anzuspannen). Das Gewicht auf den rechten Fuß verlagern, auf den linken, hin und her wiegen, nach vorne, nach rückwärts, bis ich fest und sicher auf dem Boden stehe. Ich spüre den Boden.
Bild: Stehen wie ein Baum, fest verwurzelt. Der Stamm ist kräftig. Auch ein Sturm kann ihn nicht umwerfen.
Worte: Ich beobachte meinen Atem, wie er kommt und geht. Ich stehe fest an meinem Platz; in meiner Klasse. So wie ich dastehe, bin ich von Gott gewollt. Er schaut mich an. Ich danke, dass ich so stehen kann. Ich bin bereit für diesen Tag.

Die Bilder und Worte zu den einzelnen Gebärden sind Angebote. Sie sind sparsam zu verwenden. Oft braucht es gar keine Worte. Die Haltung spricht aus sich und ist schon das „Wort" und das Gebet.

Musik

Zur Begleitung der einzelnen Übungen eignet sich langsame klassische Musik, vor allem Musik aus dem Barock von Händel, J. S. Bach, Vivaldi, Telemann, Albinoni, Pachelbel.
Möglich ist auch Meditationsmusik zur Entspannung, z. B. von Oliver Shanty, Kitaro.

Literatur

Hilfreiche Einführungen, die eigenes Üben nicht ersetzen:

Grün, Anselm/Reepen, Michael, Gebetsgebärden, Münsterschwarzach [9]2000
Jäger, Willigis/Grimm, Beatrice, Der Himmel in dir. Einübung ins Körpergebet, München [2]2001
Dazu CD: Der Himmel in dir. Einübung ins Körpergebet, München 2001
Kurse zum Körpergebet: Auskunft: Benediktushof, Klosterstr. 10, 97292 Holzkirchen, Fax 09369-98 38 38

2. Einsatzmöglichkeiten im RU

Gebärden im Anfangsunterricht

Im Anfangsunterricht zum Lesen- und Schreibenlernen nutzen L unterstützende Lautgebärden, die Sch bei der Lautanalyse und -differenzierung helfen. Ebenso nutzen viele L Gebärden zur Ritualisierung des Zusammenlebens, z. B. Handzeichen oder Körperhaltungen für das gewünschte „Leise sein" oder das „Bilden eines Sitzkreises". Hier sind Gebärden die Aufforderung zu einem gewünschten Verhalten.
Im Unterschied dazu drücken die hier dargestellten Gebärden eine innere Haltung, eine Gestimmtheit aus. Diese didaktische Unterscheidung muss deutlich werden.
L muss sich mit den Kolleg/innen, die ebenfalls in der eigenen Lerngruppe unterrichten, über die bereits eingeführten und in ihrer Bedeutung bereits besetzten Gebärden verständigen.

Jahrgangsübergreifende Lerngruppen

Befinden sich Schüler mehrerer Jahrgänge in der Lerngruppe, ist es sinnvoll, den Zeitpunkt zur Einführung einer neuen Gebärde vom jeweils aktuellen Lernschwerpunkt abhängig zu machen. So steht bei der Einübung einer neuen Gebärde deren Ausdrucksintention im Vordergrund der Betrachtung. L nimmt sich Zeit, über die Bedeutung von eigenen Gedanken und Gefühlen (innere Haltung) und Körperhaltung mit den Schülern nachzudenken.
L überlegt gemeinsam mit Sch: Finden wir eine einfühlsame oder treffende Körperhaltung, die das ausdrückt, was uns jetzt wichtig ist?
Das Nachdenken über den Zusammenhang zwischen bewusster Körperhaltung und Ausdruckskraft des eigenen Körpers ist für Kinder, die heute in zunehmender Bewegungsarmut aufwachsen, eine wichtige Erfahrung.

Die hier dargestellten Gebärden bieten dabei Orientierung.

Voraussetzungen für die Durchführung der Gebärden

- Zu Anfang ist es gut, wenn L die einzelnen Haltungen in eine Geschichte kleidet oder mit einem Symbol verbindet (Baum, Geschenk, Tür).
- Hilfreich ist außerdem die Verbindung einer Gebärde mit Musik (Musikbeispiele vgl. unten). Gebärden lassen sich mit einfachen Tanzschritten kombinieren.
- Eine wichtige Voraussetzung: L hat jede Gebärde selbst eingeübt. Nur so kann etwas von der Haltung auf Sch übergehen. Es gilt: „Von einer Wahrheit (von einer Gebärde) so überzeugt sein, dass sie einem Kind weitergegeben werden kann."
- Wie bei anderen Stille-Übungen, plant L auch hier den Zeitpunkt der Durchführung sehr genau. Möglich sind Unterrichtsbeginn und -schluss. Aber auch dann, wenn sich ein Thema durch eine Gebärde verkörpern und vertiefen lässt, kann die Gebärde eingesetzt werden.
- Die vier Gebärden zeigen den Anfangs- und Endpunkt der Haltung. L und Sch werden angeregt, weitere Haltungen für sich zu entdecken, passend zu den verschiedenen Themen im RU.

Den Körper lockern und beweglich machen

- Stehen, Füße etwa in Schulterbreite auseinander, Hin-und-Her-Wiegen: rechts, links, nach vorne, nach hinten.
- Finger, Arme, Schultern, Beine, Füße bewegen, mit den Füßen stampfen, den ganzen Körper bewegen: wie eine Gummifigur; auf ein Zeichen hin zur Ruhe kommen.
- Den Körper abklopfen: Die rechte Faust klopft den linken Arm von oben bis in die Fingerspitzen und zurück. Wechsel. Mit beiden Fäusten die Brust, den Bauch, die Beine (von unten nach oben, links und rechts), die Schulter und den Rücken soweit es geht, vorsichtig den Hinterkopf und das Gesicht. Zum Schluss mit den Handflächen den Körper abstreifen.
- Nach den einzelnen Teilen der Übung nachspüren: Was hat sich verändert? Wie fühlen sich die einzelnen Körperteile an? Wie fühle ich mich jetzt?
- Mit Musik sich frei im Raum bewegen, eine Bewegung zum Rhythmus der Musik ausprobieren. Mit den Armen in den Raum ausgreifen, den Raum um mich herum „erobern": oben, unten, hinten, vorne.

Die Gebärde ausführen

- Am Ende der Bewegungsübungen steht eine der vier Haltungen, im Laufe des Schuljahres die vollständige Gebärdenfolge (vgl. **AB 1.0.13, Arbeitshilfen S. 41**).
- Sch finden einen Satz, ein Wort, das zu der Gebärde passt.
- Die einzelnen Gebärden werden immer wieder geübt. Nach einiger Zeit werden Sch eigene Vorschläge äußern.

Meine Hand erforschen

Neben den Gebärden kann im Laufe des Schuljahres die Hand als Symbol für Stille-Übungen eingesetzt werden:

- die Hand betrachten, die Handinnenfläche, die Linien der Hand. Bewegungsspiele mit der Hand.
- Was die Hand alles kann: Gutes und Zerstörerisches.
- Mit der Hand reden, mit der Hand Gefühle ausdrücken usw.
- Die Hände der Klasse in Fingerfarben abdrucken und zu einem Kreis legen.

1 Herzlich willkommen im Religionsunterricht!

1. Religionspädagogische und theologische Hinweise

Mit der Grundschulzeit beginnt für die Kinder ein neuer Lebensabschnitt. Erwartungsvoll und mit Neugierde machen sie sich auf den Weg zur Schule. Aber es schwingen auch Gefühle des Abschieds von der Kindergartenzeit mit, die Angst, die Geborgenheit des Elternhauses verlassen zu müssen und die Ungewissheit, ob sie sich im neuen Umfeld zurechtfinden.
Eine erste Sicherheit gewinnen Sch, wenn sie Vertrauen zu L fassen und Freunde und Freundinnen finden, wenn Schule als Ort gemeinsamen Lebens und Lernens erlebt wird. Das bestärkt Sch, mit Zuversicht ihren Weg durch das erste Schuljahr zu gehen.
Der RU nimmt die vielfältigen Erwartungen und Unsicherheiten der Sch ernst. Er beginnt deshalb mit grundlegenden Erfahrungen: dem Vertraut-Werden des Raumes (**fse 8**) und der Aufnahme zwischenmenschlicher Beziehungen (**fse 9**, **fse 11**). Im gemeinsamen Spielen und Singen werden erste Aufgaben bewältigt (**fse 12/13**).
In diesen ersten Stunden geht es um den wertschätzenden Umgang von L und Sch und der Sch untereinander. Das Zurechtfinden in einer Gruppe kann Sch auch bei der (unausgesprochenen) Frage nach ihrer Identität helfen: Wer bin ich und wohin gehöre ich? Die Individualität und Einmaligkeit einer jeden Sch und eines jeden Sch, verbunden mit der Erfahrung der Zugehörigkeit, ist somit ein wichtiger Ausgangspunkt für den RU und eine der Voraussetzungen, die religiöse Dimension des Lebens zu entdecken.
Ein weiterer Schwerpunkt des ersten Themenbereichs ist die Frage nach dem Proprium des RU. Inhaltlich geht es dabei um die Zugehörigkeit der Menschen – jenseits der sozialen Bindungen – zu einem größeren Gegenüber, um die Anbindung an den letzten Grund menschlichen Seins.
Das Religionsbuch fragen – suchen – entdecken (fse) führt Sch in einzelnen Schritten behutsam von der vordergründigen Erfahrung zu der Wirklichkeit „hinter der Wirklichkeit“:

- Das Staunen kann ein Weg sein von der sinnlichen Wahrnehmung zum Innern des Menschen und zur Frage nach dem Sinn und Ziel von allem, was ist. Im Fragen und Nachdenken stoßen Sch auf die „Fragwürdigkeit“ von Welt und Mensch (**fse 16/17**).
- Im Hören auf das, was andere ins Wort fassen, erahnen sie das Geheimnis, das hinter dem steckt, was vor Augen ist (**fse 18/19**).
- In den verschiedenen Metaphern, die Menschen für ihre Gottesvorstellungen wählen, entdecken Kinder eigene Bilder oder finden neue.
- Schließlich nehmen sie im eigenen Tun und Sprechen eine Beziehung auf zu dem, den wir „Gott“ nennen (**fse 20**).

2. Das Thema im Lehrplan

Das Eingangskapitel von **fragen – suchen – entdecken** legt seinen Schwerpunkt auf den ersten Themenbereich des Lehrplans: 3.1 „Ich die Anderen, die Welt und Gott“. Hier wird die Anfangssituation der Sch aufgenommen in der persönlichen und freundlichen Einladung durch zwei Kinder: „Herzlich willkommen im RU!“ Durch das Betrachten des Schulzimmers und der Personen findet sich das Kind als Sch langsam in der neuen Umgebung zurecht. In einem nächsten Schritt steht Sch im Mittelpunkt: Äußere Merkmale, Individualität und Einmaligkeit werden angesprochen.
Sch wendet sich den Mit-Sch zu und nimmt sie in ihrer Besonderheit wahr als eigenständige Gegenüber. Das Kennenlernen und Aufeinander-Zugehen wird angebahnt. Spiele und Unternehmungen führen Sch zusammen. Dabei üben sie zugleich wichtige Verhaltensweisen ein.
Eine wichtige Voraussetzung für das Lernen ist für Sch, sich in der Gruppe angenommen zu wissen. In den Fragen: „Wer mag mich?“ und „Wen mag ich?“ wird die Beziehungsdimension ausdrücklich angesprochen. Sch suchen in der neuen Situation die Erfahrung von Sicherheit, Zuwendung, Verlässlichkeit. Sch können über Regeln für das Miteinander in einer Klassengemeinschaft und über die Verantwortung füreinander nachdenken. So werden hier auch erste Fragestellungen aus dem Lernbereich 3.5 „Maßstäbe christlichen Lebens“ angebahnt.
Entsprechend LP 3.1 „Ich, die Anderen, die Welt und Gott“ werden Sch durch Bilder aus der Natur, der Technik und dem Lebensumfeld animiert, hinter den alltäglichen Erscheinungen das Staunenswerte zu entdecken und im Nachdenken und Weiterfragen dem Grund allen Lebens auf die Spur zu kommen. Das Staunen kann die Bereitschaft wecken, sich dem zentralen Inhalt des RU zuzuwenden: Von Gott und von der Welt sprechen (und darin vom Menschen).

Schließlich werden Sch durch verschiedene Metaphern angeregt, für sich Bilder von Gott zu finden und in verschiedenen Ausdrucksmöglichkeiten sich diesem Gott zuzuwenden. Hier werden in ersten kindgemäßen Zugängen Aufgabenschwerpunkte aus dem Lernbereich 3.2 „Religion und Glauben im Leben der Menschen" aufgegriffen.

3. Jahrgangsübergreifende Einsatzmöglichkeiten

Das Willkommenheißen der Schulanfänger und das bewusste Einbringen der eigenen Lernerfahrungen stärkt einerseits das Selbstvertrauen der älteren Sch und bietet andererseits eine lebensnahe und bedeutsame Lernsituation, bei der die Haltung des fürsorglichen Miteinanders weiter entwickelt und das Interesse an den anderen, den neuen Mitschüler/innen, herausgefordert wird.
Das Kapitel „Herzlich willkommen im Religionsunterricht" bietet somit auch für Sch im 2. Lernjahr wichtige und neue Anforderungen.
Dazu werden im Folgenden zu jeder einzelnen Lernsequenz Aufgaben-Vorschläge für jahrgangsübergreifende Lerngruppen gemacht, die bereits vorhandene Lernerfahrungen oder weiter entwickelte Schreib- und Lesefähigkeiten aufgreifen und für die gemeinsame Themenbearbeitung nutzen.
Mit dem Thema „Willkommen im RU" kann L, wie im LP gefordert, die „religionspädagogisch-biografische Pünktlichkeit" (LP 2.1) gerade in der Anfangssituation herausfordernd nutzen.

4. Verbindungen zu anderen Fächern

Viele Bezüge zu anderen Unterrichtsfächern ermöglichen eine Zusammenarbeit und die Vertiefung des Themas auch außerhalb des RU:
EVANGELISCHE RELIGIONSLEHRE: Miteinander leben; Gott sucht den Menschen, Menschen suchen Gott
DEUTSCH: 1.1 Fähigkeiten und Fertigkeiten zur Orientierung in der Lebenswelt und im Umgang miteinander; 1.3 Sprachliches Selbstvertrauen, sprachliches Miteinander und gegenseitige Wertschätzung; 2.2 Sprachliches Handeln in herausfordernden Situationen; 3.1 Entwicklung einer Gesprächskultur.
KUNST: 2.1 Das Wahrnehmen weiter entwickeln; 3.2 Auseinandersetzung mit Bildern und Objekten.
MUSIK: 1.1 Entwicklung der musikalischen Ausdruksfähigkeit; 1.3 Freude an der Bewegung zur Musik; 2.1 Gemeinsames Musik machen mit der Stimme; 2.2 Gestaltung des Schullebens.
SACHUNTERRICHT: 1.3 Achtung vor der Würde des Menschen und kritische Solidarität in der sozialen Gemeinschaft; 2.2 Lebenswirklichkeit der Schülerinnen und Schüler; 3.4 Zusammenleben in der Schule und Zuhause.

5. Lernsequenz

Planungsskizze	Überschriften in fse	Inhalte im Lehrplan
I. Einander kennen lernen, mich selbst wahrnehmen, meine Banknachbarn, Mit-Sch, L Aufeinander zugehen	Herzlich willkommen im RU! **fse 7** In der Klasse **fse 8/9** Das bin ich – wer seid ihr? **fse 10/11** Wir gehören zusammen **fse 12/13**	3.1 Ich, die Anderen, die Welt und Gott 3.5 Maßstäbe christlichen Lebens
II. Wer für mich wichtig ist Für wen ich wichtig bin	Wen mag ich? **fse 14** Wer mag mich? **fse 15**	3.1 Ich, die Anderen, die Welt und Gott
III. Was machen wir im RU?	Staunen – fragen – nachdenken **fse 16/17** Was Menschen von Gott erzählen **fse 18/19** Wie Kinder mit Gott reden **fse 20**	3.1 Ich, die Anderen, die Welt und Gott 3.2 Religion und Glaube im Leben der Menschen

6. Lebensbilder 1/2

Folgende Fotos aus der Folienmappe Lebensbilder 1/2, vgl. Arbeitshilfen S. 19, sind für einen situativen Einsatz hilfreich:

Nr. 1: Ich bin da; Nr. 2: Ich staune; Nr. 3: Ich verkleide mich; Nr. 4: Ich freue mich; Nr. 7: Ich tröste; Nr. 12: Wir sind Partner; Nr. 13: Wir sind Freunde; Nr. 14: Wir vertragen uns; Nr. 30: Mädchen vor Kerzen; Nr. 32: Alte Brücke.

Herzlich willkommen im Religionsunterricht! — fragen – suchen – entdecken 7

1. Hintergrund

Auf dem Foto der Titelseite **fse 7** lächeln zwei Kinder mit Schultaschen und Schultüten die Betrachtenden an. Der Junge und das Mädchen sind als Schulanfänger erkennbar. Sie wurden vom Fotografen vor eine Wand mit Pflanzen gestellt, so wie viele Sch aus der ersten Klasse für ein Erinnerungsbild fotografiert werden. Das Foto ruft in Sch ähnlich erlebte Situationen vom ersten Schultag wach. Sie können sich mit diesen Kindern identifizieren. Als „Gleichgesinnte" werden sie im für sie noch fremden Fach RU begrüßt. In interaktiver Weise sprechen sowohl die beiden Kinder als auch das Religionsbuch selbst Sch an und laden sie freundlich ein, sich miteinander auf den Weg zu machen um den RU kennen zu lernen.

2. Einsatzmöglichkeiten im RU

Erster Schultag – das Foto betrachten

Erster Schultag. Woran erkennst du, dass das Foto Kinder am ersten Schultag zeigt? Was erzählen die beiden vom ersten Schultag und was verraten ihre Gesichter? (Ein Grundmodell der Bilderschließung findet sich Arbeitshilfen S. 74.)

Gespräch im Kreis

Jeweils eine Schultüte und Schultasche in der Kreismitte.

- „Was bringe ich mit zur Schule?"

  Etwas, das ich sehen kann: Dinge in der Schultüte / in der Schultasche, ...
  Etwas, das ich nicht sehen kann:
  Freude auf ... / Angst vor ...
- Sch benennen, zählen auf, malen auf **AB 1.1.1, Arbeitshilfen S. 47**, Dinge, die man sehen kann (aus ihrer Schultüte und aus ihrer Schultasche) und „Geheimzeichen", ein Symbol für Dinge, die man nicht sehen kann, z. B. lachendes Gesicht oder Sonne für das, worauf ich mich freue, und trauriges Gesicht oder Regenwolke für das, wovor ich Angst habe. So kann visualisiert werden, dass im RU alles willkommen ist, was zum Leben im Alltag gehört.
- Sch kleben **AB 1.1.1** als erste Seite in ihr Arbeitsheft.

Ich sage/schreibe meinen Namen

- Sch erlernen das Lied **AB 1.1.2, Arbeitshilfen S. 51**.

3. Jahrgangsübergreifende Lerngruppe

- Sch aus der 2. Jahrgangsstufe schreiben den Namen eines ausgewählten Schulanfängers auf **AB 1.1.1** „Willkommen im Religionsunterricht lieber / liebe ... (Namen des Kindes)" und gestalten dieses Blatt mit Bildern, die aus ihrer eigenen Lernerfahrung zum RU passen. Diese AB werden in der Klasse aufgehängt.
- Beim Singen des Namens-Liedes **AB 1.1.2** setzen sie die Strophen 3 und 4 um.

In der Klasse — fragen – suchen – entdecken 8/9

1. Hintergrund

Die Doppelseite **fse 8/9** „In der Klasse" zeigt zwei gemalte Klassensituationen, die einander gleichen. Doch bei näherem Hinsehen lassen sich einige unterschiedliche Gegenstände, Tiere und Figuren entdecken.
Auf **fse 8** gibt es zunächst vieles zu entdecken, das Sch auch in ihrem Klassenzimmer finden: Tische und Stühle zu Lerngruppen angeordnet, Tafel, Computer und Pult, Fenster- und Raumschmuck, Kreuz, Bücher, Hefte sowie L und Sch, die miteinander agieren. Die Frage: „Was findest du auch in deinem Klassenzimmer?" fordert Sch auf, ihr eigenes Klassenzimmer eingehend zu betrachten.
fse 9 spielt mit der Beobachtungsgabe und -lust der Sch, Unterschiede zu entdecken und dabei die Aufmerksamkeit weiter zu schärfen. Insgesamt sind acht Veränderungen versteckt:

Herzlich willkommen im Religionsunterricht!

Grundmodelle der Liederarbeitung

Das Singen von religiösen Liedern gehört zur Bildungs- und Erziehungsarbeit des RU. Dazu ist es notwendig, dass L die Lieder mit Bedacht auswählt und ihren Einsatz im Unterricht im Hinblick auf didaktische Intentionen sorgfältig reflektiert.
Hier lassen sich ausgewählte Schwerpunkte analysieren, die differenzierte Anliegen von Liedern im RU aufgreifen. Diese werden im Sinne der Zieltransparenz im RU bewusst in den Blick genommen und auf mögliche Vernetzungen miteinander erhellt. In fse und den *Arbeitshilfen* werden viele Lieder vorgestellt, die sich diesen Schwerpunkten zuordnen lassen:

- Lieder als Ausdrucksform des Glaubens, als Gebet (gestaltete, emotionale Sprache)
- Lieder als Erzählung, als Vermittlung der Überlieferung (Bibel, Erlebnisse)
- Lieder zur Meditation, als Anregung zum vertieften Nachdenken (bewusstes Hören)
- Lieder als gemeinschaftsförderndes Miteinander / als Tanz (gemeinsames Tun)
- Lieder als eigenes Kulturgut (Kirchen, -Gemeindelieder)
- Lieder zur Ritualisierung (Unterrichtseinstieg, -ausklang)

Lieder, die in der jeweiligen eigenen Gemeinde gesungen werden, können themenentsprechend zusätzlich im RU erarbeitet werden.
Für die Liederarbeitung ist es hilfreich, wenn sich L die Intention des ausgewählten Liedes für den Unterricht bewusst macht und einen für diese konkrete Lernsituation (thematische Anbindung, Lernvoraussetzungen, Zielsetzung) geeigneten Erarbeitungszugang auswählt. Für alle Liederarbeitungen ist es unerlässlich, dass L das Lied selber auswendig, beherzt und hoch genug singen kann. Die Melodie sollte in der Grundschule nicht unter das c´ sinken. Sch mit gesunden Stimmen singen am leichtesten im Bereich f´ bis f´´. Das Mitsingen zu Tonträgern ist zwar für viele zum Einstieg eine gute Hilfe, sollte aber nach einer Weile durch freies Singen ersetzt werden.
Es gibt eine Vielzahl methodischer Zugänge zur Liederarbeitung. Hier einige Beispiele:

Zugang über den Liedtext

1. Lesen und Verstehen der Strophentexte
2. Nacherzählen des Inhalts (Was erzählt uns dieses Lied?)
3. Markieren der wichtigsten Textstellen
4. Rhythmisches Sprechen der wichtigsten Textstellen entsprechend der Notation
5. Vorsingen/-spielen des Liedes
6. Mitsprechen/Mitsingen der hervorgeholten „wichtigen Textstellen"
7. Singen des ganzen Liedes

Sinnvoll, wenn Lieder eine Erzählung zu einem Bibeltext aufgreifen oder ein Erlebnis erzählen, das Thema des Unterrichts ist. Beispiele aus fse: „Bartimäus sitzt am Weg" (**AB 1.2.16, Arbeitshilfen S. 95**), „Ein Mann hat viele Schafe" (**AB 1.2.20, Arbeitshilfen S. 101**).

Zugang über die Melodie

1. Hören der Melodie (instrumental, gesummt, Tonträger)
2. Nachdenken über die Stimmung, die diese Melodie ausdrückt (Woran denke ich? Welches Gefühl passt zu dieser Melodie? ...)
3. Hören des Liedes mit Textvorlage
4. Nachdenken über Intention des Komponisten und Texters
5. Singen des ganzen Liedes

Musik übermittelt etwas, das Sprache nicht ausdrücken kann. Lieder mit getragenen Melodien haben diese Ausdruckskraft. Beispiele aus fse: „Halte zu mir guter Gott" (**fse 2**, S. 34), „Tragt in die Welt nun ein Licht" (**AB 1.3.7, Arbeitshilfen S. 127**).

Zugang über eigene Texte

1. Aufschreiben eines eigenen Gedankens oder Meditationssatzes zum Thema des RU
2. Nachdenken über Musik (Wie müsste die passende Musik zu deinem Satz klingen?)
3. Melodie zum eigenen Satz ggf. instrumental erproben (Glockenspiel, Flöte ...)

4. Vorlesen, Mitlesen des Liedtextes
5. Nachdenken über eine dazu passende Melodie
6. Hören des Liedes
7. Gespräch über Beziehung zwischen Musik und Text
8. Singen des Liedes

Hier wird deutlich, dass viele Lieder vertonte Gebete oder wichtige Gedanken sind, denen der Dichter durch Musik eine besondere Ausdruckskraft geben wollte. Beispiele aus fse: „Jesus ist auferstanden" (**fse 1**, S. 69), „Gott hält das Leben in der Hand" (**AB 1.6.7, Arbeitshilfen S. 223**), „Du gabst mir Augen" (**AB 1.6.10, Arbeitshilfen S. 215**).

Zugang über Liedbausteine

1. L singt einen ausgewählten und leicht zugänglichen Baustein (Refrain, Wiederholungsmotiv ...) des Liedes vor.
2. Sch singen nach, Baustein wird ggf. visualisiert.
3. L ergänzt sich verändernde Strophen oder Text, Sch singen bekannten Baustein mit.
4. Einzelne/r Sch oder Schülergruppe übernimmt L-Part, alle singen eingeübten Baustein mit.
5. Singen des ganzen Liedes

Lieder, die vom Textinhalt Gemeinschaftsgefühl ausdrücken und eingängige Wiederholungselemente haben, lassen auch ungeübte Sänger leichter einsteigen. Beispiele aus fse: „Macht die Türen auf" (**AB 1.0.3, Arbeitshilfen S. 27**), „Du hast uns deine Welt geschenkt" (**AB 1.6.6, Arbeitshilfen S. 221**).

Zugang über Tanz und Bewegung

1. L spricht rhythmisch einzelne Abschnitte des Liedtextes
2. L übt mit den Sch Tanzschritte und Gesten zum rhythmischen gesprochenen Abschnitt
3. L singt zur Bewegung, Sch führen verabredete Bewegung aus
4. Wiederholen der Tanz- und Bewegungsmuster zum Lied, L singt (Sch konzentrieren sich anfangs nur auf die Bewegung)
5. Tanzen und Singen des Liedes

Sch merken sich oft zuerst eine klare Geste oder die Bewegung des Körpers. Der mehrsinnige Zugang erleichtert auch das Verständnis der Liedstruktur. Üblicherweise konzentrieren sich Sch zunächst nur auf die Bewegung. L muss hier also sicher in der Stimmführung sein. Das gleichzeitige Singen und Bewegen folgt mit zunehmender Übung. Beispiele aus fse: „Ich grüße dich, du grüßt auch mich" (**AB 1.1.3, Arbeitshilfen S. 52**), „Kommt ein Licht so leise" (**AB 1.3.1, Arbeitshilfen S. 121**).

Raupe am Fenster, Fische in der Blumenvase, Kreuz, Tafel, Relix, Hosenbein und Schuh der Lehrerin, Schnecken auf dem Regal, Eule in der Schultasche.
Im Gespräch über den Bildinhalt kann darüber hinaus auch das Nachdenken über das Zusammenleben (LP 3.1) gefördert werden. Die Auswirkungen des eigenen Verhaltens für das Leben der Anderen (LP 3.5) werden somit ansatzweise reflektiert. In dieser Lernsituation kann eine erste Grundlage für das Verständnis der Goldenen Regel angebahnt werden.

2. Einsatzmöglichkeiten im RU

Wie es in einem Klassenzimmer aussieht

- Um die Konzentration nicht zu stören, decken Sch zunächst die rechte Seite ab. Oder sie betrachten das Bild des Klassenzimmers auf einer Folie.
- Nach einer kurzen Stille erzählen Sch, was sie auf dem Bild entdecken. Sie sollen auch auf die kleinen Dinge achten.
- Die rechte Bildseite wird aufgedeckt und mit dem Nachbarn/der Nachbarin werden die Unterschiede entdeckt: Was ist komisch? Was stimmt nicht?

Was in einem Klassenzimmer geschieht

Sch betrachten die Bildseite, überlegen und erzählen: Was tun die Kinder? Arbeiten sie alleine oder zusammen? Was dürfen die Kinder in dieser Klasse? Worauf passen sie auf? Woran haben sie Freude?

3. Jahrgangsübergreifende Lerngruppe

Sch aus der 2. Jahrgangsstufe berichten von Regeln für das Zusammenleben in der eigenen Klasse, die sie wichtig finden. Dabei achtet L auf positive Formulierungen, z. B.:

Wir gehen leise durch die Klasse. Wir helfen dem Tischnachbarn. Wir räumen unsere Sachen auf.

Ein Begrüßungslied mit Tanz lernen
„Ich grüße dich, du grüßt auch mich ..."
- L singt den ersten Teil des Liedes (**AB 1.1.3, Arbeitshilfen S. 52**) vor.
- Sch suchen eine mögliche Begrüßungsform, z. B. Hände schütteln.
- L singt und spielt die erste Sequenz vor.
- Sch spielen und singen paarweise erste Sequenz nach.
- In gleicher Weise lernen Sch die weiteren beiden Sequenzen des Liedes.
- Nach Partnerwechsel erfinden Sch weitere Begrüßungsformen, z. B. winken, auf Schulter klopfen, verneigen, in die Hände klatschen, hüpfen usw.

Das bin ich ... Wer seid ihr?

fragen – suchen – entdecken **10/11**

1. Hintergrund

Das Thema des Lehrplans „Die Einmaligkeit jedes Menschen" kommt auf dieser Doppelseite **fse 10/11** besonders zum Tragen. **fse 10** schaut ein Mädchen in den Spiegel. Es schaut sich interessiert in die Augen, ins Gesicht. Es zeigt mit dem Finger auf sich selbst, so als ob es mit sich „in Berührung" kommen möchte. Die Aufgabe fordert Sch auf, das Gleiche zu tun.
Zunächst erfassen die Kinder äußere Merkmale, wie Haar- und Augenfarbe, die Form von Nase, Mund, Augen, Ohren, Färbungen und Narben der Haut, Sommersprossen usw.
Mit dem Satz: „Das bin ich" schaut das Mädchen aber wohl tiefer. Es schaut sich selbst als eigenständiges Menschenkind an, es weiß um sein Anders-Sein, um sein Einzigartig-Sein. Es möchte auch Sch zu solchen Einsichten begleiten.
Anschließend wendet sich der Blick den anderen Kindern **fse 11** zu. Im Wahrnehmen der anderen zeigen sich Gemeinsamkeiten und Unterschiede, äußerliche und innere, sichtbare und unsichtbare. Die vielfältigen Persönlichkeiten in einer Klasse machen das Zusammenleben interessant und spannend, lustig und abwechslungsreich, schwierig und lehrreich. Diesen Reichtum zu erkennen, schafft für Sch die Freude an der Schule und ein positives Lernklima. In der Begegnung mit den anderen Kindern findet das Kind zu eigener Identität. Darüber hinaus wird in PA Erzählgemeinschaft geübt.

2. Einsatzmöglichkeiten im RU

Sich im Spiegel sehen
Sch betrachten das Bild **fse 10**.
- Sch beschreiben das Bild:
– Was tut das Mädchen?
- Sch legen einen Spiegel in das Buch und betrachten sich in Stille.
- In PA: Erzähle, was du im Spiegel entdeckt hast!

Kreativ weiterarbeiten
- Schaue in den Spiegel. Male dein Gesicht (auf DIN-A4-Blatt mit Wachsmalkreiden).
- Die gemalten Einzelbilder werden im Klassenzimmer ausgelegt. Sch erraten, welches Kind auf welchem Bild zu sehen ist.

Partnerinterview
L sammelt die gemalten Portraits ein, mischt sie und lässt sie paarweise auslosen/ziehen. Die beiden als Paar ausgelosten Sch setzen sich zusammen und führen wechselseitig ein Interview mit einem Spielmikrophon (bespannte Toilettenpapierrolle) durch: Wie heißt du? Wie alt bist du? Hast du Geschwister? Was macht dich froh? Was macht dich traurig? Was kannst du besonders gut? Was findest du gut an dir selbst? ...

Das Kreisspiel „Zip – Zap" zum Namenlernen spielen
- Sch sitzen im Kreis. L beginnt in der Mitte.
- L zeigt auf ein Kind und sagt: „Zip!" Das gefragte Kind nennt den Namen des/der linken Nachbarn/in. Ruft L: „Zap", muss der Name des/der rechten Nachbarn/in genannt werden.
- Bei: „Zip-Zap!" tauschen alle Spieler die Plätze. L setzt sich mit in den Kreis.
- Ein Kind spielt nun in der Mitte weiter.

Einander kennen lernen
- Sch vergleichen äußere Merkmale, z. B. alle Sch mit blonden, braunen, roten Haaren stehen auf; Mädchen mit Haarreifen gehen in eine Gruppe; Kinder mit grünen, blauen, braunen Augen treten vor usw.
- Sch rufen einander beim Namen. Jedes gerufene Kind spielt in der Handgestik etwas vor.
- In einem Lied spielt jedes Kind im Rhythmus eine Bewegung vor, die alle Kinder nachspielen, z. B.: „Wir fangen jetzt an ..." (**AB 1.1.4, Arbeitshilfen S. 53**).

Ich schreibe meinen Namen

T: © Rolf Krenzer, Dillenburg/M: Ludger Edelkötter
© KiMu Kinder Musik Verlag, Essen

G C G C G C G C F C G C
Ich sa - ge mei - nen Na - men dir
stel - le mit dem Na - men mich
1. lei - se in dein Ohr. Und
2. dir ganz herz - lich
vor
mhm,
mich dir ganz herz - lich vor.

2. Jetzt sage deinen Namen auch leise noch zu mir.
   Und höre ich den Namen weiß ich noch mehr von dir.
   mhm ... weiß ich noch mehr von dir.

3. Ich schreibe meinen Namen dir mitten in die Hand.
   Und liest du meinen Namen, bin ich dir schon bekannt.
   mhm ... und bin ich dir schon bekannt.

4. Jetzt schreibe deinen Namen auch in die Hand von mir.
   Ich lese deinen Namen und weiß etwas von dir.
   mhm ... und weiß etwas von dir.

5. Wir kennen unsre Namen und stehen Hand in Hand.
   So knüpfen wir zusammen von Mensch zu Mensch ein Band.
   mhm ... von Mensch zu Mensch ein Band.

6. Wir kennen unsre Namen und singen Hand in Hand.
   So knüpfen wir zusammen von Mensch zu Mensch ein Band.
   mhm ... von Mensch zu Mensch ein Band.

7. Gott sind all unsre Namen von Anfang an bekannt.
   Er selbst hält uns zusammen wir sind in guter Hand.
   mhm ... wir sind in guter Hand.

weitere Möglichkeiten zu Vers 6:

... und tanzen Hand in Hand ...
... und springen Hand in Hand ...
... und gehen Hand in Hand ...

Ein Begrüßungslied mit Tanz:
Ich grüße dich, du grüßt auch mich

T/M: Hanni Neubauer

Tanzanleitung

Aufstellung: paarweise

Ich grüße dich,	– wir geben uns die eine
du grüßt auch mich,	– die andere Hand
so grüßen wir uns beide	– wir reichen uns beide Hände
und beide sind wir sicherlich so recht von Herzen froh,	– wir drehen uns zu zweit mit gefassten Händen im Kreis
ja – so!	– jede/r schlägt die Hände über dem Kopf zusammen
So recht von Herzen froh,	– mit gefassten Händen sich im Kreis drehen
ja – so!	– Hände über Kopf schlagen
So recht von Herzen froh.	– mit gefassten Händen sich im Kreis drehen

Wir fangen jetzt an!

T/M: Rosa Bichler

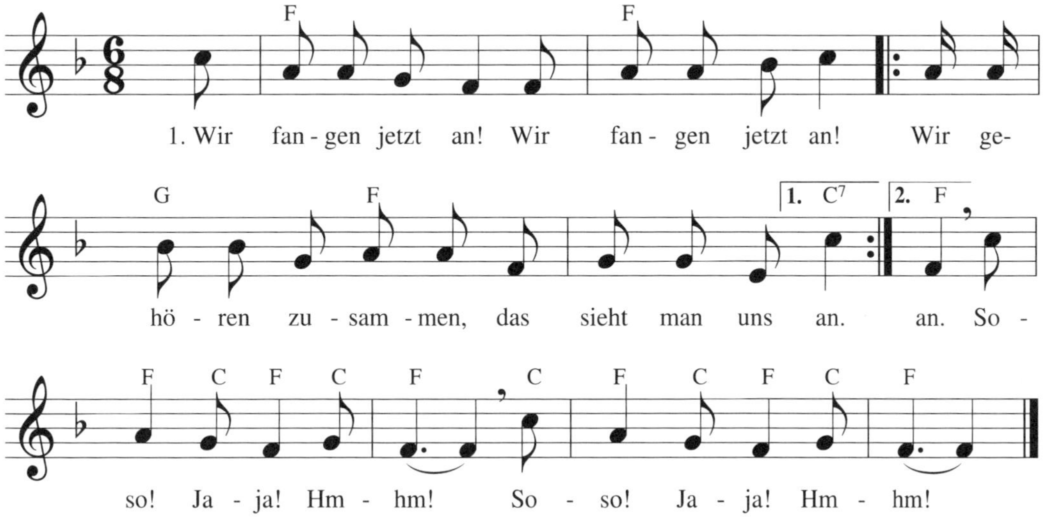

1. Wir fangen jetzt an! Wir fangen jetzt an!
   Und ein jeder im Kreis spielt mit, wie er kann,
   und ein jeder im Kreise spielt mit, wie er kann.
   So-so! Ja-ja! Hm-hm! (Sch klatscht)
   So-so! Ja-ja! Hm-hm! (Alle klatschen)

2. Wir fangen jetzt an! Wir fangen jetzt an!
   Und ein jeder spielt mit, weil ein jeder was kann,
   und ein jeder spielt mit, weil ein jeder was kann.
   So-so! Ja-ja! Hm-hm! (Sch schnippt)
   So-so! Ja-ja! Hm-hm! (Alle schnippen)

Beide Strophen wiederholen – zum Abschluss:

3. Wir fangen jetzt an! Wir fangen jetzt an!
   Wir gehören zusammen, das sieht man uns an,
   wir gehören zusammen, das sieht man uns an.
   So-so! Ja-ja! Hm-hm! (Hände reichen und ...)
   So-so! Ja-ja! Hm-hm! (... schwingen).

(Die Reihenfolge der Strophen wurde verändert, ebenso der Text der 3. Strophe)

Das-bin-ich-Würfel

Materialien
- Kopiervorlage
- Tonpapier
- Klebestift
- Schere
- Farbstifte

Bastelanleitung
AB 1.1.5 wird auf farbiges Tonpapier kopiert. Jede/r Sch bemalt die sechs Seiten des Würfels mit eigenen Ideen zum Thema und schneidet entlang der Linien die Grundform aus. Die gestrichelten Linien werden vorgefalzt und zum Würfel zusammengeklebt.

Ich bin ein Wunder

Ich bin ein Wunder:
kann gehen
sehen
mich drehen
ganz wie ich will
kann lachen
Dummheiten
gar nichts machen
kann denken
schenken
'nen Gocart lenken
kann träumen
klettern in Bäumen
kann trinken
winken
mich wehren
mit Freunden verkehren
Ich
du
er – sie – es
wir alle
sind Wunder

Klaus Kordon

Wer bin ich?

Mit dem beliebtesten australischen Beuteltier könnte mein Vater kein Interview führen. Mit einem Kugelfisch auch nicht. Mein Vater könnte wohl fragen: „Wer bist du?" Aber niemals würde das australische Beuteltier antworten. Niemals würde es sagen: „Ich bin das beliebteste australische Beuteltier" und niemals würde der Kugelfisch sagen: „Ich bin der unvorstellbar herrlich lila gestreifte Kugelfisch, der in den Tiefen des Indischen Ozeans zu Hause ist." Mit dir aber könnte mein Vater ein Interview führen. Dir könnte er Fragen stellen, die dich, deine Person, dein Ich betreffen, und du könntest antworten.
Mein Vater hat schon viele Leute interviewt. Jetzt hat er vor, im Kinderstudio eines Fernsehens Interviews mit Kindern aufzunehmen. Mein Bruder und ich können bei einer der Sendungen auch dabei sein, hat er gesagt. Ich weiß noch nicht, ob ich Lust habe. Hast du schon mal über dich selbst nachgedacht?
Ich bin ich, das weiß ich. Ich bin ich, weil ich ich bin. Ich stehe morgens auf, ich esse, ich gehe aus dem Haus, ich gehe zur Schule, ich lerne, ich spiele, ich tue dies, ich tue das und ich erinnere mich. Das ist sehr wichtig, glaube ich. Denn meine Erinnerungen gehören zu meinem Ich. Für diese Fähigkeit kann ich gar nicht dankbar genug sein; denn wenn ich nicht die Fähigkeit hätte, mich zu erinnern, dann könnte ich weder sprechen noch lesen, dann ginge es mir wie dem beliebtesten australischen Beuteltier.
Ich erinnere mich aber nicht an alles, was ich erlebt habe. Ich weiß, dass ich geboren wurde, aber ich kann mich nicht an meine Geburt erinnern. Ich weiß, dass ich laufen lernte – meine Mutter sagt, dass ich ein Jahr alt war, als ich zu laufen begann –, aber ich erinnere mich nicht daran. Ich weiß, dass ich irgendwann sprechen lernte, dass ich irgendwann lernte, „ich" zu sagen, aber ich kann mich nicht an mein erstes gesagtes „Ich" erinnern.

Annemarie Wietig

Einen Würfel basteln und damit spielen

In PA besprechen Sch die sechs Seiten des Würfels.

- Dann fertigen sie den „Das-bin-ich-Würfel" (**AB 1.1.5, Arbeitshilfen S. 54**) an.
- Sch spielen mit den Würfeln und erzählen zu dem Bild, das oben aufliegt.

Gedicht „Ich bin ein Wunder"

- L stellt das Gedicht von Klaus Kordon (**AB 1.1.6, Arbeitshilfen S. 55**) vor.
- Sch sammeln, was sie schon alles können und warum sie alle ein Wunder sind.

Ein Bilderbuch anschauen

Das Bilderbuch von T. Bussalb, Philipp träumt, Stuttgart 1989, anschauen und deuten.

Wer bin ich?

L liest den Text „Wer bin ich?" (**AB 1.1.7, Arbeithilfen S. 55**) in Abschnitten vor und lässt Raum für Sch-Äußerungen. Dafür brauchen Sch ausreichend Zeit. Die Abschnitte können jeweils durch einen langen Ton der Klangschale eröffnet und abgeschlossen werden. Evtl. Text je nach Klassensituation abändern oder ergänzen.

3. Jahrgangsübergreifende Lerngruppe

- Beim Partnerinterview Arbeitshilfen S. 50 ist es sinnvoll, immer eine/n Schulanfänger/in und eine/n Sch aus der 2. Jahrgangsstufe als Paar zusammen zu setzen. Dazu werden die Paare aus zwei getrennten Bilderstapeln zusammengezogen. Sch, die gerne schreiben, können sich Notizen zum Interviewpartner machen und diesen später der Klasse vorstellen.
- Das Gedicht von Klaus Wunder und der Text „Wer bin ich" werden von Sch, die gut lesen können, vorgetragen.
- Sch, die gerne schreiben, fertigen einen Text zu ihrem Portrait an: „So bin ich".

Wir gehören zusammen

fragen – suchen – entdecken 12/13

1. Hintergrund

Die Doppelseite **fse 12/13** zeigt eine Vielzahl von Situationen und Verhaltensweisen, wie Kinder im Schulhof miteinander umgehen. Das Gewicht liegt dabei auf den positiven Umgangsformen, nicht um eine heile Welt vorzuspiegeln, sondern um positives Verhalten der Sch zu verstärken und es auf den Umgang miteinander im RU zu übertragen. Bilder bilden nicht nur Wirklichkeit ab, sondern wirken auch auf die Betrachtenden ein. Vor allem jüngere Kinder spielen und ahmen nach, was sie gesehen haben.

Links oben **fse 12** sitzen drei Kinder, die ein Buch anschauen. Zwei davon sind eng miteinander in Kontakt. Das dritte Kind schaut „über die Schulter". Es wird nicht ausgeschlossen, sondern darf Anteil haben am Geschehen.

In der linken Bildmitte hilft ein Junge einem Mädchen die schwere Schultasche aufzusetzen. Ein anderer Junge teilt seinen Apfel. Am Gesichtsausdruck der vier Kinder lässt sich ablesen, dass Helfen und Teilen selbstverständlich sind und Freude machen.

Links unten sind Kinder ins gemeinsame Spiel vertieft. Es ist selbstvergessene Kommunikation. Das Spielen, das Malen steht für die Kinder im Mittelpunkt. Ohne sich von anderen stören zu lassen, geben sich die Kinder ihrem Tun hin. Die Jungen starren gebannt auf ihre Würfe, jeder hofft wohl für sich zu gewinnen. Und doch spielen sie zusammen, hätten ohne die anderen keine Freude daran. Die vier Mädchen sind ganz auf ihr eigenes Malen konzentriert, aber alle malen an einem gemeinsamen Werk.

Die Gummitwist spielenden Mädchen in der Bildmitte oben sind aufeinander bezogen. Ihr Hüpfspiel erfüllt keinen zielgerichteten Zweck. Es wird gespielt, weil es Freude macht, ihrem Bewegungsdrang entspricht und Beziehung schafft.

Rechts oben **fse 13** kommen die Kinder miteinander in Berührung. Sie klatschen einander in die Hände, sprechen vielleicht einen rhythmischen Vers dazu. Eine hält dem anderen die Hände vor die Augen, überrascht ihn, lässt ihn ihren Namen erraten. Sie hat keine Berührungsängste, teilt ihre Nähe auf kindliche Weise mit.

In der Bildmitte rechts wird gerade ein Kreis gebildet. Er ist noch nicht geschlossen, sondern ist offen für alle Kinder, die hineinkommen möchten. Einige Kinder strecken einander die Hände einladend entgegen, als ob sie sagen: „Komm mit in den Kreis. Du gehörst auch dazu!"

Der Kinderreim in der Kreismitte fordert Sch auf, selbst immer wieder den Kreis zu bilden und mit einem Begrüßungsritual alle Kinder der Klasse zu versammeln und einzubinden.

Hier werden Aufgabenschwerpunkte aus dem Lernbereich 3.5 „Maßstäbe christlichen Lebens" aufgegriffen. Die dargestellte Schulhofsituation zeigt Vorbilder und provoziert Orientierungen für wünschenswertes Verhalten. Sie regt an, Fragen zu den Auswirkungen des eigenen Verhaltens für das Leben anderer aufzuwerfen.

Schablone für Bilddetektive

2. Einsatzmöglichkeiten im RU

Bilddetektive entdecken, was Kinder alles miteinander tun

- Sch erhalten eine Schablone für die „Spurensuche" im Bild (**AB 1.1.8, Arbeitshilfen S. 57**), die das Bild teilweise verdeckt und nur einen kleinen Bildausschnitt freilässt.
  - Mit dieser Schablone erkunden sie das Bild.
  - Durch Suchaufträge kann die Entdeckung gelenkt werden.
- Im Rollenspiel oder im Stellen von Szenen empfinden Sch die Abbildungen **fse 12/13** nach und wählen ihre Szene aus.
  - L und Sch helfen, die richtige Stellung, den entsprechenden Gesichtsausdruck usw. zu finden.
  - Spieler und Zuschauer berichten im Klassengespräch von ihren Eindrücken.

Das Kreisspiel „Mein rechter Platz ist leer" spielen

Alle sitzen im Kreis. Der rechte Platz neben L ist leer. L beschreibt nun ein Kind nach Kleidung, Haarfarbe, Körperhaltung, Mimik oder besonderen Eigenschaften. Der Name wird nicht genannt. Das Kind, auf das die Beschreibung passt, besetzt den Platz neben L. Es stellt sich mit dem Vornamen vor. Sch, deren oder dessen rechter Platz leer ist, fährt mit dem Spiel fort.

Anfangs- und Morgenrituale finden

Die Klasse findet ein Morgen- oder Anfangsritual, bei dem das Lied von **fse 6** oder **AB 1.1.2, Arbeitshilfen S. 51**, mit dem Vers in der Bildmitte und einer entsprechenden Bewegung verbunden wird (vgl. auch Arbeitshilfen S. 22 zum Thema Rituale).

- Sch lernen den Kinderreim und reichen einander die Hände.
- L und Sch deuten das Tun: Wir gehören zusammen. Ich gehöre dazu. Es ist gut, dass ich dazu gehöre. Jede und jeder ist wertvoll für die Klasse.
- Auf Tonpapier zeichnen Sch ihre Hände nach und schneiden sie aus.
- Die Porträtbilder (Arbeitshilfen S. 50) werden im Kreis ausgelegt und mit den „Händen" verbunden (**AB 1.1.9, Arbeitshilfen S. 59**).
- Die Klasse schließt noch einmal den Kreis, indem einer nach dem anderen seine Hand dem rechten Nachbarn reicht.

- Sch lernen ein Anfangs- oder Versammlungslied, z. B. „Wir singen vor Freude" oder „Viele, viele Kinder" (**AB 1.1.10, Arbeitshilfen S. 60**).

Regeln für das Zusammenleben finden

In PA besprechen Sch die Verhaltensweisen der Kinder auf **fse 12/13** und finden Regeln für den Umgang miteinander.
Materialien: farbige Tonpapiere, Zweig, Schere, Faden, Buntstifte, **AB 1.1.11, Arbeitshilfen S. 61**.
Sch malen oder schreiben die gefundenen Regeln auf Früchte aus Tonpapier und hängen sie an einem Zweig im Klassenzimmer auf.

Eine Frucht verschenken

Im Lauf des Schuljahres verschenken Sch eine Frucht, wenn sie bemerken, dass jemand geteilt, geholfen oder getröstet hat.
Ein schön gestaltetes Blatt mit der Überschrift: Wir gehören zusammen. Wir gehen gut miteinander um, wird ins Heft geklebt.

- Die obere Hälfte wird von Sch mit einem Bild versehen.
- Auf die untere Hälfte wird die Frucht geklebt.

- Am Ende des Schuljahres sollte jede/r Sch eine Frucht erhalten haben.

Kindermutmachlied

- Woran merkt man, dass wir zusammengehören? Wir mögen uns und sagen uns das, wir bitten gegenseitig um Hilfe und helfen uns, wir tun etwas zusammen und haben Spaß, wir rechnen mit Gott. – Sch singen das Lied **AB 1.1.12, Arbeitshilfen S. 63.**
- Sch finden weitere Strophen.

Wir gehören zusammen

Zur Überschrift der Doppelseite **fse 12/13** erfinden Sch eine Computer-Bildergeschichte.
Viele Computer-Grafikprogramme enthalten eine Menge Zeichnungen mit den unterschiedlichsten Motiven. Sch bringen solche Grafiken (in Schwarz-Weiß) mit.
Aus der ausgelegten Bildersammlung wählt jede/r Sch eine festgelegte Zahl an Zeichnungen aus.
In KG stellen Sch einander ihre Bilder vor und fügen sie zu einer gemeinsamen Fantasiegeschichte zusammen. Die Bilder werden ausgemalt, mit kurzen Texten unterlegt und der Klasse vorgestellt (vgl. Niehl/Thömmes).

3. Jahrgangsübergreifende Lerngruppe

- Sch aus der 2. Jahrgangsstufe erzählen von Schulhof-Erfahrungen, die gegensätzlich zu den hier abgebildeten Situationen sind. Gerade dies regt das Gespräch über erstrebenswertes Verhalten an.
- L achtet darauf, dass nicht Vorwürfe aufgezählt werden, sondern dass jede/r Sch für sich formuliert, wie sie oder er selbst wie die gemalten Vorbilder handeln kann.
- Sch, die gerne schreiben, notieren ein eigenes Vorhaben dazu ins Heft, z. B.: „Ich werde Petra beim Gummitwist mitspielen lassen."

Wir gehören zusammen

Lieder zum Anfangen

T/M: mündlich überliefert

Wir sin - gen vor Freu - de, das Fest be - ginnt.
Wir freu - en uns, dass wir zu - sam - men sind.
Rechts und links, links und rechts. Rechts
steht ei - ner, links steht ei - ner. Hand in
Hand, Schritt für Schritt. Al - le, al - le,
al - le ge - hen mit. (klatschen, wiegen, tanzen usw.)

T/M: Franz Kett

Vie - le, vie - le Kin - der ha - ben sich ver - sam - melt,
vie - le, vie - le Kin-der sind jetzt da. Rechts sitzt ei - nes, links sitzt ei - nes
und da - ne - ben wie-der ei - nes und so wei- ter und so wei - ter,
vie - le Kin - der sind jetzt da, vie - le Kin-der sind jetzt da.

Früchte

1. Hintergrund

Mit einem Wortspiel greift die Doppelseite **fse 14/15** das Thema auf „Wer für mich wichtig ist – wem ich wichtig bin – einander Zuwendung und Beachtung schenken". Hier wird der Lernbereich 3.1 im Hinblick auf Glaubensdimensionen vertieft. Gottes Ja zu den Menschen zeigt sich im Ja, das sich Menschen gegenseitig schenken. Sch vertiefen sich in ihre eigene Lebensgeschichte, wenn sie darüber nachdenken: Wen mag ich? Wer mag mich? Das biografische Lernen, das Lernen an der eigenen Lebensgeschichte, ist für religiöses Lernen unverzichtbar. L achtet hier besonders auf den respektvollen und behutsamen Umgang mit persönlichen Darstellungen.
Die Formulierung der Überschriften ist dem Sprachgebrauch sechs- bis siebenjähriger Kinder angepasst und wird im Bild symbolhaft aufgenommen. Es sagt gleichsam: Ich habe ins Herz geschlossen, wen ich liebe. Das Symbol des Herzens nennt Frank Nager ein geheimnisvolles Wahrzeichen. Es „umfasst unser gesamtes Dasein und ist Sinnbild seiner tiefsten Dimensionen. Seit Urzeiten ist es Zentrum der Lebenskraft, Sitz des Verstandes, des Willens und Mutes, der Gefühle und Leidenschaften. Es ist Quellgrund der Religiosität und der Weisheit, Sitz der Seele, ja sogar Seelenzentrum. Vor allem aber ist es Sinnbild der Liebe" (vgl. F. Nager, Das Herz als Symbol, Basel 1993, S. 11). Für Kinder ist es wohl ein geistig-seelischer Ort, an dem alles seinen Platz hat, was sie lieben.
Das Herz in **fse 14** ist gefüllt mit verschiedenen Menschen, Tieren und Spielsachen. Es regt Sch an, über Menschen und Dinge nachzudenken, die sie selbst ins Herz geschlossen haben, die ihnen wichtig sind, die sie lieben. Auch ungeliebte und in ihrer Familie abgelehnte Kinder erzählen im RU manchmal von ihrer Sehnsucht und der Liebe, die sie im Herzen tragen. Nicht selten ist es dann der Teddybär oder ein Haustier, an dem sie besonders hängen.
Die Aufforderung, ein Zeichen oder ein Bild von dem, was oder wen Kinder lieben, zu finden, entspricht der symbolhaften Sprache dieser Seite. Hier geht es um behutsames Umgehen mit der Liebesfähigkeit des Kindes und um das Ernstnehmen seiner Empfindungen. Hier kann sich auch die Bereitschaft anbahnen, von Gott zu sprechen und zu hören, der die Menschen ins Herz geschlossen hat. Die Fähigkeit, ein Bild oder einen Gegenstand für einen geliebten Menschen auszuwählen, bahnt erstes Verständnis für Symbolhaftes, entsprechend LP 3.2 an.
Im anschließenden Lied **fse 15** werden die vielfältigen Verhaltensweisen besungen, an denen Zuneigung und Liebe abzulesen sind.

2. Einsatzmöglichkeiten im RU

Mein Herz ist wichtig

- Das Begrüßungslied singen und tanzen, das vom Herzen spricht (**AB 1.1.3, Arbeitshilfen S. 52**).
- Das eigene Herz mit den Händen suchen, das Herzklopfen spüren, ins Herz hineinhorchen.

Wer hat Platz in deinem Herzen?

Sch betrachten das Bild **fse 14**.

- Erzähle, was du siehst! Womit ist das Herz gefüllt? Betrachte die Gesichter und lasse sie sprechen.
- Ein gemaltes Bild oder ein mitgebrachtes Zeichen (z. B. ein Geschenk der Oma, ein Haarband der Mutter, ein Foto des Vaters, den Spielball der Katze o. Ä.) in das Herz legen und in Ruhe verweilen.
- Aus Metallprägefolie ein Herz mit „offenen Türen" ausschneiden und verzieren (evtl. im fächerübergreifenden Unterricht). Auf dessen Innenseite weiche Materialien wie Wolle, Fell, Federn, Moos o. Ä. als Sinnbild für Wärme und Geborgenheit aufkleben oder gemalte Bilder, Namen der Ins-Herz-Geschlossenen einkleben (**AB 1.1.13, Arbeitshilfen S. 65**).

Stilleübung

- Du kennst Menschen (Mama, Papa ...). Sie sagen: Du hast einen Platz in meinem Herzen. Ich habe dich lieb. Ich denke an dich. Ich sorge für dich. Ich mag dich ... An wen denkst du?
- Sch malen mit Fingerfarben: Wie geht es mir, wenn ... sagt: „Ich habe dich in mein Herz geschlossen"?

Meine Schatzkiste

- Jede/r Sch sammelt in einem selbst verzierten Schuhkarton Bilder, Zeichen, Erinnerungen zu einem geliebten Menschen: Muschel, die Oma aus dem Urlaub mitgebracht hat, Steinchen von Opas Grab, Babyfoto der kleinen Schwester, Eislöffelchen vom Besuch bei der Patentante ...
  Das Vorstellen der Schatzkiste ist freiwillig, ggf. in KG oder PA.

Wer mag mich?

- Sch lernen das Lied „Weil du manchmal" (**fse 15**). Es ist enthalten auf der CD Liederkiste 1/2, Lied Nr. 22, vgl. Arbeitshilfen S. 19.
- Sch setzen das Lied gemäß der Tanzanleitung in Bewegung um (**AB 1.1.14, Arbeitshilfen S. 67**).
- Sch dichten weitere Strophen zum Lied.
- Im Gespräch tauschen sie sich aus, woran sie merken, dass sie jemand gern hat.
- Sch stellen pantomimisch dar: Woran erkenne ich, dass ein anderer mich mag?

Kindermutmachlied

T/M: Andreas Ebert © Hänssler Verlag, D-71087 Holzgerlingen

F C F d B C
Wenn ei - ner sagt: „Ich mag dich, du; ich find dich ehr - lich
F B C F
gut!“, dann krieg ich ei - ne Gän - se - haut und
B C F g
auch ein biss - chen Mut. la - la - la... la la la la la
F C F
la la la la la la la la la la la la la la la
g F C
la la la la la la la la la la la la la la
F
la

2. Wenn einer sagt: „Ich brauch dich, du,
ich schaff es nicht allein“,
dann kribbelt es in meinem Bauch,
ich fühl mich nicht mehr klein.
Lalala ...

3. Wenn einer sagt: „Komm geh mit mir,
zusammen sind wir was“,
dann werd ich rot, weil ich mich freu,
dann macht das Leben Spaß.
Lalala ...

4. Gott sagt zu dir: „Ich hab dich lieb
und wär so gern dein Freund.
Und das, was du allein nicht schaffst,
das schaffen wir vereint.“
Lalala ...

Weil du mich magst

- Sch lernen das Lied „Weil du mich magst“, bin ich /kann ich ... (**AB 1.1.15, Arbeitshilfen S. 67**) und dichten oder singen weitere Strophen.

Den Kinderreim „Viele, viele Stunden“ lernen

Viele, viele Stunden
Schlägt mein kleines Herz.
Hat schon oft empfunden
Große Freude, großen Schmerz.
Ich kann von Herzen fluchen
Und außer mir vor Wut fast sein.
Kann Gott von Herzen suchen
Und ganz bei mir zu Hause sein.
Von Herzen kommen Worte
Und wenn ich Gutes tu,
Weiß ich, an diesem Orte
Wohnst, guter Gott, auch Du.

Margot Eder

3. Jahrgangsübergreifende Lerngruppe

- Sch, die gerne schreiben, verfassen einen Brief an einen Menschen, der sie mag: Ich spüre, dass du mich magst, weil ...
- Sch sammeln Sätze, die ihnen gut tun, auf einem großen Wandplakat: Ich freue mich, wenn du kommst. Ich warte auf dich. Schlaf gut. Hab keine Angst ...

Staunen – fragen – nachdenken

1. Hintergrund

Die Doppelseite **fse 16/17** gibt mit ihrer Fotoserie Anlass zum „Staunen – Fragen – Nachdenken“.
Links oben **fse 16** bricht die Knospe einer Kastanienblüte auf. Die noch hellgrünen Stiele und Blättchen entfalten sich erst. Rechts daneben sieht man eine verblühte Blume, die dennoch Nahrung für einen hungrigen Käfer bietet.
Darunter zeigt sich Wasser in zwei Erscheinungsformen, wie eine Eisfläche auf dem Wasser schmilzt und erste Lücken sichtbar werden.
Links unten in krassem Gegensatz dazu, aber nicht weniger faszinierend für Kinder, integrierte Schaltkreise, wie sie z. B. im Modul eines Computers stekken – Zeichen menschlicher Erfindungsgabe. Darüber, schräg versetzt, entdecken Sch unzählige ineinander greifende Rädchen eines Uhrwerks, die Voraussetzung sind für die genaue Zeitangabe. Sie machen Kinder neugierig.
Oben in der Mitte **fse 17** senden und empfangen riesige Teleskope Signale aus dem Universum. Sie erzählen davon, dass die Menschen fähig sind, in den Weltraum vorzudringen und dass sie mit ihrem Forschungsdrang über sich hinaus denken möchten und können.
Dem steht der ganz alltägliche Kummer des Kindes gegenüber. Es sind Gefühle der Traurigkeit, Einsamkeit, Verlassenheit, die aus den Augen des Kindes sprechen und viele Sch persönlich ansprechen werden.

In ähnlicher Weise nimmt das Foto links unten die großen Fragen der Menschheit nach Leben und Tod auf. Großmutter und Enkel gehen aber nicht traurig, sondern eher wie selbstverständlich zum Friedhof. Der Tod gehört zum Leben.
Vom Leben, vom neugeborenen Leben spricht das Foto mit dem Baby, welches wohlig schlafend auf dem Arm des Vaters gehalten ist.
In der rechten Bildmitte liest ein blinder Mensch mit den Fingern. Obwohl es Behinderung und Mangel im menschlichen Leben gibt, suchen die Menschen nach Möglichkeiten, damit umzugehen und fertig zu werden. Dennoch bleibt die Frage: Warum gibt es Krankheit und Leid?
Das Foto rechts oben zeigt die Fähigkeiten der Menschen, sich das Leben zu erleichtern, Erfindungen zu machen, aber auch die Verantwortung für die Umwelt ernst zu nehmen. Das so genannte Twike kann wahlweise durch einen Elektromotor mit Solarzellen oder Pedalantrieb fortbewegt werden. Es bietet Platz für zwei Personen und Gepäck und gehört zur Technologie der Zukunft.
Alle Fotos dieser Doppelseite regen Sch und L zum Staunen, Fragen und Nachdenken an. Sie rufen Fragen nach Gott und der Welt wach, wie sie im Fachprofil Katholische Religionslehre vorgesehen sind: nach dem Sinn und Grund des Lebens zu fragen, religiöse Ausdrucksfähigkeit und Gesprächsfähigkeit zu entwickeln und die Frage nach Gott wach zu halten.

Ein Herz mit offenen Türen

2. Einsatzmöglichkeiten im RU

Fotos erkunden – sehen, fragen, nachdenken

Was ist auf den Fotos zu sehen? Was erzählen sie uns? Welche Fragen werfen sie auf?

- L befragt Sch wie ein Reporter mit Kassettenrecorder und Mikrofon zu den Fotos, die sie zuvor still angeschaut haben.
- Anschließend hört die Klasse gemeinsam das Interview an.

Eine Ausstellung „Staunen" zusammentragen

- Sch bringen kleine Gegenstände oder Fotos mit, die sie selbst „zum Staunen" bringen. In der Klasse wird damit eine Ausstellung aufgebaut.
- Andere Klassen werden zum Ausstellungsbesuch eingeladen.

Philosophieren mit Kindern

- L liest die Erzählung „Anne und Tom haben viele Fragen" vor (**AB 1.1.16, Arbeitshilfen S. 69**); sie regt Kinder zum Fragen an.
- Als Ergänzung und Erweiterung betrachten Sch ausgewählte Fotos von **fse 16/17**.
- Die Fragen und das anschließende Gespräch werden als Planungshilfen genutzt und als Lernanstöße in den weiteren RU eingebracht.

Was Menschen von Gott erzählen

fragen – suchen – entdecken 18/19

1. Hintergrund

Auf der Doppelseite **fse 18/19** geht es um das Thema „Was Menschen von Gott erzählen".

Die Sprachbilder der linken Seite **fse 18** erzählen von den mannigfaltigen Weisen, in denen Menschen von Gott reden. Sie nehmen das Thema in den Blick: Menschen erzählen von ihren Erfahrungen mit Gott. Auch wenn im AT das Bilderverbot gilt, spricht die Bibel dennoch in Bildworten. Sie umschreibt Gott als Licht, Zuflucht, Fels, Hirten, Mutter, lebendiges Wasser, König und vieles mehr. Kein Kunstwerk kann die Fülle der biblischen Gottesbilder umfassend darstellen. „Weil Menschen von ihren überaus zahlreichen und vielfältigen Erfahrungen mit Gott in ihrer Lebensgeschichte, in welcher er die Heilsgeschichte bewirkt, Kunde tun, müssen sie in Bildern von Gott reden, singen, klagen, ihn auf alle mögliche Weise bezeugen" (Brandner, Gottesbild – Bilder des Unsichtbaren, Freising 1997, S. 15).

Sch lernen die verschiedenartigen Metaphern kennen. Diese öffnen sie zugleich für eigenes Nachdenken über Gott. Dabei werden sie immer wieder entdekken, dass die Wirklichkeit Gottes anders und größer ist, als alle Bilder dies auszudrücken vermögen.

Der Text ist spiralförmig geschrieben. Er führt von außen nach innen, sowohl den Blick der Betrachtenden als auch das Denken und Fühlen. Die Spirale ist ein uraltes Symbol. Sie verbindet Linie und Kreis, Ausgang und Eingang, Anfang und Ende. Sie lädt ein, von außen einen Weg zur Mitte zu gehen und von dort den Weg nach außen zurückzufinden. Ihrer äußeren Erscheinung entspricht auch eine innere Wirklichkeit und eine Dynamik, die erahnt, aber niemals rational voll erfasst werden kann. Sie findet sich als Spiralnebel im Kosmos und setzt sich fort in vielen Vorstellungen der Menschen, die sich in religiösen Zeichen, in Schmuckgegenständen, in Wegen oder in modernem grafischen Design niederschlagen.

Das Foto auf **fse 19** zeigt einen Sonnenaufgang über dem Wasser. Am Horizont hinter den Bergen steigt die Morgenröte auf. Das Bild möchte einladen zum meditativen Schauen und Stillwerden. Es will etwas zeigen von der Weite des Himmels, der Schönheit der Erde und der Fähigkeit der Menschen, sich selbst loszulassen und vom Geheimnis der Schöpfung auf den Schöpfer zu schließen.

Literatur

Kuld, Lothar, Das Entscheidende ist unsichtbar. Wie Kinder und Jugendliche Religion verstehen, München 2001 (v. a. S. 7-56 über die Unsichtbarkeit Gottes als Frage der Kinder)

2. Einsatzmöglichkeiten im RU

Einen Sonnenaufgang anschauen

Sch betrachten in Ruhe das Foto (**fse 19**). Leise Musik hilft, still zu werden.

- Sch schließen die Augen und stellen sich das Bild vor.
- Eine Fantasiereise:

Ich gehe an einem Strand, am Meer, am See entlang.
Es ist früh am Morgen.
Es ist ganz still. Ich bin ganz still.
Die Vögel beginnen zu singen.
Die Sonne steigt am Himmel auf – rot – orange – gelb – und golden.
Die Sonne wärmt mich, ich spüre ihre Strahlen auf meiner Haut.
Ein neuer Tag bricht an.

Tanzbeschreibung: Weil du manchmal

Kreisaufstellung; paarweise abzählen; Front zur Mitte

Weil du manchmal zu mir sagst,	Alle stehen im Kreis.
mit den Augen,	Sch fassen an die Augen,
mit den Händen,	klatschen in die Hände,
mit den Füßen,	stampfen auf den Boden,
mit dem Mund,	legen die Hände auf den Mund.
dass du mich von Herzen magst,	Alle stehen im Kreis.
mit den Augen,	Sch fassen an die Augen,
mit den Händen,	klatschen in die Hände,
mit den Füßen,	stampfen auf den Boden,
mit dem Mund,	legen die Hände auf den Mund.
geht's in meinem Leben rund.	Sch haken sich paarweise ein und drehen am Platz.
Denn dann freu ich mich, denn dann freu ich mich	Sch stehen paarweise gegenüber und klatschen in die Hände.
und ich sag: Ich mag auch dich.	Beide klatschen einmal mit der rechten Hand und bei der Wiederholung mit der linken.

Tanzbeschreibung: Margot Eder

Weil du mich magst

T: Jutta Richter/M: Ludger Edelkötter

C G a 1. F G 2. F G
Weil du mich magst, kann ich flie - gen oh - ne Angst ü - bers Haus. spens - ter aus.
Weil du mich magst, lach ich a - bends die Ge -
C F C F C G a d G C
Ich krie- ge Herz- klop - fen, wenn du nach mir fragst, weil du mich magst, weil du mich magst.

2. Weil du mich magst, bin ich stärker als der Löwe im Zoo.
   Weil dumich magst, bin ich mutig und ich freue mich so.
   Ich kriege Herzklopfen ...

3. Weil du mich magst, ist es Sommer und die Pfingstrosen blühn.
   Weil du mich magst, wird es Winter und die Graugänse ziehn.
   Ich kriege Herzklopfen ...

4. Weil du mich magst, seh ich Sterne in der dunkelsten Nacht.
   Weil du mich magst, leb ich gerne und geb auf mich Acht.
   Ich kriege Herzklopfen ...

5. Weil du mich magst, will ich singen mal ganz leise, mal laut.
   Weil du mich magst, bin ich glücklich, krieg 'ne Gänsehaut.
   Ich kriege Herzklopfen ...

- Sch malen das Bild mit Fingerfarben.
- Nach dem Betrachten des Bildes bringen Sch ihre Erfahrungen, Fragen, Gedanken und Wünsche in Worte.

Das Symbol der Spirale wahrnehmen

- Sch zeichnen mit dem Finger eine Spirale in die Luft, in die Hand, auf die Bank – mit offenen Augen und mit geschlossenen Augen.
- Mit einem Seil eine Spirale auf den Boden legen.
  - Jeder Sch geht einmal langsam in die Mitte, entzündet dort ein Teelicht und verlässt das Spiralseil.
  - Sch deuten im Gespräch das Erlebte.
- Die Spirale tanzen nach meditativer Musik (z. B. CDs: Hansjürgen Hufeisen, Abendstern, 1995, LC 6190; Konrad Raischl, Tanz der Schöpfung, Landshut 1999).
- Mit dem Finger die Spirale im Buch nachfahren.

Bilder für Gott kennen lernen – eigene Bilder finden

- L oder Sch, die lesen können, tragen langsam, mit deutlichen Sprechpausen beim Gedankenstrich, die einzelnen Sätze der Spirale vor. Sch drehen beim Mitlesen das Buch und führen die Augen immer mehr zur Mitte.
- Sch finden eigene Ergänzungen für die Spiralmitte. Sie schreiben diese auf kleine Karten.
- Mit diesen Karten legen sie eine große Spirale auf dem Fußboden aus. Spirale lesend abschreiten. Später kann diese Spirale auf eine Pappe geklebt werden.

Über Gott sprechen

Sch sammeln im Gespräch: Was weiß ich selbst von Gott? Was erzählen Menschen von Gott? Von Gott selbst gibt es keine Videos, Bilder oder CDs. Man kann ihn nicht sehen. Dennoch sind sich viele Menschen sicher, dass es ihn gibt. Warum?
L lässt hier kindgemäße Ausdrucksweisen für eigenes religiöses Empfinden zu und ist zurückhaltend mit eigenen sprachlichen Interpretationen.

3. Jahrgangsübergreifende Lerngruppe

- Sch der 2. Jahrgangsstufe ergänzen hier eigene Lernerfahrungen aus dem RU, berichten von Bibeltexten, an die sie sich erinnern.
- L lässt Sch zusammentragen, was sie selbst über Religion und ihren eigenen Glauben schon zum sprachlichen Ausdruck bringen können.
- Sch, die gerne schreiben, verfassen einen Meditationstext zum Sonnenaufgang.

Wie Kinder mit Gott reden

fragen – suchen – entdecken 20

1. Hintergrund

Verschiedene kindgemäße Formen des Gebetes stehen im Mittelpunkt der das Kapitel abschließenden Seite **fse 20**. Mit Gott zu reden beinhaltet alle Formen kindlicher Ausdrucksweisen: das Sprechen mit dem Mund und mit dem Leib, die Mimik, die Rhythmik, das Singen und Tanzen, das praktische Tun.
Sch entdecken fröhlich musizierende, singende und tanzende Kinder im oberen Teil des Bildes. In der Bildmitte links ein Mädchen in Gebetshaltung, die viele unserer Kinder kaum jemals selbst eingenommen haben und die sie nachahmen können. Rechts daneben trauern zwei Kinder um ihre tote Katze. Links unten entzünden zwei Kinder Kerzen vor dem Bild ihrer verstorbenen Großmutter. Im Tun vollziehen sie Erinnerung, Vergegenwärtigung, eine anfängliche Form sakramentalen Denkens.
Entsprechend LP 3.2 kann hier der Glaubensinhalt des Aufgabenschwerpunktes „Den Gauben an Gott zum Ausdruck bringen“ in den Blick genommen werden. Aus der Fähigkeit miteinander zu reden, sich gegenseitig zuzuhören und sich einander anzuvertrauen erwächst auch die Fähigkeit, sich im Gebet Gott anzuvertrauen. Hier wird deutlich, dass das Sprechen mit Gott nicht künstlich formuliert werden muss, sondern etwas mit dem eigenen Leben zu tun hat. Ich kann jederzeit, an jedem Ort alles, was mir „auf dem Herzen liegt“ oder „am Herzen liegt“ vor Gott tragen. Ich kann mit ihm sprechen.
Das Gebet in der Mitte formuliert auf kindgemäße Weise die Bitte um Gottes Nähe und Segen.

2. Einsatzmöglichkeiten im RU

Was Kinder tun – wie sie mit Gott reden

- Sch erkunden: Wie verhalten sich die Kinder auf der Seite? Was drücken die einzelnen Kindergruppen durch ihre Haltung aus? Kinder reden mit Gott: Passt die Überschrift?
- Was könnten die hier abgebildeten Kinder Gott erzählen? Gibt es etwas, worum sie ihn bitten? Gibt es etwas, wofür sie ihm danken?

Eine Kerze leuchtet

Anne und Tom haben viele Fragen

(*Meditative Musik im Hintergrund* – langsam, mit vielen Pausen sprechen!)
Es ist Abend. Anne und Tom gehen zu Bett. Die beiden Geschwister teilen sich ein Zimmer. Als sie im Bett liegen, das Licht ausgeknipst haben und still geworden sind, hören sie von draußen den Regen prasseln und den Wind wehen. Manchmal pfeift es richtig.

„Tom?“, flüstert Anne.
„Ja.“
„Bist du noch wach?“
„Klar bin ich noch wach.“
„Ganz schön gemütlich bei dem Regen draußen.“
„Kann man wohl sagen.“
„Du, mir gehen so viele Fragen durch den Kopf. Ich kann nicht einschlafen.“
„Ich bin auch noch nicht sehr müde.“
Anne steigt zu Tom ins Bett, wie so oft am Abend. Die beiden unterhalten sich über Fragen, die sie wichtig finden, Fragen, auf die sie eine Antwort suchen wollen, Fragen, auf die es gar keine richtige Antwort gibt.
„Nachts, wenn ich träume, wo bin ich da eigentlich? Bin ich hier oder anderswo?“
„Du stellst aber Fragen! Hier bist du natürlich. Aber, Moment mal, sind die Gedanken vielleicht anderswo ...?
Manchmal frage ich mich, wie mein Leben einmal aussehen wird, später, wenn ich erwachsen bin. Werde ich die Welt entdecken?“
„Das ist ein toller Gedanke. Aber: Ist da jemand, der auf mich achtet?“
„Mama achtet auf uns.“
„Sonst niemand?“
„Was wäre, wenn ich ewig leben könnte?“
„Toll, gar nicht auszudenken ...“

Immer mehr Fragen fallen ihnen ein. Mit den Antworten kommen sie gar nicht mehr hinterher.
„Wir müssen all die Fragen einmal aufschreiben. Ob es wohl anderen Kindern auch so geht wie uns? Ob sie sich wohl auch über solche Fragen Gedanken machen?“

Petra Freudenberger-Lötz

Kinder reden mit Gott

- Sch erzählen, wie sie mit Gott reden (möchten).
- Sch sprechen einfache Gebetssätze in Du-Form.

Gebetbücher kennen lernen

L zeigt den Kindern ein Gebetbuch, z. B. das Gotteslob, das gemeinsame Gebetbuch der kath. Pfarrgemeinde.

Jeder Mensch kann jederzeit mit Gott sprechen. Manchmal wollen Menschen gemeinsam zu Gott sprechen. Dann tragen sie Gebete aus dem gemeinsamen Gebetbuch vor. Sie suchen sich einen Text oder ein Lied, das zu ihrer gemeinsamen Feier oder zu ihrem Anliegen passt, aus dem Gebetbuch aus.

Ein Klassengebetbuch anlegen

- Gibt es etwas, das wir als ganze Lerngruppe vor Gott tragen könnten? Eine Bitte? Einen Dank? Ein Lob?
- Sch formulieren ein Gebet. L schreibt es an die Tafel. Wo können wir unsere Gebete aufbewahren? Vorschlag: Ein Klassengebetbuch anlegen, in das im Lauf des Jahres Gebetssätze (z. B. aus **fse 18, 26, 31, 57, 66, 80**), Psalmen und frei formulierte Kindergebete geschrieben werden. Kann auch für kleine liturgische Feiern und Schulmessen genutzt werden.

Eine Kerze leuchtet

- Sch betrachten die Flamme und ahmen mit den Händen die Form nach (Hände falten).
- L macht darauf aufmerksam, dass man spürt, wie die Handflächen langsam warm werden.
- Manche Menschen sprechen mit gefalteten Händen zu Gott und wünschen sich etwas, das ihr Leben hell und froh macht.
- Sch gestalten Fensterbilder einer leuchtenden Kerze (**AB 1.1.17, Arbeitshilfe S. 69**, vergrößern).

3. Jahrgangsübergreifende Lerngruppen

- Sch, die gerne schreiben, verfassen die möglichen Gebete der abgebildeten Kinder schriftlich.
- Sch schreiben Gebete ins Klassengebetbuch.
- Sch lesen aus einem Gebetbuch vor.
- Sch formulieren ein Gebet für einen ausgewählten Schulanfänger und schenken es ihm.

Literatur

Neumüller, Gebhard (Hg.), Basteln im Religionsunterricht, München [5]2000

Ders., Spielen im Religionsunterricht, München [2]2001

Niehl, Franz W./Thömmes, Arthur, 212 Methoden für den Religionsunterricht, München [6]2003

Oberthür, Rainer, Kinder und die großen Fragen, München [5]2003

Schmid, Hans, Die Kunst des Unterrichtens, München [3]2003

2 Auf den Spuren Jesu

1. Religionspädagogische und theologische Hinweise

In diesem Themenbereich wird eine erste Begegnung mit der Person Jesu angebahnt. Dabei ist davon auszugehen, dass dies für eine Reihe von Sch eine Erstbegegnung sein wird. Diese Sch haben weder im Elternhaus noch im Kindergarten von Jesus gehört. Auch die Teilnahme am kirchlichen Gemeindeleben, wie etwa an Kindergottesdiensten oder Kinderbibeltagen, ist ihnen in der Regel fremd. So wird L Schritt für Schritt eine Jesusbeziehung aufbauen, die in weiteren Schuljahren unter immer neuen und anderen Gesichtspunkten mehr und mehr entfaltet wird. Ziel dieses ersten Jesus-Kapitels ist es, Sch so mit Jesus bekannt zu machen, dass er gleichsam in ihr Leben eintreten kann.

Zunächst geht es um die Person Jesu, um das geografische und soziale Umfeld, in dem Jesus lebte. Er ist hineingeboren in eine bestimmte historische Situation, er ist geprägt von wirtschaftlichen, sozialen und religiösen Bedingungen seiner Zeit, er ist zunächst ein Mensch seiner Zeit (LP 3.1/3.3).

Vor diesem Hintergrund kann die Besonderheit Jesu dargestellt werden: seine Rede von Gott, beispielhaft dargestellt im Gleichnis vom guten Hirten, und seine Zuwendung zu den Armen und Ausgestoßenen (LP 3.1/3.3). Indem er in ihr Leben tritt, verändert er sie zu ihrem „Heil". Sie werden in der Begegnung mit ihm ganz Mensch. Jesu Charisma zieht Menschen an, Jüngerinnen und Jünger, die mit ihm sein Leben teilen (LP 3.1/3.3), wie es immer wieder Menschen gab und gibt, die sich von ihm bestimmen lassen (LP 3.5). Das Ziel dieser Erstbegegnung ist die bleibende Frage: Wer ist dieser Jesus?

Die Erzählungen von Jesus laden Sch ein, sich auf diesen Jesus einzulassen und neugierig zu werden auf sein Leben und seine mögliche heilsame Bedeutung für sie, wie es das Fachprofil ausdrückt (Lebensperspektiven aus der biblischen Überlieferung entwickeln).

Die Betonung liegt auf der Erstbegegnung: Sch sollen in mehreren Anläufen den Spuren Jesu folgen und für sich selbst Spuren dieser Jesusgestalt entdecken.

Im 3. Kapitel hören Sch Erzählungen zur Geburt Jesu. Im 4. Kapitel erfahren sie, wie Jesus mit Kindern umgeht. Die Leidensgeschichte und die Auferstehung Jesu sind Themen im 5. Kapitel. Einem roten Faden gleich setzt sich der Jesuskurs in den folgenden Jahrgangsstufen fort. Ihrem jeweiligen Fassungsvermögen entsprechend werden so die Sch immer mehr mit Jesus und seiner Botschaft vertraut gemacht.

2. Das Thema im Lehrplan

Der Lehrplan sieht Lernen und Lehren im katholischen Religionsunterricht in produktiver Wechselbeziehung und gegenseitiger Auslegung von christlichen Traditionen und heutigen Erfahrungen (Korrelation). Gott offenbart sich in der Geschichte der Menschen und menschlichen Erfahrungen. Zum Leben der Menschen gehört es aber auch, sich existenziellen Fragen zu öffnen und Sinnzusammenhänge herzustellen (LP 2.2). Das Kapitel setzt bewusst nicht beim historischen Jesus an, sondern will aus diesem Grund zuerst eine Fragehaltung zu Alltagserfahrungen der Schüler wecken. Daher beginnt Kapitel 2 nach dem eröffnenden Bild mit einer Beobachtung zur Situation brasilianischer Straßenkinder, denen ein Hilfsprojekt von Leonardo Boff hilft. Diese Aktion lässt Sch fragen, was Menschen veranlasst, die Not anderer zu sehen und sich für sie einzusetzen. Am Beispiel der hl. Elisabeth wird das Thema weitergeführt, indem gezeigt wird, dass es auch in der Geschichte Menschen gab, die ihr Leben mit den Armen teilten.

Beide Beispiele führen zu Jesus und der Antwort: Jesus ist Vorbild und Kraftquelle für das Leben und Handeln von Menschen (LP 3.5).

Über zwei biblische Geschichten hören Sch von Jesus: Er öffnet die Augen des blinden Bartimäus. Dieser folgt Jesus nach, ein Zeichen dafür, wie die Begegnung mit Jesus das Leben eines Menschen zu ändern vermag und aus „Blinden" wieder „Sehende" macht (LP 3.2). Die Erzählung der Levi-Berufung und des anschließenden Mahls lässt Sch miterleben, wie Jesus die „Nichtangesehenen" ansieht und anspricht, sich sogar im gemeinschaftlichen Mahl mit ihnen „gemein" macht. Die Begegnung mit Jesus verändert, gibt neue Lebensperspektiven (LP 3.1).

Jesus erregt Aufsehen durch sein Handeln und durch seine Rede von Gott, die sich in seinem Handeln bewahrheitet. Im Gleichnis vom guten Hirten erfahren Sch, wie Jesus von Gott spricht, von seiner Zuwendung zu den Menschen und seiner Freude über die Menschen. Menschen aus der Umgebung Jesu lassen sich auf ihn ein (LP 3.1/3.2).

Schließlich erhalten Sch erste Eindrücke vom Land, in

dem Jesus lebte, und von seinem sozialen Umfeld (LP 3.3).
Das Kapitel endet mit einer Weiterführung der Spurensuche durch Sch: Wo können sie heute Menschen, Situationen entdecken, bei denen und in denen die Person Jesu lebendig ist (LP 3.4/3.5)?

3. Jahrgangsübergreifende Einsatzmöglichkeiten

fse 2, Kap. 4, S. 50-55: Jesu Lebensweg; S. 50-51: Menschen sind von Jesus begeistert; S. 54-55: Was Menschen über Jesus denken

4. Verbindungen zu anderen Fächern

EVANGELISCHE RELIGIONSLEHRE: Begegnung mit dem Judentum: Kinder zur Zeit Jesu; Verantwortung übernehmen: Jesus sucht Mitarbeiter; Menschen werden nicht aufgeben.
DEUTSCH: 3.1 Mündliches Sprachhandeln, verstehendes Zuhören, gezielt zuhören und nachfragen, Erlebnisse und Geschichten erzählen, mit anderen sprechen, Gefühle benennen, wahrnehmen und reagieren, Sachverhalte beschreiben, szenische Umsetzung, Entwicklung einer Gesprächskultur; 3.3 informierendes Lesen, einem Text Informationen entnehmen, verstehen und danach handeln.
KUNST: 3.1 farbiges Gestalten; 3.2 Auseinandersetzung mit Bildern, eigene Wahrnehmungen äußern.
MUSIK: 3.1.1 Musik machen mit der Stimme, Lieder kennen lernen; 3.3 Musik umsetzen (Tänze, Bewegungen, eigene Tanzideen, Musik sichtbar machen).
SACHUNTERRICHT: 3.4 Mensch und Gemeinschaft, Regeln des Zusammenlebens, Konflikte erkennen, Konfliktlösungen erproben; 3.5 Zeit und Kultur, früher und heute.

5. Lernsequenz

Planungsskizze	Überschriften in fse	Inhalte im Lehrplan
I. Menschen aus Geschichte und Gegenwart, die sich für andere einsetzen Frage nach dem Warum	Straßenkinder **fse 22/23** Elisabeth und die Armen **fse 24/25**	3.1 Erfahrungen im Zusammenleben 3.1 Leben in Freude ... Angst ... 3.5 Lebensspuren beispielhafter Menschen
II. Jesus kennen lernen Begegnung mit behinderten, abgelehnten Menschen Jesus erzählt von Gott Die Heimat Jesu; Menschen zur Zeit Jesu	Jesus und Bartimäus **fse 26/27** Jesus und Levi **fse 28/29** Jesus erzählt von Gott **fse 30/31** Wo Jesus und seine Freunde gelebt haben **fse 32/33**	3.1 Jesu Botschaft von Gott dem Vater 3.2 Jesu Botschaft von Gott in Bildern und Gleichnissen 3.3 Begegnungsgeschichten, Umwelt und Menschen zur Zeit Jesu
III. Spuren in der Umgebung der Sch *Lernziel:* einen Zugang zu Jesus gewinnen	Spuren Jesu heute **fse 34**	3.4 Gemeinschaft in Familie, Klasse und Gemeinde 3.5 Lebensspuren beispielhafter Menschen

6. Lebensbilder 1/2

Folgende Fotos aus der Folienmappe Lebensbilder 1/2 sind für einen situativen Einsatz hilfreich:
Nr. 2: Ich staune; Nr. 7: Ich tröste; Nr. 13: Wir sind Freunde; Nr. 14: Wir vertragen uns; Nr. 15: Wir basteln Palmbuschen; Nr. 19: Auf der Straße leben; Nr. 20: Zuhause; Nr. 27: Ameisen im Baum; Nr. 30: Mädchen vor Kerzen; Nr. 31: Friedhofsgrab mit Torbogen; Nr. 32: Alte Brücke.

1. Hintergrund

Das Kapitel wird eröffnet mit einem Jesusbild des 20. Jahrhunderts von Georges Rouault.

Georges Rouault (1871-1958)

Georges Rouault wurde 1871 in Paris geboren. Nach einer Lehre bei einem Glasmaler entschloss er sich Maler zu werden. Er studierte in Paris bei Paul Delaunay (Kunstwerk in **fse 2**, S. 59, und Schatzkiste 1/2, Folie Nr. 20) und Moreau. Im Laufe seiner Entwicklung wandte er sich starken aussagekräftigen Konturlinien zu und typisierte zunehmend seine Gestalten. Ab 1930 standen mehr und mehr christliche Themen (v. a. die Passion) im Mittelpunkt seines Schaffens. Er ist ein bedeutender Vertreter des französischen Expressionismus. 1958 starb er im Alter von 86 Jahren.

Georges Rouault: „Antlitz Christi", 1937

Antlitz Christi (Le Sante Face), Öl auf Papier, 105 x 75 cm, Cleveland, Museum of Art

Das Brustbild eines Mannes zeigt diesen mit einer leicht geneigten Haltung des Kopfes. Auffallend sind die starken schwarzen Umrisslinien. Das Schwarz bestimmt auch Haare, Augenbrauen und Bart. Die Technik erinnert an mittelalterliche Glasmalereien. Die Augen sind weit geöffnet. Gesicht und Teile des Oberkörpers sind in leuchtenden gelb-orangen und roten Farbtönen gemalt. Der warme leuchtende Grundton bestimmt Antlitz und Oberkörper. Der Kopf wird von einem kalten Blauton umgeben, den türkise und grüne Beimischungen mildern. Am linken Bildrand tauchen die Farben der Figur nochmals auf. Der Blick des Mannes geht am Betrachter vorbei. Ruhe, Gefasstheit und Gesammeltsein bestimmen das Bild. Sie wollen die Person gleichsam von innen her charakterisieren. Einfachheit und Ausdruckskraft lassen Sch nach der Bedeutung dieses Menschen fragen. Wer ist dieser Mann? Die Absicht des Künstlers: Jesu Gefasstheit im Leid auszudrücken und zugleich das Geheimnis seiner Person „anschaulich" zu machen, bleiben hier außer Acht. (Das Bild lässt sich auch im Kapitel 5: Ostern, einsetzen, ebenso im 2. Jahrgang, Kapitel 4: Jesus auf seinem Lebensweg begleiten.)

Literatur

Bahr, Carolin, Religiöse Malerei im 20. Jahrhundert. Am Beispiel der religiösen Bildauffassung im gemalten Werk von George Rouault, Stuttgart 1996

Ein Grundmodell der Bilderschließung findet sich in Arbeitshilfen S. 74.

2. Einsatzmöglichkeiten im RU

Das Bild hilft bei Sch Fragen nach der Person Jesu zu wecken. Die ausführliche Betrachtung wird in der Regel nicht am Beginn des Jesus-Kapitels stehen. Möglich ist der Einsatz nach dem Gleichnis vom guten Hirten (**fse 30/31**) oder am Ende (**fse 34**): Die Spur Jesu bei einem Maler unserer Zeit entdecken. Ein Maler, der sich viele Jahre seines Lebens mit der Person Jesu beschäftigt hat, hat dieses Bild gemalt.

Was auf dem Bild zu sehen ist

Sch gehen mit den Augen im Bild spazieren: Schatzkiste 1/2, Folie Nr. 1.

- Ich sehe:
  Farben: helle, dunkle; Farben des Gesichts, der Umgebung etc.
  Form: leicht geneigter Kopf, Augen, Bart etc.
- Mit geschlossenen Augen die Farben des Gesichts sehen etc.
- Mit dem Finger die Figur im Buch nachzeichnen (auch mit geschlossenen Augen).

Das Bild deuten

- Was drücken die Farben (helle, dunkle Töne) aus?
- Welche Stimmung zeigt das Bild? (Ernster Gesichtsausdruck: Wann schauen Menschen ernst? Einen ernsten Gesichtsausdruck nachstellen: Was könnte Jesus erlebt haben? Evtl. Vorerfahrungen einbringen.)
- Was fragst du den Maler?
- Was fragst du Jesus?
- Was gefällt dir an dem Bild, was nicht?

Ein eigenes Bild gestalten

- Sch nehmen dazu **AB 1.2.1, Arbeitshilfen S. 75**, und gestalten das Bild farbig.
- Die Bilder werden im Kreis ausgelegt und mit dem „Original" verglichen.

3. Jahrgangsübergreifende Lerngruppe

- Gestalterisches Arbeiten mit Jaxon-Kreide.
- Gesprächsimpuls: Wie stellen wir uns Jesus vor?

Ein Grundmodell der Bilderschließung

In den Schulbüchern **fragen – suchen – entdecken 1** und **2** ist das Bild zur Eröffnung der Kapitel in der Regel ein Bild der Kunst, das sorgsam erschlossen werden will. Auch die Wahrnehmung der Alltagsfotos aus der Folienmappe „Lebensbilder1/2" kann in bewussten Schritten vollzogen werden. Um einen fruchtbaren Zugang zu den einzelnen Bildern zu ermöglichen, wird im Folgenden ein Grundmodell zur Bilderschließung vorgestellt. Die einzelnen Phasen sind zugleich für die Vorbereitung der Lehrerin, des Lehrers hilfreich.

1. Spontane Wahrnehmung

Erste Kontaktaufnahme mit dem Bild; ungelenktes Anschauen und Wahrnehmen; nach einer Phase der Stille: spontane Äußerungen ohne Diskussion und Wertung.

2. Analyse des Bildes

Was ist auf dem Bild zu sehen?
- *Personen*: Haltung, Bewegung, Gestik, Stellung zueinander?
- *Landschaft*: statisch, bewegt? Stimmung?
- *Linien*: Verlauf von Linien: senkrecht, steigend, waagrecht, aufwärts, abwärts führend? Evtl. Bildlinien nachfahren.
- *Farben*: Welche kommen vor, welche fehlen? Hell- und Dunkel-Kontraste?
- *Bildanordnung wahrnehmen*: Zusammenhang der einzelnen Teile?
- *Erinnern*: Mit geschlossenen Augen im Bild spazieren gehen.

3. Analyse des Bildgehalts

Was hat das Bild zu bedeuten? Was hat die Künstlerin, der Künstler ausgesagt oder dargestellt? Evtl. Informationen zur Künstlerin, zum Künstler und der Entstehungszeit einbringen.
Bezug zu einem biblischen Text, zu anderen Texten, Motiven, Erfahrungen?
Dem Bild eine Überschrift geben.

4. Identifikation mit dem Bild

Was löst das Bild in mir aus?
Wo finde ich mich wieder in dem Bild? Wo bin ich gerne, nicht gerne?
Wenn die Personen sprechen könnten: Was würden sie sagen?

5. Weiterer Umgang mit dem Bild

Das Bild weitermalen, ergänzen, etwas weglassen.
Die Personen nachstellen, miteinander sprechen lassen.
Was war vorher, was kommt danach?
Welche Geschichte, welches Lied, welches andere Bild fällt mir zu dem Bild ein?

Literatur

Lange, Günter, Kunst zur Bibel München 1988, S. 9-11

Niehl, Franz W., Damit uns die Augen aufgehen, in: ders./Thömmes, Arthur, 212 Methoden für den Religionsunterricht, München 1998, S. 13-45 (viele hilfreiche Methoden)

Schmid, Hans, Ein Grundmodell des Umgangs mit Bildern im Religionsunterricht, in: ders., Die Kunst des Unterrichtens, München 1997, S. 125-178

Jesusbild

1. Hintergrund

Die Doppelseite **fse 22/23** zeigt verschiedene Lebenssituationen von Straßenkindern.
Auf dem Foto der linken Seite **fse 22** suchen drei Kinder (zwei ältere, ein jüngeres) in einer belebten Straße im Müll nach verwertbaren Teilen. Sie sammeln sie in einem Sack, um durch den Verkauf ein wenig Geld zu verdienen. Damit bestreiten sie ihren Lebensunterhalt. Eine Schule besuchen sie nicht, sie schlafen auf der Straße, oft auf dem leeren Müllsack. Das Entsetzen von Relix spiegelt die Verwunderung der Sch wieder, denen solche Situationen mehr als befremdlich erscheinen.
Auf der rechten Seite **fse 23** ist dagegen die Situation der Kinder deutlich anders. Das obere Foto zeigt Kinder beim Essen, auf dem unteren kümmern sich Erwachsene um eine Kindergruppe. Die beiden Fotos zeigen, wie für Kinder die elementaren Bedürfnisse gestillt sind: Nahrung, Kleidung, Wohnung und Zuwendung. Am Ende steht die Frage: Was bewegt Menschen dazu, sich um diese Kinder zu kümmern?

Straßenkinder

Die Behandlung der Straßenkinder-Problematik in einem Erstklassbuch mag mancher L als verfrüht und daher ungeeignet vorkommen. Dem widerspricht aber zum Beispiel eine Empfehlung der Kultusministerkonferenz aus dem Jahre 1997. Da heißt es u. a.: „Langjährige Erfahrungen sowie empirische Forschungen haben gezeigt, dass der Unterricht über die „Eine Welt/Dritte Welt" so früh wie möglich beginnen sollte." Und weiter: „Ein solcher Ansatz schließt an das allgemeine Bemühen an, schon in der ersten Jahrgangsstufe der Grundschule mit einer umfassenden Sozialbeziehung zu beginnen" („Eine Welt/Dritte Welt" in Unterricht und Schule. Empfehlung der Kultusministerkonferenz vom 28.2.1997, zit. n. Schmitt, R. (Hg.), Eine Welt in der Schule, Frankfurt 1997, S. 35).
Gleichzeitig dürfen wir Kindern dieses Alters nicht mit allzu krassen Formen von Elend konfrontieren und ebenso wichtig ist es, Sch nicht mit unlösbaren Problemen allein zu lassen. Beides soll in diesem Entwurf vermieden werden.
Weltweit wird die Zahl der Straßenkinder mit etwa 80 Millionen angegeben (Terre des Hommes 1992), UNICEF nennt 100 Millionen (1994), andere Studien nennen mehrere Hundert Millionen. In vielen Ländern sind Straßenkinder Opfer gezielter Gewalt, wie die Zahl der ermordeten Straßenkinder beispielsweise in Brasilien zeigt, die weiterhin ansteigt. 1993 wurden in Brasilien durchschnittlich vier Straßenkinder pro Tag ermordet. Hilfe für Straßenkinder wird u. a. von UNICEF, Misereor, Terre des Hommes, der Kindernothilfe e.V. sowie in Brasilien von der Nationalen Straßenkinder-Bewegung geleistet.

Leonardo Boffs Projekte zum Schutz der Straßenkinder

Die Fotos **fse 23** stellen ein von Leonardo Boff organisiertes Projekt in der Nähe von Rio de Janeiro vor. An den Ausläufern von Petropolis, wo die Ärmsten wohnen, wurden auf eigenem Gelände inzwischen 12 Kindergärten und 12 Schulen gebaut, in denen auch Hausaufgabenbetreuung und Nachhilfeunterricht angeboten werden. Dort wurden auch weitere Bildungsmöglichkeiten für Erwachsene in Politik, Gesundheit usw. geschaffen. Auf dem Gelände gibt es auch Sportplätze; für sportliche Aktivitäten sorgt ein ausgebildeter Fußballtrainer um die Gesundheit der Kinder zu fördern und sie darüber hinaus auch den Gefahren der Straße zu entziehen.
Familien und Einzelpersonen werden nach Prüfung ihrer Verhältnisse finanziell unterstützt, damit sie die Straßenkinder aufnehmen und für sie sorgen. Straßenkinder sind Waisen, Kinder berufstätiger Mütter, Kinder, die sich von ihrem Elternhaus losgesagt haben oder die aus anderen Gründen keine regelmäßige Verbindung dorthin haben.
Allein in Rio werden an dezentralen Stationen täglich mindestens 1.000 warme Essen an Straßenkinder ausgegeben. Die medizinische Versorgung aller Stationen in Petropolis und Rio erfolgt mit selbst hergestellter Medizin aus selbst angepflanzten Kräutern. Ein Menschenrechtsbüro kümmert sich um vermisste Kinder, auch solche, die von der Straße weg in Anstalten oder Gefängnisse gebracht werden.
Leonardo Boff ist der Initiator des Straßenkinderprojekts von Petropolis. Der promovierte Theologe wurde 1938 in Brasilien geboren und arbeitete zunächst als Priester und später – nach dem Studium in München – als Professor für Systematische Theologie an der katholischen Universität von Petropolis. Mit seinem Einsatz für die „Theologie der Befreiung" geriet er immer wieder in Konflikt mit der vatikanischen Glaubenskongregation. Er verließ den Franziskaner-Orden 1992, arbeitet jedoch noch immer als Armenpriester und Professor für Ethik und Spiritualität an der staatlichen Universität von Rio. Von ihm liegen zahlreiche Buchveröffentlichungen, u. a. in deutscher Sprache vor.

So leben Paolo, Rafael und Sandro

Wir reisen nach Brasilien. Dazu müssen wir ein Flugzeug besteigen.
Der Flug dauert lange, einen ganzen Tag und eine ganze Nacht.
Wenn wir aus dem Fenster schauen, sehen wir das große weite Meer.
Endlich, nach vielen Stunden, sehen wir Land und eine große Stadt: Rio de Janeiro.
Wir landen auf dem Flugplatz.

Wir schauen uns in der großen Stadt um: sehen die vielen Menschen, hören die vielen Stimmen, die wir nicht verstehen, und den lauten Verkehr.
Dann steigen wir in den Bus. Er fährt uns an den Rand der Stadt.
Wie sieht es hier aus?
Es gibt keine großen Straßen und keine Häuser aus Stein.

Wir sehen einfache Hütten, aus Brettern zusammengenagelt, mit Wellblech und Matten geflickt.
Die Hütten haben keine Fenster aus Glas und kein festes Dach.

Hier leben auch Paolo, Rafael und Sandro.
Paolo, Rafael und Sandro sind Freunde.
Sie sind Tag und Nacht zusammen.
Jetzt leben sie auf der Straße (Straßenkinder).
Sie haben keine Eltern, die sich um sie sorgen,
kein Zuhause, nicht einmal eine Hütte, in der sie schlafen können.
Sie schlafen im Freien, unter einer Brücke, an einer Hauswand oder wo sie sonst Platz finden können.
Die Erwachsenen beschimpfen sie als Herumtreiber und verjagen sie.
Keiner will sie haben.

Wie sieht ein Tag von solchen Kindern aus?
Wenn es Tag wird, machen sich die drei auf den Weg und suchen sich eine Arbeit.
Sie brauchen Geld, um sich etwas zum Essen kaufen zu können.
Manchmal verkaufen sie Zeitungen, putzen Schuhe oder die Autoscheiben.
Auch für das Bewachen von Autos bekommen sie manchmal eine Kleinigkeit.
Meistens sind sie aber damit beschäftigt Müll zu sortieren.
Für das Sammeln von Glas, Metall, Aluminium und Papier gibt es Geld beim Händler.
Damit können sie sich das Nötigste zum Essen kaufen.

Ob es ihnen jemals besser gehen wird?

Literatur

Bracke, D., Wie eine Fliege an der Wand. Straßenkinder in Südamerika, Luzern 1996
Misereor-Werkheft, Aachen 1999
Stehr, Chr. (Hg.), Brasilien. Gesichter eines Landes, St. Ottilien 1994 (mit Information über die Straßenkinder und einem Porträt Leonardo Boffs)

2. Einsatzmöglichkeiten im RU

Wir lernen das Leben von Straßenkindern in Brasilien kennen

- Sch beschreiben das Foto **fse 22**. Warum ist Relix entsetzt?
- Sch geben den Jungen Namen, z. B. Paolo, Rafael, Sandro.
- L schildert ihre Lebenssituation und erzählt eine Geschichte aus ihrem Alltag: **AB 1.2.2, Arbeitshilfen S. 77**.
- Die Erzählung lässt sich anhand von Dias aus der Medienzentrale bzw. von Misereor (Internet: misereor.de) veranschaulichen und vertiefen.
- Eine einfache Müllsortierung mit Sch durchführen und so die Arbeit von Paolo, Rafael, Sandro kennen lernen.
  Weiterführung: Eine-Welt-Produkte zum Verkauf anbieten.

Was Straßenkinder brauchen

- Mit Hilfe von **AB 1.2.3, Arbeitshilfen S. 79**, drükken Sch Wünsche für die drei Kinder aus. Weitere Wünsche: Arzt, Freund/innen, Kleidung, Feste usw.

Wer hilft Straßenkindern?

- Sch betrachten die Fotos **fse 23**.
  Kinder, die wie Paolo, Sandro und Rafael in dieser Stadt leben und Straßenkinder waren, erhalten in dem Haus etwas zu essen. Sie wohnen dort und Erwachsene kümmern sich um sie. Der Mann im roten Hemd auf dem unteren Bild heißt Leonardo.
- Wir fragen Leonardo: Warum kümmerst du dich um diese Kinder? (Sie brauchen ein Zuhause ..., sie möchten lachen, spielen ...). Er sagt noch etwas: Jesus hat sich um arme Menschen gekümmert, das will ich auch tun.
- Wer ist dieser Jesus? (Leitfrage)
- Relix sagt dazu: Ich finde gut, dass ...
- Ein Kind vom Foto erzählt: Früher ..., Jetzt ...

3. Jahrgangsübergreifende Lerngruppe

- *Gesprächsimpuls:* „Hast du schon einmal jemanden am Straßenrand gesehen, der keine Wohnung hatte?"
- Bilder aus Zeitungen suchen, Collage kleben zum Thema „Straßenkinder dieser Erde".

4. Lebensbilder 1/2

Folgende Fotos sind in dieser Einheit besonders anregend :
Nr. 19: Auf der Straße leben; Nr. 21: Zerstörtes Zuhause (Menschen in Not)

Elisabeth und die Armen

fragen – suchen – entdecken 24/25

1. Hintergrund

Die Doppelseite **fse 24/25** bringt anhand eines Ausschnittes aus einem Bilderzyklus des 15. Jh. das Leben eines karitativ vorbildlich handelnden Menschen in zwei Situationen zum Ausdruck.

Lübecker „Elisabeth-Zyklus"

Die beiden Gemälde stammen aus dem so genannten Lübecker Elisabeth-Zyklus. In 23 Szenen führt er durch das Leben der hl. Elisabeth. Die großartigen Bilder, um 1420 entstanden, sind das Werk eines unbekannten Meisters, der Wände und Decken des Heiligen-Geist-Hospitals ausmalte.
Für **fse 1** sind die Bilder: „Elisabeth pflegt die Kranken" und „Elisabeth verteilt Lebensmittel an die Armen" ausgewählt worden.

Elisabeth von Thüringen (1207-1235)

Elisabeth wurde 1207 als Tochter des ungarischen Königs Andreas II. und seiner Frau Gertrud geboren. Mit vier Jahren kam sie auf die Wartburg nach Eisenach (1211), wurde verlobt mit Ludwig, dem ältesten Sohn des Landgrafen und der Landgräfin. 1221 heiraten Elisabeth und Ludwig.
Die Ehe des jungen Paares war sehr glücklich. Sie bekamen drei Kinder. Schon sehr früh fühlte sich Elisabeth der franziskanischen Armutsbewegung ihrer Zeit verpflichtet, besonders der Armenfürsorge. So verkaufte sie ihren Schmuck im Hungerjahr 1226 und verteilte die Getreidevorräte der Burg an die Armen. Sie besuchte die Kranken und Armen in Eisenach, gab ihnen zu essen und pflegte sie. Darin suchte sie zugleich die enge Gemeinschaft mit Jesus Christus, dem sie in den Armen und Kranken

Was Straßenkinder brauchen

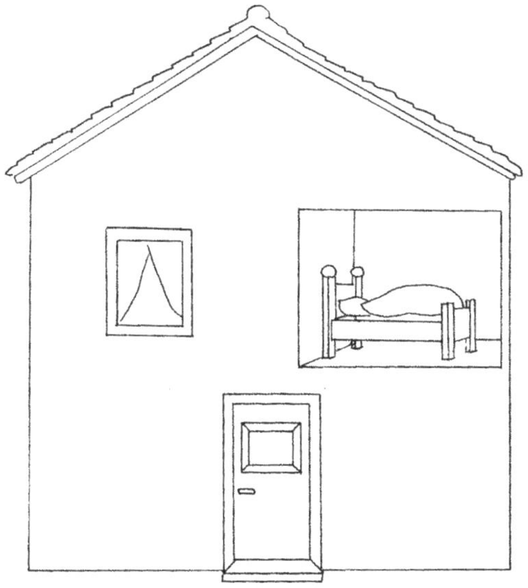

- Wähle zwei Bilder aus, die du den Straßenkindern wünschst.
- Schneide sie aus und klebe sie in dein Heft!

Was noch?

begegnete. Durch ihr Verhalten brach sie aus den Konventionen ihres Standes aus und kritisierte sie dadurch zugleich. Sie erkannte, dass Reichtum und Verschwendung auf der Burg nur möglich waren, weil zugleich viele Menschen ausgebeutet wurden. Sie entfernte sich immer mehr vom höfischen Leben. Unverständnis und Protest begleiteten ihr Handeln. Ludwig, ihr Gemahl, hielt aber treu zu ihr und unterstützte ihre Mildtätigkeit.

Nach dem Tod ihres Mannes (1227), der zu einem Kreuzzug in Italien weilte und noch vor der Einschiffung einer Seuche zum Opfer fiel, verließ Elisabeth mit ihren drei Kindern die Burg und lebte zunächst unter ärmlichen Verhältnissen in Eisenach. Von ihrem Witwenanteil gründete sie in Marburg ein Hospital und pflegte dort die Kranken bis zu ihrem frühen Tod. Ihr Leben zeigt die Spannung zwischen dem Armutsideal und der gesellschaftlichen Rolle einer Landgräfin.

Sie war zutiefst vom Evangelium geprägt. In den Armen, Kranken, Unterdrückten und Ausgebeuteten sah sie den leidenden Christus (Mt 25,35 ff.). Mit den Armen arm sein, ihnen gleichgestellt sein, das war ihr Ideal und für ihren Stand zugleich ein Skandal.

Schon wenige Jahre nach ihrem Tod (1235) wurde sie heilig gesprochen. Viele Legenden ranken sich um ihre Lebensgeschichte. Bis heute ist sie ein Vorbild und ihr Leben ein Aufruf, dem Evangelium gemäß, die soziale Beziehung als Gottesbeziehung zu leben.

„Elisabeth pflegt einen Kranken", Tafel 16

Das Bild **fse 24** zeigt im Vordergrund links Elisabeth mit einem schattenhaften Heiligenschein und einer Krone. Sie trägt ein einfaches Gewand, ihr Haupt ist in ein schlichtes weißes Tuch gehüllt. Vier Dienerinnen in leicht geneigter Haltung sind der Szene zugewandt, zwei von ihnen in kostbare Gewänder gehüllt und mit einem Schmuckband im Haar versehen. Die beiden im Hintergrund wirken jugendlich, kindlich. Im Vordergrund sitzt der Kranke, barfuß; sein Elend spiegelt sich im dunklen Gesicht wider. Er muss auf einem Holzbänkchen sitzen und sich abstützen. In der linken Hand hält er eine Art Klapper, die ihn als Aussätzigen ausweist, der durch das Geräusch der Klapper auf sich aufmerksam machen und Gesunde vor sich warnen muss. Am Boden steht ein Gefäß, das wohl das Essen aufnehmen soll. Elisabeth kämmt den Kranken. Sie legt dabei behutsam die linke Hand auf sein Haupt. Während die Begleitpersonen ihre Arme und Hände eng an ihren Körper halten und so Distanz ausdrücken, berührt Elisabeth den Kranken, ist ihm auch mit ihrem Körper zugewandt. Beide sind auch durch die Farbe der Kleidung bis in den Faltenwurf miteinander verbunden, ein Zeichen dafür, dass der Standesunterschied aufgehoben zu sein scheint. Nicht die Dienerinnen, sondern die „Herrin" macht sich gemein mit Armen und Elenden (vgl. Mk 10,43).

„Elisabeth verteilt Lebensmittel an die Armen", Tafel 17

Historischer Hintergrund dieser Darstellung **fse 25** ist vielleicht die Hungersnot 1225/26. Elisabeth öffnet in eigener Verantwortung die Vorratskammern der Burg und verteilt das Getreide an die Hungernden.

Zwei Menschengruppen – einander zugewandt – füllen das Bild aus. Die Gruppe der Bettler bestimmt die rechte Seite: eine Frau und ein Mann reichen eine Schale, die des Mannes wird gerade von einer Dienerin gefüllt. Eine zweite Frau, den Kopf mit einem weißen Tuch umhüllt, einen Wanderstock in der rechten Hand, trinkt bereits. Sie ist wie der Mann neben ihr mit einer Tasche versehen, an der eine flache Trinkschale hängt. Hinter ihr ist ein Mann im dunklen Gewand zu sehen, der nach vorne drängt.

Im Vordergrund des Bildes hält ein gebeugter Mann einen Sack auf, den Elisabeth gerade füllt. Seine ausgefranste Kleidung hat die helle Farbe des Getreides. Gebannt schaut er auf die Gabe, die ihm da zuteil wird. Am unteren Rand sieht man, dass der Mann den unteren Teil des rechten Beines auf eine einfache Prothese gebunden hat. Neben dem Hunger ist Behinderung eine weitere Quelle des großen Elends jener Zeit. Die linke Seite ist bestimmt von der Aktivität der Frauen, allen voran Elisabeth. Sie ist wieder in das einfache Gewand gekleidet, das von einem hellen Strick zusammengehalten wird. Kopf und Hals sind von einem weißen Tuch umschlungen. Sie schüttet Getreide aus dem Sack in den des Bettlers. Die umrisshaft angedeutete Krone mit dem Nimbus verweisen auf ihre Würde und ihre Heiligkeit. Zwei Mägde befinden sich im Hintergrund. Die eine gießt ein Getränk oder eine Suppe in die Schale des Bettlers, die andere umfasst einen Behälter, der ebenfalls mit einem Getränk gefüllt ist.

Beide Bilder verdeutlichen: Elisabeth wird nicht nur als mildtätige Frau dargestellt, sie bringt sich mit ihrer ganzen Existenz ein, macht sich „gemein" mit den Armen und Elenden und lässt Standesunterschiede und hierarchische Grenzziehung hinter sich.

Literatur und Medien

Bottermann-Broj, M. R., Die Geschichte der heiligen Elisabeth den Kindern erzählt, Kevelaer 1999

Fährmann W./Schmitt-Menzel J., Zwölf Wünsche für Elisabeth, Würzburg ²1991 (Bilderbuch)

Fussenegger, G., Elisabeth, Innsbruck/Wien 1993 (Bilderbuch)

Hasler, E./Bolliger-Savelli, A., Elisabeth von Thüringen, Düsseldorf 1983 (Bilderbuch)

Elisabeth von Thüringen

Ein Erzählvorschlag

1. Elisabeth ist ein Königskind. Sie wohnt in einem fernen Land (Ungarn). Mit vier Jahren muss sie Vater und Mutter, ihre Geschwister, ihr Schloss verlassen und zieht in einem Planwagen nach Thüringen auf die Wartburg. Auf dem Planwagen sind Geschenke für den Grafen, die Gräfin und Spielzeug für Elisabeth, Schmuck, schöne Gewänder ...

2. Elisabeth lebt mit den Kindern des Landgrafen und der Landgräfin auf der Burg: Sie heißen Heinrich und Ludwig. Sie spielen, singen, lernen die Laute spielen. Elisabeth wird eine gute Reiterin. Auf der Burg gibt es viele Feste. Feine Speisen und gute Weine werden aufgetragen. Dazu spielen Musiker lustige Lieder und es wird dazu getanzt bis zum frühen Morgen. Damit es den Rittern so gut geht, müssen die Bauern der Umgebung von ihrer Ernte große Teile abgeben und viele Steuern zahlen.

3. Als Elisabeth 14 Jahre alt ist, heiratet sie Ludwig. Beide lieben sich sehr. Sie freuen sich, dass ihnen drei Kinder geboren werden. Ludwig hält zu Elisabeth, auch als die Bewohnerinnen und Bewohner der Burg sich über sie sehr ärgern und sie schlecht behandeln.

4. Elisabeth geht nämlich oft von der Burg hinab in die Stadt Eisenach. Da ist sie erschüttert, was sie alles sieht:

> kranke Menschen (Kein Arzt kommt; denn sie können ihn nicht bezahlen),
> hungernde Kinder (Die Eltern haben nichts für sie zum Essen),
> frierende Männer, Frauen und Kinder (Sie haben nichts zum Anziehen),
> Menschen mit schlimmen Schmerzen (Sie haben keine Arznei) ...

Elisabeth verkauft ihren Schmuck und nimmt, was sie auf der Burg an Lebensmitteln findet. Sie geht immer wieder in die Stadt. In ihrem Korb trägt sie Brot, Tee, Arznei, Verbandsmittel ... Ihre Dienerinnen begleiten sie und helfen mit.

Die Menschen auf der Burg sagen: Was gehen uns die Leute in der Stadt an? Elisabeth darf von unserem Reichtum nichts abgeben! Zuletzt werden wir noch selber arm!

5. Ludwig bricht mit einem Heer des Kaisers zu einem Kreuzzug nach Palästina auf (in ein fernes Land, weit weg von der Wartburg). Elisabeth trauert. Sie fürchtet, dass es ein Abschied für immer ist. Und tatsächlich: Nicht lange nach dem Abschied kommt ein Bote mit der Nachricht: „Ludwig, dein Mann, ist tot. Er ist an einer Fieberkrankheit in Italien gestorben. Hier ist sein Ring." Elisabeth weint und klagt um ihren geliebten Mann. Was soll sie jetzt allein auf der Burg mit ihren Kindern?

6. Ihre Verwandten und die Bewohner der Burg schätzen ihre Sorge um Arme und Kranke nicht. Elisabeth verlässt mit ihren Kindern und einigen Dienerinnen die Burg. Von ihrem Geld, das sie vom Burgherrn Heinrich bekommen hat, errichtet sie in Marburg ein Krankenhaus. Sie hat die feinen Kleider einer Landgräfin abgelegt, hat ein einfaches Gewand angezogen und lebt mit den Kranken: Sie wäscht sie, verbindet die Wunden, tröstet sie, gibt ihnen zu essen, wenn sie nicht selbst essen können.

Die schwere Arbeit lässt sie selbst krank werden. Schon mit 24 Jahren stirbt sie. Bald wird sie die heilige Elisabeth genannt. In der Erinnerung lebt sie bei vielen Menschen weiter. Sie ist für viele ein Vorbild.

Halbfas, H., Religionsunterricht in der Grundschule, Lehrerband 1, Düsseldorf 1980, S. 111-122
Krautter, A./Schmidt-Lange, E., Arbeitshilfe Religion Grundschule, 3. Jg., Stuttgart 1997, S. 285-315 (ausführliche Einheit zu Elisabeth; Lit!)
Lang, J., Elisabeth von Thüringen. Eine Bildbiografie, Freiburg 1993
Nigg, W./Loose, H.N., Elisabeth von Thüringen (mit Diaserie), Freiburg 1979
Religionspädagogische Praxis (RPP), 1993, H. 2 und 1980, H. 4.
Veit, R., Lebensbilder für den Religionsunterricht, Lahr 1988, S. 4 ff.

2. Einsatzmöglichkeiten im RU

Wann kann L die Bilder erschließen?

Für den Einsatz der Bilder bieten sich mehrere Methoden und Anlässe innerhalb der Unterrichtssequenz an:

- Die Bilder eröffnen die Einheit: Sch lernen eine Frau kennen, die anderen Menschen hilft: vgl. Bilderschließung oben. L erzählt dazu die Geschichte von Elisabeth (**AB 1.2.4, Arbeitshilfen S. 81**).
- Die Bilder werden in die Erzählung eingebaut. Es empfiehlt sich, die Armenspeisung **fse 25** zuerst zu erschließen (Schatzkiste 1/2, Folie 2).
- Die beiden Bilder werden zur Vertiefung eingesetzt. Sch haben dann bereits für sich ein „Bild" der Elisabeth-Geschichte entworfen, bevor sie die beiden fse-Seiten betrachten.

Die Elisabeth-Gemälde erschließen

- *Einstieg:* Sch schlagen **fse 24/25** auf.
- *Alternative*: Sie betrachten Folie 2 aus Schatzkiste 1/2.
- Ich schaue das Bild für mich an.
- Ich sehe ... (Personen, Haltung, Kleidung, Farben, Tätigkeiten ...):
  - Wer sind die Hauptperson(en)?
  - Welche Geschichte erzählt der Maler?
  - Was sagt der Kranke, was sagen die Armen, die Dienerinnen usw.?
- Das möchte ich noch wissen ...
- Sch stellen das Bild nach.
- Wo könnte ich in dem Bild sein?
- Kenne ich ähnliche Situationen? Habe ich schon Ähnliches gesehen, erlebt?

Was gefällt mir am Bild / gefällt mir nicht?
Was könnten die Personen erzählen?

Eine weitere Gestaltungsmöglichkeit im Unterricht wird im Folgenden vorgestellt. Sie ist orientiert am Vorschlag von Franz Kett und Schwester Esther Kaufmann. Die Einheit ist für mehrere Stunden ausgelegt, je nach Situation kürzen! Die angegebenen Materialien zum Bodenbild sind in vielen Schulen, Pfarreien und Kindergärten vorrätig. Sie können bestellt werden beim: RPA Verlag, Gaußstr. 8, 84030 Landshut, Tel. 0871/73237.

Auf einer Burg leben

- Mit Sch ein Bodenbild legen: Sch stellen eine Burg dar: eine runde gelbe Decke (gelbes Papier) oder ein goldener Reifen werden in die Mitte gelegt. Mit Bausteinen wird eine Burg bzw. ein Schloss gebaut.
- *Alternative*:
  - L vergrößert Burg (**AB 1.2.5, Arbeitshilfen S. 83**), schneidet einzelne Teile aus.
  - Sch benennen die Teile der Burg und legen sie aus.
- Sch singen dazu das Lied (**AB 1.2.6, Arbeitshilfen S. 83**).
- Sch stellen die Burgmauern dar: die Arme einander auf die Schulter legen, wie festgemauert stehen.
- Sch bauen eine Burg aus Pappschachteln in GA oder
- Sch besuchen eine alte Burg und erkunden: Wie unterschied sich das Leben innerhalb der Burg vom Leben außerhalb?
  - Sch bringen dazu eigene Bücher und Bilder mit.
  - Sch erzählen, was sie von Burgen, Königinnen und Rittern, von Herrschaft, Reichtum und Armut wissen.

Elisabeth kommt auf die Burg

- L erzählt Abschnitt 1 von **AB 1.2.4, Arbeitshilfen S. 81**: Elisabeth verlässt ihre Heimat.
- Sch bilden einen Zug und tragen Geschenke und Symbole: z. B. Spielzeug (Puppe, Ball), ein schönes Gewand (Samtstoff), Schmuck (Säckchen mit schönen Steinen, Kette), eine goldene Krone (**AB 1.2.7, Arbeitshilfen S. 84**) und Geschenke: Goldstücke (Geld).

Das Leben auf der Burg

- L erzählt Abschnitt 2 von **AB 1.2.4, Arbeitshilfen S. 81**: Elisabeth lebt mit anderen Kindern auf der Burg.
- Sch lernen die Spiele der damaligen Kinder kennen: ähnliche Spiele wie Kinder sie heute spielen: Hüpf-, Ballspiele etc.
- Was lernt Elisabeth? Z. B. ein Instrument zu spielen, reiten, handarbeiten, wie man sich bei Tisch benimmt, wenn Besuch kommt ...
- Sch spielen die einzelnen Tätigkeiten pantomimisch vor, z. B. sich in feinen Kleidern bewegen, mit der Krone auf dem Haupt schreiten, einen Hofknicks machen, mit Nadel und Faden arbeiten, reiten, die Laute spielen ...
- Sch feiern ein Fest auf der Burg: Dazu gehören Geschirr, evtl. einzelne Speisen, Getränke, Kerzen usw.
  - Sch spielen mit verschiedenen Requisiten.
  - Dazu hören Sch eine passende Musik aus früher Zeit (Tanzmusik um 1600, Deutsche Grammophon Nr. 447 680/2), finden Bewegung dazu oder tanzen einen einfachen Schreittanz.

Wie eine Burg aussieht

Kommt, wir wollen bauen

T/M: Franz Kett

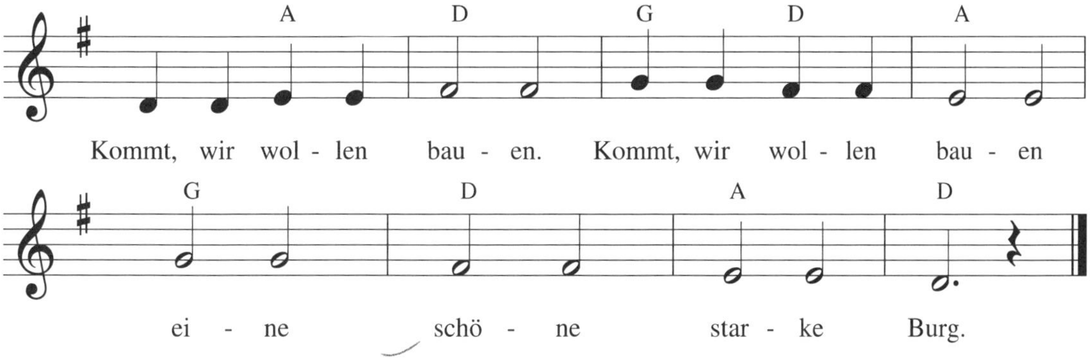
A D G D A
Kommt, wir wol - len bau - en. Kommt, wir wol - len bau - en
G D A D
ei - ne schö - ne star - ke Burg.

Wir basteln eine Krone

Du bist mein

Ich bin dein

Die Burg und die Häuser der Stadt

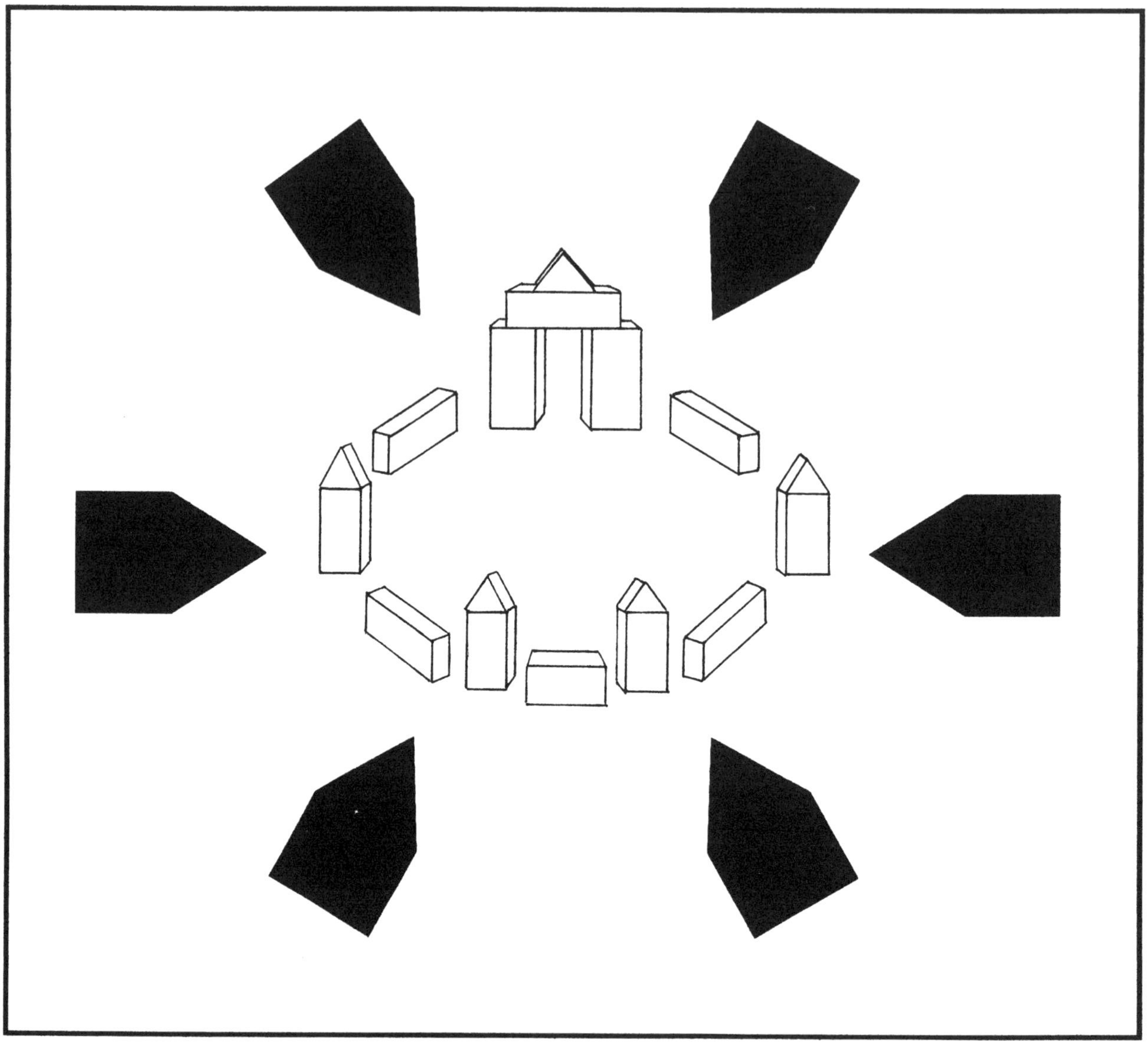

Hilfe gegen die Not

Text 1

Wir hungern, wir hungern.
Wir leiden große Not.
Wir sind ganz am Ende.
Wer gibt uns Korn und Brot?
Wir sind ganz am Ende.
Wer rettet uns vom Tod?

Text 2

Wunden abtupfen
Salben auftragen
Verband anlegen
zu essen geben
zu trinken geben
Schweiß abwischen
trösten
streicheln
zuhören

Zeichen für den Ritter – Hilfe für die Armen

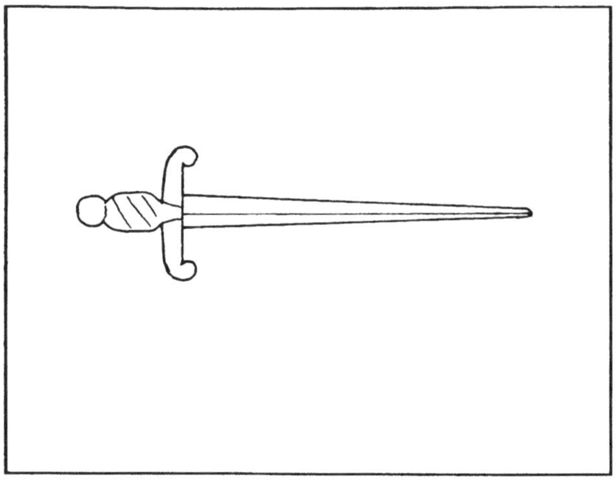

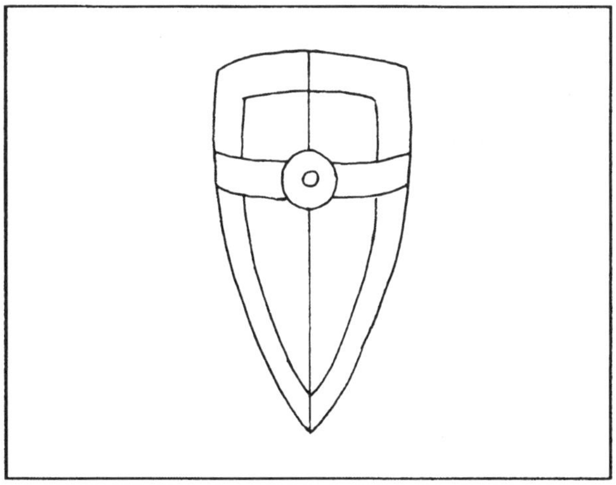

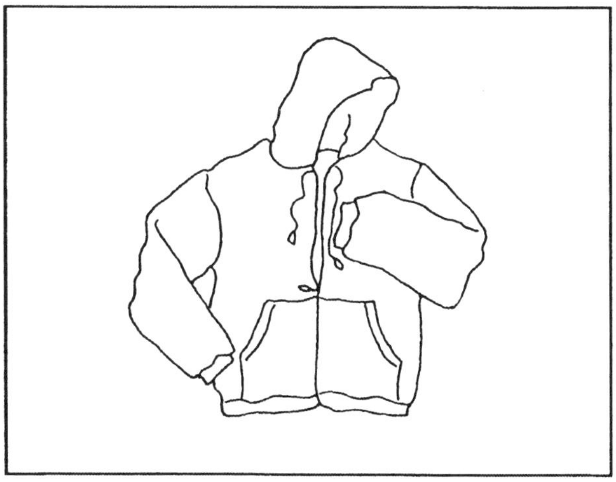

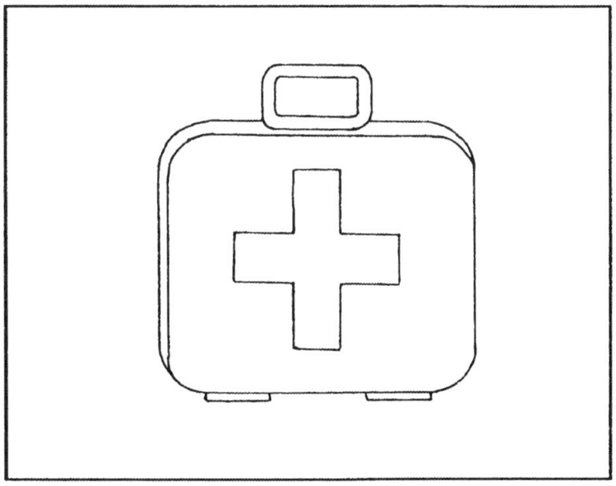

Hier wird ein Kindergottesdienst zum Thema „Heilige Elisabeth“ gefeiert.

- Das Bild von Elisabeth und den Armen **fse 25** erschließen.
  Hinweise: Arbeitshilfen S. 76 f. Evtl. sprechen Sch Text 1 von **AB 1.2.11, Arbeitshilfen S. 86**.
- Warum sich die Bewohner der Burg über Elisabeth ärgern.
- – Was Elisabeth antwortet ...
- *Wiederholung:*
- – „Ich bin ein Kind auf der Burg. Mir gefällt ..., mir gefällt nicht ...“
- – „Ich bin ein Kind in der Stadt am Fuß der Burg. Mir gefällt ..., mir gefällt nicht ...“

Elisabeth wird die Frau Ludwigs

- L erzählt Abschnitt 3 von **AB 1.2.4, Arbeitshilfen S. 81**.
- Elisabeth und Ludwig heiraten, sie lieben sich sehr. Wie merke ich, dass mich jemand liebt? (Evtl. Rückgriff **fse 15**.)
- Zeichen für Liebe: das Herz. Sch verzieren ein Herz (**AB 1.2.8, Arbeitshilfen S. 85**) und kleben den Spruch hinein: Du bist mein. Ich bin dein. Oder: Du bist min, ich bin din (übersetzen lassen).

Elisabeth kümmert sich um die Armen in der Stadt

- L erzählt den Abschnitt 4 von **AB 1.2.4, Arbeitshilfen S. 81**: Was Elisabeth in der Stadt alles sehen und erleben muss.
- Dunkle Häuser der Not werden um die Burg gelegt (**AB 1.2.9, Arbeitshilfen S. 86**).
- Wortstreifen: hungern, krank sein, frieren, traurig sein ... werden auf die dunklen Häuser gelegt.
- Sch sprechen dazu:
- – Meine Oma hat ein krankes Bein. Sie braucht ...
- – Die Mutter ist krank. Sie kann nicht aufstehen. Sie braucht ...
- Elisabeth hilft: Essen, Arzneifläschchen, Verbandszeug, Kleidung werden aus einem bereit stehenden Korb auf die dunklen Häuser gelegt; dabei werden die Wortstreifen entfernt.
- – *Alternative*:
  Symbolkärtchen von **AB 1.2.10, Arbeitshilfen S. 87**, verwenden.
- – Evtl. ein Teelicht in jedes dunkle Haus stellen. Sch erklären, was das ausdrückt.

Elisabeth verlässt die Burg und errichtet in Marburg ein Hospital

- L erzählt Abschnitt 5 von **AB 1.2.4, Arbeitshilfen S. 81**: Abschied und Tod Ludwigs.
- Sch stellen mit Orff-Instrumenten die Trauer dar; in die Burg wird ein schwarzes Tuch (Papier) gelegt.
- L erzählt Abschnitt 6 von **AB 1.2.4, Arbeitshilfen S. 81**: Elisabeth verlässt die Burg, errichtet ein Hospital und arbeitet wie eine Dienerin.
- Sch betrachten das Bild **fse 24**: Elisabeth kämmt einen Kranken und erklären es mit Hilfe von Text 2 von **AB 1.2.11, Arbeitshilfen S. 86**.
- – Sch erhalten **AB 1.2.12, Arbeitshilfen S. 89**, ein Mandala zum Ausmalen.
- – Dazu werden weitere Gegenstände geklebt (**AB 1.2.10, Arbeitshilfen S. 87**).
- *Vertiefung:*
- – Elisabeth wird verehrt (Krone/Heiligenschein).
- Wiederholung: Was haben wir uns von Elisabeth gemerkt? Sch rekapitulieren mit Hilfe des Bodenbildes bzw. der Symbole.

Begründungen für Elisabeths Verhalten suchen

- Sch fragen Elisabeth: Warum kümmerst du dich um die Armen und lebst nicht wie eine vornehme Frau auf der Burg? Mögliche Antworten der Elisabeth: Die Not der Hungernden sehen ...; den Kranken helfen ...; vom eigenen Reichtum abgeben ...; Kinder trösten ...
- Woher nimmst du die Kraft? (Ich weiß, was Jesus für die Menschen getan hat. Ich will wie Jesus den Menschen Gutes tun. Er gibt mir Kraft.)
- Wer ist dieser Jesus, was hat er getan? Wir wollen ihn kennen lernen (Übergang zu **fse 26/27**).

Elisabeth füttert einen Kranken

3. Jahrgangsübergreifende Lerngruppe

- Unterrichtsgang zu einer Burg zu o. g. Fragestellung.
- Zusammen eine (reiche) Burg in einer ärmlichen Umgebung bauen.

4. Lebensbilder 1/2

Nr. 32: Alte Brücke (Elisabeth schlägt die Brücke zu den Hungernden); Nr. 34: Stufen nach oben (Elisabeth sucht ihren Weg und muss sich entscheiden).

Jesus und Bartimäus

1. Hintergrund

In der Erzählung „Jesus heilt den blinden Bartimäus" (Mk 10,46-52) begegnen Sch zum ersten Mal Jesus in fse. Vielleicht mag es manchem Kind so gehen wie dem Blinden von Jericho: Etwas von Jesus haben sie schon gehört, vielleicht sind sie auch neugierig auf ihn. In der Erzählung sitzt Bartimäus erwartungsvoll da. Er fragt sich: Wird Jesus kommen – und wann? Hält Jesus das, was man von ihm hört? Und schließlich: Wer ist denn dieser Jesus, auf den sich z. B. Leonardo und Elisabeth berufen?

Blindheit

Sehen ist ein menschliches Grundbedürfnis, sein Fehlen eine erhebliche Einschränkung menschlicher Möglichkeiten. Blindheit und Betteln gehören in der Antike zusammen. Augenkrankheiten und Blindheit waren vor allem im Bereich der Mittelmeerländer weit verbreitet, unter anderem aufgrund von Mangelernährung und fehlender Hygiene. Blinde saßen an den Stadttoren und fristeten dort ihr Dasein. Sie hofften z. B. auf die Großzügigkeit der Festpilger, die zum Almosengeben verpflichtet waren. Der Blinde ist ein Mensch ohne Ansehen. Ständig gesehen zu werden, ohne selbst sehen zu können, gab ihm das Gefühl der Erniedrigung.

Die Heilung des blinden Bartimäus (Mk 10,46–52)

Für L ist es hilfreich die Form der Wundererzählung zu erkennen und zu beachten.

1. Situationsangabe: Jesus ist auf dem Weg nach Jerusalem mit den Jüngern und vielem Volk. Ort des Geschehens ist Jericho. Bartimäus sitzt am Ausgang von Jericho. Genannt werden: Name, Herkunft, Tätigkeit; durch Betteln bestreitet er seinen Lebensunterhalt. Er gehört zu den Randexistenzen der damaligen Gesellschaft.

2. Vorbereitung der Begegnung: Bartimäus ergreift die Initiative, schreit nach Jesus, dem Sohn Davids. Dieser Titel lässt die messianische Hoffnung auf diesen Jesus lebendig werden. Es folgt der Ruf nach Erbarmen. Die Menge dagegen empfindet das Geschrei als aufdringlich und störend. Sie will Bartimäus zum Schweigen bringen. Aufgrund seiner wenig geachteten Stellung in der Gesellschaft hat er kein Recht gehört zu werden. Bartimäus wiederholt jedoch nur noch eindringlicher das Bekenntnis und die Bitte um Erbarmen.

3. Begegnung zwischen Bartimäus und Jesus: Jesus hört das Schreien, auch und gerade des Geringgeachteten, und lässt ihn rufen. Die Menge ermuntert nun den Blinden, sich zu Jesus aufzumachen. Bartimäus wird aktiv, springt auf und läuft auf Jesus zu. Es folgt die Frage Jesu: Bartimäus spricht aus, was ihn heil machen kann, was er sich wünscht. Und er findet ein Gegenüber, das (vielleicht zum ersten Mal) ihn wirklich hört.

4. Heilung in Form eines Zuspruchs: Jesus sagt Bartimäus die Heilung zu, die dessen Glaube ermöglicht hat: Dein Glaube hat dich gerettet, heil gemacht. Es fehlen Heilgestus und Heilwort (vgl. dagegen **fse 27**).

5. Feststellen der Heilung: Das Feststellen der Heilung erfolgt durch die Nachfolge: Bartimäus, sehend geworden, wird ein Jünger Jesu, der ihm auf dem Weg nach Jerusalem (ins Leiden) folgt.

Die Geschichte von der Heilung des blinden Bartimäus zeigt Sch einen Jesus, der sich dem Menschen zuwendet, der in Not ist und ihn anruft. Jesus durchbricht damit die Maßstäbe der Gesellschaft seiner Zeit.

Sigmunda May: „Heilung des Blinden", 1973

Der Holzschnitt **fse 27** findet sich, wie die meisten Bilder von Schwester Sigmunda May, im Franziskanerinnenkloster in Sießen im Allgäu.

Der Charakter eines Holzschnittes wird von zwei Größen bestimmt: vom Material und von der Bearbeitung. Jedes Holz setzt der Bearbeitung einen gewissen Widerstand entgegen, der von der Künstlerin überwunden werden muss. Im Ringen mit dem harten Material findet sie ihre Form, wobei auch der Zufall noch eine erhebliche Rolle spielt. Dieser Kraftaufwand ist

Nicht sehen können

fühlen

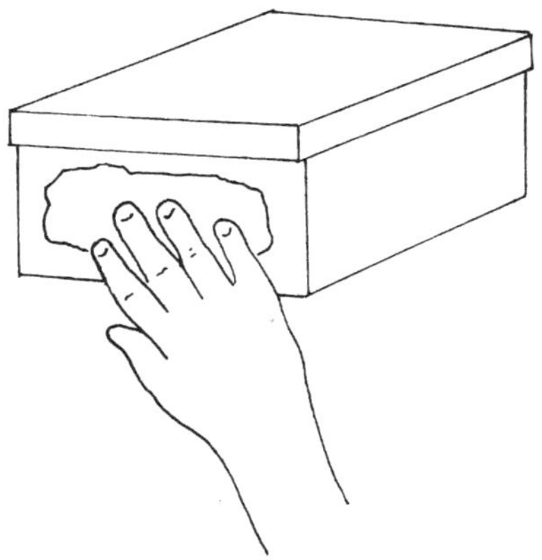

malen

puzzlen

laufen

anziehen

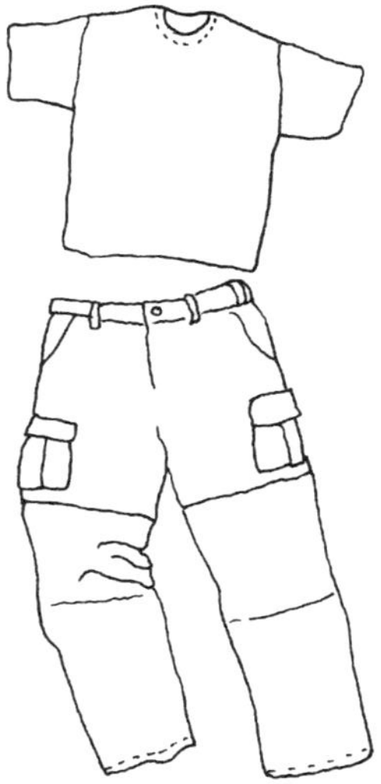

Schuhe sortieren

Geldstück bestimmen

hören

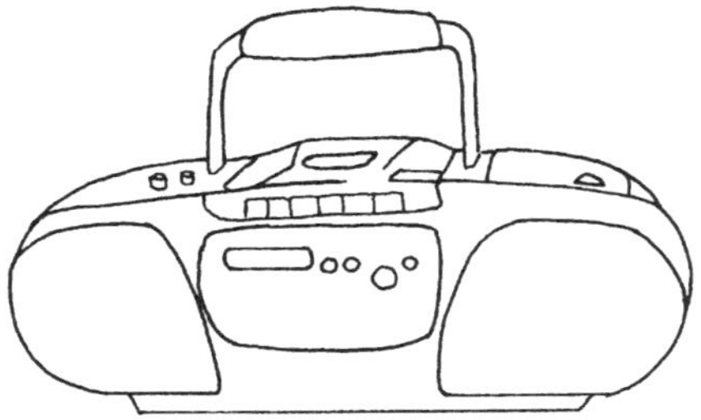

Heilung des Blinden (Schablone)

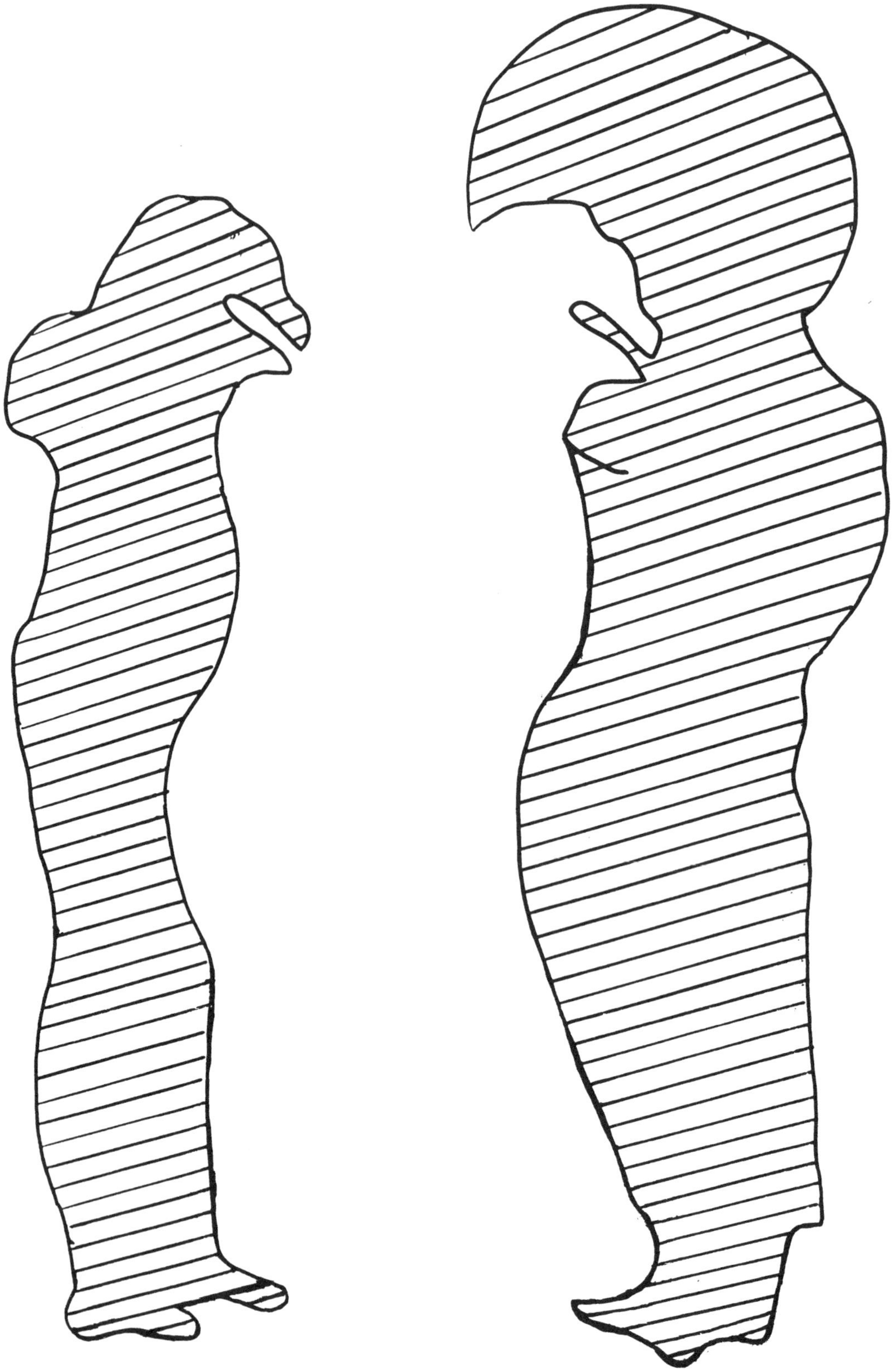

Bartimäus kann wieder sehen

Sigmunda May, Heilung des Blinden, 1973

➤ Male mit bunten Farben um das Bild in der Mitte herum,
was Bartimäus nach der Begegnung mit Jesus alles sehen kann.

ein wesentliches Element der Technik. Die Härte des Materials zwingt zu grafischen Kürzeln, zu einer Reduktion auf das Wesentliche.
S. May stellte anfänglich farbige Holzschnitte her, beschränkte sich mit der Zeit aber nur noch auf Schwarz-Weiß-Bilder. Sie hatte erkannt, dass farbige Bilder zwar dekorativer, die schwarz-weißen dank der knappen Mittel aber ausdrucksstärker sind. In ihrer dichten Sprache sprechen die Bilder so unmittelbar und fordern zu einer Auseinandersetzung heraus.
Das vorliegende Bild zeigt Jesus und den Blinden im Augenblick der Heilung. Jesus steht aufrecht, den rechten Arm liebevoll um Bartimäus gelegt, die rechte übergroße Hand berührt das rechte Auge des Blinden. Bartimäus steht in einer hilflosen Gebärde vor Jesus. Während seine rechte Hand tatenlos herunterhängt, greift seine Linke nach der Hand Jesu, die ihn umfängt. Seine Augen sind noch geschlossen und stehen so im Gegensatz zu den weit geöffneten und ganz auf ihn gerichteten Augen Jesu. Alles ist auf das Einfachste beschränkt. Das Wesentliche wird auf einen dichten Nenner gebracht. Keine Details lenken von der eigentlichen Aussage ab, die durch die Sprache der Hände ausgedrückt wird. Das Bild vermittelt eine personale Erfahrung und Begegnung zwischen Jesus und dem Blinden, in die wir beim Betrachten hineingenommen werden.
Der Holzschnitt orientiert sich nicht am äußeren Ablauf der Blindenheilung nach Markus, sondern nach Matthäus 20,29-34, wo von zwei Blinden und in V 34 vom Berühren der Augen erzählt wird. Der Holzschnitt zeigt eher die innere Haltung Jesu: Er lässt sich ein auf die Not des Bittstellers, wendet sich ihm ganz zu, „umarmt" ihn hingebungsvoll und berührt seine erloschenen Augen. Der Blinde, Hilfsbedürftige, ist dagegen ganz passiv und kraftlos. Im Markustext dagegen entwickelt er zunächst sehr viel Energie um gehört zu werden. Seine Haltung im Holzschnitt ist Ausdruck dafür, dass er sich ganz und gar auf Jesus einlässt und alles von ihm erwartet.

Literatur

Niehl, Franz W. (Hg.), Leben lernen mit der Bibel, München 2003
S. 216-219: Joachim Theis, Ein Blinder sieht wieder;
S. 364-370: Rainer Oberthür, Wundererzählungen

2. Einsatzmöglichkeiten im RU

Nicht-sehen-können

Wo das Stationenlernen noch nicht eingeführt ist, werden die einzelnen Übungen im Klassenverband durchgeführt.

- In einer kürzeren oder längeren Phase versuchen Sch ohne den Sehsinn auszukommen. Das Erproben sie an acht Stationen (**AB 1.2.13, Arbeitshilfen S. 91**). Ziel ist es, die Behinderung und Beschwernis zu erfahren, wenn der Sehsinn ausfällt.
  – Immer zwei Sch bearbeiten eine Station.
  – Anschließend werden die Rollen getauscht. Der/die zweite Sch hilft und gibt auf die genaue Durchführung Acht.
- Bei größeren Klassen wird jede Station mit doppeltem Material versehen.
- *Alternativen*:
  – Statt eines Gesichts kann eine Blume oder ein Vogel gemalt werden.
  – Statt ein Geldstück zu bestimmen können Formen (Stern, Haus, Mond, Hut usw.) – mit einer Nadel gestochen und in einen Umschlag gegeben – ertastet werden.
- Bei der Kassettenstation verwendet L eine Geräuschekassette bzw. nimmt zuvor ein Geräusch auf.
- Sch sprechen über ihre Erfahrung und ihr Befinden: Was war schwer? Was hat mir Angst gemacht? Wo war ich unsicher? Welche Sinne musste ich einsetzen um die Aufgabe bearbeiten zu können (Tastsinn, Gehörsinn)?

Eine Fantasieübung einbauen

- Sch schließen die Augen, legen ihre Handballen auf die geschlossenen Augen oder den Kopf und die Unterarme auf die Bank.
  „Es ist ganz dunkel ... schwarz vor meinen Augen ... wie in einer Nacht ohne Mond und Sterne ...
  Es ist immer so für den Blinden ...
  Ich stelle mir vor, was ich alles nicht sehen kann:
  Natur: Blumen, Tiere, Farben ...
  Technik: Fernsehen, Computerspiele, Uhr, Autos, Bus, Flugzeug ...
  Menschen: meine Eltern, Freundin, Oma, Opa, Lehrerin, mich selber ...
  Was möchte ich auf alle Fälle sehen ..."
  Rücknahme
- *Weiterführung*: Was wir im Klassenzimmer sehen (Sch stellen sich an den Ort und lassen raten), Wenn wir aus dem Fenster schauen, durch eine Lupe ...
- Ein Dankgebet: Dass wir die Sonne sehen ..., unsere Eltern ..., die Freundin ..., dafür danken wir.

Die Geschichte vom blinden Bartimäus kennen lernen

- L erzählt die Geschichte unter Beachtung der Erschließung (s. o.) nach Mk 10,46-52.
- Dazu begleiten Sch pantomimisch die Erzählung:
- Bartimäus ist blind.
  – Sch erinnern sich an ihre Erfahrungen; Bartimäus wird von der Menge nicht genug beachtet (soziale Ausgrenzung).
  – Der Ort des Geschehens: Jericho: Zwei Sch bilden ein Tor. Es führt uns in eine Stadt ...

Bartimäus sitzt am Weg

M/T: Gertrud Lorenz

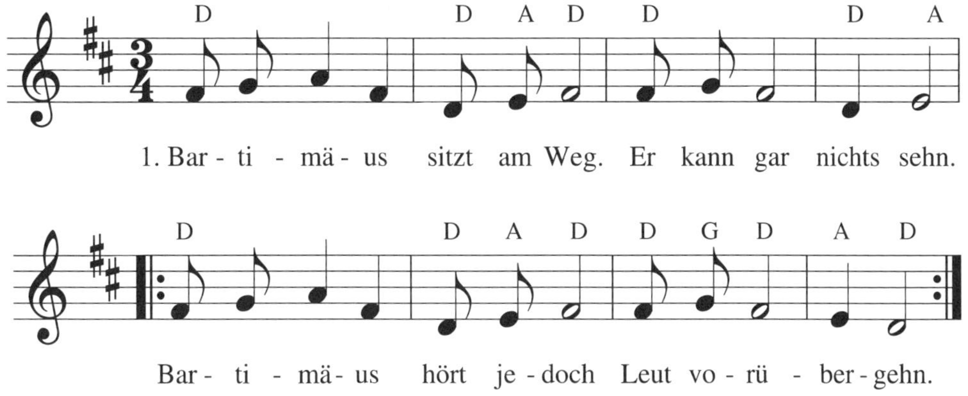
D D A D D D A
1. Bar - ti - mä - us sitzt am Weg. Er kann gar nichts sehn.
D D A D D G D A D
Bar - ti - mä - us hört je - doch Leut vo - rü - ber - gehn.

2. Bartimäus weiß genau, Jesus kommt vorbei.
   Bartimäus fängt deshalb an ein groß Geschrei.

3. Jesus, Jesus, hilf mir doch. Sieh doch, ich bin blind.
   Doch die Leute schimpfen laut: Halt den Mund geschwind!

4. Bartimäus ist nicht still. Jesus hört ihn schrein:
   Jesus, Herr, erbarme dich. Herr, erbarm dich mein.

5. Ich will sehen, Herr, hilf mir. Lass mich nicht im Stich.
   Öffne meine Augen mir. Herr, ich bitte dich.

6. Und die Augen öffnet ihm unser lieber Herr.
   Bartimäus sieht die Welt und er freut sich sehr.

7. Bartimäus sieht den Herrn und will mit ihm gehn.
   Bartimäus dankt ihm sehr, denn jetzt kann er sehn.

Das Lied kann auch gespielt werden. Der Spielverlauf ergibt sich aus dem Text.

Spring doch

Einmal, in einer dunklen Nacht, schlugen Flammen aus einem Haus mitten in der Stadt. Die Eltern rannten mit ihren Kindern überstürzt aus dem Haus. Auf der Straße konnten sie es nicht fassen. Ihr Haus brannte lichterloh. Plötzlich rief die Mutter: „Jana ist nicht da!"
Jana hatte sich vor lauter Angst und Schrecken im Dachzimmer verkrochen.
Die verzweifelten Eltern konnten nichts tun, weil das lodernde Feuer den Hauseingang versperrte und noch keine Hilfe da war.
Plötzlich ging das Dachfenster auf und die Eltern hörten die Hilfeschreie ihrer Tochter. Die Mutter schrie hoch: „Klettere auf das Fensterbrett und spring, Jana!" Jana rief laut: „Mutter, ich höre dich, aber ich kann dich nicht sehen. Hier ist so viel Qualm."
„Aber ich sehe dich, Jana, vertrau mir und spring!", hörte sie ihre Mutter rufen.

Dafür danken wir, dafür danken wir, dafür danken wir, dafür danken wir.

– In Jericho ist viel los. Menschen sind geschäftig: kaufen ein, ziehen einen Wagen, tragen einen Wasserkrug auf dem Kopf, unterhalten sich. Sch spielen die einzelnen Situationen.
- *Bartimäus sitzt am Tor*
– Am Tor (braune Tücher oder Papierstreifen in die Mitte legen) sitzt ein Bettler, Bartimäus heißt er. Er ist blind (darstellen). Er kann am Treiben in der Stadt nicht teilnehmen, obwohl er das gerne täte ...
– Bartimäus sitzt da, tagaus, tagein, wartet, dass ihm der eine, die andere etwas Geld in seine Hand legt.
– Hier das Bartimäus-Lied **fse 26** (1. Strophe als Lied 1 auf Liederkiste 1/2) und weitere Strophen einschieben:
  2. Strophe: Du siehst nicht die Blumen und auch nicht die Tiere.
  3. Strophe: Du siehst nicht die Mutter und auch nicht den Vater.
  Sch erfinden selbst weitere Strophen!
- *Jesus kommt in die Stadt (Erzählung)*
– Bartimäus hört, wie das die Leute sagen. Er hat schon von Jesus gehört: Jesus erzählt von Gott, der alle Menschen liebt, auch die, die die Menschen verachten (nicht ernst nehmen). Jesus kümmert sich um die Armen und die Kranken, die übersieht er nicht.
– Bartimäus denkt: Das ist auch eine Chance für mich. Ob er mich überhaupt sieht?
- *Was soll Bartimäus tun, damit Jesus ihn überhaupt bemerkt?*
– Bartimäus schreit: „Jesus, du bist mein Retter, erbarme dich!"
– Die Menschen, die mit Jesus gehen, hören, wie Bartimäus schreit. Sie sagen: „Sei still, halt den Mund, wer bist du schon, dich braucht Jesus ganz bestimmt nicht ..., halt uns nicht auf ...!"
– Bartimäus schreit noch lauter: „Jesus, hab Erbarmen mit mir, hilf mir."
- *Jesus bleibt stehen*
– Jesus reagiert anders als die Leute, er sagt: „Ruft ihn her!"
– Da sprechen die Begleiter Jesu dem Bartimäus Mut zu: „Komm, er ruft dich!"
– Bartimäus springt auf, lässt seinen Mantel liegen und geht dahin, wo er die Stimme gehört hat.
- *Das Gepräch Jesus und Bartimäus*
– Jesus und Bartimäus stehen sich gegenüber. Jesus fragt: „Was soll ich dir tun?"
– Bartimäus denkt: Da ist ein Mensch, der mich ernst nimmt und mich fragt, was ich brauche; das tut gut. Er antwortet: „Mein Herr, ich möchte wieder sehen können!"
- *Heilung und Nachfolge*
– Jesus sagt zu Bartimäus: „Geh, du hast an mich geglaubt, hast daran geglaubt, dass ich von Gott zu den Menschen gesandt worden bin, auch zu dir."
– Und im gleichen Augenblick konnte Bartimäus wieder sehen.
– Weil er an Jesus geglaubt hat, ist er mit ihm gegangen, ist ein Jünger (Freund) von Jesus geworden.
- Lied **fse 26**, zweiten Teil singen und weitere Strophen dichten, z. B.:
  Jesus, danke schön, ich will mit dir gehn. Ich will dich Heiland nennen, will immer deinen Namen kennen. Jesus, danke schön, ich will mit dir gehen.
- *Gestaltungsphase:* Sch malen arbeitsteilig, was Bartimäus sieht (z. B. Sonne, Tiere, Menschen, Jesus) und legen es um das Tor herum.

Holzschnitt „Jesus heilt einen Blinden"

Die Künstlerin hat lange über die Geschichte von Bartimäus nachgedacht und dieses Bild aus Holz geschnitten.

- Sch betrachten den Holzschnitt **fse 27**.
- *Alternative:* Damit zuerst jede Figur für sich betrachtet werden kann, schneidet L die Schablonen aus (**AB 1.2.14, Arbeitshilfen S. 92**) und deckt nacheinander je eine Person ab.
– Ich sehe ... (Haltung, Augen, Arme, Finger ...).
– Sch beschreiben die Figur des Blinden und stellen sie nach.
– Die Haltung Jesu beschreiben : Woran erkenne ich ihn?
- Sch stellen beide Figuren nach.
– Warum hat die Künstlerin nur Jesus und den Blinden dargestellt? (Jesus wendet sich dem Blinden zu und heilt ihn: Das ist für sie wichtig.)
– Was war vor der Begegnung mit Jesus?
– Was geschieht nach der Begegnung? Wie fühlt sich der Blinde? (Der Blinde bekommt nicht nur das Augenlicht, er wird auch als Person aufgewertet, erfährt durch Jesus Achtung und Bedeutung, die ihm die anderen nicht zugebilligt haben. Der Blinde folgt Jesus nach.)

Bartimäus kann wieder sehen

- Um **AB 1.2.15, Arbeitshilfen S. 93**, herum malen Sch, was Bartimäus jetzt sehen kann.
- Das Bild eines hellen Sommertags wird mit schwarzer Plaka-Farbe abgedeckt und z. T. in Kratztechnik freigelegt.
- **fse 26**: Sch lesen den Text auf der Mitte der Seite.

Der blinde Bartimäus sieht wieder

- Im Lied wiederholen und vertiefen sie die Erzählung: **AB 1.2.16, Arbeitshilfen S. 95**.
- *Alternative*: Sch wiederholen und vertiefen die Erzählung, indem sie ein Bartimäusbild ergänzen (**AB 1.2.17, Arbeitshilfen S. 97**).

3. Jahrgangsübergreifende Lerngruppe

- Vertrauenspiele spielen: Sch-Paare, eine/r von beiden mit verbundenen Augen, wird von der/dem anderen geführt. Nach geraumer Zeit wechseln. Über Unsicherheitsgefühle, Vertrauen und Verantwortung sprechen.
- Mit dem Herzauge nach H. Halbfas arbeiten.
- Sch, die gern schreiben, notieren: Wenn ich einen Tag lang nicht sehen könnte, worauf und wem müsste ich vertrauen?
- Sch vergleichen die Geschichte „Spring doch" (**AB 1.2.18, Arbeitshilfen S. 95**) über das Nicht-sehen-Können und doch Vertrauen mit der Bartimäus-Erzählung.

4. Lebensbilder 1/2

Nr. 2: Ich staune (Wieder entdecken); Nr. 22: Zugemauertes Fenster (Sehen und dahinter sehen); Nr. 23: Blume (Staunen in der Schöpfung); Nr. 24: Knospende Kastanie (Geheimnis); Nr. 27: Bewohner eines Baumes (Stauen und dahinter sehen).

Jesus und Levi

fragen – suchen – entdecken 28/29

1. Hintergrund

Jesus kennen zu lernen ist das Ziel des gesamten Themenbereichs. Der erste Zugang „Jesus wendet sich einem behinderten Menschen zu und heilt ihn" **fse 26/27** wird auf dieser Doppelseite **fse 28/29** fortgeführt durch eine weitere Begegnung: Jesus hilft einem verachteten Zöllner und ruft ihn in seine Jüngerschaft (Mk 2,13-15(17). Das Streitgespräch, das sich aus dem Mahl mit den Zöllnern entwickelt, ist nicht mehr aufgenommen. Inhalt ist nur die „anstößige" Jüngerberufung mit anschließendem Mahl. Daraus ergibt sich folgender Ablauf der Erzählung:

Die Berufung des Levi

1. Situationsangabe:
Jesus ist unterwegs, er geht hinaus an den See und lehrt eine große Volksmenge.

2. Begegnung:
Jesus taucht dort auf, wo Menschen arbeiten. Sein Blick trifft Levi, der am Zoll sitzt. Jesus ist es, der die Initiative ergreift. Er ruft den Zöllner aus seiner alltäglichen Arbeitswelt heraus, die bestimmt ist von Geld und der Übervorteilung von Menschen.

3. Berufung:
Das berufende Wort ist kurz und knapp: Folge mir nach. Unerhört, dass ein verachteter Zöllner zum Jünger Jesu wird!

4. Die Antwort des Gerufenen:
Sie erfolgt durch die Handlung Levis. Das Wort Jesu verändert die Lebensumstände Levis grundlegend.

Das Zöllnermahl

In einem neuen Abschnitt folgt das Mahl mit den Zöllnern, das mit einem Streitgespräch zwischen Jesus und den Schriftgelehrten endet. Wie bereits erwähnt, ist hier nur das Mahl (V 15) in die Einheit aufgenommen. Die Tischgemeinschaft, die hier geschildert wird, verbindet nicht nur die Menschen miteinander. Jesus, die Zöllner (und Sünder) und die Jünger, sie bilden auch eine Gemeinschaft vor und mit Gott. Das Mahl, eröffnet und beschlossen mit Segensworten, gewährt Zuneigung und Vergebung Gottes für die Teilnehmer. Darin besteht das Skandalöse des Handelns Jesu, dass er diese Zuwendung Gottes den Zöllnern und Sündern in der Mahlgemeinschaft Wirklichkeit werden lässt.

Der Beruf des Zöllners

Die Römer als Besatzungsmacht verpachteten das Recht Gebühren zu erheben (das so genannte Markt- und Wegegeld) gegen Vorauskasse der geschätzten Einnahmen an Privatleute. Diese waren wie Unternehmer tätig um die alljährlichen Steuern und Abgaben einzutreiben. Zöllner waren aus zwei Gründen verachtet und ausgegrenzt: Sie arbeiteten erstens als Steuereintreiber mit den Römern zusammen, den Besatzern des Landes. Sie erhoben zweitens oft mehr Zoll, als es statthaft war, verlangten hohe Abgaben und schmälerten so das ohnehin geringe Einkommen der meisten Bewohner des Landes weiter.
Zöllner wurden von den gesetzestreuen Juden gemieden und als notorische Sünder angesehen, weil man sie der Betrügerei verdächtigte.

Woran du einen Hirten erkennst

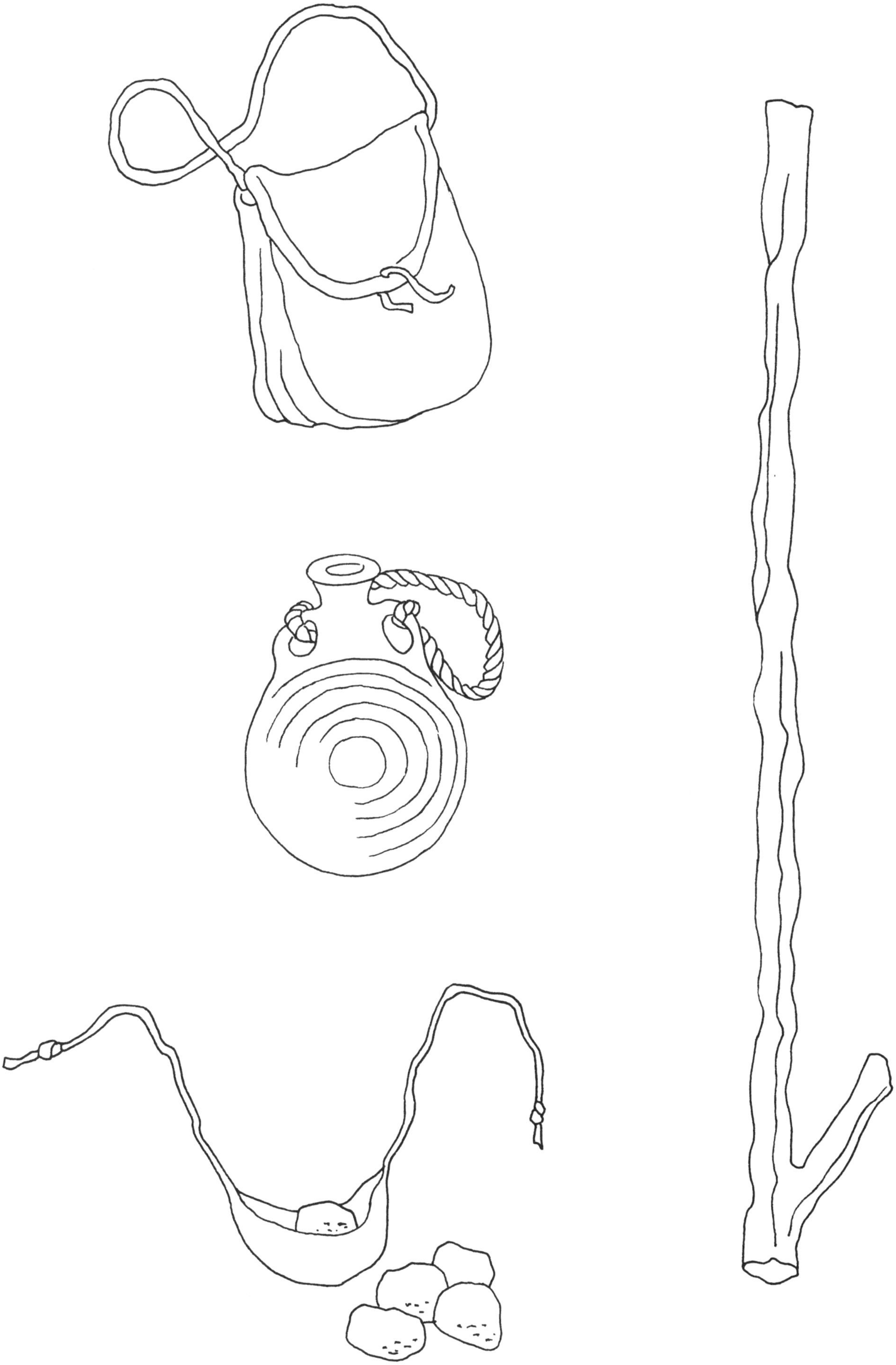

Hinweis: Bei der Erwähnung des Zöllners ist darauf zu achten, dass die heutigen Zollbeamten an den europäischen und außereuropäischen Landesgrenzen nicht mit den Zöllnern des Evangeliums gleichgesetzt werden!

Die Doppelseite **fse 28/29** skizziert zwei Situationen, die die Erzählung aus Mk 2,13-17 vorbereiten bzw. begleiten.
Auf der linken Seite **fse 28** sitzt Levi, der Zöllner, am Stadttor: Eine Rechenmaschine steht vor ihm auf dem Tisch und daneben liegen eine Menge eingenommener Münzen. Eben kommt ein Bauer, der Getreide auf seinen Esel gepackt hat. Drei Münzen verlangt Levi als Zoll. Der Bauer aber hat nur zwei im Geldbeutel. Levi schaut unnachgiebig. Was soll der Bauer machen? Ein zweiter Mann ballt die Hände zu Fäusten, seine Frau macht ein jammervolles Gesicht. Wir ahnen, was er denkt und was die Frau sagt. Am Tor steht ein römischer Wachsoldat: Zeichen für die Fremdherrschaft. Levi als Zöllner arbeitet mit der Besatzungsmacht zusammen. Das Bild verdeutlicht die Situation an der Zollstation.
Die rechte Seite **fse 29** zeigt eine andere Szene: Levi ist dabei, seine Arbeitsstätte zu verlassen, die Waage ist umgefallen, ein Teil des Geldes in Unordnung geraten bzw. auf den Boden gefallen. Die Menschen im linken Eck des Bildes schauen auf die Szene in der Mitte. Sie scheinen zu fragen: Was sagt Jesus zu diesem Betrüger?
Die beiden Hälften des Bildes lassen Sch mit der bedrückenden Situation vertraut werden und bereiten die Gestaltung der Begegnung zwischen Levi und Jesus vor. Sch werden mit dem Mann am unteren Rand des Bildes **fse 28** zunächst ihre Empörung bzw. ihren Gerechtigkeitssinn zur Sprache bringen, bevor die Begegnung Jesu mit dem Zöllner Levi nach dem Mk-Text aufgelöst wird und in der Mahlszene endet.

Literatur

Niehl, Franz W. (Hg.), Leben lernen mit der Bibel, München 2003, S. 211-213: Joachim Theis, Jesus besucht einen Zöllner

2. Einsatzmöglichkeiten im RU

Levi – einen Zöllner zur Zeit Jesu kennen lernen

- Sch sehen das Bild **fse 28** an und entdecken die Gegenstände um die abgebildete Person Levi.
- L gibt Informationen zum Beruf des Zöllners (s. o.) und erklärt, warum die Leute über Levi verärgert sind.
- Sch spielen eine Szene am Stadttor.
  Eine Schulbank als Zollstätte, eine Preistafel mit den Tarifen, Spielgeld, verschiedene Waren. Evtl. spielt L die Rolle Levis: Bauern und Kaufleute gehen durch das Tor. Sie müssen Waren (Teppiche, Früchte, Schmuck usw.) verzollen (Geld abgeben); Levi, der Zöllner, verlangt mehr, als er verlangen muss; die Leute empören sich. Sie sind wütend ..., der Kaufmann, der Bauer, eine Händlerin etc., er betrügt, er handelt ungerecht, er ist ein Betrüger!
  Die frommen Menschen sagen: Mit dem wollen wir nichts zu tun haben. Er tut nicht, was recht ist; er gehört nicht zu uns und er hält zu den Römern, das sind unsere Feinde.
- Sch überlegen, wie der Zöllner Levi seine Situation erlebt: Er hat Geld, aber er wird von den Menschen gemieden, ist isoliert, allein ..., hinter seinem Rücken schimpfen sie über ihn ..., er spürt, dass ihn die anderen verachten. Ob Gott ihn auch verachtet?

Jesus begegnet Levi – Erzählung

- L erzählt:
  – Menschen gehen durch das Stadttor. Sie schauen weg, als sie Levi sehen, warum? Sie denken ... Sie erinnern sich ... (Sch stellen pantomimisch das Wegsehen dar.)
  – Jesus geht durch das Stadttor. Er sieht, was Levi tut ... (Wiederholung).
  Er schaut ihn an – er schaut nicht weg. Was wird er zu ihm sagen?
  – Sch vermuten, was die Leute **fse 29** unten denken werden: (Betrüge nicht! Nimm nicht mehr Geld, als du verlangen darfst ...; Drück auch einmal ein Auge zu, wenn ein Armer durch das Stadttor kommt.)
- Jesus sagt zu Levi: Komm, verlass deine Arbeitsstätte, dein Geld lass zurück und folge mir, komm mit mir.
  – Levi überlegt nicht lange. Was tut er? (Bildbeschreibung **fse 29**).
  – Wir fragen Levi: Warum verlässt du deine Zollstätte?
  – Wir fragen die Leute: Was sagt ihr dazu?

Jesus und Levi feiern ein Fest

Die dritte Szene ist im Buch nicht mehr bildlich dargestellt. L erzählt daher Mk 2,15:
Levi lädt Jesus zu einem Essen ein. Dass ausgerechnet er von Jesus angesprochen wird, das muss gefeiert werden. Dass er ihn ernst nimmt, das gibt ein Fest. Beim Mahl sehen wir noch mehr Menschen: Da sind Freunde Jesu (Jünger), die mitfeiern. Mit Jesus sitzen sie bei Levi am Tisch. Das ist für sie neu, mit einem Betrüger zu essen, mit einem, den die Frommen nicht einmal grüßen! Heute müssen sie viel von Jesus lernen. Wenn wir genauer hinschauen, sitzen da noch andere Menschen. Das sind die Freunde von Levi: alle

Lieder zur Geschichte vom guten Hirten (nach Lk 15,3-6)

Ein Mann hat viele Schafe

T/M: Gertrud Lorenz

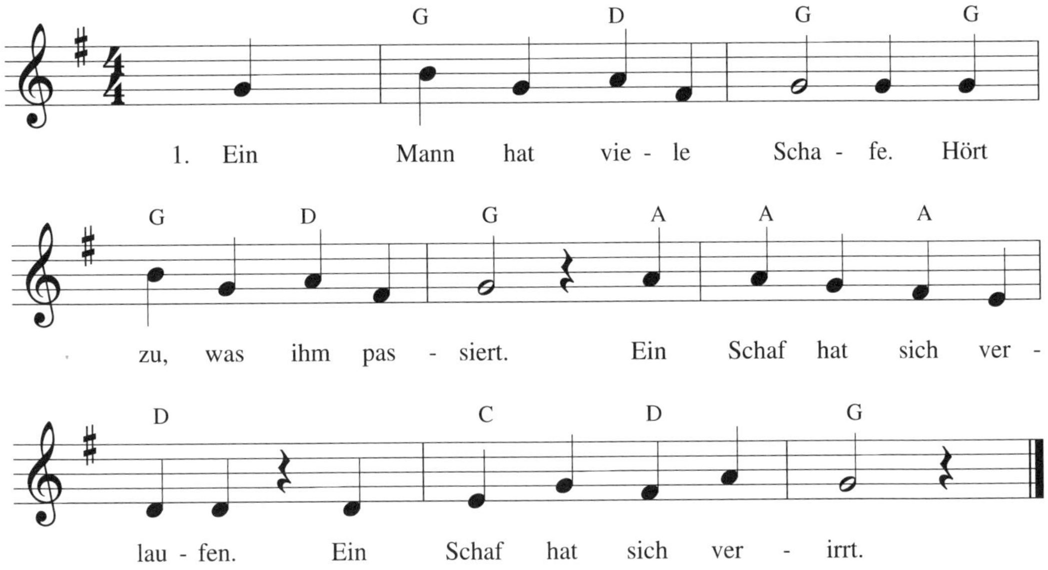
G D G G
1. Ein Mann hat vie - le Scha - fe. Hört
G D G A A A
zu, was ihm pas - siert. Ein Schaf hat sich ver -
D C D G
lau - fen. Ein Schaf hat sich ver - irrt.

2. Er sucht es auf den Bergen.
Er sucht es auch im Tal.
Er sucht es viele Stunden.
Er sucht es überall.

3. Als er sein Schaf gefunden,
sagt er: Ach, welch ein Glück!
Mein Schaf ist mir doch wichtig.
Jetzt bring ich es zurück.

4. Dann ruft er seine Freunde:
Kommt, freut euch doch mit mir.
Mein Schaf hatt ich verloren.
Jetzt ist es wieder hier.

5. Kommt, Leute, freut euch alle.
Kommt, klatscht jetzt alle mit.
Denn seht, wir sind Gott wichtig.
Er hat uns alle lieb.

Das Schäfchen ist da

T/M: Franz Kett
© RPA-Verlag

D G D G D
1. V: Das Schäf- chen ist da! A: Das Schäf- chen ist da!
D G D A D
V/A: Das Schäf- chen, das ver - lo - ren war, ist wie - der da.

2. V: Wir tanzen voller Freud!
A: Wir tanzen voller Freud!
V/A: Das Schäfchen, das verloren war,
ist wieder da.

3. V: Wir tanzen jetzt zu zweit.
A: Wir tanzen jetzt zu zweit.
V/A: Das Schäfchen, das verloren war,
ist wieder da.

Zöllner, alle verachteten Menschen, die anderen mehr Geld abnehmen als recht ist. Jesus scheut sich nicht mit ihnen und seinen Jüngern zu beten. Jesus bittet um den Segen Gottes und zeigt ihnen: Bei Gott seid ihr nicht verachtet, ihr alle gehört dazu, seid eingeladen und dürft euch freuen.

Wir veranstalten ein Fest

- L veranstaltet mit Sch ein kleines Fest: z. B. mit Saft und Pausenbrot und Tischkarten: Z (für Zöllner), F (Freunde Jesu), J (Jesus). „Jesus" bedient zuerst die Zöllner.
- – Levi erzählt, wie sich sein Leben geändert hat.
- – Die Zöllner fragen: Gehören wir zum Volk Gottes, liebt uns Gott, obwohl wir Zöllner sind?
- Ein/e Sch interviewt Teilnehmer/innen des Festes:
- – *einen Jünger*: Ist es richtig, sich mit Zöllnern an einen Tisch zu setzen?
- – *einen Zöllner*: Hast du schon einmal so ein Fest mit frommen Leuten erlebt?
- – *Levi*: Bereust du es, dass du deine Zollstätte verlassen hast?
- – *Jesus*: Warum hast du Levi angesprochen?
- Sch denken nach: Jesus ist schon ein besonderer Mensch: zum Blinden sagt er nicht: Sei still! Er heilt ihn! Zu Levi sagt er nicht: Du bist ein Betrüger! Er feiert mit ihm ein Fest!
  Ob es noch mehr von Jesus zu erzählen gibt, worüber ich staunen muss?

3. Jahrgangsübergreifende Lerngruppe

- Bei der Vorbereitung und Durchführung des Festes übernehmen Sch der 2. Jahrgangsstufe die Organisation: verteilen Aufgaben; kaufen Saft ein.

Jesus erzählt von Gott fragen – suchen – entdecken **30/31**

1. Hintergrund

Im Mittelpunkt der Doppelseite **fse 30/31** steht das Gleichnis vom guten Hirten bzw. vom verlorenen Schaf (Lk 15,4-7). Während Sch in den bisherigen Erzählungen Jesus durch sein Verhalten gegenüber ausgegrenzten Menschen näher kennen gelernt haben, macht Jesus in dieser Bilderzählung die unbedingte Zugewandtheit Gottes zu den Menschen, seine Treue und Fürsorge auch den Verirrten gegenüber deutlich. Dieses Angenommensein der Menschen durch Gott macht Jesus in seinem Verhalten erfahrbar. Er redet davon in seinen Gleichnissen.
Das Gleichnis vom verlorenen Schaf ist eine Antwort auf die Empörung der Pharisäer und Schriftgelehrten über seinen Umgang mit Zöllnern und Sündern. Nicht dieser Aspekt steht jedoch im Mittelpunkt der Unterrichtseinheit, sondern die Zuwendung Gottes zu den Menschen und seine Freude an Menschen, die sich von ihm finden lassen.

Das Bild vom Hirten

Das Bild des Hirten war den Zeitgenossen Jesu vertraut. Schafe und Ziegen gehörten nicht nur zu den Nomaden, sie waren auch den Kulturlandbewohnern nicht fremd. Schafe sind bedürfnislos, liefern Wolle, Milch, Fleisch und Fell. Schafböcke waren auch bevorzugte Opfertiere. Auch die Hirtensorge Jahwes war den Israeliten ein vertrautes Bild (z. B. Ez 34,11-16). Bis heute verbinden wir mit dem Hirten Vorstellungen wie: Er ist mit seiner Herde verbunden, lebt mit ihr, sorgt sich um sie, schützt sie vor Gefahren.
Die Übertragung des Gleichnisses auf die Fürsorge Gottes und seine Freude am wieder gefundenen Menschen (Sünder) wird in der Regel im ersten Schuljahr nur vereinzelt gelingen. Es genügt, wenn Sch die Vorstellung vom sorgenden Hirten mit der Vorstellung vom guten Gott verbinden oder erahnen.

Das Gleichnis vom verlorenen Schaf

Lk 15,4 erzählt von einem Hirten, der die 99 Schafe in der Wüste lässt und dem einen Verlorenen nachgeht, bis er es findet. (Betonung der Suche: bis er es findet). Es ist gut zu wissen, dass niemand aufgegeben wird.
Lk 15,5: Der Hirte nimmt das Schaf, als er es findet, voll Freude auf die Schulter (vgl. Ez 34,16).
Lk 15,6: Seine Freude teilt er mit den Freunden und Nachbarn, indem er sie auffordert, sich mit ihm zu freuen.
Lk 15,7: So ist es auch bei Gott (im Himmel): Freude herrscht über den Menschen, der sich von Gott suchen lässt und sein Angebot, sich von ihm finden zu lassen, annimmt (im Text: umkehrt vgl. Ez 34,11-16).

Ich hab von einem Mann gehört

T: Arnim Juhre/M: Karl-Wolfgang Wiesenthal

Einer:
1. Ich
hab von ei - nem Mann ge - hört, der
Alle:
hat - te hun - dert Scha - fe, der hat - te hun - dert Scha - fe,
Einer:
bis ei - nes sich ver - irr - te, bis ei - nes sich ver -
lief. Was macht der Mann, was macht der Mann mit
Alle:
neun - und - neun - zig Scha - fen, nur neun - und - neun - zig Scha - fen?
Er sucht und sucht, er sucht und sucht,
er sucht und sucht, bis er's ge - fun - den
hat. Und dann wird Freu - de sein,
Schluss
ja dann wird Freu - de sein, Freu - de sein.

Die Stichworte hierzu sind: verloren gehen, finden, Aufforderung zur Mitfreude.
Wichtig ist für die Auslegung, dass am Anfang das Angebot Gottes steht und nicht die Umkehrbereitschaft des Menschen: „Heil und Buße haben jetzt ihren Platz vertauscht" (G. Bornkamm, Jesus von Nazareth, Stuttgart, ^{8}1968, 76). Gott ist ein Gott, der sich über die Menschen freut, ihnen zugewandt ist.

Auf der linken Doppelseite **fse 30** „Jesus erzählt von Gott" geben die comicartigen Bilder zunächst zwei Situationen des Gleichnisses wider: Die Sorge um die Vollzähligkeit der Herde und die Sorge um das eine fehlende Schaf: In Denkblasen wird ins Bild gesetzt, was dem Hirten durch den Kopf geht: Was könnte dem Schaf zugestoßen sein (in der Herde versteckt, vom wilden Tier bedroht, in der sengenden Sonne verdurstend, in eine Felsspalte gestürzt)? Soll er dem Verirrten nachgehen und die 99 Schafe zurücklassen? Die Auflösung erfolgt im biblischen Text in zwei Schritten: Der Hirte sucht und findet das Schaf; seine Freude will er mit den Nachbarn und Freunden teilen.

„Der Gute Hirte", Fresko, Ende 3. Jh.

Auf der rechten Doppelseite **fse 31** ist ein Fresko aus der Velatio-Kammer (der so genannten Grabkammer der Verschleierten) in der Priscilla-Katakombe in Rom abgebildet. Es zeigt eine Darstellung des Guten Hirten.
Die Hauptfigur auf dem Fresko ist an der Kleidung als Hirte zu erkennen. Dieser steht in der Mitte, begrenzt durch eine rote und – nicht vollständig sichtbar – eine braune Kreislinie. Das Gewand ist mit zwei senkrechten farbigen Streifen verziert. An der rechten Seite hängt die Hirtentasche. Die linke Hand hält er vor dem Körper, die rechte ist nach rechts ausgestreckt. Auch sein Blick ist nach rechts gerichtet.
Auf seiner Schulter trägt er einen Widder, ohne ihn festzuhalten. Rechts und links stehen zwei weitere Tiere, ein Schaf und nochmals ein Widder, der zum Hirten aufblickt. Zwei Sträucher (Bäume?) wachsen rechts und links vom Hirten, auf ihnen ruhen zwei große Vögel. Insgesamt strahlt das Bild mit dem jugendlichen Hirten Ruhe und Frieden aus.
Es lässt sich deuten als Ausdruck für die in Jesus erschienene Menschenliebe Gottes. Die Darstellung erinnert an den Text (Lk 15,4-7) ohne ihn abzubilden. Der Hirte symbolisiert die Einladung Gottes an die Menschen.
Das Bild in einen Zusammenhang mit dem Lukasgleichnis zu stellen ist gewagt. Es stellt den Typos einer friedvollen Welt dar, die der Gläubige (der Tote) für sich von Christus her bei Gott erhofft.

Das Fresko bietet im RU des ersten Schuljahrs eine Gelegenheit, das Bild vom Hirten um eigene Bilder zu erweitern: Wie stellen sich Sch Geborgenheit bei Gott vor?
Hinweis: Sch der Grundschule bevorzugen normalerweise gut konturierte Malereien. Die Unschärfe des Freskos ist mit der alten Technik dieser Wandmalerei (Nass-in-Nass-Technik) zu erklären.

Literatur

Lange, Günter, Kunst zur Bibel, München 1988, S. 146-150 (Bild 16: Guter Hirt)
Niehl, Franz W. (Hg.), Leben lernen mit der Bibel, München 2003,
S. 214-216: Joachim Theis, Geborgen und sicher
S. 371-380: Christel Wischnewski, Gleichnisse

2. Einsatzmöglichkeiten im RU

Vom Verlorengehen und Gefunden-Werden

L erzählt eine Geschichte vom Verlorengehen und Wieder-Gefunden-Werden, z. B.: Von einem Kind, das die Eltern im Kaufhaus, auf dem Rummelplatz, auf dem Campingplatz ... verliert.

- Ein Vater, eine Mutter umarmt ein Kind: Welche Erfahrung könnte dahinterstecken? (evtl. zeigt L Foto)
- Sch erzählen von eigenen Erfahrungen: „Ich habe mich verlaufen", „Ein Geschwister ist weg", über die Freude beim Heimkommen, Wiederfinden etc.
- Sch stellen mit Orff-Instrumenten dar: weglaufen – gesucht werden – wiedergefunden werden – sich freuen.

Die Erzählung vom verlorenen Schaf kennen lernen

Jesus erzählt den Menschen, die ihm zuhören, eine Geschichte vom Verlieren und Wiederfinden. Warum er sie erzählt? Er sagt, das hat etwas mit Gott zu tun (Hinweis auf das Ende der Einheit).

- Ein Hirte ist mit seinen Schafen auf der Weide.
- **AB 1.2.19, Arbeitshilfen S. 99**, zeigt auf dem OHP, woran ich einen Hirten erkenne: Den Stab mit dem Fanghaken braucht er um die Schafe, die weglaufen, wieder herzuholen; in der Tasche hat er seine Nahrung (Brot); die Wasserflasche braucht er zum Trinken; mit der Steinschleuder wehrt er die bösen Tiere ab.
- Sch sprechen über ihre Erfahrungen mit einer Schafherde (z. B. während des Urlaubs).

Erzählung, 1. Teil:
Ein Hirte ist mit seinen Schafen unterwegs. Wo Gras wächst, verweilen die Tiere. Wo eine Quelle sprudelt, können sie ihren Durst löschen. Der Hirte sorgt gut für seine Tiere. Sie kennen seine Stimme. Der Hirte kennt jedes Schaf mit Namen. Wenn Gefahr droht, wenn ein

Die Erzählung vom Guten Hirten

wildes Tier um die Herde schleicht, vertreibt es der Hirte mit seinem Hirtenstock oder mit seiner Steinschleuder. Der Hirte liebt seine Schafe. Sie haben es gut bei ihm. Am Abend zählt der Hirte seine Schafe. Das macht er immer so. Kein Schaf soll verloren gehen. ... 97, 98, 99 ... – ein Schaf fehlt!

- Sch betrachten **fse 30**: Der Hirte zählt – wo ist das hundertste Schaf? (Bild 1 und 2)
- – Was könnte dem Schaf passiert sein? (Bild 3: Gedankenblasen).
- – Der Hirte überlegt: Was soll ich tun?
- – Sch äußern Vermutungen (Schaf in der Wüste lassen, ich habe ja noch 99; dem Schaf nachgehen; vielleicht kommt es von alleine zurück; ich kann die 99 doch nicht alleine lassen ...).
- Sch singen Lieder zum Thema: (**AB 1.2.20, Arbeitshilfen S. 101**).
- – „Ein Mann hat viele (hundert) Schafe", nur die 1. Strophe.
- – Das Lied „Ich hab von einem Mann gehört", Text bis: nur 99 Schafe (**AB 1.2.21, Arbeitshilfen S. 103**) wird durch Gestik unterstützt:
  z. B. *hören:* Hände an die Ohren
  100 Schafe: mit den Fingern mehrmals zeigen
  verirrte: mit den Augen suchen
  was macht er?: mit den Schultern zucken, fragend blicken

Erzählung, 2. Teil:
Der Hirte überlegt nicht lange, er muss das Schaf finden! Es darf nicht verloren gehen! Hastig treibt er die übrigen Schafe ins Gatter und läuft los. – Er ruft und horcht. Unruhig läuft der Hirte weiter. Wieder bleibt er stehen und ruft das Schaf bei seinem Namen. Wieder und wieder ruft er es. – Endlich, endlich kommt aus der Dämmerung ein klägliches Blöken! Mein Schaf lebt!, freut sich der Hirte. Er hastet vorwärts. Er findet das verängstigte Tier. Behutsam hebt er es auf und legt es auf seine Schultern. Endlich hab ich dich gefunden.

- Schüler singen vom glücklichen Finden
- – „Ein Mann hat viele (hundert) Schafe" Strophe 2 und 3 singen (**AB 1.2.20, Arbeitshilfen S. 101**).
  „Ich hab von einem Mann ...": „... er sucht, ... bis er's gefunden hat" (**AB 1.2.21, Arbeitshilfen S. 103**).
- Sch erhalten **AB 1.2.22, Arbeitshilfen S. 105**, schneiden die Bilder aus, bringen sie in die richtige Reihenfolge und wiederholen dazu die Erzählung.
- *Alternative*: Mit **AB 1.2.23, Arbeitshilfen S. 107**, steht eine Schablone zum Ausschneiden zur Verfügung, wenn L eine Schafherde darstellen will.

Erzählung, 3. Teil:
Der Hirte freut sich über sein Schaf, das er gefunden hat. Das muss er gleich weitererzählen: seinen Freunden und Nachbarn, allen, die ihn kennen: „Stellt euch vor, ich habe mein Schaf wieder gefunden, das verloren war! Freut euch mit mir!"

- Sch malen das fünfte Bild (leeren Rahmen) auf **AB 1.2.22, Arbeitshilfen, S. 105**, aus: Der Hirte, die Freunde, die Nachbarn, die Kinder freuen sich.
- Sch singen aus den weiteren Liedstrophen:
- – Aus Lied **AB 1.2.20, Arbeitshilfen S. 101**, Strophe 4, „Dann ruft er ..."
  Aus Lied **AB 1.2.21, Arbeitshilfen S. 103**, singen Sch „Er sucht und sucht ... und dann wird Freude sein ..."
- – Sch singen „Das Schäfchen ..." (**AB 1.2.20, Arbeitshilfen S. 101**) und finden Tanzbewegungen dazu. Um die Verniedlichung zu vermeiden, übt L besser „Das Scha-af ..." mit Sch ein.

Jesus erzählt mit dieser Geschichte etwas von Gott

- Die Leute, die Jesus zugehört haben, denken nach: „Warum erzählt Jesus uns eine Geschichte vom guten Hirten?" Sie fragen Jesus: „Warum erzählst du uns diese Geschichte?"
- So, sagt Jesus, ist Gott: Er sucht die Menschen, er freut sich, wenn sie sich finden lassen.
  (Zur Problematik der Übertragung s. o.).

Das Fresko: bei Gott geborgen sein

- Sch schauen das Bild (**fse 31**) an, finden die Einzelheiten (s. o.): Tiere, Bäume (Sträucher), Farben usw.; nehmen die Haltung des Hirten ein.
- *Erklärung 1 zum Bild:* Ein unbekannter Maler hat dieses Bild an die Wand gemalt (Wandmalerei). Das Bild (Fresko) ist sehr alt; es zwingt zum genauen Hinsehen.
- *Stimmung des Bildes finden lassen:* Sch haben dunkle und helle Papierstreifen und legen einen Streifen vor sich hin, je nachdem, was sie wählen.
- – Sch finden Eigenschaften, die zum Bild passen: dunkel – hell; kalt – warm; laut – leise; aufgeregt – friedlich; traurig – freundlich; was passt noch?
- *Erklärung 2 zum Bild:* Der Maler, der das Bild an die Wand gemalt hat, will zeigen: So stelle ich mir das Leben bei Gott vor: friedlich, warm, geborgen. Wie der Hirte streckt Gott seine Hand aus: Komm zu mir!
- Sch malen wie ein/e Maler/in ihr eigenes Bild: So stelle ich mir das Leben bei Gott vor.
- – Der rote Kreis wird auf dem Blatt vorgegeben. Ich male, wo es mir ganz gut geht. Ich male, wo ich ganz glücklich bin.
- – Die Bilder werden um das Hirtenbild herum gelegt. Sch betrachten die Bilder der anderen und tauschen sich aus. Gott hat Freude daran, wenn es uns gut geht. Da ist er bei uns.
- Sch ergänzen Text auf **fse 31**: Gott liebt die Menschen wie ...

Der Hirt und seine Schafe

3. Jahrgangsübergreifende Lerngruppe

- Sch des 2. Jahrgangs gestalten zur Erzählung den Hirten und seine Herde: **AB 1.2.23, Arbeitshilfen S. 107**. Die Formen werden mit Stoff und Wolle beklebt und an einen Pferch gelehnt.
- Verloren – Gefunden – Geschichten erzählen und aufschreiben (Pinnwand).
  – Einsatz der Orff-Instrumente beim Verlieren-Wiederfinden-Spiel.
- Zur Geschichte Fensterbilder gestalten.

4. Lebensbilder 1/2

Nr. 7: Ich tröste (Ich sorge für ein Tier); Nr. 8: Ich halte fest (Festhalten und schützen; Halten und Raum lassen); Nr. 9: Ich sorge für meine Familie.

Wo Jesus und seine Freunde gelebt haben

fragen – suchen – entdecken 32/33

1. Hintergrund

Es mag manchem L befremdlich erscheinen, dass die Doppelseite **fse 32/33** erst am Ende der Jesus-Einheit steht. Der Grund dafür liegt in der didaktischen Abfolge des Kapitels. Es beginnt mit Beispielen sozialen Handelns aus der Gegenwart **fse 22/23** und der Vergangenheit **fse 24/25**. Menschen lassen sich inspirieren von der Person Jesu und seinem Verhalten. Das führt zu der Frage, wer dieser Jesus ist und was er tut und lehrt. An den Beispielen einer Heilung **fse 26/27**, der Aufnahme eines sozial Ausgestoßenen **fse 28/29** und seiner „Lehre" von Gott, veranschaulicht im Gleichnis vom verlorenen Schaf **fse 30/31**, wird Jesus Sch in einer ersten Annäherung bekannt gemacht.
Um diese Abfolge nicht zu unterbrechen findet sich die Information zum Land und zur Lebensweise der Menschen zur Zeit Jesu am Ende des Kapitels. Dieser mehr sachkundliche Abschnitt kann selbstverständlich auch vor den Seiten **fse 26-31** behandelt werden. Dann wird deutlich, in welchem Umfeld die Jesus-Erzählungen anzusiedeln sind. „Jesus gehört zu einem ganz bestimmten Land. Dieses Land ist seine Lebenswirklichkeit und es hat seine Persönlichkeit so geprägt, dass seine Botschaft nicht von ihr zu trennen ist" (Welt und Umwelt der Bibel, H. 4, 1997, S. 45).

Landschaften Israels

Die Doppelseite **fse 32/33** zeigt typische Landschaften Israels und Berufe von Menschen zur Zeit Jesu mit dem entsprechenden Umfeld. Die religiösen Gruppierungen fehlen, ebenso der Bereich der religiösen Praxis. Die Bücher der weiteren Jahrgänge werden diese erste Einführung schrittweise ergänzen.
Links oben **fse 32** ist die Stadt Nazaret zu sehen. Um nicht die heutige Stadt zu sehr in den Mittelpunkt zu rücken, wird hier nur der Eindruck einer Ansammlung von eng zusammenstehenden Häusern vermittelt, verbunden mit dem Namen der Stadt, in der Jesus viele Jahre lebte.
Die übrigen drei Fotos stellen Landschaften Israels dar. Rechts oben ist ein Teil des Sees Gennesaret zu sehen. Ein Großteil der öffentlichen Wirksamkeit Jesu ist hier zu lokalisieren. L kann hier auf den Beruf des Fischers verweisen. Eine weitere charakteristische Landschaft bildet die Wüste. Inmitten der unfruchtbaren Steinwüste werden Sch die Pflanzenoase entdecken und Vermutungen anstellen, warum es hier grünt. Schließlich zeigt das vierte Foto die zerklüftete Mittelmeerküste. Israel liegt am Meer. Das Meer war den Israeliten unheimlich, die wichtigsten Städte lagen zur Zeit Jesu nicht am Meer. Die vier Fotos zeigen, wie vielgestaltig das Land Israel ist, obwohl es flächenmäßig nicht größer ist als z. B. das Bundesland Hessen.

Berufe zur Zeit Jesu

Jesus war den einfachen Menschen mit ihrem oft beschwerlichen Alltag zugewandt.
fse 33 oben ist der Beruf der Fischer dargestellt. Sie sind gerade damit beschäftigt, ihr mit Fischen gefülltes Netz in das Boot zu ziehen. Rechts oben am Rande des Olivenhains hütet ein Hirte seine Schafe. Davor sehen wir einen Bauern, der mit Ochsengespann und Holzpflug seinen Acker bearbeitet.
In der Bildmitte links sind drei Frauen und ein Kind damit beschäftigt, die Getreideernte einzubringen. Mit einer Metallsichel werden die Ähren abgeschnitten und zu Bündeln zusammengebunden. Ein Esel steht bereit, der die Büschel zur Dreschtenne trägt, wo die Körner von der Spreu getrennt werden.
Im Vordergrund des Bildes befindet sich eine Art Innenhof, von einer Steinmauer begrenzt. An dieser wächst ein Feigenbaum. Rechts davon befindet sich ein aus Steinen gebautes Haus, klein und einfach. Fenster sind nicht sichtbar, lediglich eine Tür, vor der eine alte Frau damit beschäftigt ist, mit Hilfe einer Spindel Wolle zu einem Faden zu spinnen. Wohl aufgrund der engen Behausung (Rauchabzug!) sind eine Frau und ein Kind ebenfalls vor dem Haus dabei, die tägliche Arbeit des Brotbackens zu verrichten. Die Frau sitzt an der Handmühle. Die Mühle besteht aus einem fest stehenden Unterstein und einem drehba-

Das Land Israel

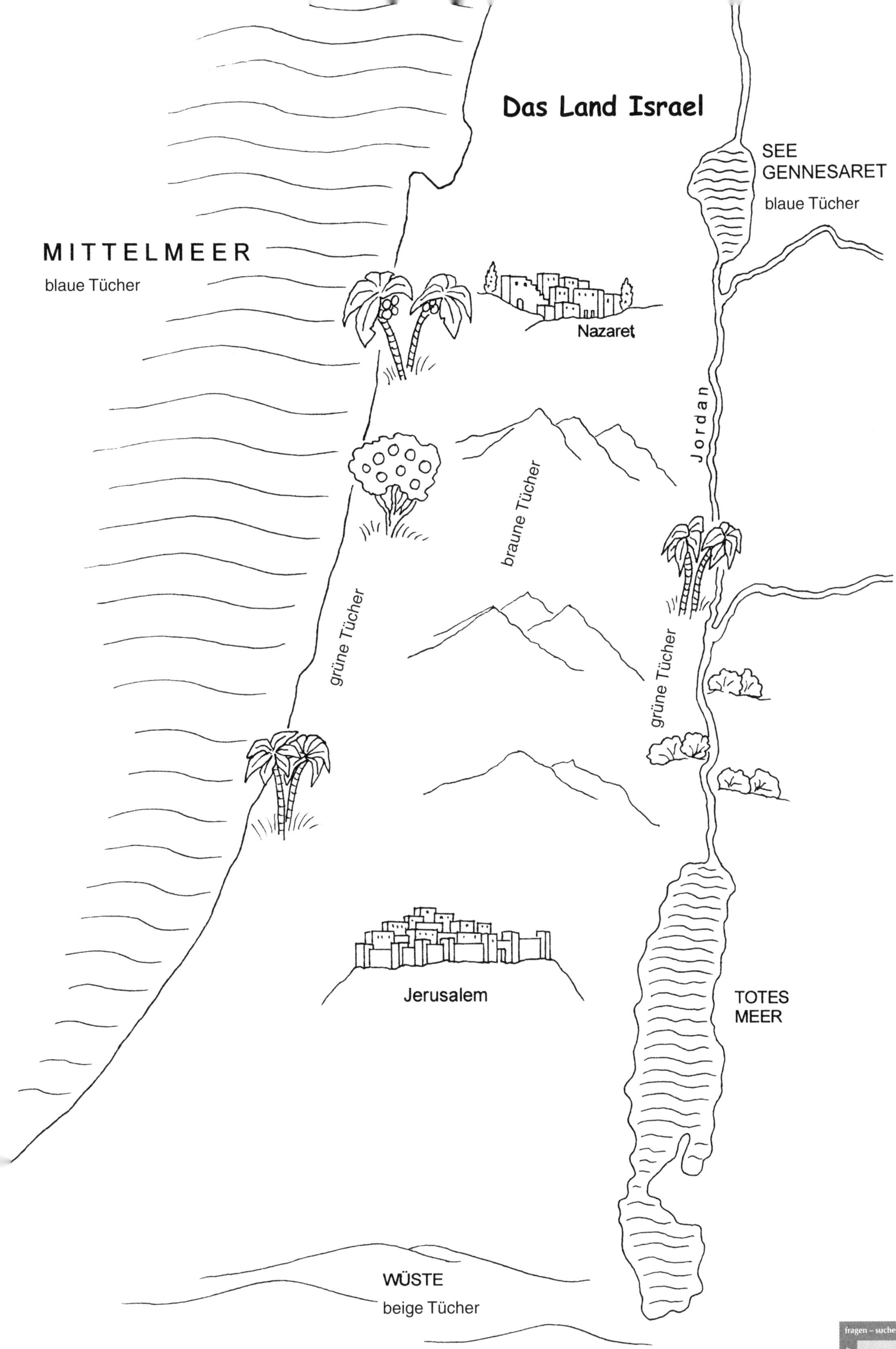
SEE
GENNESARET
blaue Tücher
MITTELMEER
blaue Tücher
Nazaret
Jordan
braune Tücher
grüne Tücher
grüne Tücher
Jerusalem
TOTES
MEER
WÜSTE
beige Tücher

ren Oberstein. Mit Hilfe des Griffes wird gedreht. Sie füllt Körner in die Öffnung in der Mitte des Steines. Durch das Drehen werden die Körner zerrieben, das Mehl wird auf dem Teppich aufgefangen. Mit dem frisch gemahlenen Mehl, Wasser und Salz bereitet die Tochter Teigfladen (links). Sie werden anschließend im Ofen gebacken: Sie klatscht die Teigfladen an die Wand, wenn sich das Feuer zur Glut zurückgebildet hat.
Schließlich sehen wir auf dem Bild noch eine Frau mit Kind, die, vom Dorfbrunnen kommend, mit Wasser gefüllte Tonkrüge herbeibringen. Der Brunnen spielt für das Dorfleben eine große Rolle. „Vom frühen Morgen bis zum späten Abend ist ein Kommen und Gehen. Die jungen Mädchen und Frauen machen sich auf den Weg zum Brunnen um die Tonkrüge, die sie auf dem Kopf tragen, mit Wasser zu füllen. Während die Frauen anstehen und warten, bis die Reihe an sie kommt, wird miteinander geredet, Neuigkeiten werden erzählt und Vertraulichkeiten ausgetauscht" (Bühlmann, S. 27).

Zusammenleben in Palästina

Die kleine Szene im Bildvordergrund **fse 33** macht deutlich, dass zur Zeit Jesu in Palästina drei Generationen zusammenlebten. Zwischen Männern und Frauen herrschte gewöhnlich strikte Aufgabentrennung. Während die Frauen für die eher häuslichen Tätigkeiten wie Spinnen, Weben, Brotbacken, Vorratshaltung und Wasserholen zuständig waren, kümmerten sich die Männer mehr um die handwerklichen und bäuerlichen Arbeiten wie Pflügen, Säen, Dreschen, Fischen etc. Die Kinder wurden schon früh als Hilfe hinzugezogen.

2. Einsatzmöglichkeiten im RU

Das Land Israel kennen lernen

Die folgende L-Erzählung wird durch die Fotos **fse 32** oder durch Dias aus den AV-Medienzentralen anschaulich.
Wir reisen in das Land, in dem Jesus gelebt hat. Wir besteigen das Flugzeug in Deutschland (München/Frankfurt) und fliegen ca. drei Stunden. Wenn wir aus dem Flugzeug schauen, sehen wir das Meer (Mittelmeer), Inseln etc., bald taucht eine zerklüftete Küste auf (Foto rechts unten). Wir landen in Tel Aviv (da liegt der Flughafen). Es ist heiß. Wir besteigen den Bus und fahren eine lange Zeit, bis wir in die Stadt kommen, in der Jesus viele Jahre gelebt hat (Foto links oben: Nazaret). Sie sieht heute anders aus als zur Zeit Jesu, aber es gab auch damals viele zusammenstehende Häuser. Von Nazaret fahren wir weiter und kommen an einen See (Gennesaret: Foto rechts oben). Hier hat Jesus Freunde gefunden (Fischer), die ihn begleitet haben. Hier hat Jesus den Menschen von Gott erzählt (z. B. das Gleichnis vom verlorenen Schaf).
Jesus war nicht nur am See. Er ging auch in die Städte, z. B. nach Jericho (blinder Bartimäus). Da musste er durch die Wüste (Foto links unten): Beschreibung, wie es da aussieht etc., woher das Grün kommt.
Und Jesus ging auch in die Hauptstadt von Israel, nach Jerusalem: Dort stand der Tempel, in dem Jesus zu Gott betete, zu seinem Vater.

Ein Bodenbild zum Land Israel legen

In einem Bodenbild bauen L und Sch das Land Israel auf: Die Wüste stellen beige Tücher dar. Blaue Tücher den Jordanfluss und See Gennesaret. Berge werden mit braunen Tüchern dargestellt, Dörfer und Städte mit Holzbauklötzen, die Hauptstadt Jerusalem bekommt Türme mit goldenen Kugeln. Blaue Tücher, gewellt gelegt, zeigen das Meer an.
Verschiedene Naturmaterialien liegen dort, wo das Land fruchtbar ist (z. B. am Jordan, dem See).
Hier haben Jesus und seine Freundinnen und Freunde gelebt, durch dieses Land sind sie gezogen. Vorlage: **AB 1.2.24, Arbeitshilfen S. 109**.

Menschen und Berufe zur Zeit Jesu kennen lernen

- Sch gehen auf **fse 33** auf Entdeckungsreise:
  - Welche Arbeiten und Berufe üben Männer aus?
  - Welche Arbeiten und Berufe üben Frauen aus?
  - Was tun die Kinder?
  - Was ist noch zu entdecken? (einfaches Haus, Olivenbäume, Feigenbaum)
- Sch vergleichen damalige Berufe mit heutigen: Was ist im Vergleich zu früher anders oder gleich, leichter oder mühsamer?
  - Die Fischer benutzen Ruderboote und ufernahe Netze. – Heute fahren Fischer große Boote mit Motor.
  - Und wie sieht es bei den Schäfern aus? (Wo gibt es überhaupt noch welche?)
  - Der Bauer pflügt mit einem Holzpflug, von Ochsen gezogen. – Heute pflügen Bauern meistens mit dem Traktor und sie haben einen modernen Pflug aus Stahl (im Sachbuch nachschauen).
  - Frauen schneiden mit der Sichel das Getreide, binden es zusammen und legen es dem Esel auf. Kinder helfen mit. – Heute benutzen die Bauern große Mähdrescher.
  - Frauen holen das Wasser vom Brunnen, Kinder helfen mit. – Heute kommt das Wasser aus der Wasserleitung im Haus.
  - Die Frau mahlt Getreide mit der Handmühle. – Heute kaufen wir Mehl oder mahlen elektrisch.
  - Das Mädchen backt Fladenbrot: Das Feuer im Freien wird mit Holz, Eselsdung gemacht; das Mädchen formt Fladen und backt sie anschließend. –

Werkzeuge und Arbeiten zur Zeit Jesu

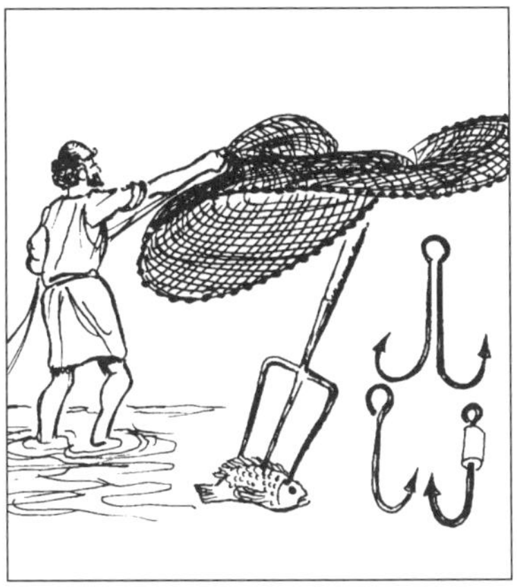
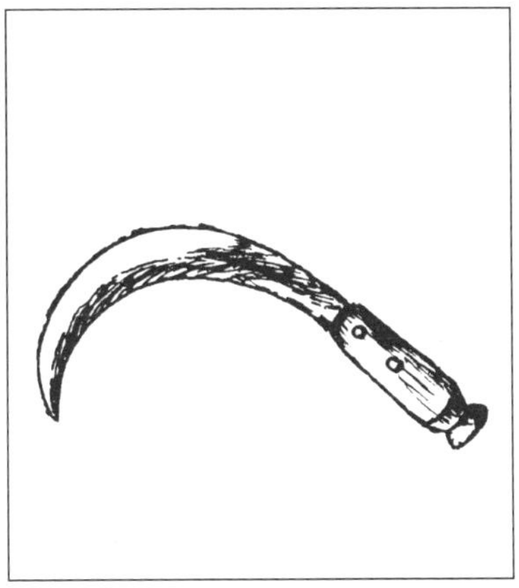
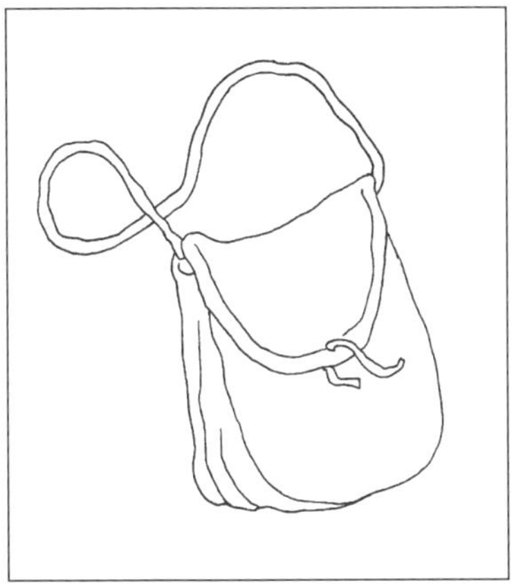
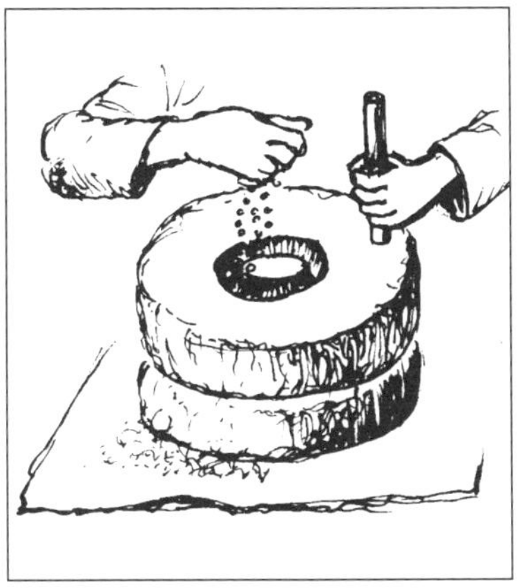
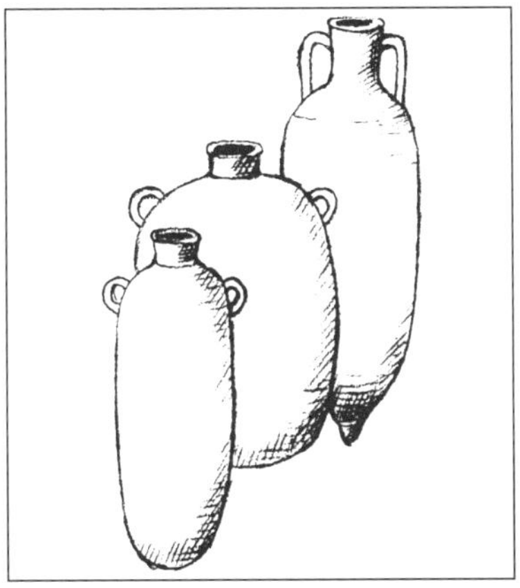

Heute kaufen wir Fladen beim Bäcker oder backen sie im Elektroherd.
- Die Frau mit Spindel dreht aus der Schafschur mit der Spindel Fäden, die sie dann aufwickelt. – Heute kaufen wir gewöhnlich fertige Wolle in vielen Farben in Geschäften.

Wir backen ein Fladenbrot

- *Zutaten:* 2 Tassen Mehl, 1 TL Salz, 50 ml Öl, 1/2 Tasse lauwarmes Wasser;
- Zutaten zu einem festen Teig verarbeiten und kräftig kneten. 10 kleine Kugeln formen und zu dünnen Fladen ausdrücken. In einer sehr heißen ungefetteten Pfanne (Gusseisen) von beiden Seiten backen, bis sie braunfleckig werden, und sofort essen.
- Zum Fladenbrot (ersatzweise kaufen) wird ein Krug mit Wasser gereicht, Oliven und Feigen werden dazu gegessen.
- Probeweise zerstoßen Sch Getreidekörner in einem Mörser.

Werkzeuge zuordnen

- Sch erhalten **AB 1.2.25, Arbeitshilfen S. 111**, und ordnen die Werkzeuge/Gegenstände den Berufen/Tätigkeiten zu, indem sie diese durch eine Linie verbinden.
- Sch malen: Was gehört zum Zöllner (unten rechts)?

Ein Haus zur Zeit Jesu kennen lernen

- Sch betrachten **fse 33** und beschreiben das Haus (aus Steinen, niedrig, Flachdach, keine Fenster, wahrscheinlich klein, denn die Küchenarbeit wird im Freien verrichtet; Rauchabzug!).
- Sch erhalten **AB 1.2.26, Arbeitshilfen S. 113**, und beschreiben in PA das Haus oben.
- Dann beschreiben Sch das Innere des Hauses (die Zweiteilung des Raumes: Tiere und Menschen leben zusammen, durch Stufen sind beide getrennt etc.).
- Sch entdecken: wie geschlafen wurde, wo man sitzt, Gegenstände, die sie bereits kennen, wie Mahlstein, Wasserkrug, Feuerstelle, Licht (Öllampe).
- Wo sind Schrank, Stuhl, Tisch Bett etc.?
- Treppe zum Flachdach: Hier haben die Leute im Sommer geschlafen, Besuch empfangen, Wasser aufgefangen, Kräuter getrocknet.
- In so einem ähnlichen Haus hat auch Jesus, haben auch seine Freundinnen und Freunde gelebt. Er hat gesehen, wie schwer sie arbeiten mussten und wie arm sie waren. Diesen Fischern, Bauern, Hausfrauen, Bäckerinnen, Zöllnern hat er von Gott erzählt: Gott kennt euch und Gott liebt euch.
- Sch betrachten ein Dorf (**AB 1.2.27, Arbeitshilfen S. 115**), die Schatten spendende Bauweise mit engen Gassen. Sch stellen einander Suchfragen und finden Tiere und Berufe.

3. Jahrgangsübergreifende Lerngruppe

Alle hier genannten methodischen Vorschläge eignen sich zum jahrgangsübergreifenden Arbeiten.

Spuren Jesu heute

fragen – suchen – entdecken 34

1. Hintergrund

Die abschließende Seite **fse 34** greift das Kapitelthema „Auf den Spuren Jesu" auf und ermutigt Kinder, heutige Spuren Jesu zu entdecken. Wo sind sie zu finden? – Sch und L finden hier verschiedene Angebote.
Zu den Elementen: Zu Hause wird in einigen Familien vor dem Essen das Tischgebet gesprochen, das Kinder mit dem Gebetswürfel bestimmen dürfen. Auch das Abendgebet ist einigen Kindern bekannt. Im Kindergottesdienst werden Geschichten von Jesus erzählt, gespielt, gesungen. Zugleich erfahren Sch in der Gemeinde, dass auch Erwachsene die Person Jesu für wichtig halten und in seinem Sinn handeln wollen. In der Schule ist der RU ein Ort, an dem Sch etwas von Jesus erfahren. Im Religionsbuch stehen Geschichten und Bilder von Jesus. *Meine Schulbibel* mit ihren Geschichten ist eine weitere Spur. In anderen Ländern finden sich Spuren von Menschen, die sich auf Jesus berufen. Hier wird an Leonardo Boff und an sein Engagement für die Straßenkinder erinnert.
Die Fußspuren fordern Sch auf, dem Impuls „Entdecke weitere Spuren Jesu" nachzugehen. Relix zeigt ein Beispiel.
„Komm und folge mir": Diesem Lied-Ruf sind Leonardo und Elisabeth gefolgt. Das Lied greift den Anfang des Kapitels auf und schließt das Kapitel ab.

2. Einsatzmöglichkeiten im RU

Die Fußspuren in fse deuten

- Sch übertragen die Umrisslinie ihres Fußes auf ein (buntes) Papier und schneiden diesen „Fuß" aus. Sie spielen mit den „Fußspuren": hintereinander anordnen, nebeneinander, durcheinander etc.

Ein Haus zur Zeit Jesu

- Die Fußspuren zeigen: da ist ein Mensch gegangen.
- Jesus hat Spuren hinterlassen:
  - Fußspur Foto vom Kindergottesdienst: Kinder erfahren etwas von Jesus; sie erzählen, spielen, singen, überlegen, wie sie wie Jesus handeln können.
  - Fußspur Bibel: L zeigt die Grundschulbibel: Hier finden sich Geschichten von Jesus für Sch in den höheren Klassen der Grundschule.
- Fußspur Gebetswürfel: Menschen beten. Kinder würfeln und bestimmen, welches Gebet sie beten wollen.
- Fußspur Straßenkinder (Wiederholung): Leonardo sagt, ich will zu ihnen gut sein, wie Jesus zu Bartimäus (Levi) gut war.

Jesus nachfolgen

- Sch finden weitere Spuren Jesu. Die Fußspuren der Sch werden mit den Beispielen aus **fse 34** ausgelegt (kopieren).
  - Weitere leere Fußspuren werden dazwischen gelegt und Sch finden weitere Beispiele (Kreuz im Klassenzimmer, Erntedank, Religionsbuch, Kirche, Krankenschwester etc.).
  - L schreibt die gefundenen Beispiele in die Fußspuren oder malt dafür ein Zeichen.
- Sch entdecken Spuren Jesu in dem Kapitel **fse 21-34**
  - Fußspur Leonardo (**fse 34**, Bild in Fußform rechts oben),
  - Fußspur Elisabeth: ein Zeichen für beide Beispiele in die Fußspuren legen.
- Sch finden Spuren Jesu im Handeln von Menschen heute: L erzählt von einer Sammelaktion für Kinder in Osteuropa, für Familien in Russland, in Afrika usw. Auch dafür je ein Zeichen auf eine Fußspur legen.
- Eine Kopie von Georges Rouaults „Jesus"-Gemälde (**AB 1.2.1, Arbeitshilfen S. 75**) oder Folie 1 aus Schatzkiste 1/2 auf weißem Untergrund in die Mitte legen und die gefundenen „Fußspuren" vom Bild ausgehend im Kreis anordnen.
  - *Alternative*: das Bild wird an den Anfang gelegt und die Fußspuren im Sinne der „Nachfolge" hintereinander angeordnet.
- Sch lernen das Lied „Komm und folge mir" verstehen und singen.
  - „Wer das sagt ... wen er damit meint."

Literatur und Medien

Zur weiteren Information über Land und Leute in Israel zur Zeit Jesu gibt es eine Fülle von Material in den Medienzentralen.

Berg, Horst-Klaus, So lebten die Menschen zur Zeit Jesu, Stuttgart/München 1996 (Freiarbeitsmaterial, Kopiervorlagen!)

Bühlmann, Walter, Wie Jesus lebte. Vor 2000 Jahren in Palästina wohnen, essen, arbeiten, reisen, Luzern 1987 (und weitere Veröffentlichungen des Autors)

Halbfas, Hubertus, Religionsunterricht in der Grundschule, Lehrerhandbuch 1, Düsseldorf 1983, S. 335-359

Niehl, Franz W. (Hg.), Leben lernen mit der Bibel. Der Textkommentar zu *Meine Schulbibel*, München 2003

Preiss, Hans-Rainer, Die Umwelt Jesu. Aktives Arbeitsmaterial für Kinder von 6-12 Jahren, Mülheim o. J.

Diaserie zur Schweizer Schulbibel, Zürich 1972

Zink, Jörg, Bildwerk zur Bibel, Gelnhausen 1980 (Diaserie)

Ein Dorf zur Zeit Jesu

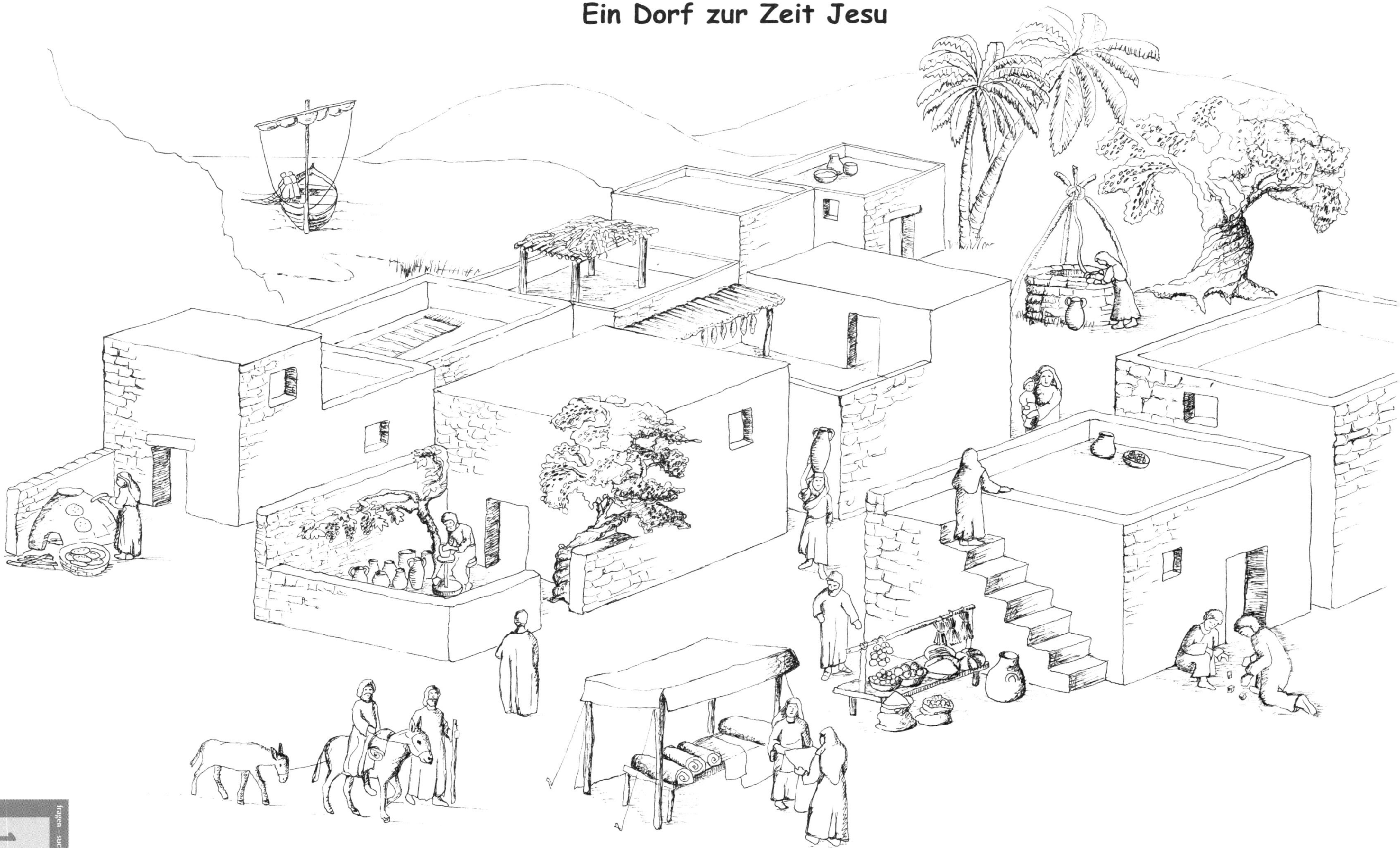

3 Advent und Weihnachten erleben

1. Religionspädagogische und theologische Hinweise

Schon kleinere Kinder nehmen die Advents- und Weihnachtszeit als besondere Zeit wahr, weil sie in ihren Familien, im Kindergarten und auch in Vereinen reichlich Vorbereitungen und Feierlichkeiten miterleben. Allerdings ist ihnen bei Schuleintritt kaum bekannt, um was es in dieser Zeit eigentlich geht. Eine wichtige Aufgabe des RU ist es deshalb, dafür ein Verständnis anzubahnen. Zunächst geht es entsprechend der Alters- und Entwicklungsstufe der Kinder darum, adventliches und weihnachtliches Brauchtum bewusst zu erleben, sich in den Ritualen geborgen zu fühlen, Gewohnheiten zu entwickeln und zu erfahren, welche Bedeutung jeweils zugrunde liegt. Erst in späteren Jahrgangsstufen wird die Weihnachtsgeschichte im Ganzen erzählt werden – Erstklässler sind insgesamt noch damit überfordert, die Ereignisse in ihrer Abfolge aufzunehmen und zu verstehen.
Für die Adventszeit gibt es viel Brauchtum, das allerdings verfremdet und dadurch vom eigentlichen Sinngehalt entfernt ist. Im RU der ersten Klasse bietet sich die große Chance, die Kinder diese Ausdrucksformen des Glaubens, die Symbole, Lieder, Geschichten, Feiern bewusst erleben und kennen lernen zu lassen. So finden sie Zugang zu den Festen des kirchlichen Jahreskreises, der mit der Adventszeit beginnt. Außerdem können die Bräuche „wiederbelebt" werden, wenn die Kinder ihre positiven Erlebnisse und Erfahrungen in die Familien hineintragen.
Im Alltag erleben die Kinder die Weihnachtsvorbereitungen sicher als recht aufregend und hektisch, deshalb sollten sie im RU tiefe Erfahrungen machen können. Konkret heißt das für unser Thema: Wer Jesus als „Licht der Welt" kennen lernt, durch den Gottes Menschenfreundlichkeit und Liebe erfahrbar wird, muss zunächst Dunkelheit und Licht wirklich selbst erleben und in seinem Umfeld spüren, wie man im übertragenen Sinn Licht füreinander sein kann. Advents- und Weihnachtsfeiern in der Klasse oder Schule unterscheiden sich von den gängigen Veranstaltungen dadurch, dass bewusst auf religiöses Brauchtum geachtet und nicht oberflächliche Unterhaltung geboten oder Konsumorientierung verstärkt wird.

Feier der Adventszeit

Die Adventszeit als Vorbereitung auf das Weihnachtsfest wird erst seit dem 5. Jahrhundert gefeiert. Sie wurde zunächst vermutlich durch eine kurze Bußzeit von einer Woche begangen, erst deutlich später feierte man die vier Adventssonntage.
Mit der Adventszeit, mit dem Warten auf die Geburt des Erlösers, beginnt das Kirchenjahr. Obwohl die Adventszeit auch eine Bußzeit ist, wird sie doch mehr als eine Zeit der freudigen Erwartung erlebt und gestaltet. Das wird auch durch die Namenstage von besonders bekannten und beliebten Heiligen (Barbara, Nikolaus, Luzia) unterstützt, die in diesen Zeitraum fallen.
Für die frühen Christen begann die Geschichte Jesu mit seinem öffentlichen Wirken, seine Kindheit und Jugend waren nicht von Interesse (so erzählt das älteste Evangelium, das Markus-Evangelium, im ersten Kapitel von Johannes dem Täufer und der Taufe Jesu). Erst die späteren Evangelien gehen der Frage nach, woher dieser Jesus, der Sohn Gottes, kommt. Lukas geht auf die „Vorgeschichte" ein (Lk 1,5-2,52). Er schildert sie als eine Geschichte der Verheißung und Erfüllung. Von der Geburt selbst wird dabei nur sehr kurz, ja sogar in einem Nebensatz berichtet (Lk 2,7 bzw. Mt 2,1). Ausführlich dagegen wird erzählt, wie der neugeborene Retter von den Juden, aber auch von den Römern und Heiden wahrgenommen wird: von den Hirten (Lk 2,8-20), von den Weisen und von Herodes (Mt 2,1-12), von Simeon und Hanna (Lk 2,21-39). Es geht also den Evangelisten mehr um die Auswirkungen als um das Ereignis selbst.

2. Das Thema im Lehrplan

Das Thema „Advent und Weihnachten erleben" verbindet einen Teil der Kindheitsgeschichte Jesus mit dem Jahreskreis der Kirche und beispielhafter christlicher Tradition (LP 3.3, 3.4, 3.5). Zu Beginn des Schuljahres haben sich die Kinder zunächst kennen gelernt, sind allmählich mit den Lehrkräften, dem Schulhaus und den Mit-Sch vertraut geworden und haben erfahren, was das Besondere des RU ausmacht. Danach lernten sie Jesus kennen und spüren, wie er das Leben von Menschen veränderte und noch verändert.

Nun geht es zum ersten Mal um ein großes Fest des Kirchenjahres bzw. um die Vorbereitung darauf. Natürlich haben die Kinder schon im Vorschulalter Vorfreude und Aufregung gleichermaßen in der Adventszeit miterlebt, sich über die Weihnachtsgeschenke gefreut und wahrscheinlich in irgendeiner Form Weihnachten gefeiert. Durch das Erarbeiten des Themas im RU wird Sch ermöglicht, die Advents- und Weihnachtszeit bewusster zu erleben, vielfältiges Brauchtum zu erfahren und zu verstehen.
Ähnliche Ziele strebt ebenfalls das 5. Kapitel „Ostern feiern" an (LP 3.4, 3.5). Auch dieses bedeutende Fest des Kirchenjahres wird den Sch erstmals erschlossen.
Im vorangegangenen Kapitel 2 „Auf den Spuren Jesu" weckte L bei Sch das Interesse an der Person Jesu. Sch gewannen dabei Eindrücke von seiner Heimat und hörten erste Erzählungen über sein Wirken (Heilungswunder, Jesus als Freund der Ausgestoßenen). Nun können sie ein Verständnis für die Bedeutung seiner Geburt entwickeln.
Im nachfolgenden Kapitel lernen sie Jesus als Freund der Kinder kennen. Daran schließt sich das Glaubenszeugnis von Jesu Tod und Auferstehung an, sodass in der 1. Jahrgangsstufe zwei Hauptfeste des Kirchenjahres vermittelt werden und „Eckdaten" aus dem Leben Jesu: Geburt, sein Leben als Freund der Kinder, der Ausgestoßenen, der Kranken, sein Tod und seine Auferstehung.

3. Jahrgangsübergreifende Einsatzmöglichkeiten

- **fse 2**, Kap. 3, S. 35-48: Träumen, wünschen, hoffen
- **fse 3**, Kap. 5, S. 86: Der Lebensweg Jesu – Stationen im Jahreskreis

4. Verbindungen zu anderen Fächern

EVANGELISCHE RELIGIONSLEHRE: Unterschiedliche Feste und Feiertage, Menschen und Bräuche; Weihnachten: Gott kommt zu den Menschen.
DEUTSCH: 3.0 Mündliches Sprachhandeln, verstehendes Zuhören, erzählendes und sachbezogenes Sprechen; 3.1 Gezielt zuhören und nachfragen, Rituale entwickeln bei Gesprächen im Kreis, szenisches Spielen, Vorgänge und Gefühle umsetzen; 3.3 Einem Text einfache Information entnehmen, kurze Anweisungen verstehen, handelnd mit Texten umgehen.
KUNST: 3.1 Farbiges Gestalten, räumliches Gestalten, figurative Darstellungsformen kennen lernen; 3.2 Auseinandersetzung mit Bildern, eigene Wahrnehmungen reflektieren.
MUSIK: 3.1.1 Musik machen mit der Stimme, Lieder kennen lernen, Musik umsetzen: Tänze, Bewegungen, eigene Tanzideen finden, Musik sichtbar machen.
SACHUNTERRICHT: 3.5 Zeit und Kultur; Feste und Ereignisse im Jahreslauf kennen lernen; Ich und andere – Sitten und Gebräuche kennen lernen.

5. Lernsequenz

Planungsskizze	Überschriften in fse	Inhalte im Lehrplan
I. Erfahrungen mit Dunkelheit und Licht	Advent und Weihnachten erleben **fse 35** Warten ... Warten auf das Licht **fse 36/37**	3.1 Leben in Freude 3.4 Weihnachten – Jesus wird geboren Feste im Kirchenjahr Feste in der Gemeinschaft und Erinnerung an Gottes Zuwendung
II. Levi und Bartimäus erfahren: Jesus hat Licht in die Welt gebracht Luzia und andere bringen Licht in das Leben von anderen Menschen	Licht kommt in die Welt **fse 38/39**	3.1 Die Zuwendung Jesu zu den Menschen Menschliche Fürsorge – Zeichen der Liebe Gottes 3.2 Symbole in Religion und Glauben 3.3 Von Jesu Leben in Worten und Taten

Planungsskizze	Überschriften in fse	Inhalte im Lehrplan
III. Wir feiern Weihnachten	Jesus ist geboren **fse 40/41** Der Stern zeigt den Weg **fse 42/43** Wir feiern Weihnachten **fse 44/45** Stern über Betlehem **fse 46**	3.2 Zeichen und Symbole „sehen" und „hören" 3.3 Kindheitserzählungen aus LK – Erzählungen um die Geburt Jesu 3.4 Feste in der Gemeinschaft Feste im Kirchenjahr, Weihnachten – Jesus wird geboren

6. Lebensbilder 1/2

Folgende Fotos aus der Folienmappe Lebensbilder 1/2 sind für einen situativen Einsatz besonders hilfreich: Nr. 2: Ich staune; Nr. 13: Wir sind Freunde; Nr. 14: Wir vertragen uns; Nr. 19: Auf der Straße leben; Nr. 20: Zuhause; Nr. 30: Mädchen vor Kerzen; Nr. 32: Alte Brücke.

Advent und Weihnachten erleben

fragen – suchen – entdecken **35**

1. Hintergrund

Emil Nolde (1867-1956)

Der Maler wurde 1867 als Emil Hansen in Nolde, Nordschleswig, geboren und wuchs als Bauernjunge auf. Er absolvierte eine Schnitzerlehre in einer Möbelfabrik, arbeitete als Zeichenlehrer und begann ab 1896 zu malen. Von 1909 an entstanden zahlreiche Bilder mit religiösen Motiven, die er „biblische und Legendenbilder" nannte. Die „biblischen und Legendenbilder" fanden erst spät und zögernd Anerkennung von kirchlicher Seite. Gerade für **fse** aber scheint die Darstellung sehr ansprechend und geeignet. Nolde selbst schrieb über diesen Teil seines Werkes, der ihm sehr am Herzen lag (Reuther, S. 16): „Die biblischen Bilder sind intensive Jugenderinnerungen, denen ich als Erwachsener Form gebe. ... Die Vorstellungen des Knaben von einst, als ich während der langen Winterabende ergriffen alle Abend in der Bibel lesend saß, wurden wieder wach. Es waren Bilder, die ich las, reichste orientalische Phantastik. Sie wirbelten in meiner Vorstellung immerzu vor mir hoch, bis lange, lange danach der nun erwachsene Mensch und Künstler sie, wie in traumhafter Eingebung, malte und malte."

Weil Noldes Werke als „entartete Kunst" galten, wurden 1937 viele seiner Arbeiten beschlagnahmt und es wurde dem Künstler die Ausübung seines Berufs verboten. Erst nach 1945 konnte er wieder ohne Einschränkungen malen. Emil Nolde starb 1956 in Seebüll (Holstein).

Emil Nolde: „Die Familie", 1931

Das Gemälde ist als Folie 3 in der Schatzkiste 1/2 enthalten, vgl. Arbeitshilfen S. 19.

Emil Nolde stellt die heilige Familie ungewöhnlich dar: Unten im Bild liegt das nackte Jesusbaby, darüber sieht man den Kopf Marias, die eine Art Schleier oder Tuch trägt, links dahinter ist, deutlich dunkler, Josefs Oberkörper zu sehen. Josef ist kaum zu erkennen, weil er fast mit dem Hintergrund verschwimmt. Außerdem richtet sich die Aufmerksamkeit beim Betrachten mehr auf die leuchtende Sonnenblume, die rechts oben auf gleicher Höhe wie Josefs Gesicht zu sehen ist. Sie wirkt wie ein Licht, das Maria und Jesus anstrahlt. Die beiden bilden eine Einheit, was an den Farben und an der Gestik und Mimik von Mutter und Kind zu erkennen ist. Maria macht einen entspannten, glücklichen Eindruck, ihre ganze Aufmerksamkeit ist auf das Baby gerichtet. Das lacht fröhlich und streckt die Arme hoch zu seiner Mutter. Josef steht über den beiden, er könnte sie, falls nötig, beschützen, aber er erscheint distanziert. Kommentar einer Sch: „Josef ist ja auch nicht der richtige Papa von Jesus, aber er gehört trotzdem dazu, er ist ja der Mann von Maria."

Literatur

Gosebruch, M., Nolde, Emil Hansen, genannt, in: Kindlers Malerei Lexikon Band 9, München 1982, S. 299-311

Reuther, M., Emil Noldes „biblische und Legendenbilder", in: Kat. Emil Nolde. Legende, Vision, Ekstase: Die religiösen Bilder, Hamburger Kunsthalle in Zusammenarbeit mit der Nolde-Stiftung, Seebüll 2000

2. Einsatzmöglichkeiten im RU

„Die Familie" von Emil Nolde beschreiben und vergleichen

- L zeigt die Farbfolie 3 aus Schatzkiste 1/2. Sch betrachten in Ruhe das Gemälde und beschreiben alle Einzelheiten: Wie viele Personen sind dargestellt? Wie sind die Personen angeordnet, wie und wohin schauen sie, wer gehört zusammen? Welche Farben siehst du? Welche Stimmung strahlen sie aus? Was könnten die drei Menschen zueinander sagen (vgl. Arbeitshilfen S. 74)?
- Sch vergleichen das Bild mit Familienfotos, wie sie heute gemacht werden, und entdecken Gemeinsamkeiten, Unterschiede.
- Sch lesen auf **fse 35** die Überschrift des Kapitels und stellen den Zusammenhang mit dem Bild her.
- – Sch vergleichen mit „gängigen" Weihnachtsbildern.
- – Sch überlegen: Warum hat der Maler die heilige Familie so dargestellt?

Was heißt „Warten"?

- Übergang zu **fse 36/37**: „Warten" – Maria hat neun Monate auf das Baby gewartet.
- Sch, die kleinere Geschwister haben, erzählen von eigenen Erfahrungen und Erlebnissen während der Wartezeit.

Bräuche und Adventssymbole kennen lernen

- Sch betrachten bekannte Adventssymbole, z. B. Adventskalender und Adventskranz.
- Sie erzählen, welche Bräuche sie von Zuhause, aus dem Kindergarten o. Ä. kennen.
- Sch beschreiben den Sinn dieser Bräuche, soweit er ihnen bekannt ist.

3. Jahrgangsübergreifende Lerngruppe

- Sch bringen ihre Familienbilder mit und malen ihre Familie. Anschließender Impuls: Wen aus eurer Familie habt ihr zuerst gemalt? Warum wohl?
- Sch erzählen sich gegenseitig ihre Advents- und Weihnachtsbräuche.

Warten ... warten auf das Licht

fragen – suchen – entdecken **36/37**

1. Hintergrund

Die Doppelseite **fse 36/37** dreht sich um das Warten. Die Adventszeit wird als Zeit des Wartens und der Ankunft des Lichts als Zeichen Gottes vorgestellt.
Auf der linken Seite **fse 36** werden in drei kurzen Geschichten und entsprechenden Grafiken Wartesituationen dargestellt, wie sie Kinder aus eigener Erfahrung kennen (Tim soll abgeholt werden und steht immer noch allein vor dem Schwimmbad. Uta ist allein zu Hause, es wird dunkel. Evi ist in freudiger Erwartung, weil ihr Onkel kommt.)
Die Texte sind kurz gehalten und übersichtlich gedruckt, damit Leseanfänger/innen diese selbstständig erlesen können. Die Grafiken ermöglichen, sich zurechtzufinden. Sie helfen auch den Kindern, die sich die Situationen nicht auf Anhieb vorstellen können: Tims Stimmung ist durch Mimik, Körperhaltung, Hände deutlich. Auch Relix hilft, den körpersprachlichen Ausdruck zu erkennen.

Der Adventskranz

Der Adventskranz, etwa seit Mitte des 19. Jahrhunderts bekannt, ist eines der wichtigsten Symbole der Adventszeit. Der abgebildete Adventskranz **fse 37** ist ganz traditionell gestaltet und kommt ohne modische Verzierungen aus. Er besteht aus grünen Zweigen. Grün ist die Farbe der Hoffnung, Hoffnung auf die lang erwartete Ankunft des Erlösers. Die Kerzen und Bänder sind rot, sie tragen die Farbe der Liebe. Die gelbe Flamme spendet Licht und weist auf den erwarteten Jesus, das Licht der Welt, hin. Der Adventskranz ist zum Kreis gebunden, der keinen Anfang und kein Ende hat. In der Kreisform kann auch ein Ring gesehen werden, der auf das Bündnis Gottes mit den Menschen hinweist. Die Anordnung der Kerzen im Viereck zeigt auf die irdische Ganzheit (vgl. vier Himmelsrichtungen, vier Jahreszeiten, vier Elemente).

Literatur

Niehl, Franz W. (Hg.), Leben lernen mit der Bibel, München 2003, S. 352-364: Christoph Dohmen-Funke, Von Tag zu Tag wird es heller

2. Einsatzmöglichkeiten im RU

Wartesituationen – Geschichten und Bilder zuordnen

- L liest eine der drei Geschichten vor, Sch betrachten nur die Bilder und ordnen dann die Geschichte zu.
- *Alternative*: Sch betrachten und beschreiben die Bilder, vermuten den Inhalt der Geschichten, lesen bzw. L liest vor.
- Was könnte Relix denken? Sch deuten seine Haltung und Gestik.
- Sch erzählen von eigenen Warteerfahrungen.
- Sch spielen die Geschichten in Standbildern nach und/oder stellen Doppel-Szenen: ein wartendes Kind und – in einiger Entfernung – eine erwartete Person.
- Sch erfinden gemalte oder geschriebene Sprech- oder Denkblasen. Diese werden ausgeschnitten und zur jeweiligen Grafik ins Buch gelegt, danach werden sie in einen Hefteintrag integriert.

Stilleübungen: Warten

- Sch warten eine Minute ganz still ab: „Bleibe ruhig mit gesenktem Kopf auf dem Platz sitzen, bis du meinst, dass eine Minute vorbei ist. Hebe dann erst den Kopf."
- Warten, bis man gerufen wird: L ruft flüsternd Vornamen der Sch in den Kreis oder Sch rufen sich nacheinander auf.

Stilleübung: Dunkelheit – Licht

Sch erleben Dunkelheit. Aber Vorsicht: Manche Kinder könnten mit Angst reagieren, deshalb behutsam vorgehen!

- Sch sitzen in der Dunkelheit im Kreis und fassen evtl. die Hände der Nachbarn. Eine Kerze wird entzündet – was eine Kerze allein vermag!

Stilleübung: Kerze

- Sch betrachten das Licht einer Kerze.
- Sie „spielen" mit den Händen Flamme „nach".
  - Sie werden ruhig wie die Flamme.
  - Sch geben eine Kerze vorsichtig im Kreis weiter.
- Sie überlegen im übertragenen Sinn dazu: Wie kann ich Licht schenken?

Hinweis: Nach solchen Übungen bewegen Sch sich zum Ausgleich wieder aktiv, sprechen über ihre Gefühle und Erfahrungen und drücken diese, z. B. in Bildern oder Klängen, aus.

Den Adventskranz anschauen

- Sch betrachten und beschreiben den Kranz **fse 37**.
  - L erklärt in kindgemäßer Form die symbolische Bedeutung der Farben und Formen: Im Winter sind die Bäume kahl, nur wenige sind noch grün ... Hoffnung, dass alles wieder weiter wächst, grünt und blüht ... Bestimmte Dinge malen wir immer rot: z. B. Herzen, Rosen ... Zeichen der Liebe usw.
  - Sch nehmen die Bestandteile des Adventskranzes bewusst wahr, indem sie an Tannenzweigen und Wachskerzen schnuppern, sie befühlen.
- Sie vergleichen die Abbildung mit Adventskränzen und -gestecken, die sie schon gesehen haben, und stellen Unterschiede und Gemeinsamkeiten fest.
- Sch binden selbst einen Kranz für das Klassenzimmer. Je nach Klassengröße z. B. in PA mit Hilfe einer Sch-Mutter, während die anderen Sch Tischlaternen, Fensterbilder o. Ä. herstellen.
- Mit Hilfe des Liedverses „Das Licht einer Kerze" **fse 37** wird jede Woche das Fortschreiten der Adventszeit in den Mittelpunkt gerückt (das Licht zweier, dreier ... Kerzen ...; zwei, drei ... kleine Kerzen leuchten ...). Das Gespräch über die Bedeutung der Farben und Symbole wird wiederholt.
- Sch überlegen sich Gesten zum Lied und gestalten es so aus: z. B. Kreisform andeuten, Flackern der Kerzen, Zahl der Kerzen mit den Fingern zeigen.

Weitere Adventslieder singen

Verschiedene Lieder werden in der Adventszeit gelernt:

- „Das Licht einer Kerze ist im Advent erwacht" ist als Lied 2 in der Liederkiste 1/2 enthalten, vgl. Arbeitshilfen S. 19.
- **AB 1.3.1** und **AB 1.3.2**, **Arbeitshilfen S. 121**, werden erlernt und
  - evtl. weiter ausgestaltet (Instrumente, Gesten, Tanz),
  - bei einer Morgenfeier in der Schule oder bei einer Feier mit den Familien „aufgeführt".
  - eine Adventsfeier für Großeltern evtl. im Altenheim oder in der eigenen Klasse wird mitgestaltet (Öffnung von Schule, Licht weiter schenken).
  - eine Seniorenfeier in der Gemeinde wird vorbereitet (Kontakt Schule/Gemeinde).
- „Wir sagen euch an" wird im Laufe der Adventszeit als Tanz eingeübt: **AB 1.3.3, Arbeitshilfen S. 123**.

Adventsbräuche erkunden

- Sch erzählen von Adventszeichen und -bräuchen, die sie von Zuhause oder aus dem Kindergarten kennen, wie: Adventskalender, Morgen- oder Abendfeiern, Kerzen, Lieder, Aktivitäten wie Basteln, Backen, bestimmte Besuche etc.
- Sch bringen entsprechende Gegenstände mit.
- Sie überlegen gemeinsam, welche der bekannten Rituale im Klassenverband durchgeführt werden können.

Lichter-Tanz

Hinführung:
Sch können Freude und religiöses Empfinden in Bewegung umsetzen:

Kommt ein Licht so lei - se, lei - se, lei - se.
gehen
Leuch - tet freund - lich in die Welt.
stehen
Kerze hoch
Leuch - tet still auf sei - ne hel - le Wei - se,
gehen
bis es Herz um Herz er - hellt.
drehen
um sich
selbst

2. Seht, wir halten froh in uns'ren Händen
heute das Laternenlicht.
Wollen tanzen einen kleinen Reigen.
Leuchte, leuchte kleines Licht.

3. Freude, Freude soll es allen bringen,
Mensch sei du auch selbst ein Licht.
Lass dein Lachen und dein frohes Singen
zu uns kommen, fürcht dich nicht.

4. Leise, leise soll das Lied verklingen,
denn das Weihnachtsfest ist nah.
Freude, Freude soll es allen bringen,
Christus, unser Herr, ist nah.

Kanon-Tanz

T: Jesaia 60,1/M: Kommunität Gnadenthal
© Präsenz-Verlag, Gnadenthal

Liederkiste 1/2 14

1
Ma - che dich auf und wer - de Licht.
2
Ma - che dich auf und wer - de Licht.
3
Ma - che dich auf und wer - de Licht,
4
denn dein Licht kommt.

Alle stehen in zwei bis vier Kreisen im Raum verteilt. Den Tanz zunächst einstimmig, dann zwei- oder vierstimmig tanzen.

Takt 1-2	Acht Schritte rechts herum (rechts beginnt): rechts seit, links kreuzt vorne, rechts seit, links kreuzt hinten, rechts seit, links kreuzt vorne, rechts seit, links tippt neben rechtem Fuß auf.
Takt 3-4	Acht Schritt links herum (links beginnt): links seit, rechts kreuzt vorne, links seit, rechts kreuzt hinten, links seit, rechts kreuzt vorne, links seit, rechts neben links stellen.
Takt 5	Vier kleine Schritte in die Mitte – rechts beginnt, vierter Schritt links tippt.
Takt 6	Vier kleine Schritt zurück, links beginnt.
Takt 7-8	Langsam die Arme heben.

- Sch schmücken das Klassenzimmer und beteiligen sich an der Gestaltung des Schulhauses.

Den Advent mit allen Sinnen erforschen

- Sch sammeln Sinneseindrücke aus dem Advent – vgl. den Text aus einer ersten Klasse:

ADVENT
Ich sehe
Kerzen Adventskranz Krippe
Christbaum Christkindlmarkt
Ich höre
Weihnachtslieder knisterndes Feuer
Ich rieche
Plätzchen im Ofen Bratäpfel
Glühwein Kinderpunsch Orangen
Zimt Adventstee Tannenzweige
Ich schmecke
Plätzchen Glühwein Kinderpunsch
Ich fühle
Tannennadeln Geschenkpapier
Goldfolie

- Zu diesen Sinneseindrücken gestalten Sch eine Ausstellung, die nicht nur betrachtet werden kann, sondern zum Erkunden mit allen Sinnen einlädt.
- Mit Elementen aus dieser Ausstellung lassen sich „be-sinn-liche" Morgenkreise gestalten, in denen Objekte bewusst wahrgenommen und im Kreis weitergegeben werden.

Ein kleines Adventsgesteck basteln

Je Sch werden ein Apfel, eine Kerze und Zweiglein (Fichte, Bux o. Ä.) benötigt. Der Apfel wird so ausgehöhlt, dass die Kerze Platz findet. Ringsherum werden die Zweiglein hineingesteckt und abgespreizt, damit sie nicht in die Flamme hineinragen. Beim Singen oder zu einer Licht-Meditation o. Ä. wird die Kerze angezündet.

3. Jahrgangsübergreifende Lerngruppe

- Auf dem Weg nach Weihnachten erfahren Sch Dunkelheit und Helligkeit: Ältere führen die Jüngeren durch die Dunkelheit (PA). Dann wechseln.
- Sch üben gemeinsam den Lichtertanz ein.

Licht kommt in die Welt

fragen – suchen – entdecken 38/39

1. Hintergrund

Das Thema der Doppelseite **fse 38/39** heißt „Licht kommt in die Welt". Auf der linken Seite **fse 38** werden die aus Kapitel 2 bekannten Erzählungen von Bartimäus und Levi aufgegriffen. Es handelt sich nicht um eine reine Wiederholung, sondern es werden neue Akzente gesetzt: Jetzt geht es um die Folgen der Begegnung mit Jesus für die Betroffenen, d. h. es sind „Fortsetzungsgeschichten" der biblischen Erzählungen. Bartimäus und Levi erzählen in der Ich-Form – damit werden die Kinder angeregt, sich in die Situation der Hauptpersonen hineinzuversetzen und die Geschichte weiterzuentwickeln. Sie überlegen dabei besonders, was „Licht von Jesus" für Bartimäus und Levi bedeutet. In den Abbildungen wird die fiktive Erzählsituation dargestellt.
Auf der rechten Seite **fse 39** wird in Bild und Text kurz das Wichtigste aus dem Leben der heiligen Luzia erzählt: Luzia, „die Leuchtende", bringt im übertragenen Sinn Licht in das Leben der verfolgten Christen, indem sie diese in deren Versteck mit Lebensmitteln versorgt. Nach der Legende ist sie auch direkt eine Licht-Trägerin. Denn um beide Hände für den Transport von Nahrungsmitteln frei zu haben, trägt sie einen Lichterkranz auf dem Kopf, der den Weg beleuchtet.

Die heilige Luzia

Im Vergleich zu der heiligen Barbara und dem heiligen Nikolaus zählt Luzia (Gedenktag 13.12.) zu den weniger bekannten, deshalb auch weniger „verbrauchten" Heiligen der Adventszeit. Während in den meisten Familien, auch in vielen Vereinen und Gruppen, der Nikolaustag begangen wird, ist die heilige Luzia weniger präsent. Sie wird deshalb den Kindern als „Licht-Bringerin" in der Adventszeit vorgestellt. In zahlreichen europäischen Ländern – z. T. den Heimatländern der Schulkinder – wird der Luziatag besonders gefeiert, z. B. in Italien, Schweden, Finnland, Ungarn, Serbien und Kroatien.
Die heilige Luzia wurde um 280 n. Chr. in Syrakus auf Sizilien als Tochter wohlhabender nicht-christlicher Eltern geboren. Als ihre Mutter schwer erkrankte, betete Luzia zur heiligen Agatha. Nach der wunderbaren Heilung der Mutter wurde Luzia Christin. Ihr Vermögen soll sie an die Armen verschenkt haben. Sie half den verfolgten Christen, die sich in Verstecken aufhielten, indem sie ihnen Nahrungsmittel und Getränke brachte. Die Heirat mit einem Adligen lehnte sie ab, weil dieser kein Christ

Wir sagen euch an ...

T: Maria Ferschl/M: Heinrich Rohr, GL 115

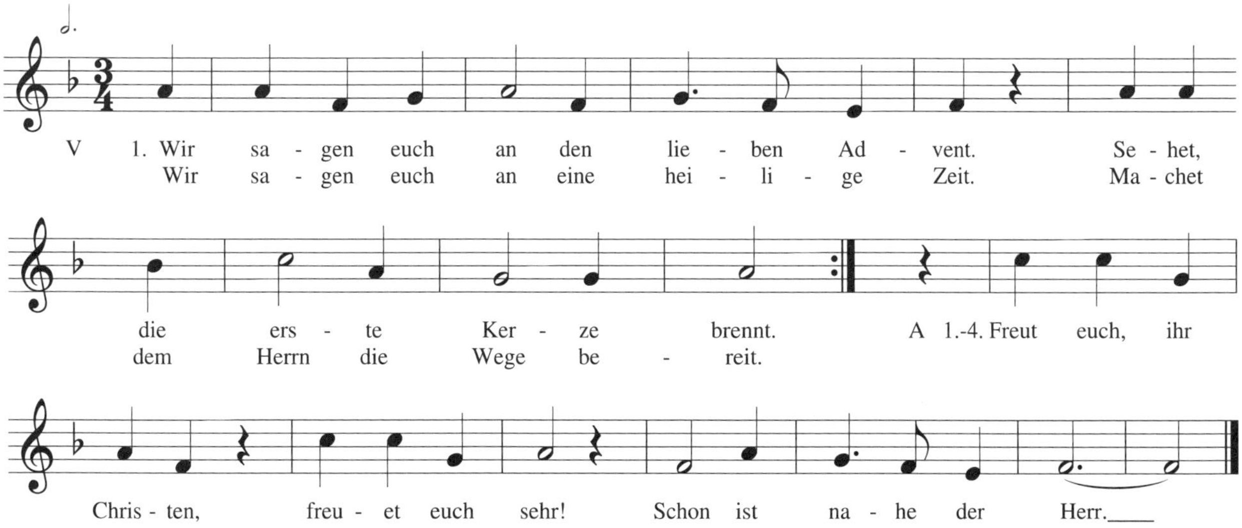
V 1. Wir sa - gen euch an den lie - ben Ad - vent. Se - het,
Wir sa - gen euch an eine hei - li - ge Zeit. Ma - chet
die ers - te Ker - ze brennt.
dem Herrn die Wege be - reit.
A 1.-4. Freut euch, ihr Chris - ten, freu - et euch sehr! Schon ist na - he der Herr.

2. Wir sagen euch an den lieben Advent. Sehet, die zweite Kerze brennt.
So nehmet euch eins um das andere an, wie auch der Herr an uns getan.

3. Wir sagen euch an den lieben Advent. Sehet, die dritte Kerze brennt.
Nun tragt eurer Güte hellen Schein weit in die dunkle Welt hinein.

4. Wir sagen euch an den lieben Advent. Sehet, die vierte Kerze brennt.
Gott selber wird kommen, er zögert nicht. Auf, auf, ihr Herzen und werdet Licht.

Tanzbeschreibung

Alle stehen im Kreis, die Hände durchgefasst.

1. Strophe:	1. Teil: Alle gehen rechts herum.
	2. Teil: Alle gehen links herum.
Refrain:	„Freut euch ..." Um sich selbst drehen, dabei die Arme heben.
	„Schon ist ..." Hände durchfassen, Arme heben.
2. Strophe:	1. Teil: Wie oben.
	2. Teil: Um die Schultern fassen.
Refrain:	Wie oben.
3. Strophe:	1. Teil: Wie oben.
	2. Teil: Nach außen drehen, Arme nach vorn strecken, vier Schritte langsam nach außen gehen.
Refrain:	Wie oben.
4. Strophe:	1. Teil: Wie oben.
	2. Teil: Hände öffnen, Arme seitlich halten, am Ende Hände heben.
Refrain:	Wie oben.

Auch Schreib- und Leseanfänger/innen verfassen schon Texte selbst. Natürlich brauchen sie dabei noch Hilfe, aber der Aufwand ist im Vergleich zu den interessanten, aussagekräftigen, individuellen Ergebnissen relativ gering. Bewährte Methoden sind z. B.:

- Texte hören
  - Sch schreiben, „wie sich das Wort anhört". L schreibt rechtschriftlich richtige Version darunter.
  - Sch sprechen auf Kassette, L oder helfende Eltern schreiben Text mit dem Computer.
  - *Hinweis:* Sch können auch „Helfer/innen" aus anderen Jahrgangsstufen ansprechen.
- Texte umgestalten
  - Sch hören eine Geschichte und erzählen sie so, wie sie z. B. die Hauptperson, ein unbeteiligter Beobachter ... erzählt hätte („Ich-Text").
- Texte „modernisieren"
  - Sch erzählen die Geschichte so, wie sie heute passiert wäre, beziehen technische Möglichkeiten mit ein.
- Dialog führen
  - Sch lassen die Personen einer Geschichte sprechen, geben ihnen Sprechblasen.
- Texte oder nur Wörter gestalten
  - Sch schreiben kurzen Text nicht „normal" ab, sondern gestalten die einzelnen Wörter durch passende Farben, Buchstabenformen, Schriftgrößen.

Die Vorgeschichte erkunden

- Sch überlegen, was direkt vor der erzählten Geschichte passiert sein könnte, überlegen, was anschließend passiert sein könnte.
- Interview führen
  - Sch überlegen, welche Fragen sie einer Person aus dem Text gern stellen würden.
- Brief schreiben
  - Sch denken sich Brief an biblische Person, an Gott ... aus.
- Steckbrief verfassen
  - Wie in einem Rätsel werden bestimmte Informationen zu biblischer Person notiert, Leser kann raten, um wen es sich handelt – im Lauf der Zeit könnte in der Klasse eine Mappe mit Steckbriefen entstehen, die sich hervorragend zum Wiederholen eignet (z. B. „Ich konnte nichts sehen. Dann kam Jesus. Er hat mich gehört ...").

Texte ergänzen

Aus dem AT Psalmanfänge o. Ä. werden frei ergänzt. Aus dem NT: „Du, Jesus, .../machst das Leben hell"/ ... hilfst dem Kranken'.

Gedichte schreiben

Gedichtformen bieten sich in der ersten Klasse besonders an, weil wenig Text geschrieben werden muss. Beispiele:

- Elfchen schreiben gemäß dem Bauplan:
  1 – 2 – 3 – 4 – 1 Wörter pro Zeile:
  Stern (Thema)
  Die Sterndeuter (Was/wer gehört dazu?)
  Sie folgen ihm (Was passiert?)
  Ich möchte auch mitgehen (Ich-Bezug)
  Hell (zusammenfassender Abschluss)

- Ein Anfangsbuchstaben-Gedicht kreieren

Ein oder mehrere passende Wörter suchen:
B*artimäus*
L*angsam*
I*n Jericho*
N*un hilft Jesus*
D*anke*

- Ein ABC zu bestimmtem Thema ausdenken
  - Weihnachten
  A*dvent*
  b*acken*
  C*hristbaum*
  d*unkel ...*

- Eine Wortpyramide bauen
  1 – 2 – 3 – ... Wörter untereinander:
  Luzia
  Sie hilft
  Sie hat Kerzen
  Sie trägt große Körbe
  Die Christen bekommen zu essen

- Gebete formulieren
  Sch schreiben im Lauf der Zeit ein eigenes Klassengebetbuch.
  Oder: Gebete verändern – passend zur eigenen Situation.

- Buch anlegen
  Für die Klasse und/oder individuell; Themen: Feste im Kirchenjahr, Namenspatrone, örtliches Brauchtum ...

Die erste rote Kerze brennt

(getanzter vierstimmiger Kanon)

T: Elisabeth Zöller
M: Ludger Edelkötter

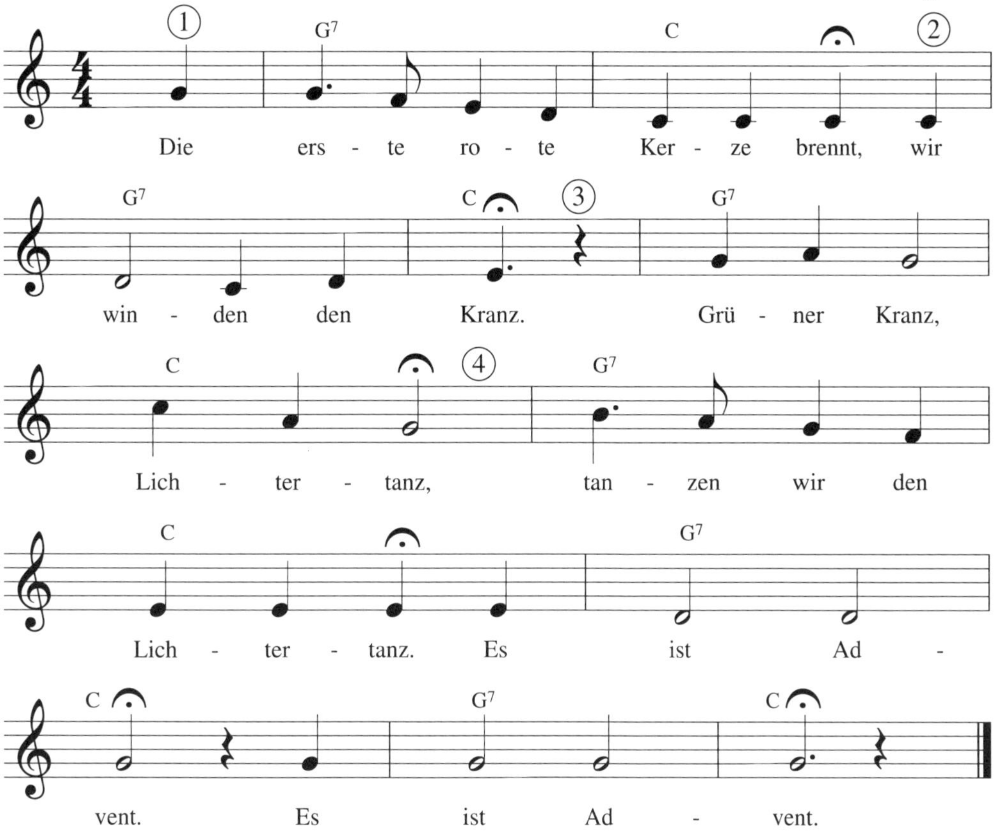

Die ers - te ro - te Ker - ze brennt, wir
win - den den Kranz. Grü - ner Kranz,
Lich - ter - tanz, tan - zen wir den
Lich - ter - tanz. Es ist Ad -
vent. Es ist Ad - vent.

2. Die zweite rote Kerze ...
3. Die dritte rote Kerze ...
4. Die vierte rote Kerze ...

In der Dunkelheit leuchtet uns auf ein Licht

T: Rolf Krenzer/M: Detlev Jöcker

Kanon

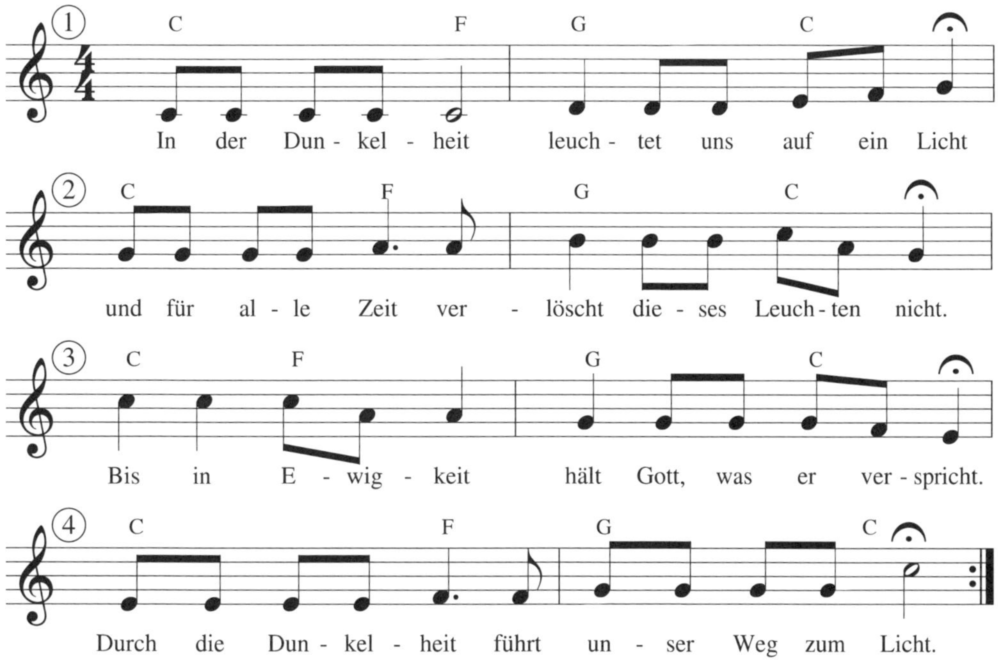

war und sie ihren Glauben nicht aufgeben wollte. Deshalb wurde sie später gefoltert, woran sie in der Folge starb. Über den Märtyrertod gibt es allerdings unterschiedliche Berichte.

Luzia-Brauchtum

In den skandinavischen Ländern ist der Luzia-Tag ein Höhepunkt der Adventszeit. Vor der gregorianischen Kalenderreform fiel er zeitlich mit der Wintersonnenwende zusammen, deshalb war Luzia hier wirklich die „Lichtbringerin", die das Ende der tiefen Dunkelheit ankündigte.

In den Familien weckt die „Luzia-Braut" (meist die älteste Tochter) im weißen Gewand mit einem roten Gürtel – Erinnerung an Taufe und Märtyrertod der heiligen Luzia – und mit einem Lichterkranz auf dem Kopf die anderen Familienmitgliedern und serviert das Frühstück. In den Gemeinden zieht eine Luziabraut mit ihrem Gefolge durch die Straßen, besucht Krankenhäuser, Schulen, Seniorenheime usw.

Auch in Bayern gibt es ein Luzia-Brauchtum: Im Jahr 1785 bestand bei Fürstenfeldbruck am Luzia-Tag akute Hochwassergefahr durch den Fluss Amper. Die Bauern baten die heilige Luzia um Hilfe, indem jeder ihr eine kleine Nachbildung seines Hauses brachte. Das Wasser ging zurück und seitdem wird der Luzia-Tag mit einer „Lichterschwemme" besonders gefeiert. Kinder kommen mit selbst gebastelten Lichterhäuschen in die Kirche. Nach der Segnung werden diese Häuschen zur Amper getragen und ins Wasser gesetzt.

Literatur

Fiederlein, F./Bundschuh Ch., Sancta Lucia, in: Schule & Mission 2000/2001 Heft 2, S. 60-72

Schweiz, Ch., Lichterhäuschen auf dem Teich, in: spielen und lernen 12/98, S. 70-73

Hl. Martin (11.11.)

Als Lichtgestalt auf dem Weg zum Advent bietet sich der hl. Martin an. Aufgrund der vielfältigen Kindergartenerfahrungen wird hier aber auf die traditionelle Martinslegende verzichtet.

Hl. Barbara (4.12.)

Die heilige Barbara lebte im 3. Jahrhundert in der heutigen Türkei. Ihr Vater baute einen Turm für seine außergewöhnlich schöne Tochter, um sie von den Christen fernzuhalten. Trotzdem wurde Barbara, während ihr Vater als Kaufmann auf Reisen war, gläubig und ließ sich taufen. Die Lehre von der Dreieinigkeit Gottes soll sie so beeindruckt haben, dass sie den zwei Fenstern in ihrem Turm ein weiteres hinzufügen ließ. So erfuhr ihr Vater von ihrer Taufe. Er sperrte sie in den Kerker, weil er hoffte, dass sie von ihrem „Irrglauben" ablassen würde. Sie war aber sogar bereit, die Folter zu ertragen. Auf dem Weg in die Zelle verfing sich ein Zweiglein in ihrem rauen Gewand. Barbara stellte es in eine zerbrochene Tonschale, die sie fand, und gab ihm täglich von ihrem Trinkwasser. An dem Tag, an dem sie getötet werden sollte, sprangen mitten im Winter die Knospen auf. Barbara sah darin ein Symbol für ihren Tod und den Übergang zu einem neuen Leben.

Literatur

Die Legende vom Mädchen im Turm, in: Willi Fährmann, Und leuchtet wie die Sonne. Geschichten für jeden Tag vom Martinsabend bis Dreikönige, Würzburg 1986, S. 133-136

Hl. Nikolaus (6.12.)

Nikolaus wurde um 280 n. Chr. in Griechenland geboren und lebte im Gebiet der heutigen Türkei. Zahlreiche Legenden erzählen von seinem Wirken. Für die erste Klasse eignet sich besonders die für **AB 1.3.11, Arbeitshilfen S. 133**, ausgewählte, durch die der Brauch der Nikolausstiefel und -geschenke erklärt wird. Für heutige Kinder, die in Mitteleuropa leben, ergänzt L, dass die Schuhe, die im dritten Sack gefunden werden, damals zu den „Luxusartikeln" gehörten.

2. Einsatzmöglichkeiten im RU

Sich an „Jesus und Bartimäus" erinnern

- Sch wiederholen die Geschichten um Bartimäus aus Kapitel 2, **fse 26-29**.
- Hinweis auf die Abbildungen **fse 38** – eventuell durch einen Sprechtext, der von der Kassette vorgespielt wird: Leute treffen sich um Bartimäus oder Levi, sprechen ihn an, fragen: „Bist du nicht der ...? Wie war denn das, als du Jesus getroffen hast?"
- Sch erzählen in der Rolle des Bartimäus oder des Levi, Schwerpunkt: Wie hat sich mein Leben verändert, seit Jesus bei mir war?
- Sch malen „Vorher-Nachher-Bilder", in denen sie die gleiche Situation vor und nach der Begegnung mit Jesus darstellen.
- Sch schreiben einfache Sprechblasen, die zu den Bildern des Buches gelegt und dann in einen Hefteintrag eingeklebt werden (z. B. „Jetzt brauche ich nicht mehr dauernd einen Helfer!").

Licht für andere sein – „Hilfe für Straßenkinder"

- L leitet die Aufgabe mit einem Rückblick auf Kapitel 2, **fse 22/23** ein: Wie erfahren Menschen heute Gottes Liebe?
- Anschließend suchen Sch in Zeitungen, Zeitschriften weitere Beispiele zu „Licht kommt in die Welt" und kleben sie als Collage auf ein gelbes Plakat auf.

Luzia-Lied

T/M: Franz Kett © RPA-Verlag

D G D
Lu - zi - a, Lu - zi - a trägt das Licht, trägt das Licht
1. A D 2. A D
zu den Men - schen ih - rer Zeit, in die Dun - kel - heit.
e D G A
1. Wo ein Kind vor Hun - ger weint, schenkt sie Brot und Brei.
e D G D A D
Und die Men - schen spü - ren gleich: Gott ist mit da - bei!

2. Wo jemand sehr durstig ist, schenkt sie Wasser ein.
   Und die Menschen spüren gleich: Wir sind nicht allein!
3. Wo jemand vor Kälte friert, schenkt sie Kleider her.
   Und die Menschen spüren gleich: Gott liebt uns so sehr!
4. Wo jemand verzweifelt ist, schenkt sie Trost und Mut.
   Und die Menschen spüren gleich: Gott meint's mit uns gut!

Tragt in die Welt nun ein Licht

T/M: Wolfgang Longardt © Verlag Ernst Kaufmann, Lahr

F C d B
Tragt in die Welt nun ein Licht, sagt al - len:
G7 C d C
Fürch - tet euch nicht! Gott hat euch lieb, Groß und
F C7 C F
Klein! Seht auf des Lich - tes Schein!

2. Tragt zu den Alten ein Licht.
   Sagt allen: Fürchtet euch nicht!
   Gott hat euch lieb, Groß und Klein.
   Seht auf des Lichtes Schein!
3. Tragt zu den Kranken ein Licht.
   Sagt allen: Fürchtet euch nicht!
   Gott hat euch lieb, Groß und Klein.
   Seht auf des Lichtes Schein!

- Sch denken nach: Wer war mir heute „Licht"? Wie habe ich das gespürt?
- Sch überlegen und planen: Wem kann ich heute ein „Licht" sein? Realistische Möglichkeiten suchen.

Die gezeichnete Luzia-Szene fse 39 erkunden

- Sch betrachten das Bild und äußern sich dazu.
- Sch lesen oder L liest den Text.
- Sch lesen den Text und ergänzen in Reihensätzen jeweils mit den Bildinhalten:
  Die Christen müssen sich verstecken.
  Sie sind in einer Höhle.
  Sie haben dort nichts zu essen.
  Sie haben Angst, dass sie entdeckt werden.
  Luzia bringt Speisen.
  Sie hat Körbe dabei.
  Sie bringt Brot.
  Kerzen leuchten auf ihren Weg.
  Luzia findet den Weg leichter.
  Sie trägt die Kerzen auf dem Kopf.
  Sie hat die Hände frei für die Körbe usw.

Geschichten rund um Luzia erzählen

- L erzählt aus dem Leben der heiligen Luzia.
- Sch schreiben die Luzia-Geschichte in kurzen Sätzen auf, vgl. Text aus einer 1. Klasse:
  „Die heilige Luzia glaubte an Gott.
  Sie brachte den Christen Essen.
  Auf dem Kopf hatte sie einen Lichterkranz.
  Luzia bedeutet: die Leuchtende."
- L informiert über das Luzia-Brauchtum in Skandinavien.

Einen Lichtertanz zum Luzia-Lied tanzen

- Sch lernen zum „Luzia-Lied" (**AB 1.3.6, Arbeitshilfen S. 127**) einen Lichtertanz, der bei einer adventlichen Feier oder beim Luzia-Fest aufgeführt werden kann, z. B.:
  Sch stehen im Kreis.
  Refrain:
  Takt 1-2: 8 Schritte nach links.
  Takt 3-4: 8 Schritte nach rechts, dabei Hände vor dem Körper zur Schale formen: „Licht tragen".
  Takt 5-6: 4 Schritte nach außen, „Licht auf den Boden stellen", 4 Schritte nach innen.
  Wiederholung. Ebenso.
  Strophen:
  Sch stehen.
  Takt 1-4: Sch suchen einfache Gesten passend zum Text.
  Takt 5-6: beide Hände aufs Herz legen.
  Takt 7-8: Hände nach oben öffnen.

Lieder zum „Lichter-Tag" singen

- „Mache dich auf und werde Licht" (**AB 1.3.2, Arbeitshilfen S. 121**): Der Kanon ist als Lied 14 in der Liederkiste 1/2 enthalten, vgl. Arbeitshilfen S. 19.
- „Tragt in die Welt nun ein Licht" (**AB 1.3.7, Arbeitshilfen S. 127**).
- Die Lieder dürften vielen Sch aus dem Kindergarten bekannt sein und können jetzt weitergedichtet und ausgestaltet werden, z. B.
  – im Kreis liegen Fotos oder von Sch angefertigte passende Zeichnungen, zu denen beim Singen des Liedes brennende Teelichter gestellt werden.
  – Sch überlegen: Wem kann ich heute Licht bringen?
  – Sch gestalten auf einem Plakat eine Kerze mit Strahlen aus, auf denen steht, wie sie einem anderen Licht bringen.
- *Alternative*: L blendet Folie Nr. 32: Das Kerzenbild (Für andere und mich ein Licht anstecken) aus Lebensbilder 1/2 mittels OHP ein, während gesungen wird.

Ein Luzia-Fest am 13.12. feiern

- Die bisher genannten Elemente (Legende, Lieder, Tanz) werden in einer kleinen Feier am 13.12. zusammengeführt.
  – Sch stellen Kirschzweige ins Wasser, die bis Weihnachten aufblühen sollen.
  – Sch backen skandinavisches Luzia-Gebäck:
  Für den Hefeteig: 500 g Mehl, 25 g Hefe, 100 g Zucker, 1/4 l Milch, 1/2 TL Safranpulver, 1 Ei, 1 Beutel Vanillezucker, 125 g geschälte und gemahlene Mandeln, 125 g Butter, Fett für das Blech.
  Für den Guss: 200 g Puderzucker, 1 Zitrone, 100 g gemischte kandierte Früchte.
  Den Teig herstellen: Das Mehl in eine Schüssel sieben und in die Mitte eine Kuhle drücken. Die Hefe mit einem Teelöffel Zucker und der Hälfte der lauwarmen Milch glatt rühren und in die Kuhle gießen. Mit etwas Mehl verrühren, dann die Schüssel zudecken, den Vorteig 15 Minuten gehen lassen, unterdessen die restliche Milch mit dem Safran verrühren und dann den Vorteig mit Zucker, Ei, Vanillezucker, gemahlenen Mandeln, geschmolzener Butter und dem Mehl gut verkneten. Zudecken, 15-20 Minuten gehen lassen, mit einer Hand voll Mehl abermals durchkneten, drei gleich große Rollen daraus formen und zum Zopf flechten. Das Backblech fetten, das Safranbrot darauf legen und 15 Minuten gehen lassen. Dann mit kaltem Wasser bestreichen und in den auf Mittelhitze vorgeheizten Ofen schieben. Etwa 45 Minuten backen. Hölzchenprobe machen und das fertige Safranbrot abkühlen lassen. Dann Puderzucker mit Zitronensaft verrühren, das Safranbrot damit bepinseln und mit den bunten kandierten Früchten dekorieren.

Ein armer Mann

T: Rolf Krenzer/M: Peter Janssens

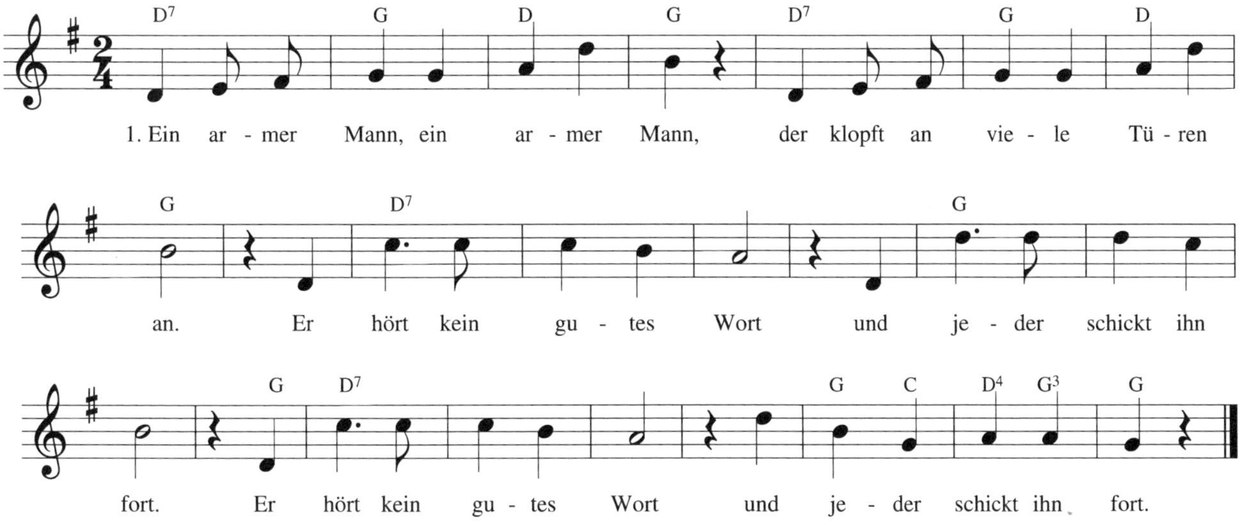
D7 G D G D7 G D
1. Ein ar - mer Mann, ein ar - mer Mann, der klopft an vie - le Tü - ren
G D7 G
an. Er hört kein gu - tes Wort und je - der schickt ihn
G D7 G C D4 G3 G
fort. Er hört kein gu - tes Wort und je - der schickt ihn fort.

2. Ihm ist so kalt. Er friert so sehr.
Wo kriegt er etwas Warmes her?
Er hört kein gutes Wort
und jeder schickt ihn fort.

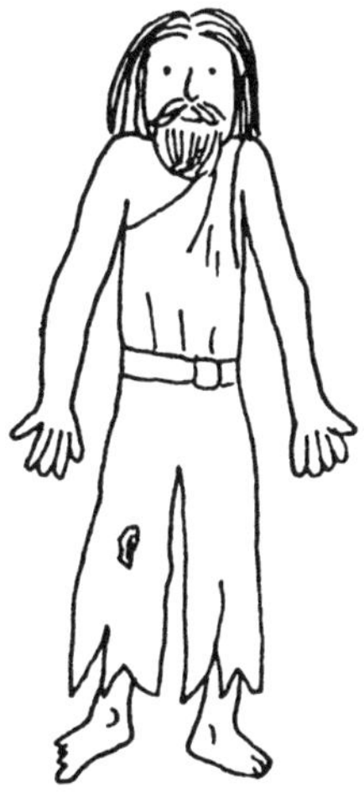

3. Der Hunger tut dem Mann so weh.
Und müde stapft er durch den Schnee.
Er hört kein gutes Wort
und jeder schickt ihn fort.

4. Da kommt daher ein Reitersmann,
der hält sogleich sein Pferd hier an.
Er sieht den Mann im Schnee
und fragt: „Was tut dir weh?"

5. Er teilt den Mantel und das Brot
und hilft dem Mann in seiner Not.
Er hilft, so gut er kann.
Sankt Martin heißt der Mann.

6. Teilen wir unser Gut und Geld
mit all den Armen auf der Welt!
Wenn jeder etwas hat,
dann werden alle satt.

7. Denkst du, dafür bist du zu klein,
du kannst grad wie Sankt Martin sein!
Beim Teilen ist das so:
Wer gibt und nimmt, wird froh.

8. Zum Martinstag steckt jedermann
leuchtende Laternen an.
Vergiss den andern nicht,
drum brennt das kleine Licht.

Aus dem Lied könnt ihr leicht ein Martinsspiel machen.
Vergrößert die einzelnen Bilder, malt sie farbig an, schneidet sie aus und macht Stabfiguren daraus!
Die könnt ihr nun beim Singen der einzelnen Strophen auftreten lassen.

- Sch basteln in PA Lichterhäuschen und tragen diese gemeinsam zu einem geeigneten Bach oder Teich. *Anleitung*: Aus Schuhkartons o. Ä. werden Häuschen hergestellt, deren Fenster und Türen mit farbigem Transparentpapier hinterklebt werden. Die Häuschen bleiben ohne Dächer, damit im Inneren ein Teelicht angezündet werden kann. Wenn die Lichterhäuschen wirklich zum Wasser gebracht werden sollen, müssen sie mit Klebestreifen auf eine Sperrholzplatte aufgeklebt werden (vgl. Schweiz, Christiane, Lichterhäuschen auf dem Teich, in: spielen und lernen 12/98, S. 70-73).

3. Jahrgangsübergreifende Lerngruppe

Namenstage im Dezember festlich begehen

Auch wenn heute viele Kinder nicht den Namen eines christlichen Namenspatrons tragen, spielt der Namenstag im Leben der Kinder durchaus eine Rolle; denn es gibt immer noch Festtage im Kirchenjahr, die sich auf einen Heiligen und Namenspatron/in zurückführen lassen. Namenspatrone haben oft eine Vorbild- und Orientierungsfunktion im Leben der Sch.
Vor allem in der dunklen Jahreszeit werden ganz bestimmte Namenspatrone besonders verehrt. Der Bogen beginnt in unseren Breitengraden im November mit St. Martin und endet mit den Heiligen drei Königen im Januar. Den Höhepunkt findet die Namenstagszeit im Dezember mit dem Fest des Heiligen Nikolaus, begleitet vom Fest der Heiligen Barbara. Beide Namenstage sind mit vielfältigem Brauchtum verbunden.

- Diese Namens-Festtage geben Anlass mit anderen Klassen einen gemeinsamen Umzug durch das Schulhaus oder
- eine gemeinsame Sing- und Feierstunde zu veranstalten.
- Auch kann L einen Film über eine/n Namenspatron/in bei der Medienzentrale ausleihen oder
- mit Sch einen Film aus der Fernsehserie „Namenstage im" des BR/BR-Alpha (Buch/Regie: Elisabeth Noske) ansehen (Stichworte: Hl. Martin, Hl. Nikolaus, Hl Barbara: Information mit Bildmaterial: www.br-online.de/Schulfernsehen.de).

Sankt Martin feiern

- Das Martinslied **AB 1.3.8, Arbeitshilfen S. 129**, wird zu einem Martinsspiel, wenn die Umrisszeichnungen vergrößert, ausgemalt werden und als Stabfiguren die Legende spielen.
- Jüngere Sch gestalten die Malvorlage **AB 1.3.9, Arbeitshilfen S. 131**.

Literatur

Wilmeroth, Sabine/Göpner, Melanie, Feste und Feiertage im Religionsunterricht, St. Martin Mülheim 2002

Die Barbara-Erzählung und Gedichte dazu hören

- L erzählt die Barbara-Legende.
- L zeigt verschiedene Heiligenbilder. Sch entdecken Barbara, die mit einem Turm dargestellt wird.
- Sch stellen Barbarazweige im Klassenzimmer auf, beobachten, wie sich die Knospen entwickeln.
- Sch gestalten einen Eintrag mit einem Turm aus dunklem Papier aus, in den drei Fenster eingeschnitten werden.
- Sch lesen / hören Gedichte zum Barbara-Tag: **AB 1.3.10, Arbeitshilfen S. 132**.

Sankt Nikolaus: Ein Theaterstück inszenieren

- Sch hören die Legende vom Hl. Nikolaus: **AB 1.3.11, Arbeitshilfen S. 133**.
- Die Aufteilung in vier Szenen eignet sich gut als Anleitung, wenn Sch die Legende spielen wollen – vielleicht auch für eine andere Schulklasse: **AB 1.3.12, Arbeitshilfen S. 134**.
- Die Nikolauslegende lässt sich leicht in drei Bildern als Hefteintrag gestalten: **AB 1.3.13, Arbeitshilfen S. 135**:
  Der heilige Nikolaus hilft,
  mit einem Sack voller Körner: Kinder werden satt,
  mit einem Sack voll mit Kleidung: Kinder haben etwas zum Anziehen,
  mit einem Sack voller Schuhe und Spielzeug: Kinder erhalten etwas zum Spielen.

Literatur und Medien

Fährmann, Willi, Und leuchtet wie die Sonne. Geschichten für jeden Tag vom Martinsabend bis Dreikönige, Würzburg 1986
Krenzer, Rolf, Glauben erlebbar machen. Spielgeschichten und Lieder zur religiösen Erziehung im Kindergarten, Freiburg 1985
König, Hermine, Das große Jahresbuch für Kinder. Feste und Bräuche neu entdecken, München 2001
Dies., Feste feiern – Bräuche neu entdecken. Arbeitshilfe zum großen Jahresbuch für Kinder, München 2003
St. Martin-Materialsammlung, Bausteine Grundschule 3/1999, Aachen

Sankt Martin und der arme Mann

Gedichte zum Barbara-Tag

Am Tage von Sankt Barbara

Am Tage von Sankt Barbara
da geht das Jahr zur Neige.
Dann trag ins Haus von fern und nah
die kahlen Kirschbaumzweige!
Am Tage von Sankt Barbara
stell Zweige in die Zimmer!
Dann lacht zur Weihnacht, hier und da,
ein weißer Blütenschimmer.

James Krüss

Am 4. Dezember

Geh in den Garten am Barbaratag,
geh zum kahlen Kirschbaum und sag:
Kurz ist der Tag, grau ist die Zeit.
Der Winter beginnt, der Frühling ist weit.
Doch in drei Wochen, da wird es geschehn:
Wir feiern ein Fest, wie der Frühling so schön.
Baum, einen Zweig gib du mir von dir.
Ist er auch kahl, ich nehm ihn mit mir.
Und er wird blühen in seliger Pracht
mitten im Winter in der heiligen Nacht.

Josef Guggenmos

Eine Legende vom heiligen Nikolaus

Neu erzählt von Rolf Krenzer

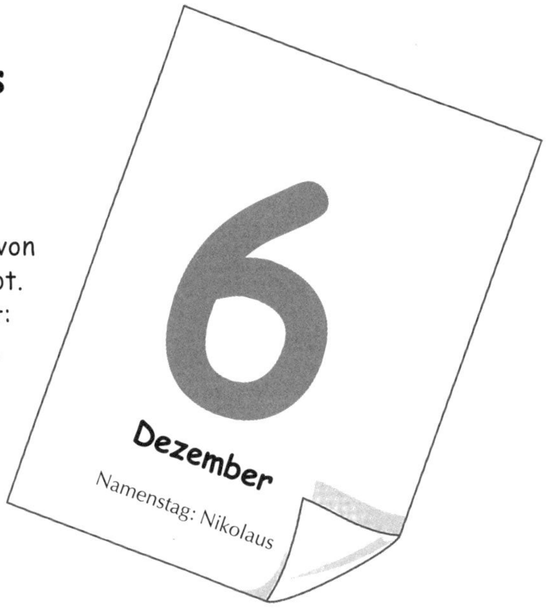

Nikolaus war im 4. Jahrhundert der kluge und gütige Bischof von Myra in Kleinasien. Stets war er hilfsbereit: ein Helfer in der Not. So wird er seit vielen Jahrhunderten von den Menschen verehrt: Zuerst von den Christen im Orient und in Russland, aber auch im Abendland, nachdem nämlich im Jahre 1087 die Gebeine des Heiligen nach Bari in Italien übertragen worden waren. Er ist der besondere Schutzpatron der Kinder, der Sch und der Seefahrer.
Der heilige Nikolaus war ein Bischof, der den Armen half, wo er nur konnte. Besonders kümmerte er sich um die Kinder. Deshalb feiern wir jedes Jahr am 6. Dezember den Nikolaustag. Und die Geschenke, die uns dann der Nikolaus bringt, erinnern uns an den heiligen Nikolaus, der vor vielen Jahren die Kinder beschenkte.

Damals lebte ein Mann mit seinen Kindern. Die Mutter war gestorben. Der Vater war arbeitslos geworden. Da gab es kaum etwas zu essen und auch keine warmen Kleider im Winter.
Als der Vater dann auch noch krank wurde, war die Not so groß, dass die Kinder am Abend hungrig ins Bett gingen.
Wie staunten sie aber, als am Morgen ein großer Sack vor ihrer Tür stand! Als sie ihn öffneten, fanden sie warme Kleider darin. Da brauchten sie nicht mehr zu frieren.
Der Vater musste immer an den Bischof denken. Er hatte von ihm gehört, dass er den Armen half. Ob er es war, der sie so reichlich beschenkt hatte? Er sagte zu seinen Kindern: „Heute Nacht wollen wir alle wach bleiben. Sollte wirklich der Bischof noch einmal zu uns kommen, dann wollen wir ihm von Herzen danken!"
Aber den Kindern fielen am Abend doch vor Müdigkeit die Augen zu. Der Vater blieb wach. Und wirklich! Spät in der Nacht hörte er ein Geräusch vor der Tür. Da sprang er auf und lief zur Tür und öffnete sie. Er sah auch, dass ein Mann mit schnellen Schritten davonging. So gut er konnte, lief er hinter ihm her. Und dann erkannte er den Bischof Nikolaus.
„Danke!", rief er. „Danke für alles, was du für uns getan hast!"
Der Bischof wendete sich um. „Geh nach Hause!", sagte er freundlich.
„Wenn du gesund bist, wirst du bald wieder Arbeit finden!"
Er lächelte dem Mann freundlich zu und ging dann weiter.
Wie staunte der Mann aber, als er beim Heimkommen noch einen Sack vor der Tür fand. Vor lauter Freude weckte er die Kinder. Und was fanden sie diesmal im Sack? Schuhe! Ja, Schuhe! Jetzt brauchten sie nicht mehr barfuß zu laufen. Als sie aber in die Schuhe schlüpfen wollten, da konnten sie es nicht. In den Schuhen steckten nämlich die allerschönsten Dinge: Spielzeug, Äpfel, Nüsse und Plätzchen. Das alles hatte ihnen der Bischof Nikolaus geschenkt. Wie freuten sich da die Kinder!
Daran erinnern wir uns, wenn wir heute am Abend unsere Schuhe vor die Tür stellen und hoffen, dass der Nikolaus etwas hinein legt.

Ein Spielvorschlag zur Legende vom heiligen Nikolaus

So könnt ihr die Legende spielen:

1. Szene: Die Kinder haben Hunger. Sie haben auch keine warmen Kleider.
Der Vater fühlt sich krank. Er legt sich ins Bett.
Sie bitten gemeinsam Gott um Hilfe.

2. Szene: Alle schlafen.
Nikolaus kommt mit einem Sack und stellt ihn ab.
Die Kinder erwachen, sehen den Sack, packen ihn aus.
Teilen das Brot, das sie darin finden, an alle aus.
Sie danken Gott für das Brot.

3. Szene: Die Kinder gehen zur Ruh.
In der Nacht bringt der Nikolaus den zweiten Sack.
Die Kinder erwachen, packen die Kleidung aus dem Sack aus und ziehen sie an. Auch Kleidung für den Vater ist dabei.
Sie danken gemeinsam Gott für die Hilfe.
Sie beschließen, in dieser Nacht wach zu bleiben.
Der Vater meint, dass vielleicht der Bischof Nikolaus ihnen geholfen hat.

4. Szene: Die Kinder bemühen sich, wach zu bleiben. Schlafen aber dann doch eine nach der anderen, einer nach dem anderen ein.
Nur der Vater bleibt wach.
Der Nikolaus kommt mit dem dritten Sack.
Der Vater springt auf, läuft hinter ihm her, dankt ihm.
Als er zurückkommt, entdeckt er den Sack.
Er weckt die Kinder. Sie finden die Schuhe im Sack, wollen sie anprobieren und entdecken Spielzeug und andere Dinge.

Sankt Nikolaus

1. Hintergrund

Die Doppelseite **fse 40/41** zeigt in einem die Seiten füllenden Bild eine Krippendarstellung zum Thema „Jesus ist geboren".

Gerhard van Honthorst (1590-1656)

Der Maler Gerhard van Honthorst wurde im Jahr 1590 in Utrecht geboren und starb 1656 ebendort. Der Maler heißt auch Gerrit, Gherardo delle Notte. Als junger Mann ging er nach Rom und entdeckte dort die Gemälde Caravaggios, die seinen Stil entscheidend veränderten. Er wurde zum bedeutendsten Caravaggisten des 17. Jh. Seine Gemälde, im Frühwerk meist nächtliche Szenen, werden von Kerzen oder Fackeln indirekt beleuchtet. Die Kontraste arbeitete er jedoch nicht so scharf heraus wie Caravaggio (vgl. z. B. mit dessen „Geburt Christi", 1610, Florenz, Uffizien).

Gerhard van Honthorst: „Die Anbetung der Hirten", 1622

Das Gemälde ist als Folie 4 in der Schatzkiste 1/2 enthalten, vgl. Arbeitshilfen S. 19 und 74. In diesem Bild werden die beiden künstlerischen Interessen des Malers erkennbar, die realistische Darstellung religiöser sowie bäuerlicher Motive.

Durch den starken Hell-Dunkel-Kontrast rückt das neugeborene Jesuskind in den Mittelpunkt des Gemäldes. Es strahlt ein helles, warmes Licht aus, das sich besonders auf Marias Gesicht widerspiegelt. So bilden Mutter und Kind eine Einheit. Jesus ist wirklich Mensch geworden, als Baby von einer Frau geboren. Maria berührt aber auf diesem Bild nicht das Kind, sondern das Tuch, in das es gehüllt ist – als wollte sie es entweder ins Tuch einwickeln, um es vor den Blicken anderer zu schützen, oder als habe sie es gerade aufgedeckt, um es zu zeigen.

Josef steht direkt über Maria und Jesus, wirkt aber, wie in vielen Krippendarstellungen, distanziert. Er stützt sich auf den Kopf des Ochsen (der übrigens in den Evangelien nicht erwähnt wird), beobachtet das Geschehen, nimmt aber nicht aktiv Anteil.

Literatur

Felbecker, Sabine, Gerhard van Honthorst: Die Anbetung der Hirten, in: Theodor Eggers/Herbert Fendrich (Hg.), Ecce homo, Düsseldorf 1998, S. 6-8

Hirtendarstellungen in der Kunst

Hirtendarstellungen kennt die Kunst schon auf sehr alten Weihnachtsbildern. Diese erinnern daran, dass Jesus sich besonders den Randgruppen zugewendet hat. Hirten mussten jeden Tag für ihre Tiere da sein und konnten so z. B. die Sabbatgebote nicht einhalten. Sie zählten deshalb zu den Ausgestoßenen. Später gilt Jesus selbst als der „gute Hirte". Die Hirten auf der linken Bildseite (**fse 40**) gehören als Gruppe zusammen. Ihre Köpfe sind einander zugeneigt, als unterhielten sie sich über das, was sie gerade wahrnehmen. Ihre Gesichter wirken gespannt, aufgewühlt – im Vergleich zu den sehr ruhigen, glatten Gesichtern von Maria und Josef.

„Dem Maler geht es um die Menschen. Jesus als dem ‚Licht der Welt' begegnen Menschen auf diese Weise: nicht unvermittelt, nicht ungeschützt, nicht (ehr-) furcht(s)los. Es bleibt eine Grenze, die den Zuschauerraum vom Geschehen abtrennt. Aber zugleich sind diese Zuschauer in die Dramatik des Geschehens einbezogen. Vom Licht beleuchtet, werden sie selbst zu Leuchtenden. Der Weg Jesu, der Weg seines Heiles, seiner Herrlichkeit, geht über die Menschen. Jesus, im Bild eng mit seiner Mutter verbunden, liegt zu den Hirten gerichtet. Diese verdeutlichen in ihrer Haltung noch eine andere Bedeutung des Kindes: Sie haben es gefunden wie einen kostbaren Schatz. Das entspricht dem biblischen Bericht: ‚So eilten sie hin und fanden Maria und Josef und das Kind, das in der Krippe lag'" (Felbecker, S. 7).

Paul Gerhardts Krippenverse (1653)

Der kurze Text von Paul Gerhardt ist im Gotteslob unter Nr. 141 als Lied zu finden. Die auch für Kinder leicht verständlichen Verse sind im Folgenden wiedergegeben:

1. Ich steh an deiner Krippe hier,
o Jesu, du mein Leben.
Ich komme, bring und schenke dir,
was du mir hast gegeben.

4. Ich sehe dich mit Freuden an
und kann mich nicht satt sehen;
und weil ich nun nichts weiter kann,
bleib ich anbetend stehen.

2. Einsatzmöglichkeiten im RU

Das Krippengemälde „Die Anbetung der Hirten" betrachten

- Sch betrachten in Ruhe das Gemälde (die Folie oder die Abbildung **fse 40/41**). Im Hintergrund könnte dabei eine leise Musik laufen – im 3/4-Takt, wie ein Wiegenlied.
- Sch beschreiben dann das „Offenkundige" bzw. beantworten folgende Fragen: Wie viele bzw. wel-

Hirtentanz

T: Franz Kett/M: Sr. Carmen Sillmann

D h A D
1. Hir - ten tanzt und seid recht froh,
D A7 D
denn im Stall auf Heu und Stroh
h A D
liegt ein Kind, es ist ganz klein;
A7 D
es soll un - ser Hei - land sein.
A7 D A7 D
Glo - ri - a, Glo - ri - a,
h A7 D
Je - sus ist ge - bo - ren.

2. Geht und sagt es allen Leut,
was geschehen ist uns heut.
Jesus Christ, er ist jetzt da,
Jesus Christ, er ist jetzt da.
Gloria, Gloria, Jesus ist geboren.

che Personen sind auf dem Bild zu sehen? Welche Kleidung tragen sie? Welche Farben siehst du? Wie sind die Personen angeordnet? Wie und wohin schauen sie? Wer gehört zusammen? Was sagen sie zueinander?

- L erzählt die Weihnachtsgeschichte nach Lk 2,1-20.
- Sch stellen die Situation des Gemäldes nach.

Paul Gerhards Text weitersprechen

Der Text von Paul Gerhardt kann jedem der Erwachsenen in den Mund gelegt werden.

- Sch versetzen sich in eine Rolle hinein. Vielleicht können sie dabei eine Krippenfigur in die Hand nehmen.
- Sch beginnen mit dem vorgegebenen Text und lassen die Person dann weiter sprechen:
  z. B. „Ich steh an deiner Krippe hier. Ich sehe dich mit Freuden an. Ich bin Maria. Ich bin glücklich, dass du gesund bist. Ich bin froh, dass ich weiche Tücher für dich habe. Ich wickle dich ein, damit du nicht frierst."
- Sch spielen die Unterhaltung der Hirten: Warum haben sie sich auf den Weg gemacht? Was haben sie mitgenommen? Was haben sie unterwegs erlebt? Was sehen, empfinden sie jetzt? Was wünschen sie sich, was wünschen sie dem Kind?

Krippendarstellungen vergleichen

- Sch sammeln andere Krippendarstellungen (Weihnachtskarten, Abbildungen in Zeitschriften, Bilder aus Kinderbüchern etc.) und vergleichen sie. Welche Gemeinsamkeiten, welche Unterschiede lassen sich entdecken?
- Sch vergleichen das Bild mit der Eingangsseite des Kapitels (**fse 35**).
- Sch malen eine Krippendarstellung,
  - z. B. indem sie sich am Bild von G. van Honthorst orientieren,
  - indem sie diese bewusst anders malen,
  - indem sie einen Ausschnitt malen, der ihnen besonders wichtig ist.

Eine Krippe aufstellen

- Sch stellen selbst in der Klasse oder in einem Schulschaukasten eine Krippe auf (eventuell aus Pappmaschee-Figuren),
- besprechen dabei, welche Figuren dazu gehören.
- Während L die Weihnachtsgeschichte erzählt, evtl. über die ganze Adventszeit verteilt, wird die Aufstellung der Figuren verändert: Maria und Josef auf dem Weg etc.

Ein Leporello zur Weihnachtsgeschichte herstellen

Sch basteln ein Leporello mit der Weihnachtsgeschichte (vgl. Fotos unten aus einer 1. Klasse).
Dazu wird ein Tonpapierband benötigt von ca. 17 x 6 cm, das entspricht 12 Feldern zum Bekleben und Bemalen.

Kanon: Mitten in der Nacht

T: © Rolf Krenzer, Dillenburg
M: Ludger Edelkötter
© KiMu Kinder Musik Verlag, Essen

1
2
Mit - ten in der Nacht ist ein Stern er - wacht, kün - det
3
al - len, nah und fern, die Ge - burt des Herrn.

Weihnachten ist nicht mehr weit

T: Rolf Krenzer/M: Detlev Jöcker
© Menschenkinder Verlag und Vertrieb, Münster

D G D
Di - cke ro - te Ker - zen, Tan - nen - zwei - ge - duft
e A D A7
und ein Hauch von Heim - lich - kei - ten liegt jetzt
D A D A7
in der Luft. Und das Herz wird weit. Macht
D G
euch jetzt be - reit: Bis Weih - nach - ten, bis
D A D
Weih - nach - ten ist nicht mehr weit.

2. Schneidern, Hämmern, Basteln
überall im Haus.
Man begegnet hin und wieder
schon dem Nikolaus.
Ja, ihr wisst Bescheid!
Macht euch jetzt bereit:
Bis Weihnachten, bis Weihnachten
ist nicht mehr weit!

3. Lieb verpackte Päckchen
überall versteckt
und die frisch gebacknen Plätzchen
wurden schon entdeckt.
Heute hat's geschneit!
Macht euch jetzt bereit:
Bis Weihnachten, bis Weihnachten
ist nicht mehr weit!

4. Menschen finden wieder
füreinander Zeit.
Und es klingen alte Lieder
durch die Dunkelheit.
Bald ist es so weit!
Macht euch jetzt bereit:
Bis Weihnachten, bis Weihnachten
ist nicht mehr weit!

3. Jahrgangsübergreifende Lerngruppe

Ein Hirtenspiel einüben

- Die Weihnachtseinheit in **fse 2**, Kap. 3, bietet ein Hirtenspiel an und lädt zur Bildbetrachtung ein (**fse 2**, S. 45, Rembrandt, Simeons Lobgesang, Schatzkiste 1/2 Nr. 17).
- Lebensbilder 1/2: Folie Nr. 1 Ich bin da – zeigt ein gerade Geborenes.

Eine Krippe in einer Kirche besuchen

- Sch besuchen die Krippe in der örtlichen Kirche, wenn sie schon vor Weihnachten aufgestellt ist.
- L sucht zum Bildthema passendes Lied heraus und übt es mit Sch ein.
- Sch singen das Lied und erlernen/tanzen dazu den Hirtentanz: **AB 1.3.14, Arbeitshilfen S. 137**.

Einen Krippenspiel-Gottesdienst feiern

Etwas aufwändiger, dafür umso spannender und von jüngeren, älteren Kindern und Jugendlichen mit großem Engagement begleitet, ist die Vorbereitung und Durchführung eines szenisch-narrativen Krippenspielgottesdienstes mit einer älteren Schuljahrgangsstufe zusammen.

- Solch ein (Wort)Gottesdienst kann im Klassenraum oder einem Meditationsraum der Schule durchgeführt werden. Das tut der Atmosphäre gut, falls nur riesige Kirchenräume zur Verfügung stehen.
- Als Thema eignen sich alle Abschnitte der Weihnachtserzählungen, besonders aber die Szene (1) mit den Hirten auf dem Feld mit ihren Tieren und der Engelserscheinung und die Szene (2) mit den Hirten an der Krippe und den Heiligen drei Königen mit ihren Gaben.
  Während dieses Gottesdienstes werden die Predigt und Fürbitten (Evangelium) nicht bloß vorgetragen, sondern beide werden von den Kindern szenisch eingebettet bzw. inhaltlich ausgebaut und ergänzt. Spontane Äußerungen der Kinder gehören dazu.
- Zentrum ist die lebendige „Moderation" durch L und pastorale/n Mitarbeiter/in/Pfarrer und die aktive Beteiligung der Sch. Da warten die Schafe, die mähen dürfen. Da gibt es die heiligen drei Könige, welche die Opfergaben bringen, Engel, die später als Ministranten agieren, Hirten, die Lieder singen oder die Fürbitten lesen. Wichtig ist das Dialog-Prinzip! Nicht lange Text-Lesung, sondern erlebt-gespieltes Evangelium. Als Strukturhilfe dient der normale liturgische Leitfaden.
- Im Vorfeld werden die Grundstrukturen festgelegt, z. B. feste Rollen verteilt: Wer übernimmt die Rolle der Heiligen drei Könige (inkl. liturgische Einbindung z. B. als Gabenbringer/innen)? Wer spielt die Hirten (lesen z. B. dann die Fürbitten)? Wer welche Tiere (Ochs, Esel, Schafe: bei Erstklässlern ist es besonders beliebt, deren Stimmen nachzuahmen: einbringen lassen und Lied dazu singen)?
- Das Ganze ist mit einfachsten Requisiten durchzuführen mit ca. zwei bis drei Stunden Vorbereitung. Die Kinder sind meist sehr einfallsreich und wollen Verantwortung übernehmen, insbesondere, wenn unterschiedliche Jahrgänge zusammenwirken.
  – Requisiten können im Kunstunterricht hergestellt werden (Engelsflügel, Ochsenohren etc.). Umhänge (z. B. breiter Schal oder Tischtuch) und Kronen werden z. B. mit einfachsten Mitteln (vgl. **AB 1.2.7, Arbeitshilfen S. 84**) gebastelt. Ansonsten leihen sich Sch gegenseitig vorhandene Dinge aus, wie Mützen, Tücher u. Ä.

Diese Art von Gottesdienst läuft meist etwas undogmatischer ab, womit Sch die wenigsten Probleme und dabei größte Freude haben. Pastoralmitarbeiter/in/Pfarrer binden das Geschehen liturgisch ein. Für Erstklässler ist das ein besonderes Ereignis, auch, weil sie mit älteren Mit-Sch der Schule etwas gemeinsam gestalten dürfen.

Der Adventsbaum

Aus Skandinavien kommt der Brauch, keinen richtigen Baum abzuholzen, sondern einen Adventsbaum zu bauen, der jedes Jahr wieder verwendet werden kann. Wir haben diesen Adventsbaum in der Adventszeit nun bereits über zehn Jahre in unserer Familie und in der Schule aufgestellt. Als wir auf den Wunsch der Kinder einmal wieder den „richtigen" Weihnachtsbaum hatten, meinten später alle, dass der Adventsbaum doch viel schöner sei. So freuen wir uns Jahr für Jahr darüber.
Weil ein solcher Adventsbaum erfahrungsgemäß viele Jahre lang immer wieder aufgestellt wird, muss er recht stabil sein.
Am besten ist es, wenn man sich vom Schreiner die einzelnen Bretter sägen lässt, die dann mit dem Hauptstamm verfugt werden. Der Baum kann grün gebeizt oder so belassen werden, wie er ist, nur mit farblosem Lack oder weißem Bohnerwachs überzogen. Seine breiten Tragflächen bieten genügend Platz, jeden Tag etwas Besonderes darauf zu stellen oder daran zu hängen, z. B. selbst gebackene Plätzchen und Lebkuchen, Äpfel und Nüsse, Bastelarbeiten, Weihnachtsnachtigallen, Strohsterne, aus Plastilin oder Ton gewerkte Krippenfiguren, Zimtsterne und winzige Geschenke, die für die Klasse gebastelt werden.
Der Baum wird am ersten Advent aufgestellt und bleibt während der ganzen Adventszeit stehen, wird aber von Tag zu Tag reicher geschmückt, wobei dicke, rote Kerzen und Äpfel, Nüsse und Silberdisteln seinen besonderen Reiz ausmachen. Er sieht zu Weihnachten so schön und vertraut aus, dass er auch bei der Weihnachtsfeier den „richtigen Weihnachtsbaum" mehr als ersetzen kann.

Rolf Krenzer

Kerzen leuchten überall

Kerzen leuchten überall
durch die dunkle Nacht,
künden von dem Kind im Stall,
das so froh uns macht.

Kerzen leuchten überall.
Gott hat wohlbedacht
Frieden mit dem Kind im Stall
in die Welt gebracht.

Kerzen leuchten überall.
Macht euch jetzt bereit
für das Krippenkind im Stall,
grad so, wie ihr seid.

Kerzen leuchten überall
und ihr heller Schein
leuchtet wie ein Sonnenstrahl
in die Welt hinein.

Rolf Krenzer

1. Hintergrund

Die Doppelseite **fse 42/43** beherrscht der dargestellte Stern, der nach der Überlieferung die Weisen aus dem Morgenland zur Krippe geführt hat. Er ist ein Zeichen dafür, dass Jesus nicht nur für das Volk der Juden, sondern auch für die Heiden auf die Welt gekommen ist: Alle sind zu seiner Krippe eingeladen.
Auf der linken Seite **fse 42** wird in drei kurzen Sätzen auf die Bedeutung der Geschenke der Weisen hingewiesen, die den Sch noch weiter erläutert werden muss, schon deshalb, weil ihnen bis auf das Gold die Geschenke wohl nicht bekannt sind:
„Gold ist wertvoll": Es war das wertvollste Zahlungsmittel. Wer viel davon besaß, war auch mächtig, weil er andere damit in Dienst nehmen und bezahlen konnte.
„Weihrauch steigt zum Himmel": Er verbindet durch seinen aufsteigenden Wohlgeruch Erde und Himmel. Weihrauch ist als Baumharz zunächst etwas Irdisches, erst wenn er angezündet wird, steigt der Duft nach oben. In Wohnhäusern war Weihrauch nicht verbreitet, er wurde im Tempel verbrannt, um die Alltagsgerüche zu überdecken.
„Myrrhe heilt": Myrrhe, ebenfalls ein Baumharz, wurde als heilende Salbe, aber auch zur Totensalbung verwendet. Sie weist darauf hin, dass Jesus heilt, dass er das Leben in Fülle schenkt.
Die rechte Seite **fse 43** behandelt die Sternsinger-Aktion, das zu Beginn des neuen Jahres unter Kindern beliebte Umherziehen durch Dörfer und Gemeinden und gleichzeitige Sammeln von Spenden und Süßigkeiten:

Sternsinger-Aktion

Der Brauch der herumziehenden Sternsinger ist seit dem 16. Jahrhundert urkundlich belegt. Er wurde um das Jahr 1960 durch das Päpstliche Missionswerk für Kinder in Deutschland wiederbelebt, um Kinder mit dem Missionsgedanken vertraut zu machen. Seitdem ist es in den meisten Gemeinden üblich, dass Kinder sich als Weise aus dem Morgenland verkleiden und mit einem Stern singend durch die Straßen ziehen und in den Häusern um Spenden für die Mission bitten.
Die Buchstaben, die von den Sternsinger/innen dabei mit der Jahreszahl an die Haustüren geschrieben werden, bedeuten Folgendes: „C + M + B" wird oft als Abkürzung für „Caspar, Melchior, Balthasar" gelesen, steht aber eigentlich für die lateinische Bitte „Christus mansionem benedicat" und heißt übersetzt „Christus segne dieses Haus".

Und was macht Relix?

Relix erinnert mit einem Foto an die Straßenkinder, die **fse 22** in Kapitel 2 vorgestellt worden waren. So erkennen Sch den Zweck der Sternsinger-Aktion: Kinder machen sich auf den Weg, um Kindern in Not zu helfen.

Literatur

Kirchberg, Ursula, Unter dem großen Stern, Stuttgart 2001
König, Hermine, Das große Jahresbuch für Kinder. Feste und Bräuche neu entdecken, München 2001
Dies., Feste feiern – Bräuche neu entdecken. Arbeitshilfe zum großen Jahrbuch für Kinder, München 2003
Niehl, Franz W. (Hg.), Leben lernen mit der Bibel, München 2003, S. 168-170: Joachim Theis, Sterndeuter suchen den neuen König

2. Einsatzmöglichkeiten im RU

Die Geschichte von den Weisen erzählen

- L erzählt nach Mt die Geschichte der Weisen aus dem Morgenland.
- Sch erleben im Kreis Objekte, die an die Geschenke der Weisen erinnern: einen wertvollen Stein oder ein Schmuckstück aus Gold, Weihrauchkörner, eine dezent duftende Salbe oder Creme.
- Sch erzählen die Geschichte nach. Sie wird in Wörtern und Bildern (eingeklammerte Begriffe) aufgeschrieben:
  (3 Könige) folgen dem (Stern).
  Sie gehen zur (Krippe) und finden Jesus.
  Sie bringen (Gold), (Weihrauch) und (Myrrhe).

Das Buch „Unter dem großen Stern" einsetzen

Im Buch „Unter dem großen Stern" von Ursula Kirchberg (Stuttgart 2001) wird in großen Bildern aufgezeigt, wie sich Hirten und Weise von verschiedenen Seiten auf den Weg zur Krippe machen. Auch Nicht-Leser/innen verstehen so die Geschichte gut und können sie nacherzählen. Wegen seines großen Formats dient es der ganzen Klasse als Anlass, die Geschichte zu erzählen.

Ein weniger bekanntes Lied singen

Sch singen den Kanon „Mitten in der Nacht ist ein Stern erwacht", **AB 1.3.15, Arbeitshilfen S. 139**.

Sich mit der Sternsinger-Aktion beschäftigen

- Sch beobachten bewusst die Sternsinger in der Gemeinde. Sie spenden evtl. von ihrem Taschengeld.
- L berichtet Sch über den Erfolg der Sternsinger-Aktion (Die Spendenergebnisse werden, meist bis Ende Januar, veröffentlicht: www.sternsinger.de).
- Sch beteiligen sich, soweit möglich, am Sternsinger-Brauchtum.

Krippenfiguren I

1. Hintergrund

Auf der gemalten Doppelseite **fse 44/45** „Wir feiern Weihnachten" lassen sich viele Möglichkeiten entdecken, wie Menschen Weihnachten feiern:
Weihnachtsbaum:
Ein Weihnachtsbaum wird in den meisten Haushalten aufgestellt. Als „Lebensbaum" sollte er tatsächlich ein echter immergrüner Baum sein, kein künstliches Imitat. Seine Kerzen erinnern an das Licht, das durch Jesu Geburt in die Welt kam.
Gemeinsames Basteln und Backen:
In der Adventszeit wird nach wie vor in vielen Familien eifrig gebastelt. Für die Kinder ist es ein besonderes Erlebnis, mit (selbst gesammelten) Naturmaterialien ohne Vorlage zu basteln. Anregungen dazu lassen sich in vielen Büchern finden. Beim Backen werden alle Sinne angesprochen: Gewürze bringen Duft in die Räume und Geschmack, den es nur zur Weihnachtszeit gibt.
Advents- und Weihnachtsschmuck:
In der Advents- und Weihnachtszeit sind Wohnungen und Kirchen besonders geschmückt. Es gibt dort viel zu entdecken. Sch machen hier gerne einen Erkundungsgang mit bestimmten Suchaufträgen.
Einsamen, Kranken und Senioren eine Freude bereiten:
Weihnachten ist ein Fest, das aber nicht nur Freude hervorruft: Viele einsame, kranke und alte Menschen erleben ihre Belastungen in dieser Zeit besonders intensiv. Doch ist es an vielen Orten Brauch, dass solche Menschen nicht alleine gelassen werden, sondern z. B. durch Ehrenamtliche bzw. verantwortungsbewusste Menschen besucht werden.
Eine Krippe aufstellen:
Die Krippe wurde schon erwähnt (vgl. Arbeitshilfen S. 138 ff.).
Bescherung:
Für Kinder steht im Mittelpunkt des Weihnachtsfestes die Bescherung. Deren eigentlicher Sinn ist meist in Vergessenheit geraten: Die gegenseitigen Geschenke der Menschen weisen auf das einmalige Geschenk hin, das Gott mit der Geburt seines Sohnes in der Krippe der Menschheit macht. Stattdessen findet man in den Einkaufsstraßen gehetzte, unzufriedene Menschen – wenn man dieser Grafik die Bilder von **fse 40/41** oder **fse 35** gegenüberstellt, formulieren auch Erstklässler/innen vielleicht, was heute eigentlich „falsch" ist.

2. Einsatzmöglichkeiten im RU

Das Lied über das Licht erlernen

- Sch erlernen und singen den Kanon „In der Dunkelheit leuchtet": **AB 1.3.5, Arbeitshilfen S. 125**.
- *Alternativ:* „Weihnachten ist nicht mehr weit": **AB 1.3.16, Arbeitshilfen S. 139**.

Alte Adventsgeschichten anhören und dazu basteln

- Die Großeltern werden in die Schule eingeladen zu erzählen und zu zeigen, was sie in ihrer Kindheit gebastelt haben.
  – Diese Anregungen werden umgesetzt.
  – Sch basteln einen Adventsbaum: **AB 1.3.17, Arbeitshilfen S. 141**.

Krippenfiguren basteln

- Sch basteln Krippenfiguren aus Papier: **AB 1.3.18** und **1.3.19, Arbeitshilfen S. 143** und **145**, bieten Ausschneidebögen.
- Sch basteln mit den Figuren eine Papierkrippe: **AB 1.3.20, Arbeitshilfen S. 147**). Sie wird an einem schönen Platz im eigenen Zimmer aufgehängt. *Hinweis*: Krippe nacheinander füllen. Figuren können als Stabfiguren oder auch als Schattenfiguren dienen.

Jesus als Freund der Kinder verstehen

- Zu Krippe passt das Gedicht „Jesus ist geboren", das **fse 44** wie ein Brief an das Christkind abgedruckt ist.
- Sch lesen den Text und ergänzen Zeile für Zeile mit dem bereits im RU Gelernten, z. B. „Jesus ist ein Freund der Menschen, weil er sich um die Kranken kümmert" u. Ä.

Eine Weihnachtsfreude bereiten

Auch Erstklässler/innen beteiligen sich an Aktionen zugunsten kranker, alter und einsamer Menschen an Weihnachten; denn mit relativ geringem Aufwand wird eine große Wirkung erreicht. Im RU eingeübte Lieder oder Gedichte, kurze gespielte Szenen, kleine selbst gebastelte Geschenke bereiten in einem Krankenhaus oder Seniorenheim viel Freude.

Eine Weihnachtskarte gestalten

- Sch dichten einen Text zu Weihnachten und drucken ihn auf ein festeres Papier. Sch umgeben ihn mit weihnachtlichen Symbolen und Schmuck. Das Beispiel für eine solche Weihnachtskarte auf S. 146 stammt aus einer 1. Klasse.

Krippenfiguren II

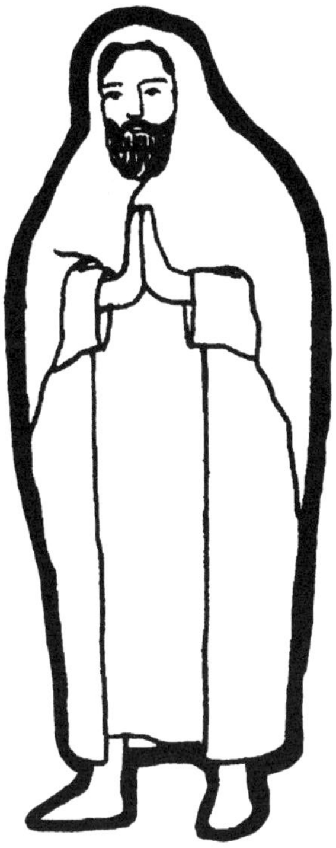

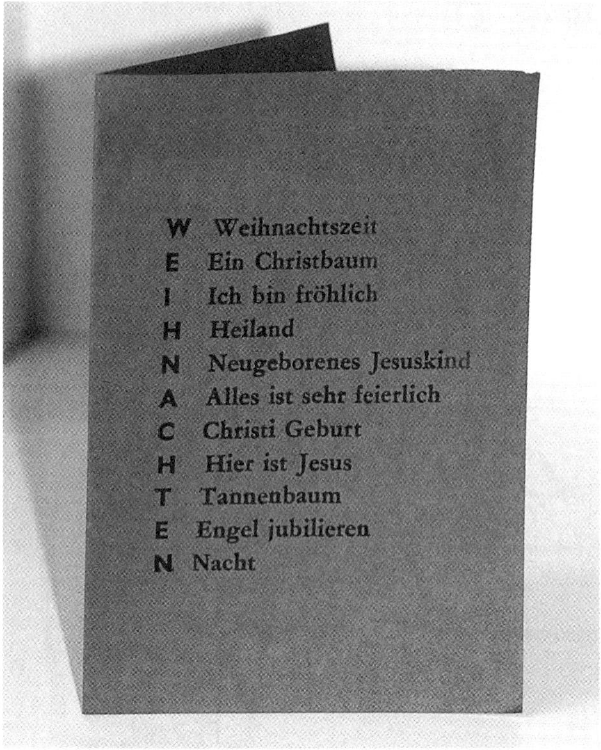
W Weihnachtszeit
E Ein Christbaum
I Ich bin fröhlich
H Heiland
N Neugeborenes Jesuskind
A Alles ist sehr feierlich
C Christi Geburt
H Hier ist Jesus
T Tannenbaum
E Engel jubilieren
N Nacht

3. Jahrgangsübergreifende Lerngruppe

- Sch gestalten die Weihnachtskarte, die älteren Sch helfen bei der Verschriftlichung.
- Sch aller Jahrgänge bringen eine eigene Krippenfigur mit und gestalten gemeinsam in ihrer Klasse eine Krippe.
- Adventsschmuck in der Kirche aufspüren:
- – Auf einem Erkundungsgang in eine Kirche erhalten Sch bestimmte Suchaufträge, um die verschiedenen Formen von Adventsschmuck aufzuspüren: Wo findest du den Adventskranz? Wo die Weihnachtsbäume? Wo ist die Krippe, welche Figuren sind dort aufgestellt, wie viele Sterne kannst du zählen? Etc.
- – Die Ergebnisse werden in Lückentexten, als Bilder, durch Ankreuzen der richtigen Antwort festgehalten.
- – Ein „Suchblatt“ ist eine spannende Hausaufgabe für die Weihnachtsferien, welche die Kinder dazu animiert, die örtliche/n Kirche/n zu besuchen und genauer zu erkunden.

Stern über Betlehem

1. Hintergrund

Die kapitelabschließende Seite **fse 46** bietet das Lied „Stern über Betlehem“ von Hans Zoller als Anregung für eine praktische Weiterführung. Es greift die Thematik der vorletzten Doppelseite **fse 42/43** „Der Stern zeigt den Weg“ auf. Doch nun sind Sch selbst angesprochen aktiv zu werden. Es heißt z. B. im Text „führ uns zur Krippe hin, führ uns zum Kind“ und in der letzten Strophe wird ausgedrückt, dass der Gang zur Krippe Folgen für das eigene Leben haben wird: „und was uns froh gemacht, teilen wir aus. Stern über Betlehem, schein auch zu Haus.“

Das Lied hat einen interessanten, eingängigen Rhythmus. Es lässt sich wegen der wiederkehrenden Motive in Text und Melodie leicht erlernen. Der 4/4-Takt eignet sich gut zur rhythmischen Begleitung zum Ausgestalten mit Gesten oder Laufen – auch mit Körperinstrumenten.

Es ist als Lied 19 in der Liederkiste 1/2, vgl. Arbeitshilfen S. 19, enthalten.

2. Einsatzmöglichkeiten im RU

Den Text rhythmisch sprechen

L und Sch sprechen den Liedtext rhythmisch oder begleiten ihn durch Klatschen (Viertelschläge stehen für Schritte auf dem Weg zur Krippe; vgl. S. 48 f.).

- L singt, Sch klatschen oder stampfen.
- Sch singen, begleiten mit geeigneten Gesten, die helfen, sich den Text zu merken; z. B.:
  „Stern über Betlehem, zeig uns den Weg“:
  nach oben zeigen, die Arme nach unten sinken lassen zum Weg
  „führ uns zur Krippe hin, zeig, wo sie steht“:
  Arme zum Körper führen, eine Höhle/Hütte zeigen
  „leuchte du uns voran, bis wir dort sind“:
  die Arme nach oben strecken als „Leuchten“, dann nach unten sinken lassen zur Haltung des Empfangens
  „Stern über Betlehem, führ uns zum Kind“:
  die Arme vor dem Körper zusammenführen, mit den Armen wiegen usw.
  Hinweis: Solche Gesten werden möglichst von den Kindern selbst gefunden und entwickelt, wenn das Lied nur in der Klasse gesungen wird. Wenn es in einer Schulfeier oder in einem Gottesdienst gesungen wird, ist es sinnvoll, sich auf einheitliche Bewegungen zu einigen, oder eine Klasse macht die Gesten vor, während alle anderen nur singen.

Ein Stern-Mandala malen

Mandalas mit weihnachtlichen Motiven, wie z. B. das Stern-Mandala (**AB 1.3.21, Arbeitshilfen S. 149**) ergänzen Sch nach ihren Vorstellungen. Eingerieben mit Salatöl ergibt es ein transparentes Bild für die Fenstergestaltung.

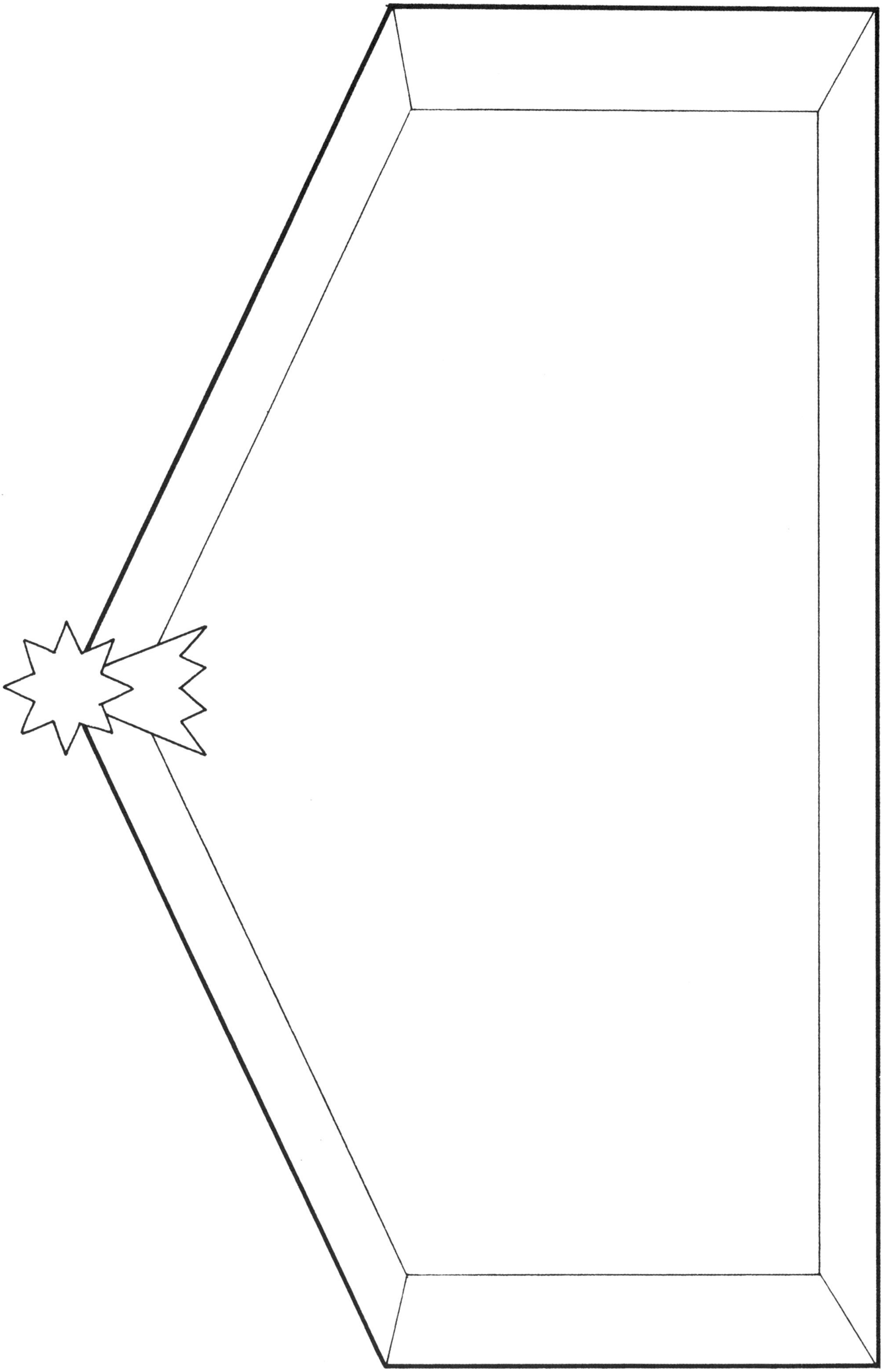

Sich in das Gedicht „Kerzen leuchten überall" einfühlen

- Sch lesen das Gedicht **AB 1.3.22, Arbeitshilfen S. 141**, und sehen die Bilder darin innerlich an, spüren in diese hinein.
- Anschließend geben Sch Ausdruck durch eigenes Malen.

Literatur

Bittlinger, Arnold, Das Geheimnis der christlichen Feste, München [2]1996

Kirchhoff, Hermann, Christliches Brauchtum. Feste und Bräuche im Jahreskreis, München 2004

König, Hermine, Das große Jahrbuch für Kinder. Feste und Bräuche neu entdecken, München 2001

Dies., Feste feiern – Bräuche neu entdecken. Arbeitshilfe zum Großen Jahrbuch für Kinder, München [2]2004

Krenzer, Rolf, Glauben erlebbar machen. Spielgeschichten und Lieder zur religiösen Erziehung im Kindergarten, Freiburg 1985

Neumüller, Gebhard (Hg.), Basteln im Religionsunterricht, München [5]2000

Ders. (Hg.), Spielen im Religionsunterricht, München [2]2001

Rendle, Ludwig u. a., Ganzheitliche Methoden im Religionsunterricht, München [2]1997

Theis, Joachim, Eine gute Nachricht; Maria besucht Elisabeth; Jesus kommt zur Welt; Sterndeuter suchen den neuen König, in: Niehl, Franz W. (Hg.), Leben lernen mit der Bibel. Der Textkommentar zu *Meine Schulbibel*, München 2003, S. 160-170

Ein Stern-Mandala

4 Wir sind Kinder einer Erde

1. Religionspädagogische und theologische Hinweise

Das pädagogische Leitthema für das erste und zweite Schuljahr dreht sich um die beiden Pole: „sich selbst wertschätzen“ und „anderen mit Achtung“ begegnen. Das Kapitel 4 steht im Horizont dieser beiden Aufgaben und versucht in verschiedenen Anläufen den individuellen und sozialen Aspekt dieser Leitthemen im Unterricht zur Geltung zu bringen. Sch sollen sich bewusst werden, dass sie selbst Menschenwürde in sich tragen. Sie sollen sich ihrer Einmaligkeit gewiss werden. Eine Möglichkeit dazu ist, die eigenen Fähigkeiten wahrzunehmen (**fse 58/59**).

Theologisch ist die Würde der Menschen begründet in der Gottebenbildlichkeit, wie sie im Schöpfungsbericht (Gen 1,27) grundgelegt ist. Jesus unterstreicht den Wert jedes Menschen, insbesondere der Kinder, wenn er diese ausdrücklich gegen die Praxis der Erwachsenen wahr- und ernst nimmt (**fse 54/55**). Daraus folgt die Achtung aller Kinder dieser Welt, gleich welcher Hautfarbe, Religion und Nation. Das Kindsein als Eingangsbedingung in das Reich Gottes verbietet es, von den Kindern gering zu denken. Vgl. Mk 9,36: „und er stellte ein Kind in die Mitte.“ Die Wertschätzung aller Kinder setzt die Wertschätzung der eigenen Person voraus. So verschränken sich in diesem Themenbereich beide Aspekte: Die Annahme der eigenen Person und die Akzeptanz der anderen, die auch in den allen gemeinsamen Fragen und Erlebnisweisen (**fse 47, 50/51**) zur Sprache kommen.

Kinder sind als Subjekte zu achten und als Partner ernst zu nehmen. Sie haben eine eigene Religiosität und Theologie, eine eigene Lebensform. In der Kommunikation mit ihnen können Erwachsene ebenso von ihnen lernen wie Kinder von den Erwachsenen.

Das Grundkonzept von fse, Sch als Subjekte ihres Lernprozesses ernst zu nehmen, wird in diesem Themenbereich besonders deutlich.

2. Das Thema im Lehrplan

fse beginnt mit dem Spiel als Grundverhaltensweise aller Kinder. Es folgen zwei weitere Beobachtungen gemeinsamen Kindseins: Die Kinder auf der ganzen Welt freuen sich, singen und musizieren, sind gerne zusammen und sie haben gleiche Fragen und Probleme (**fse 48/51**) – LP 3.1.

Ein weiterer Aspekt ist die Erfahrung des „Kleinseins“ und des „Zurückgesetzt Werdens“ in verschiedenen Situationen. Dagegen steht die Erzählung: Jesus nimmt die Kinder ernst und darin alle Kinder dieser Erde. Das Kleinsein mindert nicht den Wert eines Menschen (**fse 53/54**) – LP 3.3.

Zwei Themen konkretisieren dies: Das Ansprechen der Grundbedürfnisse der Kinder (**fse 56**) und die nachfolgende Erklärung der Kinderrechte der Vereinten Nationen (**fse 57**).

Die Achtung der eigenen Person und die der anderen wird gefördert durch die Wahrnehmung der Fähigkeiten, die Sch bereits haben, und ihren Möglichkeiten, Verantwortung für bestimmte Bereiche zu übernehmen – 3.5.

In einem gemeinsam gestalteten Fest wird gefeiert, was Sch gemeinsam erarbeitet und erkannt haben (**fse 60**) – LP 3.4.

3. Jahrgangsübergreifende Einsatzmöglichkeiten

Das Kapitel „Wir sind Kinder einer Erde“ stellt an alle Sch wichtige Anforderungen. Es fordert geradezu heraus, in der eigenen Lebensumwelt neugierig nach Fragen zu diesem Thema zu forschen. Sch des zweiten Lernjahrs steuern durch entwickeltere Lesekompetenz z. B. aktuelle Zeitungsausschnitte bei. Bei entsprechender Medienkompetenz erkunden sie Audio- und Videobeiträge oder Informationen aus dem Internet. Fremde Sprachen, Musik und Speise- und Lebensgewohnheiten anderer Kulturkreise werden oft schon im eigenen Stadtviertel erlebt. Der Umgang mit der Angst vor dem Fremden, mit Armut und der Frage nach Gerechtigkeit sowie die Begegnung mit Vorurteilen ist für viele Sch ein bedeutsames Lernfeld, das viele Fragen aufwirft. Hier können Sch des zweiten Lernjahres für die Schulanfänger wichtige Impulsgeber sein.

4. Verbindungen zu anderen Fächern

Viele Bezüge zu anderen Unterrichtsfächern ermöglichen eine Zusammenarbeit und die Vertiefung des Themas auch außerhalb des RU.

EVANGELISCHE RELIGIONSLEHRE: Ich bin viel wert: So bin ich; Ich bin anderen viel wert; Mk 10,13-14.16; Wir brauchen einander: in der Schule, in der Gruppe, am Nachmittag; verschieden und doch Freunde; Streiten – sich die Hand reichen, sich vertragen.
DEUTSCH: 3.1 Mündliches Sprachhandeln, sich über Sachverhalte verständigen, gemeinsam etwas planen; 3.2 Schriftliches Sprachhandeln: Sachverhalte und Begebenheiten aus den eigenen Lebensbereichen aufschreiben, Bitten und Wünsche aufschreiben, Einfache Möglichkeiten zur Gestaltung und Präsentation anwenden; 3.3 Umgang mit Texten und Medien: sich zu einem Thema in Medien orientieren; 3.4 Sprache reflektieren: Verstehensprobleme erkennen und lösen.
SACHUNTERRICHT: 3.4 Mensch und Gemeinschaft: Vielgestaltetheit von Familien und unterschiedliche Lebenssituationen von Kindern kennen lernen, Wünsche, Bedürfnisse und Umgang mit Geld reflektieren; 3.5 Zeit und Kultur: Sitten, Gebräuche und Sprachen unterschiedlicher Nationalitäten und Ethnien kennen lernen und akzeptieren.
MUSIK: 3.1 Musik machen: Lieder aus anderen Ländern kennen lernen und singen; 3.2 Musik hören: Musik der Welt in ihrer Verschiedenartigkeit kennen lernen.
KUNST: 2.1 Sammeln und Collagieren zu einem Thema; 2.2 Eigene und fremde Wohnräume beschreiben.
MATHEMATIK: 3.3 Sachrechnen: Grundvorstellungen zu Geldwerten, Zeitspannen und Längen entwickeln und ausbauen, Mengen von Dingen aus der Lebenswirklichkeit beschreibend vergleichen.

5. Lernsequenz

Planungsskizze	Überschriften in fse	Inhalte im Lehrplan
I. Kinder bei uns und in anderen Ländern: Gemeinsamkeiten und Unterschiede: Spiele; Kinderarbeit; Ablehnung	Schön ist es auf der Welt zu sein **fse 48/49** Fragen bleiben **fse 50/51**	3.1 Nach sich und den anderen fragen
II. Jesus als Anwalt der Kinder Bedürfnisse und Rechte der Kinder	Bin ich noch zu klein? **fse 52/53** Ist Daniel zu klein für Jesus? **fse 54/55** Was Kinder brauchen **fse 56/57** Dafür sind wir nicht zu klein **fse 58/59**	3.3 NT – Das Heilshandeln Jesu in Beispielen kennen lernen und mit der Lebenssituation in Verbindung bringen 3.5 Verantwortung erkennen und übernehmen
III. Untereinander und mit Kindern der Welt verbunden sein	Kommt alle herein ... **fse 60**	3.4 Vom Auftrag der Kirche im Dienst am Menschen erfahren

6. Lebensbilder 1/2

Folgende Fotos aus der Folienmappe Lebensbilder 1/2 sind für einen situativen Einsatz in diesem Kapitel besonders hilfreich:

Nr. 2: Ich staune, Nr. 7: Ich tröste, Nr. 13: Wir sind Freunde, Nr. 14: Wir vertragen uns, Nr. 15: Wir basteln Palmstöcke, Nr. 19: Auf der Straße leben, Nr. 20: Zuhause, Nr. 30: Mädchen vor Kerzen, Nr. 31: Friedhofsgrab mit Torbogen, Nr. 32: Alte Brücke.

1. Hintergrund

Pieter Bruegel (1525-1569)

Pieter Bruegel d. Ä., ein flämischer Maler, der die meiste Zeit seines Lebens in Antwerpen gelebt hat, interessierte sich besonders für das einfache Volk und dessen Lebensweise. Um diese besser studieren zu können, schlüpfte er hin und wieder in die Tracht eines Bauern und mischte sich so unter das Volk. Seine Bilder zeugen von dieser Liebe zu den einfachen Menschen. Oft nimmt er dabei auch ihre Schwächen und Bosheiten aufs Korn.
Zu den bekanntesten Bildern zählen der „Turmbau zu Babel", das „Schlaraffenland" und das „Gleichnis von den Blinden".
Sein Malstil ist am ehesten dem Manierismus zuzuordnen mit starken Hell-Dunkel-Kontrasten und einer deutlichen Tiefenwirkung.

Pieter Bruegel: „Die Kinderspiele", 1560

Das Gemälde ist als Farbfolie 5 in der Folienmappe Schatzkiste 1/2 lieferbar, vgl. Arbeitshilfen S. 19.
„Die Kinderspiele" malte Bruegel 1560 als Satire auf die „kindische" Weise, wie Menschen miteinander umgehen. Das Bild gehört zu den so genannten „Wimmelbildern", also Gemälden, auf denen sich viele Menschen, hier insbesondere Kinder, tummeln. Die Kinder sind der Sitte der Zeit entsprechend als kleine Erwachsene dargestellt. Auf dem Bild sind 84 Kinderspiele des 16. Jahrhunderts zu sehen, die allein und in Gruppen gespielt werden; viele davon sind auch heutigen Kindern noch bekannt.
Das Bild lebt von den Hell-Dunkel-Kontrasten und der Architektur, die die Plätze freigibt, und von der Natur als Hintergrund. Diese Anordnung verleiht dem Bild trotz der vielen (ca. 250) Kinder eine gewisse Ruhe.
Einige der Spiele werden im Folgenden aufgezählt (als Suchhilfe zur Folie vgl. **AB 1.4.1., Arbeitshilfen S. 153**):

Im Vordergrund:
1: Reifenschlagen und Fassreiten
2: Steckenpferdreiten
3: Reiterkampfspiel und Bockspringen
4: Kindschwingen
5: Hochzeit spielen

Am Haus, linke Seite:
6: Seifenblasen und Würfelspiel

Am Garten:
7: Reiterspiel auf dem Zaun und Purzelbaumschlagen
8: Spießrutenlaufen (dem Läufer wird ein Bein gestellt)

In der Natur im Hintergrund:
9: Klettern und Sich-im-Kreis-Drehen

Im und am Haus, in der Straße:
10: Kreiselspiel, Balancieren mit dem Besen, Reckturnen (Balkenturnen)
11: Stelzenlaufen, Raufen (Kämpfen)

Literatur

Kass, J., Die Kinderspiele nach P. Bruegel d. Ä. Erläuterung der einzelnen Spiele v. A. Lukacsy, Hanau o. J.
Barth, W./Grass, W. u. a., Meisterwerke der Kunst für die Grundschule. Handreichungen mit Kunstmappe, Villingen-Schwenningen o. J., S. 54

2. Einsatzmöglichkeiten im RU

Das Gemälde **fse 47** eröffnet das Thema „Kinder einer Erde". Es führt die Kinder zunächst in frühere Zeiten: Kinder zu allen Zeiten haben gespielt, wie sie es auch heute tun (vgl. Kinderrechte).

Kinderspiele von früher entdecken ...

„Ein Grundmodell der Bilderschließung" findet sich im Booklet der Folienmappe Schatzkiste 1/2 und in Arbeitshilfen S. 74.

- In dem Gemälde von Bruegel spazieren gehen: Sch entdecken Kinder, Natur, Häuser, Tätigkeiten usw. Was fällt auf?
  - Um die Aufmerksamkeit der Sch zu zentrieren, nutzt L die Farbfolie 5 aus der Schatzkiste 1/2. (Achtung: In einem Teil der Auflage ist die Folie seitenverkehrt beschriftet. Die Folie muss so auf den OHP gelegt werden, dass am linken Bildrand die braune Hauswand zu sehen ist – wie **fse 47**.)
  - Sch stellen Einzelheiten in einer geordneten Reihenfolge fest: Wo finden die Spiele statt? Wie ist das Wetter? Was steht im Vordergrund und was im Hintergrund (Häuser, Plätze, Straße, Landschaft, Garten usw.)? Welche Farben wurden gewählt?
- L zieht eine Folie von **AB 1.4.1, Arbeitshilfen S. 153**, die sich über die Farbfolie des Gemäldes legen lässt – so kann die Aufmerksamkeit gerichtet werden:
  - Welche Spiele kannst du entdecken? Wie viele Kinder spielen zusammen? Welche Spielzeuge benut-

Kinderspiele früher

zen sie? Wie sind die Kinder angezogen? Einzelne Spiele nachstellen.
- Sch stellen Vermutungen an: Warum hat der Künstler dieses Bild gemalt? (Seine Beobachtungen, Freude am kindlichen Spiel). Welche Überschrift könnte das Bild tragen?
- Gefällt dir das Bild? Wo möchtest du in dem Bild sein? Wo würdest du gerne mitspielen? Wo gefällt es dir nicht?

... und mit heutigen vergleichen
- Welche Spiele spielen Sch?
- Aufgabe dazu: „Ich male mein Lieblingsspiel".
- Sch betrachten ihre Bilder und erzählen einander von ihren Lieblingsspielen.
- Sch stellen ein gemeinsames großes Bild aus ihren Spiele-Bildern zusammen.
- Sch vergleichen: Was ist bei uns anders als auf dem Gemälde im Buch? Auf der Straße spielen, geht das bei uns?

3. Jahrgangsübergreifende Lerngruppe

- Sch aus dem 2. Lernjahr schreiben eine einfache Spielbeschreibung oder eine Spielregel zu einer Spielszene aus dem Gemälde **fse 47** auf.
- Sch stellen gemeinsam ein „Klassen-Spiele-Buch" her.

Schön ist es, auf der Welt zu sein

1. Hintergrund

Die Doppelseite **fse 48/49** drückt die grundsätzliche Lebensfreude von Kindern aus: „Schön ist es, auf der Welt zu sein!" Kinder aus verschiedenen Ländern zeigen etwas von ihrer Lebensweise. Sch lernen „Fremde" kennen über deren Tätigkeiten. Sie nehmen dabei Ähnlichkeiten, aber auch Unterschiede wahr.
Auf **fse 48** links oben ist ein Kind aus Bolivien/Südamerika zu sehen. Es ist anders gekleidet als Kinder aus unserer Umgebung. Vielleicht hat es Kleider aus Deutschland bekommen. Es ist stolz, dass es beachtet und fotografiert wird. Links unten tummeln sich Kinder aus Südostasien im Meer. In Gemeinschaft freuen sie sich darüber, sich im Wasser zu bewegen und zu spielen. Das Lied vom „Flötevogel" ist ein Beispiel ausländischen Liedgutes. Darin wird ein hierzulande nicht bekannter Vogel besungen. Das Lied ist mit zwei weiteren philippinischen Musikstücken, die Naturbeobachtungen schildern, als Lied 3 enthalten auf der CD Liederkiste 1/2, vgl. Arbeitshilfen S. 19.
Auf **fse 49** rechts oben zeigt ein Foto aus Deutschland Kinder in der Gruppe. Sie beginnen gerade ein Spiel, das eines Abzählverses bedarf. Rechts unten zeigt das Foto indonesische Kinder, die auf traditionellen Instrumenten ihres Landes zusammen musizieren. Sie spielen die so genannte Gamelan-Musik, die vor allem auf Bali und Java beheimatet ist. Die Mädchen in ihrer Schultracht kommen nach der Schule in ein von den Jesuiten geleitetes Zentrum (man sieht noch die hingeworfenen Schulsachen) um für die Eröffnung dieses Zentrums zu üben. Die Instrumente, auf denen sie spielen, ähneln unseren Xylophonen und werden in Orchesterform (20 und mehr ähnliche Instrumente) eingesetzt.
Zur Annäherung an Kinder aus anderen Ländern gehört auch das Kennenlernen ihrer Essensgewohnheiten. Eine Möglichkeit bietet das Rezept für eine leicht zu kochende Süßspeise, für süßen Couscous aus Nordafrika. Der hohe Zuckeranteil entspricht nicht unseren Vorstellungen von gesunder Kost, dient in den heißen Ländern aber der Konservierung und Hygiene. Das Rezept „erzählt" daher auch etwas über Klima und angepasste Küche.

2. Einsatzmöglichkeiten im RU

Was Kinder aus anderen Ländern erzählen
- Sch beschreiben, was sie auf den Fotos sehen: Drei von vier Fotos zeigen mehrere Kinder.
- Sch finden Gründe, weshalb so viele Fotos mit Kindergruppen auf den beiden Seiten zu finden sind.
- Die Kinder auf den Fotos sprechen lassen: Was erzählen sie? Worüber freuen sie sich?
- Sch erzählen von ihren Urlaubsfahrten in andere Länder und bringen Fotos davon mit.
- Wie leben die Kinder dort?

Fremde Lieder anhören und selbst singen
- Sch hören drei kurze Lieder von den Philippinen und entdecken als mittleres das Lied vom „Flötevogel" (Lied 3 auf der CD Liederkiste 1/2).
- Sch üben den „Flötevogel" in der Klasse ein.
- L findet mit Sch heraus, warum der Vogel „Flötevogel" heißt.
- Sch hören Gamelan-Musik aus Indonesien an (Lied 10 auf der CD Liederkiste 1/2).
- Können sie die Instrumente heraushören, die auf dem Foto **fse 49** zu sehen sind (Trommel, Gong, Xylophone)? Was hören sie noch (Flöte)?

Ana aus Guatemala

Relix fragt, wo Guatemala liegt, warum Ana und ihre Geschwister anders leben als die Kinder hier in Deutschland.

1) Guatemala ist ein Land in Mittelamerika. Wenn wir dorthin kommen wollen, müssen wir 16 Stunden mit dem Flugzeug fliegen.
2) Ich erzähle euch von einem Mädchen, das in Guatemala lebt. Sie heißt Ana (gesprochen: Anna). Sie ist etwa acht Jahre alt. Mit ihrer Mutter und den beiden Brüdern Silo und Ramon lebt sie in einer kleinen Hütte in der Nähe des Dorfes.
3) Wo ist der Vater? Er wurde im Krieg getötet. Anas Mutter muss jetzt für Ana und ihre Brüder sorgen, dass sie etwas zum Essen und zum Anziehen haben. Ana muss kräftig mithelfen.
4) Was arbeitet sie? Sie fegt die kleine Hütte aus, sie wäscht die Wäsche mit der Hand (eine Waschmaschine gibt es nicht), sie sammelt Holz für das Feuer (in der Hütte gibt es keinen Elektroherd), sie kocht, passt auf ihren kleinen Bruder auf und hütet die Schafe.
5) Und wann geht sie zur Schule? Ana: „Ich kann nicht zur Schule gehen, weil ich daheim so viel arbeiten muss. Aber ich würde gerne zur Schule gehen! Ramon, mein Bruder, geht zur Schule. Am Abend und am Wochenende ist er mit seinem Schuhputzkasten unterwegs um etwas Geld zu verdienen."
   Ramon zeigt uns, wie die Zahlen in Guatemala geschrieben werden: Ein Punkt bedeutet eins; ein Strich bedeutet fünf; ein Punkt auf einem Strich bedeutet sechs (vgl. AB 1.4.3, Arbeitshilfen S. 157).
   Weißt du, wie dann sieben geschrieben wird, und wie zehn?
   Wir können auch mit den Zeichen von Ramon rechnen: Vorschlag: drei plus vier; sechs plus zwei.
6) Was macht die Mutter? Sie geht frühmorgens aus der Hütte und verkauft auf dem Markt Paprika und gestickte Decken. Am Nachmittag geht sie zu reichen Leuten, um Wäsche zu waschen und zu putzen. Manchmal muss sie auch für mehrere Tage fort und pflückt dann auf einem großen Feld (einer Plantage) Kaffeebohnen.
7) Ana erzählt: „Besonders schön ist es bei uns, wenn wir im Dorf ein Fest (eine Fiesta) feiern. Da werden z. B. die Maiskörner gesegnet, die danach ausgesät werden. Wir beten um Regen, damit der Mais wächst. Mais ist nämlich unser wichtigstes Nahrungsmittel. Alle im Dorf feiern: Wir essen, singen und spielen, unterhalten uns und freuen uns, dass wir zusammen sind und einmal nicht arbeiten müssen. Das Gebet, das wir bei dem Fest in der Kirche beten, lautet:

DANK SAGEN WIR DIR, HERR,
für alles, was du für uns geschaffen hast.
Das Blau des Himmels mit seinen weißen Wolken.
Diese schwarze Erde mit all ihren Pflanzen.
Die Natur, an der wir uns erfreuen und die den Mais hervorbringt.
Diese grünen Felder, umrandet von Blumen,
und die bunten Schmetterlinge.
Unsere schönen Seen zwischen den Bergen
und die bunt gefiederten Vögel.
Wir wollen Freunde, wollen Brüder und Schwestern, wollen deine Kinder sein."

Essensgewohnheiten kennen lernen

- Sch erzählen von ihren Lieblingsspeisen.
- Sie probieren das Rezept aus: alle Zutaten mischen und zum Kochen bringen, evtl. in der Schulküche.
- – Zum Erdenkinderfest kochen (**fse 60**).
- – Die Zutaten im Eine-Welt-Laden kaufen.

Dort und hier vergleichen

- Was singen wir, was essen wir, was spielen wir, auf welchen Instrumenten musizieren wir?
- Was ist ähnlich, was ist anders?

Kinder-Geschichten aus aller Welt erforschen

Sch suchen in Kalendern oder in der Schülerbücherei nach Erzählungen über Kinder in fernen Ländern.

- L bringt Bilder und Bücher mit.

„Ana aus Guatemala" begegnen

Die Geschichte „Ana aus Guatemala" wurde für die erste Klasse stark vereinfacht (Ursula Kersting, Ana aus Guatemala. Materialien für die Schule (Kinder einer Welt, 25, Misereor, Aachen 1999).

- Sch hören die Geschichte von Ana (**AB 1.4.2, Arbeitshilfen S. 155**) und geben sie mithilfe von **AB 1.4.3, Arbeitshilfen S. 157**, wieder.
- Sch vergleichen: Wie verbringen wir den Vormittag und Nachmittag? Wie Ana und wie ihr Bruder Ramon?
- Sch probieren aus, ob sie mit den Zahlen einfache Rechnungen lösen können.
- Sie malen den Quetzal (gesprochen: Kezal) bunt aus. Der Quetzal ist ein prächtiger Vogel und im Wappen von Guatemala zu sehen.
- Sch erzählen vom Fest (der Fiesta).
- Beim Erdenkinderfest verwenden Sch Schmuck und ein Tortilla-Rezept (siehe dort).

3. Jahrgangsübergreifende Lerngruppe

Sch aus dem 2. Lernjahr suchen Informationen in Zeitschriften, Büchern oder im Internet über den Lebensalltag von Kindern anderer Länder. Dabei sollten auch europäische Nachbarländer erkundet werden. Wichtig ist, dass die Verschiedenheiten als „Entdeckung" bestaunt und respektiert werden. Sch werden somit neugierig auf Unterschiede. Verschiedenheiten können so als Lebensrealität und nicht als Bedrohung wahrgenommen werden.

Fragen bleiben

1. Hintergrund

Die Doppelseite **fse 50/51** spricht in Wort und Bild nach den erfreulichen und positiven Aspekten des Kindseins **fse 48/49** auch andere, mehr problematische bzw. fragwürdige Seiten kindlichen Daseins an. Ziel ist es, dass Sch – wie auf den vorhergehenden Seiten – das Anderssein wahrnehmen, dass sie aber auch angeregt werden, Fragen zu stellen zu den vorgestellten Verhältnissen, mehr noch, dass sie selbst zu weiter gehenden Fragen animiert werden. Die übergroße Fragekiste mit Relix lädt dazu ein.

Auf der linken Seite **fse 50** zeigt die Illustration ein Afrikanerkind und ein Eskimokind mit typischen Attributen: einem exotischen Vogel, Palmen, mit leichter Kleidung das Afrikanerkind, mit Fisch und winterlicher Kleidung das Eskimokind. Ihre unterschiedliche Lebenssituation ist ins Bild gesetzt; wie können sie in Kontakt treten?

Das Foto aus einer brasilianischen Favela in der Mitte zeigt eine Wohnsituation von Kindern, Häuser, die mit einfachsten Mitteln hergestellt wurden, um wenigstens ein Dach über dem Kopf zu haben; der Boden ist vom Regen aufgeweicht, ein Kind watet durch den Morast.

Links unten sind zwei Jungen aus Vietnam zu sehen: Der eine hat durch eine Landmine ein Bein verloren und ist auf Krücken angewiesen.

Auf der rechten Seite **fse 51** sind zwei weitere Fotos abgebildet, die Sch fremdartig erscheinen: Rechts oben: Jugendliche und Kinder im Sudan. Sie müssen aufgrund der Kriegswirren in einem Flüchtlingslager leben, weit von zu Hause entfernt. Ihre Schule im Hintergrund wurde aus Lehmziegeln, Holz und Stroh gebaut. Schließlich verweist der Junge in der Mitte auf eine weit verbreitete Wirklichkeit: Kinder in Entwicklungsländern müssen oft durch harte Arbeit zum Unterhalt der Familie beitragen oder sich gar selbst ernähren (vgl. die Geschichte von Ana). Der Junge im Bild trägt für andere Leute nach Hause, was sie auf dem Markt gekauft haben. Sein Vater ist im Bürgerkrieg gestorben, seine Mutter kümmert sich um die kleineren Geschwister und ist auf das Geld angewiesen, das der Junge verdient.

Die Fragekarten sind in Anlehnung an die Fotos entstanden, bringen aber auch weiterführende Fragestellungen, z. B. nach dem Zurückgesetztwerden oder nach einer Behinderung und Einschränkung der Bewegungsfreiheit.

Ana aus Guatemala

Ana

Silo

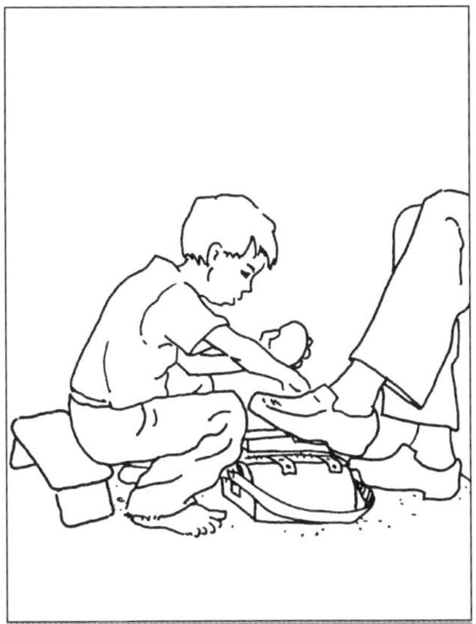

Ramon

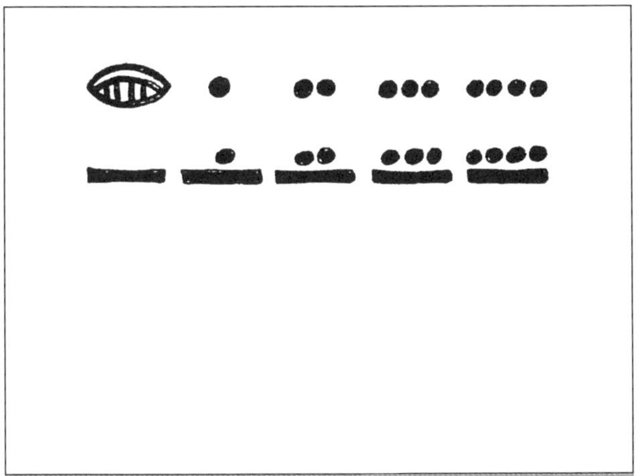

Zahlen

Mais

Fiesta

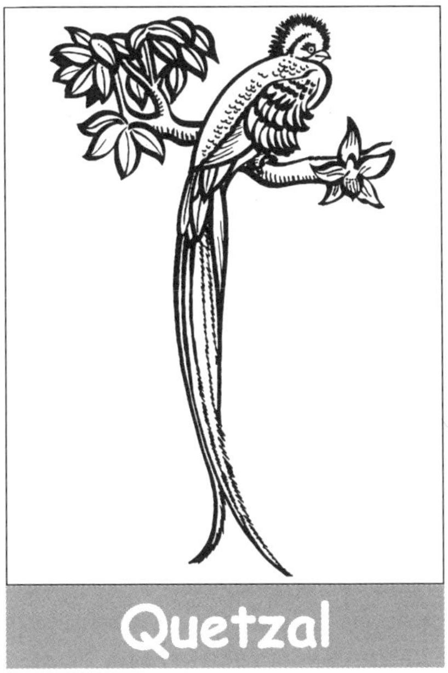

Quetzal

2. Einsatzmöglichkeiten im RU

Bilder regen zum Fragen an

- Sch beschreiben die einzelnen Bilder. L gibt zusätzliche Informationen.
- Sch stellen Fragen an die Bilder, z. B.
  - Warum könnt ihr euch nicht verstehen?
  - Hat das nur mit der fremden Sprache zu tun?
  - Hast du schon einmal erlebt, dass dich einer oder eine nicht verstanden hat?
  - Warum muss das Kind in einer so ärmlichen Behausung leben?
- Warum dürfen Kinder manchmal nicht mitspielen?
  - Aus dem Schulalltag: Da durfte ich nicht mitspielen, da war ich ausgeschlossen.
  - Im Rollenspiel darstellen. Wie geht es mir dann?
- Manche Fragen lassen sich beantworten; dann werden Antwortkärtchen geschrieben und auf die zugehörigen Bilder gelegt.
- Weiterfragen: Bei manchen Bildern brauchen wir zusätzliche Informationen. Überlegen: Wo bekommen wir sie her? (Verweis auf Misereor oder Adveniat.)

Noch weiter fragen

- Fragen, die ich habe, die wir haben, in die Fragekiste werfen.
- Die Fragen ordnen: Wie komme ich zu Antworten (nachdenken, fragen, sich informieren usw.)?
  - Darauf wissen wir in der Klasse eine Antwort.
  - Darauf wissen die Mutter, der Vater, die Lehrerin eine Antwort.
  - Es gibt Fragen, darauf wissen auch die Erwachsenen keine Antwort.

Ein Warum-Gedicht lesen

- Sch lesen das Gedicht von Max Bolliger (**AB 1.4.4, Arbeitshilfen S. 159**).
- Sch suchen eine Warum-Frage heraus und versuchen sie in PA zu beantworten.
  - In welchen Büchern finden sich Erklärungen?
- *Weiterführung*: Kinderfragen, in: Zöpfl, H., Eine ganze Welt voll Wunder, Donauwörth 1989, S. 28 f.

3. Jahrgangsübergreifende Lerngruppe

- Sch aus dem 2. Lernjahr stellen in PA ein Plakat her, z. B.: „Achtung! Kind in Not!“. Hier kann die Lebenssituation eines Kindes in Bildern (aus Zeitschriften oder selbst gemalt) und mit kurzen Texten veranschaulicht werden.
- Sch präsentieren ihr Plakat.

Bin ich noch zu klein?

fragen – suchen – entdecken 52/53

1. Hintergrund

Die Doppelseite **fse 52/53** führt die Thematik: „Kindsein“ weiter. Sie thematisiert eine gängige Erfahrung der Sch, klein und zurückgesetzt zu werden, weil sie noch nicht das Ansehen von Erwachsenen haben. Zu gleicher Zeit ist aber auch die Sichtweise der Erwachsenen einzubringen. Das Miteinander der Generationen ist weder nach der Kind- noch nach der Erwachsenenseite einseitig aufzulösen. So werden Sch lernen müssen, sich in die jeweilige andere Person hineinzuversetzen.

Die drei **fse 52** dargestellten Situationen sind Sprechanlässe für eigene Erfahrungen. Links oben das Mädchen hat ein Anliegen, eine Frage, will vielleicht etwas Wichtiges sagen. Es bekommt körpersprachlich zur Antwort ruhig zu sein. Rechts oben sitzt die Mutter am Computer. Der Junge sagt der Mutter, dass das Bein des Elefanten angenäht werden muss, damit er weiterspielen kann. Die Mutter zeigt wieder körpersprachlich an, dass sie jetzt keine Zeit hat. Beide Kinder erleben diese Situationen als Zurückweisung ihrer Bedürfnisse. Auch das Bild unten zeigt, wie Kinder von Erwachsenen leicht übergangen werden, eine Erfahrung, die Kinder sicher schon gemacht haben.

Das Lied **fse 53** fasst zunächst gängige Aussagen von Erwachsenen zusammen, wie sie Kinder hören können. Zugleich wird eine mögliche Verhaltensstrategie angeboten: Mit Mut das zu tun, was sie für richtig halten, wozu sie sich innerlich gedrängt fühlen. Im Gespräch wird freilich auch zu klären sein, inwiefern Erwachsene helfen, das Mutigsein richtig einzuordnen und zu praktizieren.

Literatur

Dohmen-Funke, Christoph, Klein und groß, in: Niehl Franz W. (Hg.), Leben lernen mit der Bibel, München 2003, S. 411-420

2. Einsatzmöglichkeiten im RU

Da nehmen mich Erwachsene nicht ernst

Die Bilder werden als Sprachanlass für eigene Erfahrungen genommen.

- Sch suchen eine Situation heraus und spielen sie nach.
- Sch spielen eine Situation so, dass das Kind Recht bekommt.

Weißt du, warum?

Weißt du, warum es regnet und schneit?
Weißt du, warum es Krieg gibt und Streit?
Weißt du, warum wir lachen und weinen?
Weißt du, warum die Sterne so winzig scheinen?
Weißt du, warum es warm wird und kalt?
Weißt du, warum wir jung sind und alt?
Weißt du, warum einer Geschichten schreibt?
Weißt du, warum Gott unsichtbar bleibt?

Max Bolliger

Evi sucht Trost bei der Mutter

Evi ist die Kleinste in der Klasse. Heute ist sie im Bus von einer Gruppe aus der Nachbarschule angegriffen worden. „Ei, was hast du für eine altmodische Jacke an, die hat wohl schon deine Oma getragen?"
Evi duckt sich und denkt: Hoffentlich kann ich bald aussteigen.
Die Gruppe hänselt sie weiter: „Du siehst ja aus, als ob du noch gar nicht in die Schule gehörst, dein Schulranzen ist ja größer als du selbst! Geh doch lieber in den Kindergarten oder kannst du vielleicht schon einen Buchstaben lesen?"
Evi wird es immer mulmiger im Bauch. Endlich ist ihre Haltestelle da.
„Klein Evilein, klein Evilein", schreit es hinter ihr her.
Gott sei Dank ist die Mutter zu Hause, der sie das alles erzählen kann und die sie bestimmt trösten wird. Sie wirft Jacke und Schulranzen in den Flur und schon sprudelt es aus ihr heraus: „Stell dir vor ...", weiter kommt sie nicht. Die Mutter unterbricht sie: „Sei jetzt still, deck den Tisch, Vati kommt gleich.
Und räume den Schulranzen weg und hänge deine Jacke auf!"
Evi ist so enttäuscht. Nicht einmal die Mutter will sie anhören!
Was wird sie tun?

- Sch versetzen sich in die Situation der Erwachsenen.

Evi sucht Trost bei der Mutter

AB 1.4.5, Arbeitshilfen S. 159, bietet als Fallbeispiel die Geschichte „Evi sucht Trost bei der Mutter" an.

- Sch lesen die Geschichte.
- Sch spielen das Ende der Geschichte. Möglichkeiten: ins Zimmer rennen und traurig sein; nochmal mit der Mutter reden und dann die Aufgaben erledigen; die Mutter entschuldigt sich oder sie vertröstet Evi auf später.
- Das Zusammenleben von Erwachsenen und Kindern ist nicht immer leicht. L und Sch nehmen beide Seiten in den Blick.

Erwachsene denken: Kindsein ist süß, stimmt das?

- L liest den Text von **AB 1.4.6, Arbeitshilfen S. 161**, vor.
- Sch nehmen eine Aussage heraus und erzählen dazu eine Geschichte.
- – Wie wünschen sich Sch das Verhalten von Erwachsenen (Eltern, Lehrern)?
- – Ob Erwachsene auch so eine Reihe aufstellen können? Was bekommen sie von den Kindern gesagt?

Lied: „Dafür bist du noch zu klein" weitersingen

- Sch lernen die 2. und 3. Strophe singen und besprechen sie:

2. Geh nicht fort,
komm bleibe da,
sagen viele Leute.
Und sie sagen's alle Tage,
gestern, morgen, heute.

3. Tu es nicht,
es ist gefährlich,
sagen viele Leute.
Und sie sagen's alle Tage,
gestern, morgen, heute.

Mut-Situationen unterscheiden

- „Mutig sein" ist oftmals angebracht: für den Freund, die Freundin eintreten, wenn ihm oder ihr Unrecht geschieht, wenn er oder sie verlacht wird; einen Fehler eingestehen; sich entschuldigen; der Lehrerin sagen, wenn sie nicht im Recht ist; beim Geburtstag ein Gedicht aufsagen; etwas singen ...
- Da ist „mutig sein" nicht angebracht: eine Gruppe überredet mich, Mut zu beweisen und im Kaufhaus eine Kassette mitgehen zu lassen; eine Mutprobe: von einem zu hohen Ast herunterspringen; einem oder einer anderen die Luft aus dem Fahrradschlauch herauslassen ...

3. Jahrgangsübergreifende Lerngruppe

- Sch aus dem 2. Lernjahr schreiben eine kurze „Mut-Geschichte",
- – eine selbst erfundene,
- – eine, von der sie gehört haben,
- – eine selbst erlebte.
- Sch erstellen ein „Mut-Cluster". Sie sammeln an der Tafel oder auf einem Plakat in PA Wörter, die ihrer Meinung nach etwas mit Mut zu tun haben, und führen dabei ein Gespräch darüber.

Ist Daniel zu klein für Jesus? fragen – suchen – entdecken 54/55

1. Hintergrund

Das Zu-klein-Sein wird von Sch oft mit „Geringsein" verbunden. Dieser Sicht will die Doppelseite **fse 54/55**, die den biblischen Text der Kindersegnung zum Inhalt hat, entgegenwirken. Im Gegensatz zur Auffassung vom Klein- bzw. Geringsein steht das Wort Jesu: Ihnen gehört das Reich Gottes. Damit wird das Kindsein aufgewertet, wie es zur Zeit Jesu ganz ungewöhnlich war. Die vorhergehenden Fragen nach dem Kleinsein und Zurückgesetzt-Werden **fse 52/53** werden hier aufgenommen und aufgelöst. Die folgenden Seiten führen den Gedanken weiter: Sie bringen notwendige Voraussetzungen und Folgerungen zur Sprache, die sich aus der Würde und dem unveräußerlichen Wert des Kindes ergeben **fse 56/57**. Die Doppelseite **fse 54/55** ist folglich der Dreh- und Angelpunkt des Kapitels, das Scharnier zwischen den Seiten vorher und nachher. Kinder der Einen Welt erhalten ihre Würde durch das Ansehen Gottes, das Jesus in dieser Gleichnishandlung demonstriert.

Im Mittelpunkt von **fse 54** steht die Erzählung „Die Segnung der Kinder" nach Mk 10,13-(15)16. Der Text ist sehr vereinfacht, damit ihn Sch erlesen können. Er ist zudem personalisiert, bezogen auf Daniel, einen Jungen zur Zeit Jesu. Sch können sich mit ihm identifizieren und die herausgehobene Stellung der Kinder in der Jesuserzählung nachempfinden (**AB 1.4.7, Arbeitshilfen S. 163**: Erzählvorschlag). Dass Kinder von Gott her Wert und Ansehen besitzen, ist für die erste Klasse der Zielpunkt dieser Erzählung.

Kindsein ist süß?

Tu dies! Tu das!
Und dieses lass!
Beeil dich doch!
Heb die Füße hoch!
Sitz nicht so krumm!
Mein Gott, bist du dumm!
Stopf's nicht in dich rein!
Lass das Singen sein!
Du kannst dich nur mopsen!
Hör auf zu hopsen!
Du machst mich verrückt!
Nie wird sich gebückt!
Schon wieder 'ne Vier!
Hol doch endlich Bier!
Sau dich nicht so ein!
Das schaffst du allein!
Mach dich nicht so breit!
Hab jetzt keine Zeit!
Lass das Geklecker!
Fall mir nicht auf den Wecker!
Mach die Tür leise zu!
Lass mich in Ruh!

Kindsein ist süß?
Kindsein ist mies!

Susanne Kilian

Was ein Kind braucht

Wenn ein Kind geboren ist,
braucht es eine Wohnung,
Kleider, eine Spielzeugkiste,
Bonbons als Belohnung,
Murmeln und ein eigenes Bett,
einen Kindergarten,
Bücher und ein Schaukelbrett,
Tiere aller Arten,
Wälder, Wiesen, eine Stadt,
Sommer, Regen, Winter,
Flieger, Schiffe und ein Rad,
viele andre Kinder,
einen Vater, der Arbeit hat,
eine kluge Mutter,
Länder, wo es Frieden hat,
und auch Brot und Butter.
Wenn ein Kind nichts davon hat,
kann's nicht menschlich werden.
Dass ein Kind das alles hat,
sind wir auf der Erden.

Peter Maiwald

Die Segnung der Kinder nach Mk 10,13-16

Der Text ist Teil der Jüngerbelehrung, in der es u. a. um die Ehe, den Reichtum und die Nachfolge Jesu geht. V 15: „Amen ich sage euch" ... ist ein Einschub und bleibt hier außer Acht. Die Erzählung verdeutlicht in typischer Weise die Lehre Jesu: Den Armen und Geringgeachteten gehört das Reich Gottes.

1. Situationsangabe: Ungenannte Bittsteller bringen Kinder zu Jesus, damit er ihnen die Hände auflege, sie stärke und etwas von seiner Heilkraft auf sie übergehe. – Das verarmte Volk Israels hatte große Schwierigkeiten, die Kinder zu ernähren und sie vor tödlichen Krankheiten zu bewahren.

2. Abweisung durch die Jünger: Die schroffe Zurückweisung durch die Jünger ist nicht motiviert, zeigt aber die Geringachtung der Kinder in der antiken Gesellschaft.

3. Der Zorn Jesu und die Zurechtweisung: Als Jesus dies hört, weist er die Jünger in scharfem Ton zurecht und verbietet die Zurückweisung.

4. Aufforderung Jesu und Heilswort: Jesus fordert die Jünger auf die Kinder zu ihm zu lassen. Er begründet seine Haltung: Ihnen gehört das Reich Gottes. Diese Heilsverheißung gilt den Kleinen, den Armen, den Nichtgeachteten und Zurückgesetzten, zu denen eben auch die Kinder gehören.

5. Segenshandlung Jesu: In Umarmung, Handauflegung und Segnung, d. h. durch körperliche Nähe und Berührung wird Gemeinschaft hergestellt. Die Hochschätzung der „Kleinen" wird handelnd verdeutlicht. Segen meint den verheißenden Zuspruch für ein gelingendes Leben in die konkrete Situation hinein, für Schalom im umfassenden Sinn. Segen ist Gabe Gottes, unverdientes Geschenk. An der Segnung der Kinder, die ja noch keine Leistung aufzuweisen haben, wird das exemplarisch deutlich.

Literatur

Cratius, B., Wir spielen: Jesus segnet die Kinder, in: ders., Kinder im Kirchenjahr, Gießen 1990, S. 70-72

Harz, Frieder u.a., Biblische Erzählwerkstatt (Werkbuch Religionsunterricht), Lahr 2001, S. 61-69 (mit Anregungen zur Freiarbeit!)

Emil Nolde (1867-1956)

Der Maler Emil Nolde wurde als Emil Hansen 1867 in Nolde geboren. Bei seinem Aufenthalt in Berlin lernte er die Malergruppe „Die Brücke" kennen. Sein Werk zeigt eine Konzentration auf religiöse und biblische Themen. Im Sommer 1910 malte er „Christus und die Kinder" zusammen mit fünf anderen Bildern religiösen Inhalts. Leuchtende Farben sind ein Markenzeichen seiner Malerei. 1927 zog er in den kleinen Ort Seebüll an der Nordsee, wo er 1956 starb. Sein Haus ist heute ein Museum, das wichtige Werke seiner Malerei zeigt.

Emil Nolde: „Christus und die Kinder", 1910

Das Gemälde ist als Farbfolie 6 in der Folienmappe Schatzkiste 1/2 enthalten, vgl. Arbeitshilfen S. 19.
Zur Bilderschließung vgl. Arbeitshilfen S. 74.
Dieses Gemälde „Christus und die Kinder", 86,8 x 106,4 cm, das sich heute im Museum of Modern Art in New York befindet, ist deutlich dreigeteilt. Die linke Seite ist von fünf Männern in dunklen grünblauen und blauvioletten Farben beherrscht. Zwei reden miteinander, die übrigen schauen skeptisch und ernst auf das, was sich vor ihren Augen abspielt. Nur in den Gesichtern spiegeln sich die warmen Farben des übrigen Bildes. Die rechte Seite ist in den warmen Farben Gelb, Rot, Orange gehalten. Eine Vielzahl von Kindern drängt heran. Ganz außen ist auch eine Mutter zu erkennen, die ihr Kind auf dem Arm trägt. Die mittlere Figur, die das Bild diagonal teilt, ist in Blau-Grün gehalten, gleichsam Himmel und Natur verbindend. Sie kehrt uns beim Betrachten den Rücken zu, ist ganz den Kindern auf der rechten Seite zugewandt.
Unschwer ist in dem Bild die Erzählung von der Kindersegnung zu entdecken. Links die Jünger in diskutierender und abweisender Haltung, erstaunt, misstrauisch; rechts eine Vielzahl von Kindern, die alle auf die Figur in der Mitte bezogen sind. Jesus beherrscht die Mitte. Mit seinem ganzen Körper ist er den Kindern zugewandt, der Betrachter bekommt nur den Rücken zu sehen.

Literatur

Goecke-Seischab, Margarete Luise/Harz, Frieder, Bilder zu neutestamentlichen Geschichten im Religionsunterricht, Lahr 1994, S. 49-69 (mit Arbeitsblättern)

Schneider, Jan Heiner, Emil Nolde: Christus und die Kinder, in: KatBl 126 (2001), S. 362-366

2. Einsatzmöglichkeiten im RU

Der RU kann sowohl mit dem Bild **fse 54** wie mit der Erzählung **fse 53** begonnen werden.

Die Geschichte von Daniel erzählen

Ein Junge zur Zeit Jesu. Er wird, wie die anderen Kinder, von den Erwachsenen nicht beachtet. Die Eltern haben große Mühe, ihre Kinder zu ernähren. Viele Kinder sterben, bevor sie groß geworden sind. Nachdem **fse 54** angeschaut worden ist, wird der biblische Text aus der Sicht des Jungen David veranschaulicht. Erzählvorschlag: „Daniel begegnet Jesus", **AB 1.4.7, Arbeitshilfen S. 163**.

Rollenspiel(e) inszenieren

- Vater und Mutter, die Nachbarn erzählen, was sie von Jesus gehört haben (Zuwendung zu den Armen, Heilung des blinden Bartimäus, die Ge-

Daniel begegnet Jesus

Ein Erzählvorschlag zu Mk 10,13-16:

Daniel ist ein Junge, wie es viele in seinem Dorf gibt. Schon oft hat er gehört, wie sich die Erwachsenen über Jesus unterhalten haben. Sie haben erzählt, dass er sich um die Armen kümmert, sogar Kranke wieder gesund macht und dass er von Gott erzählt, der gerade die kleinen Leute liebt, die sonst gerne übersehen werden und die niemand sonst ernst nimmt.

Daniel ist neugierig. Den Mann möchte er auch einmal sehen und hören. Ob Jesus auch ihn, den Daniel sieht? Und tatsächlich, eines Tages erfährt Daniel, dass Jesus durch sein Heimatdorf kommt. Und er sieht, wie die Erwachsenen ihre Arbeit liegen lassen und zum Dorfplatz laufen. Einige Frauen sind auch dabei, die sogar ihre kleinen Kinder mitnehmen. Ob die Jesus überhaupt interessieren, die verstehen doch gar nicht, was er sagt! Daniel läuft hinter den Männern und Frauen her. Er ist geschickt und kann sich an den Erwachsenen vorbeidrängeln und nach einiger Zeit steht er ganz vorne. So ein Glück!

Aber er hat nicht mit den Jüngern (den Begleitern Jesu) gerechnet. „Hau ab, verschwinde, für Kinder ist bei Jesus kein Platz." Und sie schieben ihn zurück. Das kennt er, so machen es die Großen immer mit den Kindern. Bevor er enttäuscht zurückweicht, hört er die Stimme von Jesus: „Was fällt euch ein, Kinder wegzuschicken! Für Gott sind gerade die Kinder wichtig. Ihnen gilt seine besondere Liebe. Daniel und alle Kinder sollen zu mir kommen."

Und die Begleiter Jesu sehen erstaunt, wie Jesus Daniel und die anderen Kinder nicht nur zu sich kommen lässt, er umarmt sie auch noch, er legt ihnen die Hände auf und segnet sie. Er stellt sie unter den besonderen Schutz Gottes.

Das war ein glücklicher Tag für Daniel und die Kinder. Dass er etwas wert ist und sogar für Gott wertvoll ist, das hatte er noch nie gehört. Und er behält, was Jesus gesagt hat: Kinder sind für Gott wichtig. Sie liebt er besonders.

Jesus und die Kinder

T: Rolf Krenzer/M: Detlev Jöcker

D A A7 D
1. Als der Herr die Stadt be - sucht, blei - ben vie - le stehn,
D A A7 D
drän - gen sich um ihn he - rum, wol - len Je - sus sehn.
E A E A7
Leu - te mit und oh - ne Geld hö - ren Je - sus zu,
D A A7 D
wol - len im - mer mehr von ihm, ge - ben kei - ne Ruh.

2. Kinder kommen auch herbei,
Kinder, groß und klein,
wollen auch gern zu ihm gehn,
wollen bei ihm sein.

„Schert euch weg! Ihr seid zu klein!"
Bös ist manches Wort.
Und die Großen jagen so
alle Kinder fort.

3. Aber Jesus ruft sogleich:
„Kinder, groß und klein,
kommt, ich warte doch auf euch!
Ihr sollt bei mir sein!"

Zu den Großen sagt er dann:
„Überlegt das nun
und nehmt mich so bei euch auf,
wie's die Kinder tun!"

schichte von Levi, wie Jesus von Gott redet usw.). Die Kinder des Dorfes unterhalten sich, was sie von ihren Eltern gehört haben.
- Daniel erzählt seinen Freundinnen und Freunden, wie er Jesus begegnet ist, was für ihn wichtig war.

Kinder begegnen Jesus
- Sch vergleichen die Überschrift **fse 54** mit den Erfahrungen von Daniel.
- Sie beziehen **fse 52** ein: Was haben Kinder dort erlebt?

E. Noldes „Christus und die Kinder" erschließen
- Mit diesem Impuls kann L die Unterrichtsstunde auch beginnen.
- L deckt Folie 6 (Schatzkiste 1/2) auf dem OHP durch die Schablone (**AB 1.4.8, Arbeitshilfen S. 165**) ab, sodass die linke und rechte Seite getrennt betrachtet werden können.
  - Die dunkle Seite zeigt fünf Männer: zwei unterhalten sich, drei schauen verwundert. Wofür steht die dunkle Farbe?
  - Die helle Seite zeigt viele Kinder, die sich nach einer Seite hin ausrichten, zu jemandem hinstreben. Sch erschließen die Bedeutung der hellen, warmen Farben.
- L entfernt die Schablone, Sch betrachten das komplette Bild.
  - Sie ahmen die Haltung der mittleren Figur nach.
  - Wer nimmt eine solche Haltung ein? Was könnte diese Haltung ausdrücken?
- Wenn der RU mit der Bildbetrachtung begonnen wurde, erzählt L nun von der Kindersegnung (Mk 10,13-16) anhand des Erzählvorschlags **AB 1.4.7, Arbeitshilfen S. 163**.
- Wenn der RU mit der Erzählung begonnen wurde, identifizieren Sch den Moment aus Daniels Erlebnis, der im Gemälde gezeigt wird.
  - Sie erzählen: Was geschah vorher? Was geschieht nachher?
- Wo möchtest du auf dem Bild sein? Sch legen ein Bild von sich an diese Stelle.
- Sch lernen und spielen das Lied von der Kindersegnung: **AB 1.4.9, Arbeitshilfen S. 163**.

3. Jahrgangsübergreifende Lerngruppe

- Sch im 2. Lernjahr suchen in der Bibel den Originaltext Mk 10,13-16 und schreiben in ihr Religionsheft dazu, z. B.:
  - *Sachinformation:* NT, Evangelium nach Markus, Mk 10,13-16, Nr. 73 in *Meine Schulbibel* ...
  - Dieser Satz ist wichtig: ...
  - Das würde ich gerne zu Jesus sagen ...
- Sch schreiben den letzten Satz aus Mk 10,16 ab und malen dazu ein Bild.

Literatur

Meine Schulbibel. Ein Buch für Sieben- bis Zwölfjährige, Kevelaer/Stuttgart/München/Düsseldorf 2003

Was Kinder brauchen

fragen – suchen – entdecken **56/57**

1. Hintergrund

Die Doppelseite **fse 56/57** konkretisiert den letzten Satz von Mk 10,16. Segen als Schalom, Heil für die Kinder: Was bedeutet das? Die linke Seite **fse 56** bietet an, darüber nachzudenken, was Kinder brauchen, damit für sie Schalom Wirklichkeit werden kann. Darauf zielt das Lied: Es gibt auf zwei Ebenen die Grundbedürfnisse der Kinder wieder. Das sind zunächst Kleidung, Wohnung, Nahrung, „materielle Bedürfnisse", die zum Leben und Überleben notwendig sind. Notwendig sind aber auch Zuwendung und Geborgenheit, zu deren Befriedigung die Kinder Eltern und wohl wollende Menschen des sozialen Umfeldes brauchen. Das Lied regt an, selbst weitere „Grundbedürfnisse" zu artikulieren bzw. auf wenige zentrale Bedürfnisse zu reduzieren (vgl. dazu die beiden Impulse **fse 56**). Die rechte Seite **fse 57** führt den Gedanken weiter, indem die politische Dimension der Verantwortung für Kinder angesprochen wird. Kinder sind darauf angewiesen, dass die Erwachsenengeneration ihre elementaren Grundrechte garantiert und einlöst. Auch Sch des 1. Schuljahres können darüber informiert werden, wie sich Politiker verpflichten, für die nachwachsende Generation auf der ganzen Welt Verantwortung zu tragen.
Einige dieser Kinderrechte sind **fse 57** genannt: das Recht auf Nahrung, Heimat, Spiel, Gesundheit, Bildung und das Recht auf eine Zukunft. Diese Kinderrechte gelten für alle Kinder (symbolisch angedeutet in der Strichzeichnung). Im Gedicht ist angesprochen, dass nicht allen Kindern diese Grundrechte zuteil werden.

Kinderrechte

Im Jahr 1959 wurde von den Vereinten Nationen (UN) die Deklaration über die Rechte des Kindes verabschiedet. Diese Erklärung war aber völkerrechtlich nicht bindend, sondern stellte lediglich

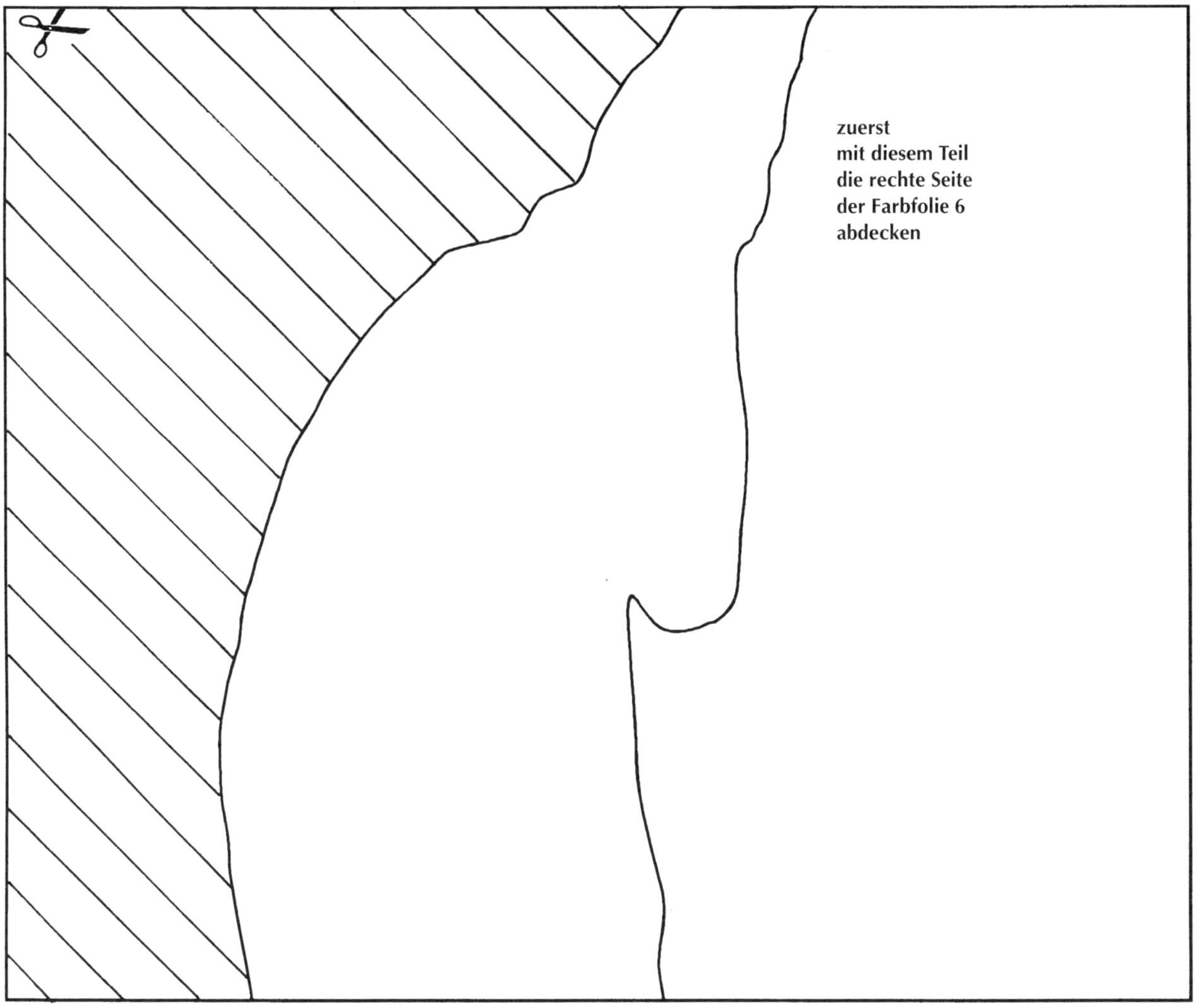
zuerst
mit diesem Teil
die rechte Seite
der Farbfolie 6
abdecken

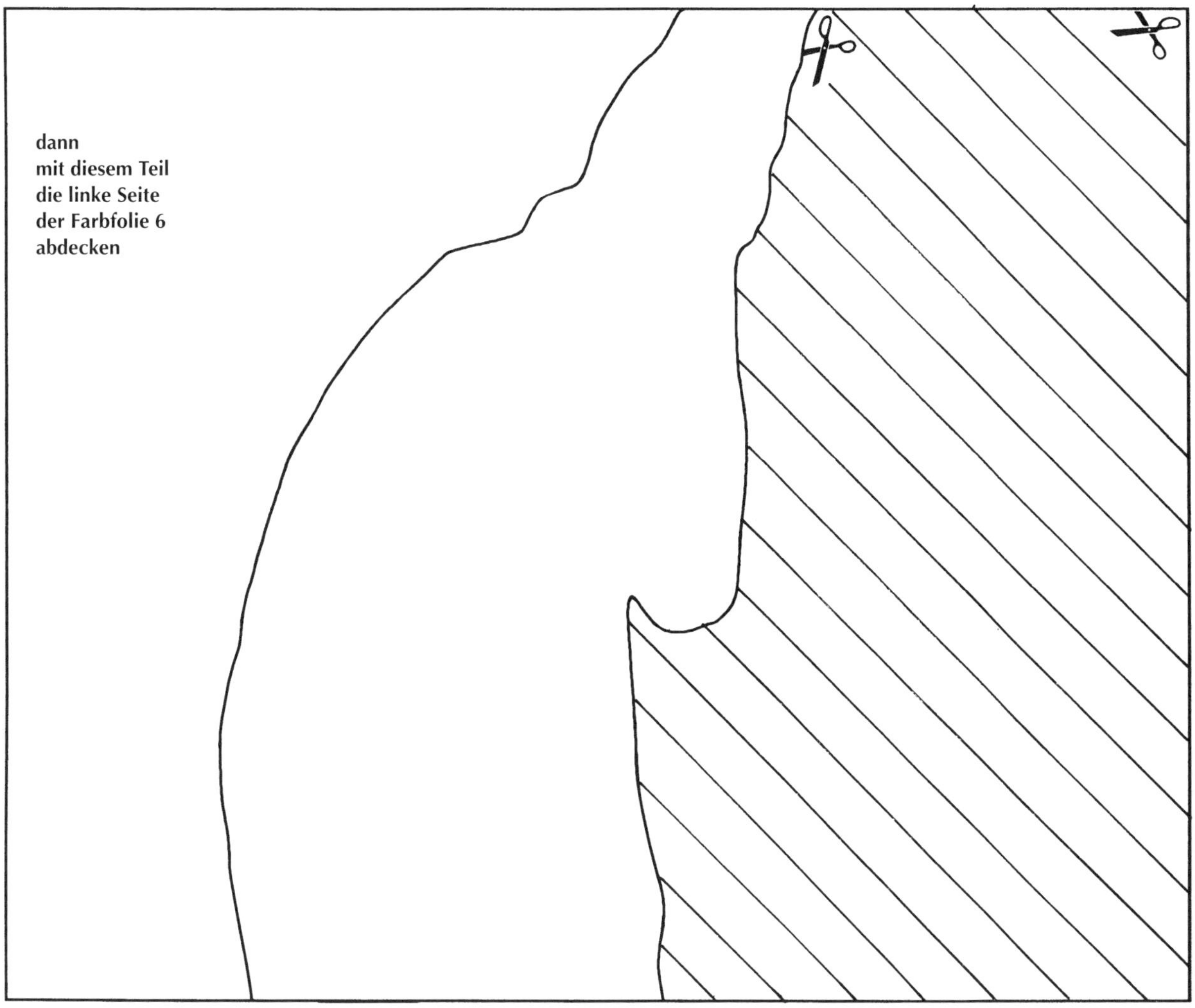
dann
mit diesem Teil
die linke Seite
der Farbfolie 6
abdecken

Kinderrechte ...

 Nahrhaftes Essen	 Sauberes Wasser
 Fernseher	 Fahrrad
 Eigenes Zimmer	 Arzt, Ärztin
 Walkman	 Spielplätze

Kinderwünsche

 Computer	 Modische Kleidung
 Saubere Luft	 Süßigkeiten
 Geld, so viel du ausgeben möchtest	 Schule
. . . .	. . . .

eine Absichtserklärung dar. 1989 wurden die Kinderrechte in einer Konvention mit 54 Artikeln neu gefasst und als bindendes Recht verabschiedet. Alle Länder, die die Konvention ratifiziert haben, stellen sicher, dass ihre Gesetze der Konvention entsprechen. 1992 wurde die Konvention für Deutschland übernommen. Bis 1995 haben 184 Staaten die Konvention ratifiziert.

Die Rechte in Kurzform:

1. Gleichheit vor dem Gesetz
2. Gesundheit
3. Bildung
4. Spiel und Freizeit
5. Freie Meinungsäußerung, Information und Gehör
6. Gewaltfreie Erziehung
7. Schutz im Krieg und auf der Flucht
8. Schutz vor wirtschaftlicher und sexueller Ausbeutung
9. Elterliche Fürsorge
10. Betreuung bei Behinderung

Der volle Wortlaut findet sich in den Veröffentlichungen der nachfolgend aufgeführten Organisationen; ist im Internet zu finden unter: www.uno.de (UNO in Deutschland) und www.un.org (UNO international). Dort auch eine englischsprachige Schülerseite: http://www.un.org./Pubs/CyberSchoolBus.

Adressen

Deutscher Kinderschutzbund – Bundesverband e. V.
Hinüberstr. 8, 30175 Hannover
Tel: 0511/304850, Fax: 0511/3048549, E-Mail: info@dksb.de,
Internet: www.dksb.de.

Deutsches Kinderhilfswerk e. V.
Leipziger Straße 116-118, 10117 Berlin
Tel: 030/308693-0, Fax: 030/2795634, E-Mail: dkhw@dkhw.de,
Internet: www.dkhw.de.

Deutsches Komitee für UNICEF e. V.
Höninger Weg 104, 50969 Köln
Tel: 0221/936500, Fax: 0221/93650279,
E-Mail: mail@unicef.de, Internet: www.unicef.de.

terre des hommes Deutschland e. V.
Ruppenkampstr. 11a, 49084 Osnabrück
Tel: 0541/71010, Fax: 0541/707233, E-Mail: info@tdh.de,
Internet: www.tdh.de.

Literatur

Ein Koffer voller Kinderrechte, hg. v. Bundesministerium für Familie, Senioren, Frauen und Jugend, Materialpaket mit Liedern, Texten, Hörspielen, Filmen, CDs und Kassetten (Medienzentralen)

Fountain, S., Wir haben Reche ... und nehmen sie auch wahr! Mülheim a. d. Ruhr 1996 (S. 12-15: Kurzfassung der 54 Artikel)

Große-Oetringhaus, Michael G., Kinder haben Rechte – überall, Berlin 1993

2. Einsatzmöglichkeiten im RU

Was wir zum Leben brauchen

- Sch interviewen andere Sch: Was ist für dich lebensnotwendig?
- Sch sammeln, was ein Kind zum Leben braucht.
- Sch stellen eine Ausstellung zusammen mit Realien.
  - Sie überprüfen dann: Ist das, was wir gesammelt haben, ausreichend?
  - Sch sortieren: Was gehört zusammen?
  - Sie reduzieren auf unbedingt Notwendiges und begründen die Auswahl.
- Was wir nicht in die Schule mitbringen können, aber doch brauchen, wie stellen wir das dar? (Malen, Standbild)
- Was hat Jesus den Kindern gegeben? Was hat er den Erwachsenen gesagt? Wer zeigt uns, wie Jesus gehandelt hat?
- Kinder erlernen und singen das Lied **fse 56**. Es ist als Lied 21 enthalten auf der CD Liederkiste 1/2, vgl. Arbeitshilfen S. 19.
- *Weiterführung*: mit dem Gedicht „Was ein Kind braucht" von Peter Maiwald (**AB 1.4.10, Arbeitshilfen S. 161**).

Das Gedicht von Reiner Kunze besprechen

- Das Gedicht von Reiner Kunze **fse 57** besprechen und ergänzen: Was wir noch haben.
- Sch überlegen, welche Kinder diese notwendigen Dinge nicht haben, **fse 22**.

Grundbedürfnisse und Wünsche unterscheiden

- L verteilt **AB 1.4.11, Arbeitshilfen S. 166 f.**
  - Sch schneiden die Kärtchen aus und kleben sie, wenn möglich, auf. Für je zwei Sch wird eine Kärtchenserie benötigt.
  - Zwei Kärtchen bleiben zum Beschriften leer: Sch ergänzen ein Kinderrecht und einen Kinderwunsch selbst.
- Sch klären in PA: Was ist unbedingt notwendig und was ist wünschenswert?
  - Sie sortieren danach die Kärtchen und begründen die Entscheidung.
  - Mit den Entscheidungen der anderen vergleichen.

Kinderrechte erkunden

- Sch erhalten **AB 1.4.12, Arbeitshilfen S. 169**, und ordnen die Bilder den Kinderrechten **fse 57** zu.
- Sie formulieren zu dem weinenden Kind ein Kinderrecht (z. B. das positive Recht auf ein gutes Leben oder: nicht ausgelacht, nicht verletzt werden).
- L versteckt in einem Beutel verschiedene Gegenstände. Sch zieht einen hervor und ordnet ihn einem Kinderrecht zu (z. B. Löffel, Stethoskop, Schulmäppchen ...).

Kinderrechte

➤ Finde zu diesen Bildern die Kinderrechte in fragen – suchen – entdecken Seite 57.

- Mit Sch gemeinsam das Bild **fse 57** oben einschätzen: Wer hat es wohl gemalt? Warum wurden nicht einfach Kinder fotografiert (nicht nur zwei bestimmte, sondern alle Kinder haben Rechte)?
- Wenn ich die Königin, der König der Kinder wäre, würde ich Folgendes tun ... In der Klasse mit Kassettenrecorder aufnehmen.
- *Weiterführung:* Lene Mayer-Skumanz, Jakob redet mit dem Vater, in: Dietrich Steinwede u. a., Neues Vorlesebuch 1, Lahr 1996, S. 25.

3. Jahrgangsübergreifende Lerngruppe

- Sch aus dem 2. Lernjahr schreiben auf, was sie bei einer Rede im Bundestag den Politikern sagen würden.
- – Sch sprechen ihre Rede auf ein Aufnahmegerät.
- Sch erkunden auf der Internetseite der UNO die Kinderrechte.
- Sch schreiben einen Brief an UNICEF und fordern Informationsmaterial für ihre Klasse an.
- Sch gestalten eine Ausstellung zum Thema Kinderrechte.

Dafür sind wir nicht zu klein

fragen – suchen – entdecken 58/59

1. Hintergrund

Die Doppelseite **fse 58/59** zeigt Themen rund um das Kindsein: zu klein sein ... etwas wert sein ... etwas können ... In Wort und Bild werden Beispiele gezeigt, wie Sch ihre Welt organisieren. Kinder sind nicht nur schutz- und hilfsbedürftige Wesen, sie können ihre Sache auch teilweise schon selbst „in die Hand nehmen". Kinder haben elementar das Bedürfnis nach Verantwortung (vgl. Mia Kellmer-Pringle, Was Kinder brauchen, Stuttgart 1979, S. 70-75). Sch werden angeregt diese Verantwortung wahrzunehmen. Sie sollen Vertrauen und Zuversicht in die eigenen Kräfte gewinnen.

Die linke Seite **fse 58** veranschaulicht eine so genannte Freitagsversammlung. Am Ende einer Woche schauen Sch und L auf die gemeinsame Arbeit und ihr Zusammenleben in der Schule zurück. Sie übernehmen für gutes und weniger gutes Gelingen (Mit-)Verantwortung. Zugleich lernen sie vergangene Erlebnisse in Worte zu fassen und so ihre Sprachkompetenz zu erweitern. Sie können bereits Bücher finden und in ihnen lesen, Bilder befragen und Information beschaffen. Auch suchen Sch nach Möglichkeiten, das Miteinander in der Klasse konstruktiv zu gestalten und Streit zu schlichten (Knotenschnur).

Die rechte Seite **fse 59** zeigt: Sch machen die Erfahrung, dass im Zusammenleben Entscheidungen zu fällen sind, die nicht immer glatt aufgehen. Die Dilemmageschichte „Kinokarte" stellt eine solche Situation vor.

Für L ist es interessant, wie Sch die Dilemmasituation lösen und welche Begründung sie anführen, weil das Aufschluss gibt über ihren Entwicklungsstand (vgl. Die moralische Entwicklung beim Kinde nach Kohlberg). Die Musiziergruppe, die Kinder am Computer und der Besuch in der Bibliothek **fse 58** sind weitere Beispiele für die wachsende Selbstständigkeit der Sch, die es zu fördern und auszubauen gilt (vgl. das pädagogische Leitthema: Verantwortungsgefühl für eigenes Handeln entwickeln). Die Anregung gemeinsam ein Kinderfest zu veranstalten **fse 60** weitet den Gedanken in kreativer Weise aus.

2. Einsatzmöglichkeiten im RU

Die Freitagsversammlung einführen

Wir regeln unsere Klassenangelegenheiten:

- L stellt die Freitagsversammlung vor, kleidet sie dazu in eine Geschichte und betont vor allem den Umgang miteinander: Gleichberechtigung, Gesprächsdisziplin. Die Tagesordnung wird geklärt: z. B. „Was war in dieser Woche gut? Was war nicht gut? Ich schlage für die kommende Woche vor."
- Versammlungsleiter/in ist zunächst L, später können es auch abwechselnd zwei Kinder probieren.
- Inhaltlich werden auf Satzstreifen einzelne Gesichtspunkte benannt:
  Auf dem Schulhof .../In der Klasse .../Mit meinen Klassenkameraden .../Mein Lernen ...
- *Alternative:* Sch beschriften eine Wandzeitung „Ich finde gut ..., Ich finde nicht gut ..., Ich schlage vor ...".
- – Zu einzelnen Erfahrungen Herzen (das war gut) oder Zitronen (das war nicht gut) dazukleben.
- Eine weitere Möglichkeit ist: einen Klassenbriefkasten aufzustellen, dessen Inhalt von Zeit zu Zeit bearbeitet wird.

Konfliktsituationen – Wir suchen nach Lösungen

- Sch erproben Möglichkeiten der Konfliktlösung im Rollenspiel.
- – Konfliktstühle werden aufgestellt: z. B. ein Wutstuhl und ein Ärgerstuhl (mit einem Bild kennzeichnen).
- – Die beiden Kontrahenten setzen sich auf die beiden Stühle.

Fähnchen für das Fest

Für das Fest könnt ihr die Klasse mit Fähnchen schmücken (wie bei einer Fiesta in Guatemala).

Das braucht ihr: große Bogen buntes Seidenpapier,
eine Schere,
eine starke Kordel (Schnur),
Papierhefter mit Klammern.

So wird es gemacht:

- Teilt die Bogen in kleinere Stücke!
- Faltet die Bogen der Länge nach wie eine Ziehharmonika!
- Schneidet an den Faltknicken und am unteren Rand Formen heraus!
- Faltet das Papier auseinander und streicht es glatt!
- Knickt am oberen Rand ungefähr 3 cm um, legt es über die Kordel und heftet es fest!
- Wenn alle Fähnchen auf der Kordel befestigt sind, könnt ihr sie von Wand zu Wand spannen!

- Sie brüllen sich an oder schweigen sich an, reden aufeinander ein, dürfen aber nicht handgreiflich werden.
- Sie können sich auch einen Anwalt aus der Klasse suchen.

Eine Dilemmasituation durchspielen

- Sch spielen „Eine schwierige Entscheidung treffen" **fse 59** mit mehreren Durchgängen.
- Was kann Monika tun? Wie entscheidet sie sich?
- Was sagt ihre Freundin Katja dazu?
- Was sagt Monika dazu?
- Die Situation wird je nach Klassenlage ausgeweitet.
- Katja ist in einer Notsituation: Ihre Mutter muss ins Krankenhaus.
- Monika bekommt von ihren Eltern kein Geld für einen Kinobesuch.
- Sabine sucht eine Freundin und lädt Monika deshalb ins Kino ein.

Sch entdecken: Das können wir schon ...

- Sch finden sich in fremden Räumen zurecht.
- Sch überlegen: Wie verhalte ich mich in einer Bücherei?
- In einem Unterrichtsgang, z. B. in die Pfarrbücherei, Verhaltensweisen einüben.
- Sch können eine „Vorführstunde" organisieren: musizieren, vorlesen, dichten, sportliche Fähigkeiten vorstellen. (Diese Anregung führt direkt zu fse 60: Ein Erdenkinderfest vorbereiten.)
- Evtl. Rückgriff auf Gedicht **AB 1.1.5, Arbeitshilfen S. 55.**

... und das wollen wir lernen

- Sch legen sich nacheinander auf großes Packpapier (oder Zeitungsendrolle aus der Druckerei) auf den Boden und lassen ihren Umriss aufzeichnen. In den Umriss hinein malen und schreiben sie alles, was sie schon können (blau) und was sie noch lernen möchten (grün).
- Alternative: Ein einzelner DIN-A2-Bogen mit nur einer Kind-Umrisszeichnung wird von allen Sch beschriftet.

3. Jahrgangsübergreifende Lerngruppe

- Sch erarbeiten Regeln für Gesprächsleiter. Sie leiten abwechselnd die Klassenversammlung.
- Sch stellen eine Klassenzeitung oder Wandzeitung her. Themen z. B.: Konfliktlösungsmöglichkeiten, Kinderbücherei, Klassensprecher-Informationen, Interview mit der Lehrerin, Ereignisse der Schule, Witze, Spiele, Treffen, Einladungen, Gemeindeveranstaltungen.

Kommt alle herein

fragen – suchen – entdecken **60**

1. Hintergrund

Die Schlussseite **fse 60** fasst in einem Kinderfest die verschiedenen Aspekte des Kapitels zusammen. Dazu bereiten Sch ein Fest weitgehend selbstständig vor (vgl. **fse 58/59**). Alle Kinder sind eingeladen (Eskimos, Afrikaner, Indianer). Sie lachen und tanzen und singen gemeinsam (Kinderrecht 1: Alle Kinder sind gleich). Im Refrain des Liedes ist die letzte Begründung für die Gleichheit aller Kinder angegeben: Das Erwünscht-Sein von Gott her.
Ein Kinderfest kann unter verschiedenen Aspekten organisiert werden. Es wird je nach Schul- bzw. Klassensituation anders ausfallen. Eine Möglichkeit ist z. B., wie es die Illustration **fse 60** nahe legt, sich nach verschiedenen Nationen zu verkleiden, eine andere, ein gemeinsames Fest mit den Kindern des Evangelischen Religionsunterrichts und der Ethikgruppe durchzuführen. Es kann auch ein Fest geplant werden, zu dem die Eltern kommen, die Parallelklasse oder eine Klasse aus der Nachbarschule eingeladen wird.

2. Einsatzmöglichkeiten im RU

Ein Fest organisieren

- Damit das Fest gelingen kann, bereiten Sch es in der Klasse gemeinsam vor. L achtet darauf, dass Mädchen und Jungen vielfältige Rollen übernehmen.
- Sch stellen das Programm zusammen und finden einen passenden Namen für das Fest.
- Sch bilden Gruppen, die sich kümmern um:
- Essen und Getränke,
- „Unterhaltung",
- Musik,
- den Auf- und Abbau des Festes,
- Einladung und Begrüßung,
- den Raumschmuck.
- Wer stellt beim Fest das Programm der einzelnen Gruppen vor?

Rezepte

Curry-Bananen mit Honigglasur

Zutaten für 4 Personen:
4 unreife Bananen
Butter zum Braten
2-3 Esslöffel Honig
etwas Curry-Pulver
1/2 Tüte Mandelblättchen

Zubereitung:
Bananen schälen und längs halbieren. In einer Pfanne in heißer Butter von beiden Seiten braten. Ein wenig Curry darüber pudern. Wenn die Bananen glasig werden, die Mandelblättchen und den Honig in die Pfanne geben. Die Bananen mit dem heißen Honig übergießen. Heiß servieren.

Bananensalat

Zutaten:
4 Bananen in Scheiben geschnitten
2 Esslöffel Sahne
1 Prise Zimt
1 Esslöffel Vollrohrzucker
2 Esslöffel Pistazienkerne, fein gehackt

Zubereitung:
Bananen auf einem großen Teller oder einer Platte anordnen.
Sahne, Zimt, Zucker verrühren und über die Bananen gießen.
Mit Pistazien garnieren.

Ayran (türkisches Yoghurtgetränk)

500 ml Jogurt mit 500 ml Wasser und einer Prise Salz kräftig mit dem Schneebesen verrühren und kühl stellen.

Tortillas

Zutaten für 10 Tortillas:
1 Tasse Weizenmehl
1 Tasse Maismehl (z. B. aus dem Naturkostladen)
1 Teelöffel Salz
50 g Fett
1/2 Tasse Wasser

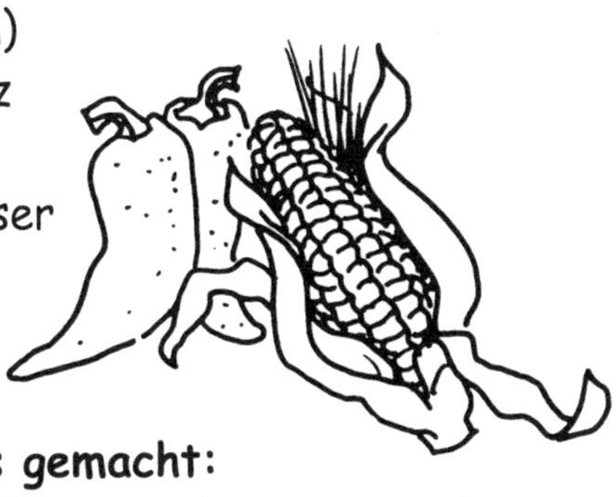

Und so wird es gemacht:
Mehl, Salz und Fett werden miteinander vermischt. Das geht ganz gut mit einer Gabel. Dann kommt nach und nach eine halbe Tasse lauwarmes Wasser dazu. Achtung! Es muss dabei weiter gerührt werden. Der Teig, der jetzt entstanden ist, wird auf einem bemehlten Brett so lange mit den Händen geknetet, bis er glatt ist und Luftblasen enthält. Lasst den Teig zugedeckt etwa eine Stunde ruhen. Jetzt rollt ihr den Teig zu einer langen Wurst und schneidet diese dann mit einem Messer in 10 gleich lange Stücke. Diese Stücke lassen sich leicht zu Kugeln formen. Die Kugeln werden auf einem bemehlten Brett zu dünnen runden Fladen ausgerollt. Oder ihr macht es wie die Frauen in Guatemala: Sie legen eine Teigkugel zwischen zwei Stücke Plastikfolie und schlagen und drehen sie so lange zwischen den Händen, bis eine dünne runde Tortilla geformt ist. Nehmt jetzt eine heiße, ungefettete Pfanne und backt die Tortillas kurz von jeder Seite. Sie sollen nur leicht braune Flecken bekommen.

Spiele und Rätsel

Die Krähe krächzt (Kwack Ya Kack)

In Ostafrika sind Ratespiele sehr beliebt: Wir bringen hier ein Beispiel aus Äthiopien. Am Kwack Ya Kack sollen sich möglichst viele Spieler beteiligen. Die Gesellschaft wählt einen Ratenden aus. Dann sucht man eine Anzahl verschiedener kleiner Gegenstände zusammen: Wurzelstücke, Kieselsteine, Taschenmesser, ein Stück Bindfaden, eine Muschel, einen Knopf, ein Baumblatt. Die Gegenstände darf auch der Ratende sehen, nicht aber, wer sie versteckt hält. Er wird zur Seite geschickt, jeder Mitspieler nimmt einen Gegenstand und verbirgt ihn in der Hand. Dann setzen sich alle in einem weiten Kreis nieder. Der Ratende kommt zurück und beginnt, bei irgendeinem Spieler seine Fragen zu stellen. Er versucht herauszufinden, welchen Gegenstand der Betreffende in der Hand hat. Wenn er falsch geraten hat, antwortet der Spieler mit dem Krächzen der Krähe: „Kwack, kwack!" (Krah, krah!). Hat er richtig geraten, schweigt der Spieler. Wenn der Ratende es beim ersten Mal errät, erhält er den Gegenstand und legt ihn zum „guten" Häufchen. Sollte er es auch beim dritten Mal nicht erraten haben, kommt der Gegenstand auf das „schlechte" Häufchen. Hat er den Gegenstand beim zweiten oder dritten Mal erraten, kommt dieser zum mittleren Häufchen.

Gesichter malen

Dieses Spiel mögen Kinder in Japan sehr gern. Gesucht wird ein guter Maler. Diesem Spieler wird eine weiße Pappe vor das Gesicht gebunden. Sie bedeckt das ganze Gesicht und ist gut zum Bemalen geeignet. Der Maler bekommt einen schmalen Pinsel, der in Wasserfarbe getaucht wird. Die anderen Spieler sagen ihm nun, was er auf die Pappe malen soll. Ohne etwas zu sehen, muss er zum Beispiel sein rechtes Auge malen, dann seinen Mund und jetzt die linke Augenbraue. Da der Maler nicht sieht, was er malt, wird ein lustiges Bild entstehen.

Ein Rätsel

Die Anfangsbuchstaben der links dargestellten Dinge ergeben die Rätsellösung!

Früchte aus aller Welt

- Du findest hier neun Früchte, die du auf dem Markt oder im Geschäft kaufen kannst. Ziehe einen Kreis um die Früchte, die nicht bei uns wachsen.
- Wir bekommen sie aus Ländern, in denen es wärmer ist als bei uns. Versuche herauszubekommen, wo diese Früchte wachsen und auf welchem Weg sie zu uns gelangen.
- Du kannst die Früchte mit Buntstiften oder Wasserfarben anmalen.

So wohnen Kinder in anderen Ländern

Wucius lebt auf einem Hausboot. Er ist ein chinesischer Junge und in Hongkong zu Hause. Das ist eine große Stadt, in der sehr viele Menschen wohnen. Wer sich keine Wohnung leisten kann, wohnt auf einem Hausboot wie Wucius. Er hat eine große Familie und auf dem Boot ist es sehr eng.

Nada lebt mit ihren Eltern in Nairobi, der größten Stadt Kenias. Ihr Vater arbeitet als Beamter bei der Regierung. Die Familie wohnt in einem Wohnblock mit vier Stockwerken am Rande der Stadt. Die Wohnung hat vier Zimmer.

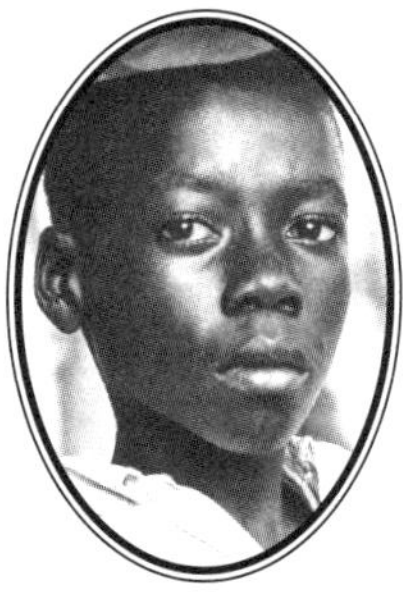

Kofi wohnt in einem runden Haus aus Lehm in Ghana, im Westen Afrikas. Seine Eltern bauen Kakao an. Dafür bekommen sie aber nur wenig Geld. Die große Familie Kofis lebt in verschiedenen runden Häusern, die alle zusammenstehen und von einer Mauer umgeben sind. So hat er immer jemanden zum Spielen und Reden.

Lakshmis Zuhause ist eine Hütte am Rande von Bombay. Das ist eine große Stadt in Indien. Lakshmis Eltern haben oft keine Arbeit. Sie können sich deshalb keine Wohnung leisten. Lakshmi freut sich, dass sie eine so große Familie hat und so viele Kinder in der Nachbarschaft wohnen, mit denen sie spielen kann.

Umi wohnt in einem Iglu. Das ist ein rundes Haus, das nur aus Eisblöcken besteht. Umis Heimat ist Grönland, ganz im Norden der Erde. Früher wohnten alle Eskimos in Iglus. Heute haben sie fast alle Häuser wie wir.

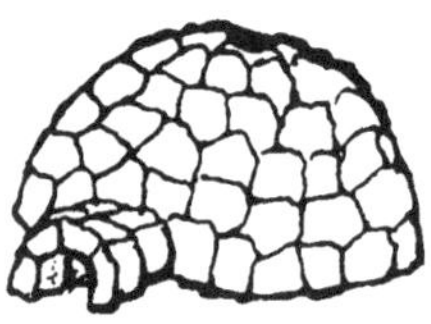

Juanita wohnt in einer großen Villa in Brasilien. Ihr Vater besitzt eine Fabrik, in der viele Menschen für ihn arbeiten. Juanita wird morgens mit dem Auto zur Schule gebracht und nachmittags wieder abgeholt. Juanita spielt mit Kindern, deren Eltern auch reich sind. In Brasilien gibt es viele arme Kinder. Aber Juanita sieht sie selten.

Wir sind Kinder dieser Erde

T: Eckart Bücken
M: Reinhard Horn
© Kontakte Musikverlag, Lippstadt

Liederkiste 1/2 24

Wir sind Kinder dieser Erde, wir sind Kinder dieser Welt und wir singen voller Freude, weil uns Gottes Welt gefällt. Und wir singen voller Freude, weil uns Gottes Welt gefällt. 1. Feste feiern mit Verwandten, das mag unser Pedro sehr und er lebt dort in den Anden, aus Peru, da kommt er her!

2. Erst neun Jahre alt ist Kiko
und er kommt aus Mosambik.
Afrika ist seine Heimat,
Tiere pflegt er mit Geschick.

3. Früchte sammelt die Chandini,
denn sie mag das Süße sehr.
Ihren Elefanten Simla,
ach, den mag sie noch viel mehr.

4. Anna aus den Niederlanden
lebt am Meer, das sie sehr liebt.
Sie kann tagelang nur segeln,
auch wenn's raues Wetter gibt.

fragen – suchen – entdecken

Einige Anregungen

Einladung und Begrüßung:

- Sch schreiben Einladungskarten im Deutschunterricht, üben (mit Relix) eine Begrüßung ein und/ oder fertigen Schmuck an (**AB 1.4.13, Arbeitshilfen S. 171**).

Essen und Getränke:

- Couscous (**fse 48**), Bananensalat, türkisches Jogurtgetränk, Tortillas aus Guatemala, Curry-Bananen (**AB 1.4.14, Arbeitshilfen S. 173**).

Unterhaltung:

- Das afrikanische Spiel „Die Krähe krächzt" spielen (**AB 1.4.15, Arbeitshilfen S. 174**).
- Ein Rätsel lösen (**AB 1.4.15, Arbeitshilfen S. 174**). Die Anfangsbuchstaben der dargestellten Dinge ergeben die Lösung: „Alle an einen Tisch." In die Mitte kann geschrieben werden, wer mit „alle" gemeint ist.
- Früchte aus aller Welt erkennen (**AB 1.4.16, Arbeitshilfen S. 175**, oder einen Obstteller mit verschiedenen Früchten bereitstellen).
- Einen Tanz einüben.
- Ein Video anschauen: Wie Kinder in anderen Ländern leben, z. B. Minara – ein Mädchen aus Bangladesch (erhältlich in den Medienzentralen).
- Ein Gedicht oder eine Geschichte vorlesen und darüber sprechen, wie Kinder in anderen Ländern wohnen.
  – Sch erhalten **AB 1.4.17, Arbeitshilfen S. 176**; L informiert Sch entsprechend.

Musik:

- Sch singen das Erdenkinder-Lied **fse 60**. Es ist als Lied 12 enthalten auf der CD Liederkiste 1/2, vgl. Arbeitshilfen S. 19.
  – Sind Sch als Chinesen, Afrikanerin, Indianerin, Eskimo verkleidet, treten sie beim Singen der entsprechenden Strophen in den Kreis.
- Weitere thematisch passende Songs auf der CD Liederkiste 1/2 (Lied 8: Einladung zum Kinderfest; Lied 12: Ja, Gott hat alle Kinder lieb; Lied 24: Wir sind Kinder dieser Erde) und auf **AB 1.4.18, Arbeitshilfen S. 177**.
- Sch lernen „Das Lied vom Anderssein" kennen, singen und spielen es: **AB 1.4.19, Arbeitshilfen S. 179**. Es thematisiert auf heitere Weise das Thema Anderssein und Vorurteile gegenüber anderen Menschen/ Kindern.
  – Sch denken darüber nach, was die verschiedenen Farben (Grüngestreifte etc.) bedeuten.
- Passende Lieder aus dem Musikunterricht singen bzw. die hier genannten vorher dort erlernen.

3. Jahrgangsübergreifende Lerngruppe

Sch aus dem 2. Lernjahr können sich hier in alle Aktivitäten der Festvorbereitung einbringen und mit ihrem Erfahrungsvorsprung Verantwortung für ausgewählte Bereiche übernehmen.

Literatur und Medien

Bücken, E./Horn, R., Weltlieder für Kinder, Misereor, Aachen 1998
Ein Koffer voller Kinderrechte, hg. v. Bundesministerium für Familie, Senioren, Frauen und Jugend, Materialpaket mit Liedern, Texten, Hörspielen, Filmen, CDs und Kassetten (Medienzentralen)
Kinder erleben die dritte Welt. Materialien für Kindergarten und Schule Nr. 6, Misereor, Aachen 1981
Wagemann, Gertrud, Feste der Religionen – Begegnung der Kulturen, München 2002 (mit Geschichten, Liedern, Rezepten, Festkalender)
Wie leben Kinder anderswo? Hg. v. Ev. Missionswerk in Deutschland, Hamburg 1998 (vergr., Medienzentrale!)

Das Lied vom Anderssein

T/M: Klaus W. Hoffmann

G D7 G
Im Land der Blau - ka - rier - ten sind al - le blau ka - riert.
G D7 G
Doch wenn ein Rot - ge - fleck - ter sich mal dort - hin ver - irrt,
C G D7
dann ru - fen Blau - ka - rier - te: »Der passt zu uns doch nicht!
G D7 G
Er soll von hier ver - schwin - den, der rot ge - fleck - te Wicht!«

2. Im Land der Rotgefleckten
sind alle rot gefleckt.
Doch wird ein Grüngestreifter
in diesem Land entdeckt,
dann rufen Rotgefleckte:
Der passt zu uns doch nicht!
Er soll von hier verschwinden,
der grün gestreifte Wicht!

3. Im Land der Grüngestreiften
sind alle grün gestreift.
Doch wenn ein Blaukarierter
so etwas nicht begreift,
dann rufen Grüngestreifte:
Der passt zu uns doch nicht!
Er soll von hier verschwinden,
der blau karierte Wicht!

4. Im Land der Buntgemischten
sind alle bunt gemischt.
Und wenn ein Weißgetupfter
das bunte Land auffrischt,
dann rufen Buntgemischte:
Willkommen hier im Land!
Hier kannst du mit uns leben,
wir reichen dir die Hand!

Für das Kinderfest in Szene setzen!

5 Ostern feiern

1. Religionspädagogische und theologische Hinweise

Das Kapitel „Ostern feiern" berührt mit „Kreuz und Auferstehung" die Wurzel christlichen Glaubens. Im auferstandenen Christus zeigt sich Gott gegen das Kreuz und den Tod als Gott des Lebens. Daher wird die Auferstehung als Auferweckung für Christen zum Lebenszeichen über den Tod.
„Die Auferstehung Jesu ist im Neuen Testament überall bezeugt, aber nirgends beschrieben" (Schweizer, S. 77). Mit Paulus stimmen alle Evangelien in der Grundaussage der Osterbotschaft überein: Jesus ist auferweckt worden. Anders als Paulus erzählen aber die vier Evangelisten in auffallender Übereinstimmung, dass die Frauen das leere Grab finden und so zu den ersten Botinnen der Auferstehungsbotschaft werden. Einig sind sich schließlich die Evangelien auch darin, dass erst die Erscheinungen des Auferstandenen den Osterglauben der Jünger begründen. Nicht nur bei Paulus, sondern auch für die Evangelisten bleibt das „Wie" der Auferstehung Jesu im Verborgenen. Die Zeugenschaft konzentriert sich auf das „Dass" der Auferstehung.
Drei verschiedene Ansätze aus der Didaktik eröffnen den Zugang zum Thema:

Biblisch-narrativer Ansatz

Die sechs Passionsbilder **fse 64** und **65** aus dem „Goldenen Evangelienbuch von Echternach" erzählen die Ereignisse von Palmsonntag bis zur Grablegung Jesu. Mit diesen bildhaften Erzählungen wird die Grundlage geschaffen für den Evangelientext nach dem Lukasevangelium 24,1-12, der in leicht veränderter kindgemäßer Form abgedruckt ist. Die beiden Doppelseiten wahren den engen Zusammenhang von Passion und Ostern: Der feststellbare radikale Umschwung im Verhalten der Frauen wird herausgestellt und damit das Weiterwirken der Osterbotschaft in der christlichen Gemeinde bis heute bewusst gemacht. Die Gefahr dieses Ansatzes liegt darin, dass er sich historisierend und informierend in bloßer Traditionsvermittlung erschöpft, sodass darüber die heutige Bedeutung der Auferstehungsbotschaft für die/den einzelne/n Sch aus dem Blick gerät. Durch Verbindung mit anderen Ansätzen und ein bedachtes methodisches Arrangement lässt sich dieser Gefahr begegnen.

Erlebnis- bzw. erfahrungsorientierter Ansatz

Die erste Doppelseite **fse 62/63** setzt bei der Erlebniswelt der Kinder an und bei dem, was diese häufig mit dem Wort „Ostern" verbinden: Stau auf der Autobahn, Osterhasen, Ostereier, Palmprozession, geschmückter Osterbrunnen oder Frühlingsausflug. An diesen vielen Kindern vertrauten, Bildern setzt die Frage an: „Warum feiern wir überhaupt Ostern?". Der erfahrungs- und erlebnisorientierte Ansatz wird nach den beiden biblisch-narrativen Doppelseiten weitergeführt in der Darstellung der Feier der Osternacht und des Ostermorgens (**fse 68-70**).

Symboldidaktischer Ansatz

Zentrales Symbol für die Bedeutung der Osterbotschaft ist die Osterkerze. Aus diesem Grunde gestalten die Kinder selber eine Osterkerze (**fse 74**), wobei die grundlegenden Symbole von Kreuz und aufgehender Sonne als Zeichen des Lebens erklärt werden. Die Bedeutung der Osterkerze für den Lebenszusammenhang wird am Beispiel eines Toten-Gottesdienstes gezeigt, bei dem der Priester die Osterkerze anzündet. Damit lässt sich darlegen, dass die Auferstehungsbotschaft Jesu nicht nur auf ein historisch einmaliges Geschehen hinweist, sondern vor allem, dass sie auch für uns heute Bedeutung hat.
Der symboldidaktische Ansatz wird auch in weiteren Anregungen, wie z. B. dem Gestalten eines Frühlingsstraußes, dem Aussäen von Körnern in einen Blumentopf oder dem Schmücken eines Brunnens an Ostern weitergeführt. Diese drei Beispiele bringen das Brauchtum nahe, das an Ostern gepflegt wird. Mit diesen ganzheitlichen Zugängen lässt sich die Osterbotschaft nicht allein von der Deutung, sondern im umfassenden Sinne vom Vollzug des Osterfestes her erfassen.

2. Das Thema im Lehrplan

Das Kapitel „Ostern feiern" verknüpft drei Themenbereiche des LP: 3.2 „Religion und Glauben im Leben der Menschen"; 3.3 „Das Wort Gottes und das Heilshandeln Jesu Christi in den biblischen Überlieferungen" und 3.4 „Leben und Glauben in Kirche und Gemeinde". Sch sollen hier das Glaubenszeugnis von Jesu Tod und Auferstehung kennen lernen, dessen Botschaft für die Menschen von heute erfahren und über die Symbole der Osterfeier und das österliche Brauch-

tum ein Gespür für den christlichen Sinn des Osterfestes entwickeln und selbst Formen entdecken, um diese Osterfreude auszudrücken. Da die meisten Kinder mit der christlichen Bedeutung des Osterfestes kaum vertraut sind, setzt das Kapitel in **fse** bewusst voraussetzungslos an und versammelt phänomenologisch, welchen Eindrücken Kinder in der Osterzeit begegnen. Erst die Frage „Warum feiern wir eigentlich Ostern?" provoziert sie, nach dem Grund für die beobachteten Erscheinungen, nach dem Gehalt des christlichen Festes zu fragen.
Nach diesem allgemeinen Einstieg aus der Erlebniswelt der Sch lernen sie die Geschichten aus den letzten Tagen Jesu bis hin zu seinem Tod am Kreuz kennen (LP 3.3). Sie hören und erleben die Botschaft von Jesu Auferstehung und der Ausbreitung dieser freudigen Nachricht (LP 3.1). Im weiteren Verlauf des Kapitels entdecken Sch, wie Christen heute die Auferstehung Jesu feiern und ihrer Osterfreude Ausdruck verleihen. So sollen Sch verschiedene Formen christlichen Brauchtums besser kennen lernen und angeregt werden, in ihren eigenen Familien diese Traditionen zu pflegen (LP 3.2). Letztlich geht es darum, dass Kinder sich mit Fragen nach Leben und Tod auseinandersetzen und so eigene tröstliche Vorstellungen entwickeln.
Das Kapitel ist als Fortsetzung und Weiterführung des Jesusweges zu sehen, der mit den Kapiteln „Auf den Spuren Jesu" und „Advent und Weihnachten feiern" seinen Ausgang genommen hat. So rundet sich das Bild von Jesu Leben, Tod und Auferstehung für die erste Jahrgangsstufe.

3. Jahrgangsübergreifende Einsatzmöglichkeiten

Sch im 2. Lernjahr können gerade in dem Kapitel „Ostern feiern" ihre Kenntnisse aus dem 1. Lernjahr einbringen. Sie haben „Ostern" in der Schule schon einmal erlebt. Im Folgenden werden zu jeder einzelnen Lernsequenz Aufgaben-Vorschläge für jahrgangsübergreifende Lerngruppen gemacht, die Lernerfahrungen, Fertigkeiten und Kenntnisse aufgreifen und für die weitere Themenbearbeitung nutzen.

4. Verbindungen zu anderen Fächern

Viele Bezüge zu anderen Unterrichtsfächern ermöglichen eine Zusammenarbeit und die Vertiefung des Themas auch außerhalb des RU:
EVANGELISCHE RELIGIONSLEHRE: Miteinander leben; Jesus Christus begegnen.
DEUTSCH: 3.1 Entwicklung einer Gesprächskultur; 3.2 Entwicklung einer Lese-Schreib-Kultur.
KUNST: 2.1 Das Wahrnehmen weiter entwickeln; 3.1 Gestalten; 3.2 Auseinandersetzung mit Bildern und Objekten.
MUSIK: 1.3 Freude an der Bewegung zur Musik; 3.1.1 Musik machen mit der Stimme; 3.2 Musik hören.
SACHUNTERRICHT: 3.5 Zeiteinteilung und Zeitablauf; 3.5 Früher und Heute.

5. Lernsequenz

Planungsskizze	Überschriften in fse	Inhalte im Lehrplan
I. Beobachtungen in der Natur (Analogien) Osterbrauchtum (Hase, Eier) Elementare Bilder (Osterkerze, Feuer) Was bedeuten diese Symbole?	Osterzeit **fse 62/63** Die Auferstehung Jesu feiern **fse 68/69** Ostern feiern **fse 61**	3.2 Religion und Glauben im Leben der Menschen 3.3 Das Wort und das Heilshandeln Jesu Christi
II. Jesus erfährt Zustimmung Jesus erfährt Ablehnung Gott schenkt neues Leben: Jesus lebt	Die letzten Tage Jesu **fse 64/65** Jesus lebt **fse 66/67**	3.3 Das Wort und das Heilshandeln Jesu Christi 3.1 Ich, die anderen, die Welt und Gott
III. Eine Osterkerze verzieren, Osterfreude ausdrücken, österliches Brauchtum pflegen, Samen säen	Ostermorgen **fse 70/71** Tod und Leben **fse 72/73** Osterkerze – Ostertanz – Osterschmuck **fse 74**	3.4 Leben und Glauben in Gemeinde und Kirche

6. Lebensbilder 1/2

Folgende Fotos aus der Folienmappe Lebensbilder 1/2 sind für einen situativen Einsatz hilfreich:

Nr. 11: Ich nehme Abschied; Nr. 15: Wir basteln Palmstöcke; Nr. 31: Friedhofsgrab mit Torbogen; Nr. 33: Torweg ins Licht.

Ostern feiern

1. Hintergrund

Helmut Schober: „Generatio III", 1992

Der 1947 in Innsbruck geborene Maler Helmut Schober lebt heute in Italien. Seine meist monumentalen Bilder beinhalten häufig den Dialog von Licht und Dunkel, die Ambivalenz des Lichtes, die Dualität und Identität von Energie und Materie. Auch das vorliegende Bild „Generatio III" (Entstehung, Werden) aus dem Jahre 1992 gehört zu einer solchen Serie, welche die Darstellung des Lichtes zum Thema hat. Im Zentrum eines quadratischen Bildfeldes von rund drei mal drei Metern Fläche bildet sich aus dem wabernden Dunkel eine rot glühend Form heraus, die sich zu einer runden Masse, ähnlich einer Kugel, ballt. Wir denken dabei an Feuer, Glut oder eine Sonne. Die Umgebung ist in schwarz-brauner Farbe gehalten. Dazwischen scheinen zum Rot komplementäre Grün-Töne auf. Das Bild ist von einer dramatischen Dynamik und erinnert an eine Explosion. Vom Bild geht eine enorme „Strahlkraft" aus. Es wirkt unmittelbar – kaum jemand kann sich seinem Eindruck entziehen.

2. Einsatzmöglichkeiten im RU

Den Energieball entdecken

Das Gemälde ist als Folie 6 in der Schatzkiste 1/2 enthalten.

Zur Bilderschließung vgl. Arbeitshilfen S. 74.

- L legt Folie 6 auf den OHP und deckt mit einer passend ausgeschnittenen Papierscheibe die rote Mitte ab. Dann erst wird der OHP eingeschaltet.
- Sch beschreiben, wie das Bild auf sie wirkt und was sie dahinter vermuten oder wünschen.
- L deckt die Folie von oben her mit Unterbrechungen langsam auf.
- Sch schauen mit halb geschlossenen Augen („durch die Wimpern schauen") das Bild an.
- Nach dem vollständigen Aufdecken der Folie assoziieren Sch zum Bild: z. B. Sonne, Feuerball, Glut etc.
- Sie geben dem Gemälde einen Titel.
- Mit verschiedenen (Musik)Instrumenten drücken sie die Farben aus: feurig – erdig, hell – dunkel.

Sich nähern – sich entfernen

- Sch betrachten das Bild in **fse 61**.
  - Sie gehen mit den Augen nahe heran, legen den Kopf auf das Bild. Sie schließen die Augen und stellen sich das Bild vor. Dann öffnen sie die Augen und entfernen sich wieder weiter vom Bild.
  - Sch wiederholen diese Aktion mehrmals: mit den Augen nahe herangehen – sich weiter entfernen.
- Welcher Zusammenhang besteht zwischen dem Thema „Ostern feiern" und dem Bild? (Neues bricht auf, große Kraft, Licht kommt aus der Dunkelheit).

Verschiedene Maltechniken anwenden

- Sch schaffen vom Bild Schobers ausgehend eigene Bilder. **AB 1.5.1, Arbeitshilfen S. 185**, dient als Grundlage. Dies kann mit unterschiedlichen Techniken erfolgen.
  - Etwa als Kratzbild mit Wachsmalkreiden: unterste Schicht Rot, darüber Braun, dann in der Mitte das Braun wegkratzen.
  - Möglich ist es auch, Papier mit braunen Grundfarben einzufärben. Nach dem Trocknen lässt man in die Mitte rote Wasserfarbe tropfen und verwischt sie mit einem Schwamm in verschiedene Richtungen (Wischbild) oder bläst sie mit einem Strohhalm auseinander (Pustebild).
- Nach dem Gestalten schreiben Sch unter das eigene Bild, woran sie dabei denken, und finden eine Überschrift.

3. Jahrgangsübergreifende Lerngruppe

Sch aus der 2. Jahrgangsstufe schreiben eine kleine Geschichte zu ihrem eigenen Bild oder zu dem Bild Helmut Schobers. Die Arbeiten werden an der Pinnwand im Klassenzimmer ausgestellt.

Osterzeit fragen – suchen – entdecken 62/63

1. Hintergrund

Die Doppelseite **fse 62/63** hilft, verschiedene Bilder wachzurufen, die uns in der Osterzeit begegnen, insbesondere Bilder des Frühlings. Wir sehen erblühte Tulpen, Krokusse, Primeln und Forsythienzweige; frisch geschlüpfte Graugänse, die in Begleitung ihrer Eltern einen Ausflug machen. Auch die Menschen verspüren eine Sehnsucht nach draußen, z. B. um die erwachende Natur mit dem Fahrrad zu erkunden. Andererseits zieht es immer mehr Leute zur Ferienzeit in die Ferne: verstopfte Autobahnen zeugen davon. Geschäfte bieten vielfältig bunte Osterhasen und andere Ostersüßigkeiten, die oft liebevoll in den Schaufenstern dekoriert werden. In dieser Zeit färben oder kaufen viele Leute bunte Ostereier.
In der vorösterlichen Zeit feiern die christlichen Kirchen eine Vielzahl an Gottesdiensten. Stellvertretend dafür steht das Bild der Prozession mit Palmstöcken am Palmsonntag. Viele Dorfbrunnen sind mit grünen Zweigen und bunten Eiern geschmückt als besonderer Dank für das Leben spendende Wasser. All das gehört zu Ostern. Doch „Warum feiern wir eigentlich Ostern?“ – Dieser Frage gehen wir durch Suchen, Fragen und Entdecken mit Sch nach.

2. Einsatzmöglichkeiten im RU

Gespräch über den Sinn des Osterfestes

- Sch und L sammeln, was sie zu Hause finden oder in der Osterzeit in Geschäften angeboten wird, und bringen es mit in die Schule: Schokoladenhasen und -eier, Ostergras, Osterkörbchen, Osterkarten mit verschiedenen Abbildungen, Osterglocken, Palmzweige etc.
- Sch legen alles, was sie mitgebracht haben, in die Kreismitte. L deckt die Gegenstände mit einem Tuch ab.
- Nach und nach holt jede/r Sch einen Gegenstand unter dem Tuch hervor. Sch überlegen gemeinsam, was dieser Gegenstand darstellt und welche Verwendung er findet: Gibt es diesen Gegenstand nur zu Ostern? Welche Bedeutung hat er?
- Sch schauen die Fotos in **fse 62/63** an, beschreiben sie und erzählen von eigenen Erfahrungen.
- Ausgehend von den Beobachtungen und Erfahrungen der Sch leitet L über zu Symbolen, die sich aus dem Brauchtum entwickelt und evtl. ihre Wurzeln in vorchristlicher Zeit haben, und zu Gegenständen, die mehr dem christlichen Verständnis des Osterfestes nahe kommen.
- L ergänzt die Aussagen der Sch und zeigt Abbildungen, die das Brauchtum in der Osterzeit verdeutlichen: Palmumzüge mit Palmzweigen usw.
- Die Abbildungen und Gegenstände, die klar erkennbar etwas mit dem christlichen Verständnis des Osterfestes zu tun haben, werden an der Pinnwand befestigt bzw. auf einem Tisch gesammelt. Sie werden in weiter führenden Gesprächen in den folgenden Religionsstunden noch einmal Verwendung finden.

3. Jahrgangsübergreifende Lerngruppe

Sch aus der 2. Jahrgangsstufe fragen Eltern, Freunde und Nachbarn: „Warum feiern wir eigentlich Ostern?“, und nehmen die Antwort mit dem Kassettenrekorder auf. Anschließend wird hieraus ein Hörbuch erstellt.

Die letzten Tage Jesu fragen – suchen – entdecken 64/65

1. Hintergrund

Echternacher Kodex

Die sechs Passionsbilder auf der Doppelseite fse 64/65 stammen aus dem Goldenen Evangelienbuch von Echternach (Codex aureus epternacensis), einer kostbaren mittelalterlichen Handschrift aus dem 11. Jahrhundert (aus der Zeit um 1020-30). Die Echternacher Malschule ist eine der großen Schulen der Buchmalerei in ottonischer Tradition. Im Kloster Echternach (Luxemburg) wurde sie besonders von Kaiser Heinrich III. gefördert. Das Original des Buches befindet sich seit 1955 im Germanischen Nationalmuseum, Nürnberg. Folgende Szenen daraus sind in **fse 64/65** zu sehen:

Auf **fse 64** oben: *Einzug in Jerusalem* (Mt 21,7-9): Jesus reitet auf dem Esel, gefolgt von seinen Jüngern, empfangen von einer Personengruppe, die Palmzweige in Händen hält und ihre Kleider auf dem Boden ausbreitet. Der lateinische Schriftzug über dem

Bild bedeutet: „Der Herrscher des Himmels wird ein gewöhnlicher Eselsreiter sein. Das Volk breitet die Kleider aus und singt ihm fromme Lieder."

Auf **fse 64** Mitte: *Gefangennahme Jesu* (Lk 22,47-53) und *Jesus vor Kajaphas* (Mt 26,57 und Mk 14,53):
In der linken Bildhälfte Jesus mit dem Nimbus, durch den Judaskuss verraten, zwischen den Jüngern und den Häschern, die mit Schwertern, Keulen und Stangen bewaffnet sind. Unter den Jüngern hat Petrus das Schwert gegen einen der Kriegsknechte (Malchus) erhoben, während Jesus bereits dessen abgeschlagenes Ohr heilt. Rechts in einem Gebäude sitzt der Hohe Priester Kajaphas auf einem Thron, dem Jesus zugeführt wird. Der Spruch lautet: „Mit dem Zeichen des Friedens verrätst du ihn, böser Judas. Gefangen wolltest du, Herrscher (wörtlich: „Führer"), zu Kajaphas geführt werden."

Auf **fse 64** unten: *Verleugnung des Petrus* (Mt 26,69-75, Mk 14,66-72 und Lk 22,55-61) und *Geißelung Jesu* (Mt 27,26, Mk 15,15 und Joh 19,1):
Links ist Petrus in der Auseinandersetzung mit der Magd zu sehen, die ihn als einen der Jünger erkannt hat; ihm gegenüber der Hahn. Im Innern des Gebäudes rechts steht Jesus an die Säule gefesselt und halb entblößt, daneben ein Kriegsknecht mit Rutenbündel, mit beiden Händen zum Schlag ausholend. Darüber steht geschrieben: „Zum Schrei des Hahnes erinnere dich, Petrus, an dein Versagen. Geduldig erträgt Christus die Rutenschläge."

Auf **fse 65** oben: *Kreuzweg* (Mt 27,32, Mk 15,21 und Lk 23,26):
Simon von Zyrene geht mit einem Kreuz voran. Es folgt die Gruppe mit dem gefesselten Jesus und den Kriegsknechten, von denen einer eine Krone mit Dornen über das Haupt Jesu hält. Dies zeigt gleichzeitig die Dornenkrönung Jesu (Mt 27,28, Mk 15,17 und Joh 19,2). Dazu heißt es im Spruchband: „Dir, Christus, legen sie die aus Dornen geflochtene Krone auf. Der schwer Bedrängte wird zum Kreuzträger."

Auf **fse 65** Mitte: *Kreuzigung* (Joh 19,16-37):
Jesus am Kreuz zwischen Longinus mit der Lanze und Stephaton mit dem Essigschwamm und zwischen Maria und Johannes. Über den Kreuzarmen schweben Sol (Sonne) und Luna (Mond), unter dem Kreuz sitzen zwei um den Rock Jesu streitende Knechte. Seitlich ist die Kreuznagelung der beiden Schächer dargestellt. Darüber steht: „Der Retter der Welt stirbt hier wie ein Übeltäter. Der einzig Gerechte wird mit den Verworfenen gekreuzigt."

Auf **fse 64** unten: *Kreuzabnahme und Grablegung* (Joh 19,38-42):
Links nehmen Joseph von Arimathäa und Nikodemus den Leichnam Christi vom Kreuz, rechts betten sie ihn in einen Sarkophag. Darüber steht geschrieben: „Das Korn, das getötet wurde, wird vom Kreuz abgenommen und unter Geleit von diesen beiden bestattet, um Frucht zu bringen."
Die beiden Seiten aus dem Kodex sind als Folien 8 und 9 in der Schatzkiste 1/2 enthalten, vgl. Arbeitshilfen S. 19.

Verse zu den Passionsbildern auf Deutsch

Die nachfolgende Tabelle enthält die lateinischen Verse und Übertragungen ins Deutsche zu den Passionsbildern. In der mittleren Spalte steht eine möglichst wörtliche Übersetzung, in der rechten der Versuch, sprachlich etwas zu glätten.

Regnator caeli fit vilis sessor aselli.	Der Herrscher des Himmels wird ein gemeiner Eselssitzer.	Der Herrscher des Himmels wird ein gewöhnlicher Eselsreiter.
Sternendo vestes cui dant pia cantica plebes.	Unter Ausbreiten der Kleider gibt ihm das Volk fromme Lieder.	Das Volk breitet die Kleider aus und singt ihm fromme Lieder.
Cum signo pacis hunc Iuda pessime tradis.	Mit dem Zeichen des Friedens verrätst du diesen, schlechtester Judas.	Mit dem Zeichen des Friedens verrätst du ihn, böser Judas.
Captus tu duci dux ad Cayphan voluisti.	Gefangen wolltest du, Führer, zu Kajaphas geführt werden (Wortspiel mit „führen").	Gefangen wolltest du, Herrscher, zu Kajaphas geführt werden.
Ad cantum galli reminiscere te Petre falli.	Zum Schrei des Hahnes erinnere dich, Petrus, deines Fehlens.	Zum Schrei des Hahnes erinnere dich, Petrus, an dein Versagen.
Virgarum Christus patienter sustulit ictus.	Geduldig erträgt Christus die Schläge der Ruten.	Geduldig erträgt Christus die Rutenschläge.
Spinis contextam ponunt tibi Christe coronam.	Die aus Dornen zusammengeflochtene Krone legen sie dir, Christus, auf.	Dir, Christus, legen sie die aus Dornen geflochtene Krone auf.

➤ Bei diesem Bild denke ich:

Conpulsus valde fit ligni portitor iste.	Dieser schwer Bedrängte wird zum Träger des Holzes.	Der schwer Bedrängte wird zum Kreuzträger.
Mundi salvator moritur hic ut malefactor.	Der Retter der Welt stirbt hier wie ein Übeltäter. (Oder: Dieser, der Retter der Welt, stirbt hier wie ein Übeltäter..)	Der Retter der Welt stirbt hier wie ein Übeltäter.
Qui solus iustus est cum reprobis crucifixus.	Dieser einzig Gerechte ist mit den Verworfenen gekreuzigt.	Der einzig Gerechte wird mit den Verworfenen gekreuzigt.
Granum depositum de ligno mortificatum obsequiis horum sepelitur fructificandum.	Das getötete, vom Holz niedergelegte Korn wird unter dem Totengeleit dieser (Joseph und Nicodemus; s. Bild) bestattet, um Frucht zu bringen.	Das Korn, das getötet wurde, wird vom Kreuz abgenommen und unter Geleit von diesen beiden bestattet, um Frucht zu bringen.

Palmstöcke und Palmprozession

Jesu Einzug in Jerusalem haben die Menschen schon immer erinnernd gefeiert. Daraus ist die Palmprozession entstanden. Die Menschen tragen Palm- und Ölzweige in Händen. Die Palmen waren für sie heilige Zweige, mit denen ein König geehrt wurde; Jesus sollte ja auch ihr König sein. Die Ölzweige waren ein Zeichen des Friedens, dass Jesus den Frieden bringen wollte. Später wurde sogar oft ein Esel aus Holz mitgezogen, weil alles so ähnlich wie damals in Jerusalem sein sollte. Da in Deutschland keine Palmen wachsen, werden andere Zweige gewählt: Fuchsbaum, Wacholder, Weidenkätzchen, Haselzweige oder Stechpalme. Manchmal werden aber auch besonders kunstvolle Palmstöcke gestaltet. Vor der Prozession werden die Palmzweige, die kleinen und großen Palmstöcke gesegnet.

Nach der Prozession und dem feierlichen Palmsonntagsgottesdienst tragen die Menschen Zweige und Palmstöcke nach Hause. Da finden sie ihren Platz draußen im Garten oder in der Wohnung. Andere bringen die Zweige zum Friedhof, zu den Gräbern ihrer Toten. Auf diese Weise bitten die Menschen um den Segen Jesu.

Literatur

Niehl, Franz W. (Hg.), Leben lernen mit der Bibel, München 2003,
S. 222-261: Joachim Theis, Jesus zieht nach Jerusalem hinauf ... Jesus wird begraben
S. 380-386: Christoph Dohmen-Funke, Leiden und Sterben Jesu

2. Einsatzmöglichkeiten im RU

Die Passionsgeschichte kennen lernen

Sch betrachten die Bilder **fse 64/65** bzw. die Folien 8 und 9 aus Schatzkiste 1/2 abschnittsweise. L hat entsprechende Abdeckung vorbereitet.

- L erzählt die Passionsgeschichte in mehreren Schritten zu den einzelnen Bildern des Echternacher Kodex. Dabei werden die Bilder entsprechend aufgedeckt und angeschaut:
- Gestaltende Elemente, bei denen Sch aktiv werden können, vertiefen das Gehörte und Gesehene.

Jesus reitet in Jerusalem ein (Erzählvorschlag)

(1. Bild, **fse 64**, oben)

Jesus war mit seinen Jüngerinnen und Jüngern unterwegs in die Stadt Jerusalem.
In Betphage am Ölberg schickte Jesus zwei Jünger voraus. Er sagte:
Geht in das Dorf, das vor uns liegt.
Dort findet ihr eine Eselin mit einem Füllen.
Macht sie los und bringt sie zu mir.
Wenn euch jemand fragt, dann antwortet: Der Herr braucht sie.
Er wird sie aber bald zurückschicken.
Die Jünger gingen hin und taten alles, wie Jesus es gesagt hatte.
Sie brachten die Tiere mit und legten ihre Mäntel darauf.
Und so ritt Jesus in die Stadt Jerusalem hinein.
Viele Leute breiteten ihre Kleider wie einen Teppich vor ihn hin.
Andere holten Palmzweige und streuten sie ihm auf den Weg.
Alle riefen laut und sangen: Hosianna dem Sohne Davids!
Segen sei mit dir!
Du kommst im Namen Gottes!
So ritt Jesus in Jerusalem ein.
Die Menschen aus der Stadt liefen aufgeregt zusammen.
Sie fragten: Wer ist denn das?
Die mit Jesus kamen, antworteten: Das ist Jesus aus Nazaret in Galiläa.

„Jesus zieht in Jerualem ein" singen und tanzen

- Sch lernen das Lied: **AB 1.5.2, Arbeitshilfen S. 187**.
- – Das Lied wird Strophe für Strophe erschlossen: L ermuntert Sch, dazu passende Bewegungen zu erfinden. Zur Liederschließung vgl. S. 48 f.

Jesus zieht in Jerusalem ein

T/M: Gottfried Neubert

D A D A D
1. Je - sus zieht in die Stadt Je - ru - sa - lem ein.
D A D A
Vie - le Men - schen auf der Stra - ße stehn und schrein:
D G D A D A D
Je - sus soll un - ser Kö - nig sein, Ho - si - an - na! A - men.

2. Jesus zieht ...
   Seht, er kommt geritten, auf dem Esel sitzt der Herr.

3. Kommt und legt ihm Zweige von den Bäumen auf den Weg!

4. Kommt und breitet Kleider auf der Straße vor ihm aus!

5. Alle Leute rufen laut und loben Gott, den Herrn!

6. Kommt und lasst uns bitten – statt das „Kreuzige“ zu schrein:
   Komm, Herr Jesu, komm, Herr Jesu, komm, Herr Jesu auch zu uns!

Hosianna gruppenweise im Wechsel singen (I/II).

Hier einige Anregungen:

Text	Mögliche leibhafte Begleitung
1. STROPHE: *Jesus zieht in Jerusalem ein.* *Alle Leute fangen auf der Straße an zu schrein.*	Sch klatschen im 4/4-Takt mit den Händen auf die Knie bzw. den Stuhl. Sch stehen auf und bilden eine Gasse (zwei Reihen gegenüber).
REFRAIN: *Hosianna, Hosianna, Hosianna in der Höh!*	Mit erhobenen Armen winken.
2. STROPHE: *Seht, er kommt geritten, auf dem Esel sitzt der Herr.*	Sch „trappeln“ mit den Füßen auf der Stelle.
3. STROPHE: *Kommt und legt ihm Zweige von den Bäumen auf den Weg!*	Sch holen sich pantomimisch einen Zweig und legen ihn auf den Weg.
4. STROPHE: *Kommt und breitet Kleider auf der Straße vor ihm aus!*	Sch beugen sich zum Boden und legen gestenreich Kleider ab.
5. STROPHE: *Alle Leute rufen laut und loben Gott den Herrn!*	Sch reichen sich die Hände zu einem großen Kreis und gehen im Seitschritt nach rechts.
6. STROPHE: *Kommt und lasst uns bitten –* *Statt das „Kreuzige“ zu schrein:* *Komm, Herr Jesus, komm Herr Jesus,* *Komm, Herr Jesus, auch zu uns!*	Sch strecken beide Arme zum Himmel und holen sie von oben zu ihrem Oberkörper.

Palmstöcke und einen Palmbaum basteln

Am Palmsonntag werden in vielen Gegenden, vor allem aber in den Alpenländern, die so genannten Palmbäume, Palmen oder Palmstöcke von Kindern zur Kirche getragen. L führt diesen schönen Brauch in der Klasse ein. Das Basteln kann in Zusammenarbeit mit dem HSK oder dem Werkunterricht fächerübergreifend geschehen. L klärt vorher, ob in der Pfarrgemeinde vor dem Palmsonntag Bastelnachmittage angeboten werden, um Doppelangebote zu vermeiden.

- Sch basteln mit L einfache Palmstöcke. Dazu steckt man auf einen Haselstock ein Palmsträußchen auf, das mit bunten Bändern geschmückt wird. Auf die Spitze kann man ein buntes Ei stecken. In große Palmstöcke gehören nach altem Brauch von jedem drei: drei Wacholderzweige, drei Stechpalmen, drei blühende Haselkätzchen, drei Buchszweige usw. Sie werden prächtig geschmückt mit bunten Eiern, Bildbroten, farbigen Bändern, gefärbten Holzspänen, Früchten und roten Beeren.
- Sch basteln gemeinsam mit L einen Palmbaum: **AB 1.5.3, Arbeitshilfen S. 189**.

Schmuck für die Palmstöcke herstellen

- Sch schmücken den Palmstock oder Palmbaum, z. B. mit „Hexenleitern“ (**AB 1.5.4, Arbeitshilfen S. 191**). Der unterschiedliche Schmuck wird an den Palmstock bzw. Palmbaum gehängt.

Wir basteln einen Palmbaum

Das braucht ihr:

Einen Besenstiel, Draht (ca. 2 mm dick), Blumendraht, Buchsbaumzweige (oder andere immergrüne Zweige), ausgeblasene Eier oder Äpfel, etwas Goldpapier zum Verzieren des Stiels. (Wenn ihr statt des Palmbaumes einen Osterbaum basteln wollt, braucht ihr anstelle von Eiern oder Äpfeln Eiformen, die ihr aus Pappe ausschneidet und auf die ihr Auferstehungsbilder klebt. Auf die Rückseite dieser Eiformen schreibt ihr z. B. Sprüche oder Lieder zur Auferstehung.)

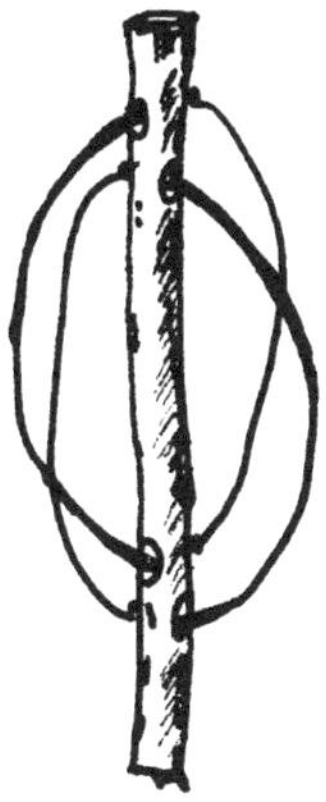

So wird es gemacht:

- Den Besenstiel an vier Stellen im oberen Drittel des Stieles durchbohren: je zwei Löcher eng beieinander und in entgegengesetzter Richtung.
- Zwei Stücke des dicken Drahtes so durch die Löcher ziehen, dass sie zwei Kreise bilden.
- Fädelt nun die Eier oder Äpfel auf die Drahtkreise! Jetzt könnt ihr die Drahtkreise schließen und am Besenstiel befestigen. (Wenn ihr lieber einen Baum mit Auferstehungsmotiven basteln wollt, müsst ihr die Drahtkreise mit Buchsbaum bestecken und die mit einer Schleife versehenen Auferstehungseier an den Drahtkreisen verteilt aufhängen.)
- Die Buchsbaumzweige mit Draht um das obere Drittel des Besenstiels winden (von oben nach unten).
- Den Palmbaum mit buntem Stoffband verzieren.
- Den unteren Teil des Besenstiels mit einem Goldpapier-Streifen umschlingen und an einigen Stellen mit Klebstoff befestigen.

3. Jahrgangsübergreifende Lerngruppe

Sch der 2. Jahrgangsstufe erhalten eine Kopie der beiden Seiten aus dem Echternacher Kodex **fse 64/65** und finden zu jeder Darstellung einen beschreibenden Satz.

Jesus wird gefangen genommen (Erzählvorschlag) (2. Bild, **fse 64**, Mitte links)
Jesus feierte mit seinen Jüngern das Paschafest, bei dem sie sich daran erinnern, wie Gott sein Volk aus Ägypten befreit hat.
Nach diesem Mahl ging Jesus mit seinen Jüngern zum Ölberg. Dort war ein Garten, der hieß Getsemani.
Jesus sagte zu seinen Jüngern: Bleibt hier und setzt euch, ich will weitergehen und beten. Nur Petrus, Johannes, Jakobus nahm er mit.
Die Jünger schliefen ein, aber er betete zu Gott.
Da kam Judas, einer der Jünger, mit einer Schar Männer. Sie trugen Schwerter und Knüppel.
Sie waren ausgeschickt von den Hohen Priestern und den Männern vom Hohen Rat.
Judas hatte mit ihnen ein Zeichen ausgemacht:
Ich will ihn küssen, dann seht ihr, wen ihr verhaften müsst.
Sofort ging er auf Jesus zu.
Sei gegrüßt, Rabbi!, sagte er und küsste ihn.
Jesus sprach zu ihm: Mein Freund, dazu bist du gekommen?
Da traten die anderen heran, ergriffen Jesus und nahmen ihn fest.
Petrus, einer von seinen Jüngern, nahm sein Schwert und schlug einem der Männer, die Jesus verhafteten, ein Ohr ab.
Jesus sprach: Stecke dein Schwert ein! Wer Gewalt braucht, wird durch Gewalt umkommen.
Zu den anderen Männern sprach er: Ihr kommt mit Schwertern und Knüppeln, als wäre ich ein Verbrecher. Ich war oft im Tempel bei euch und habe zu euch gesprochen, da habt ihr mich nicht festgenommen.
Da ließen ihn alle Jünger im Stich und flohen.

Jesus wird verhört (2. Bild, **fse 64**, Mitte rechts)
Die Männer, die Jesus festgenommen hatten, brachten ihn zu dem Hohen Priester Kajaphas. Dort waren auch die Männer vom Hohen Rat versammelt.
Sie wollten ihn anklagen und überlegten lange, wie sie ihn zum Tod verurteilen könnten.
Aber sie fanden nichts. Da kamen noch zwei falsche Zeugen, die sagten: Er hat behauptet: Ich kann den Tempel Gottes abreißen und in drei Tagen wieder aufbauen. Da sagte der Hohe Priester: Er hält sich für Gott! Jetzt ist alles klar. Wir brauchen keine weiteren Zeugen. Da antworteten alle: Er hat den Tod verdient!

Jesus wird verraten (3. Bild, **fse 64**, unten links)
Petrus war von weitem dem verhafteten Jesus gefolgt um zu sehen, wie es weiter ging.
Er saß draußen im Hof.
Ein junges Mädchen kam zu ihm und sagte: Warst du nicht auch bei Jesus, dem Mann aus Galiläa? Petrus redete sich heraus: Ich weiß nicht, was du meinst.
Er wollte aus dem Hof gehen. Da sah ihn eine andere Frau. Die sagte zu allen, die dabei standen: Der war auch bei Jesus. Petrus aber rief: Bei Gott! Ich kenne den Mann überhaupt nicht.
Nach einer Weile kamen mehrere, die da standen und sagten zu Petrus: Bestimmt gehörst auch du zu Jesus. Du sprichst galiläisch, genau wie er. Deine Sprache verrät dich doch!
Da rief Petrus: Ich kenne den Mann nicht.
Da krähte der Hahn.
Jetzt fiel Petrus ein, was Jesus zu ihm bei dem letzten Abendmahl gesagt hatte: Ehe der Hahn kräht, wirst du mich dreimal verleugnen.
Da ging er hinaus und weinte.

Jesus wird gegeißelt und verspottet
(3. Bild, **fse 64**, unten rechts)
Der Statthalter Pilatus wollte Jesus verhören und fragte ihn: Bist du der König der Juden? Aber Jesus gab ihm keine Antwort. Darauf ließ ihn Pilatus auspeitschen.
Die Soldaten machten aus Dornenzweigen eine Krone und setzten sie ihm auf. Sie traten zu ihm und sagten: Hoch lebe der König der Juden! Und schlugen ihn ins Gesicht.

Dornenkrone – Meditative Übungen

- Sch sitzen in einem Stuhlkreis, in der Mitte steht eine Schale mit kleinen Dornenzweigen, um diese Schale liegt kreisförmig ein Seil. Reihum nimmt jede/r Sch einen Dornenzweig aus der Schale und hält ihn vorsichtig in den Händen.
- L leitet an:
  Du hältst einen Dornenzweig in der Hand. Ganz vorsichtig hältst du den Dornenzweig. Fahre mit den Fingern vorsichtig über das Ästchen, über die Dornen. Sie sind spitz – und sie tun dir weh, wenn du nicht behutsam mit ihnen umgehst.
  Wenn du unvorsichtig mit den Dornen umgehst, verletzt du dich.
  Wenn du unvorsichtig mit anderen Menschen umgehst, verletzt du sie.
  Du kannst sie mit den Händen und den Füßen, aber auch mit Worten verletzen.
  Das ist, als ob du sie mit den Dornen stechen würdest.
  Manchmal gehen aber auch andere Menschen mit dir unvorsichtig um.
  Auch du kannst verletzt werden mit den Händen, mit den Füßen, aber auch mit Worten.

Hexenleiter

Hexenleitern dienen zum Schmücken eines Palmbuschen.

Sie werden folgendermaßen gebastelt:

1. Verschiedenfarbiges Papier wird in gleich breite Streifen geschnitten (ca. 2 cm). Die Länge soll mindestens 30 cm betragen. Je länger, desto besser!

2. Dann kleben wir zwei Papierstreifen (a und b auf der Zeichnung) rechtwinklig übereinander, sodass sie nicht verrutschen können.

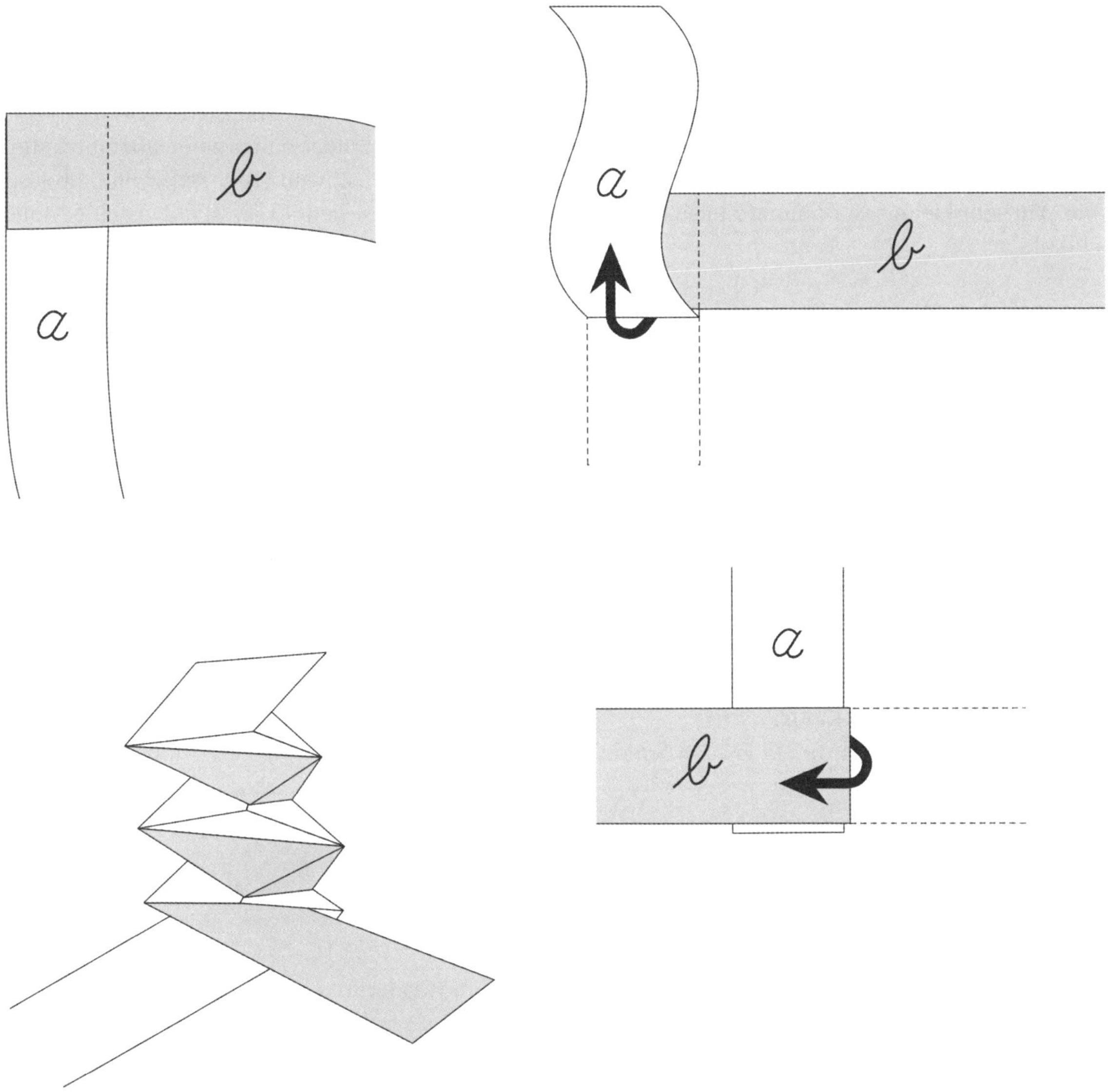

3. Nun falten wir a über b und immer so weiter, bis zum Ende der Streifen. Die letzte Faltung wird wieder mit Klebstoff fixiert; die Hexenleiter ist fertig.

Das ist, als ob du mit den Dornen gestochen würdest.
Fahre mit deinen Fingern noch einmal vorsichtig über das Ästchen, über die Dornen.
Sie sind spitz – sie können anderen wehtun.
Wer möchte, erzählt seine Gedanken und legt dabei seinen Zweig auf das Seil.
(Nach einer Idee in: „Mein bist du", Lehrerhandbuch für Klassenstufe 1/2, Stuttgart 1998, S. 164).

Alternative: Jede/r Sch erhält einen kurzen Dornenzweig und je zwei Sch ein Stück Draht. Zuerst binden jeweils zwei Sch ihre zwei Zweige zusammen, mit einem neuen Draht verbinden sie ihr Teil mit dem Dornenzweig des Nachbarn.
Nach und nach flechten so die Kinder alle Teile zu einer großen Dornenkrone zusammen und legen sie in die Mitte des Sitzkreises.
Sch stehen im Kreis, jede/r fasst vor den Körpern der Nachbarn die Hände der/des übernächsten Sch. So entsteht ein geflochtener Kreis, ähnlich einer Dornenkrone. Mit sehr kleinen Schritten dreht sich der Kreis nach links.

Jesus auf dem Weg zur Kreuzigung
(4. Bild, **fse 65**, oben)
Nachdem die Soldaten Jesus die Dornenkrone aufgesetzt hatten, legten sie ihm einen purpurroten Mantel um, traten zu ihm und sagten: Hoch lebe der König der Juden! Und sie schlugen ihn ins Gesicht.
Stadthalter Pilatus führte Jesus mit dem Purpurmantel und der Dornenkrone vor die Hohen Priester und das Volk und sagte: Ich finde keine Schuld an ihm.
Da schrieen alle: Kreuzige ihn, kreuzige ihn!
Da übergab Pilatus ihn zur Kreuzigung.
Die Soldaten führten Jesus aus der Stadt hinaus zur Kreuzigung. Jesus trug das Kreuz.
Ein Mann begegnete diesem Zug. Er hieß Simon von Zyrene.
Den zwangen sie, für Jesus das Kreuz zu tragen.
Sie kamen zu dem Hügel mit dem Namen Golgota.

Jesus wird gekreuzigt (5. Bild, **fse 65**, Mitte)
Auf dem Hügel Golgota nagelten sie Jesus ans Kreuz.
Über seinen Kopf hängten sie ein Brett, darauf stand geschrieben, warum er verurteilt war: Dies ist Jesus, der König der Juden.
Danach verteilten sie seine Kleider unter sich und setzten sich hin um ihn zu bewachen.
Zwei Räuber wurden mit ihm gekreuzigt, der eine links, der andere rechts von ihm.
Um drei Uhr schrie Jesus laut: „Eli, eli, lema sabachtani!" Das heißt auf deutsch: Mein Gott, mein Gott, warum hast du mich verlassen?
Ein Soldat lief und holte einen Schwamm, tauchte ihn in sauren Wein, steckte ihn auf eine Stange und gab Jesus zu trinken.
Jesus schrie laut, hauchte seinen Geist aus und starb.
Ein anderer Soldat nahm eine Lanze und stieß sie Jesus in die Brust, weil er wissen wollte, ob Jesus schon tot war. Unter dem Kreuz standen seine Mutter Maria und sein Jünger Johannes. Auch viele Frauen waren dort. Sie waren Jesus schon von Galiläa her bis nach Jerusalem gefolgt.

Jesus wird vom Kreuz genommen und ins Grab gelegt (6. Bild, **fse 65**, unten)
Am Abend dieses Tages ging ein reicher Mann zu Pilatus, er hieß Josef von Arimathäa. Er gehörte zu den Freunden Jesu. Er bat Pilatus: Gib mir den Leichnam von Jesus, ich will ihn begraben.
Josef nahm den Leichnam vom Kreuz ab, wickelte ihn in Leinentücher und legte ihn in seine eigene Grabkammer, die in einen Felsen gehauen war. Er rollte einen großen Stein vor den Eingang. Dann ging er fort.
Maria von Magdala und andere Frauen waren dabei und hatten gesehen, wo Jesus hingelegt worden war.

Jesus lebt

fragen – suchen – entdecken 66/67

1. Hintergrund

Die Doppelseite **fse 66/67** behandelt die christliche Auferstehungserkenntnis: „Jesus lebt." Auf der linken Seite **fse 66** steht der Text über den Gang der Frauen zum Grab und ihre Einsicht, dass Jesus leben muss. Auf der rechten Seite **fse 67** ist als Aquarell ein Tor mit einem weggewälzten Stein zu sehen. Das Symbol der Tür bzw. des Tores ist Sch bereits in **fse 4** begegnet, ebenso in der Geschichte des Bartimäus und des Levi (**fse 26-29**). Torgeschichten sind meist Durchgangsgeschichten, d. h. das Tor ist ein Übergang zwischen dem, was hinter einem liegt, und dem, was einen erwartet. Es steht für Veränderung und Umbruch und eröffnet Neues. Auch die Ostergeschichte ist eine solche Erfahrung: Aus dem Tod wird Leben. Nachdem Jesus gestorben war, hatte man seinen Leichnam in ein Felsengrab gelegt und den Eingang (wörtlich „Tor"!) mit einem großen Stein verschlossen (Mk 15,46). Am Ostermorgen, als gerade die Sonne aufgegangen war, entdeckten die Frauen, dass der Stein weggewälzt (Mk 16,3) und das Grab leer war. Da hörten sie die frohe Botschaft: „Jesus ist auferstanden, er ist nicht hier" (Mk 16,6).

Faltblume

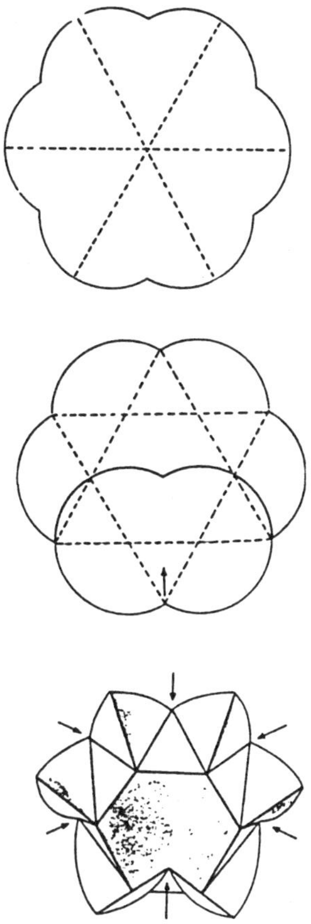

Dieser Blüte sieht man auf den ersten Blick nicht an, dass sie eine Botschaft enthält. Erst beim Auffalten der Blütenblätter verrät sie ihr Geheimnis.

So wird die Blume gefaltet:

1. Wir pausen die Blütenform vom Muster ab und übertragen die Blüte auf rotes Tonpapier. Die Form wird ausgeschnitten.
2. Entlang der in der Zeichnung zu sehenden gestrichelten Linien falten wir die Blüte dreimal zusammen und klappen sie immer wieder auf. So entsteht in der Mitte eines jeden Blütenblattes ein Knick.
3. Dann werden jeweils zwei Blütenblätter miteinander nach innen gefaltet und wieder aufgeklappt. (Auf der Zeichnung erscheinen diese Faltlinien gestrichelt.) In der Mitte ergibt sich so ein Sechseck.
4. Nun wird die Blüte zusammengefaltet. Wir achten darauf, dass das Sechseck flach auf dem Tisch liegen bleibt. Zeigefinger und Daumen nehmen ein Blütenblatt an seinem Knick, stellen es senkrecht auf und legen es am Knick zur linken Seite. So verfahren wir mit allen sechs Blütenblättern, bis die Blüte geschlossen ist.
5. Dann klappen wir die Blüte vorsichtig auf und schreiben den Text ins Blattinnere: **„Freu dich! Jesus ist auferstanden!"**

Andreas Felger: „Ich bin die Tür", 1996

Genau diese Symbolik hat Andreas Felger in seinem Aquarell gestaltet. Der Titel bezieht sich wohl auf das Ich-bin-Wort im Johannes-Evangelium „Ich bin die Tür; wer durch mich hineingeht, wird gerettet werden" (Joh 10,9). Mit seinem Tod ist Jesus uns vorangegangen in ein neues Leben, das er auch uns verheißt. Das Bild von Felger will uns das Dunkel des Grabes, den Ort des Todes, eröffnen. Der Stein ist weggewälzt, der frei gewordene Blick führt hinaus ins helle Licht, ein Zeichen der Hoffnung.

Komposition: Von unten führt eine Treppe nach oben, diese ist durch waagerechte Linien angedeutet. Rechts im Bild sehen wir die Hälfte eines Kreises und in der Mitte des Bildes befindet sich ein Rechteck. Über diesem setzen sich die waagerechten Linien von unten fort.

Farben: Das Zentrum des Bildes ist ein weißes Licht, das seine Helligkeit auch auf die Stufen wirft. Umrahmt ist diese Tür von roten Türpfosten. Dieses Rot springt ins Auge und sagt: Hier ist die Mitte des Bildes, auf diesen Durchgang kommt es an.

In der rechten Bildhälfte ist ein riesiger schwarzer Stein zur Hälfte zu sehen. Ihn umgibt die Farbe Blau, die Farbe der Kälte. In der linken Bildhälfte ist dieses Blau bereits von einem warmen Braunton durchtränkt. Gehen wir nun in Gedanken die Stufen hinauf zum Durchgang. Das helle Licht lockt uns ins Freie. Was mag uns hinter dieser Tür erwarten? Zumindest etwas ist offenkundig: Der Stein vom Grab ist weggerollt, die Osterfreude lässt hoffen auf die Überwindung des Todes.

Ein Grundmodell der Bilderschließung findet sich Arbeitshilfen S. 74.

Literatur

Niehl, Franz W. (Hg.), Leben lernen mit der Bibel, München 2003, S. 262-264: Joachim Theis, Maria von Magdala begegnet dem Auferstandenen

2. Einsatzmöglichkeiten im RU

Das Bild genau anschauen

- Sch überlegen in PA, was auf dem Bild von Andreas Felger geschehen ist oder geschieht.
- L führt weiter zum Gegensatz Dunkelheit und Licht. Sch finden Ähnlichkeiten mit dem Bild **fse 61**.

Mit Klängen spielen

- Sch teilen sich in zwei GA.
- Die erste GA spielt auf dunkel klingenden Instrumenten oder Gegenständen (z. B. Steinen, Hölzern etc.). Die zweite GA erhält hell klingende (Triangel, Glöckchen, Metallstäbe).
- Sch bilden einen Klangteppich aus Hell-Dunkel-Tönen.
- Sch beginnen mit dunklen Instrumenten, werden leiser, helle Töne setzen ein, werden kräftiger, dunkle Töne verklingen.

Die Erzählung szenisch gestalten

Sch spielen die unten im Kasten stehende Erzählung nach Lk 24,1-12 mimisch und gestisch mit.

Faltblumen basteln

- L bereitet für jede/n Sch eine Blume (**AB 1.5.5, Arbeitshilfen S. 193**) vor, welche Sch nach dem Hören der Ostererzählung öffnen.
- Zum Abschluss kleben Sch die gebastelte Blüte ins Heft und malen einen Ostergarten.

3. Jahrgangsübergreifende Lerngruppe

Die Frauen zum Grab begleiten

- Sch lesen zeilenweise den Text **fse 66**.
- L liest den Text noch einmal und Sch untermalen in Gruppen klanglich.

Maria aus Magdala, Maria, die Mutter des Jakobus, und Salome kauften wohl riechende Öle um damit zum Grab zu gehen und Jesus zu salben. Am ersten Tag der Woche kamen sie in aller Frühe zum Grab, als eben die Sonne aufging.

Wir wollen die Frauen sein.
Wir sind genauso traurig wie sie.
Wir lassen den Kopf ganz tief hängen.

Weil wir so traurig sind wie die Frauen,
wollen wir nichts mehr hören.
Darum legen wir unsere Hände auf unsere Ohren.

Weil wir so traurig sind wie die Frauen,
wollen wir auch nichts mehr sehen.
Darum legen wir die Hände vor die Augen.

Eier färben

Da kannst du schon mithelfen:
Du sammelst Gräser, kleine Frühlingsblumen und Kräuter. Diese reibst du ganz vorsichtig mit Eiweiß, Speiseöl oder auch ganz dünn mit Pelikanol ein und legst sie behutsam auf die vorher gereinigten Eier. Nun umwickelst du die Eier, eins nach dem anderen, mit einem alten dünnen Damenstrumpf. Mit einem Faden wird er jeweils fest abgebunden. Nun kannst du die Eier in die gewünschten vorbereiteten Farbbäder legen, bis die Eier schön farbig geworden sind. Du nimmst sie heraus und entfernst Strumpf und Pflanze. Dort, wo die Pflanze war, ist keine Farbe hingekommen und somit ein Muster entstanden. Wenn die Eier erkaltet sind, kannst du sie mit einem Stückchen Speck schön glänzend reiben. Du kannst bunte, dünne Wachsplatten nehmen und daraus mit einem spitzen Messer Buchstaben derjenigen Namen ausschneiden, die zu deiner Familie gehören. Die drückst du dann auf ungefärbte oder auch hell gefärbte Eier. Du kannst sie außerdem noch mit Blättern oder anderen Mustern verzieren, ein schönes kleines Ostergeschenk für jeden. Schön werden die Eier auch mit Naturfarben: Rot werden sie mit dem Saft der roten Beete; grün, wenn ihr ins kochende Wasser Brennessel- und Efeublätter steckt; braun, wenn das Wasser mit Zwiebelschalen oder Malzkaffee gekocht wird, gelb, wenn ihr dem Wasser Safran, das Gewürz Kurkuma (Gelbwurzelpuder) und Kümmel zufügt.

Bei ausgeblasenen Eiern müsst ihr vorsichtiger sein: Ihr nehmt sie entweder zwischen Daumen und Zeigefinger oder steckt einen Schaschlikspieß durch die Eierlöcher und stopft ein bisschen Knetgummi um den Spieß am Loch. Dann könnt ihr bequem pinseln oder zeichnen. Zum Schluss könnt ihr die Eier mit Haarspray oder Klarlack besprühen, damit sie schön glänzen. An einem Bindfaden befestigt ihr ein Stückchen Streichholz, das ihr vorsichtig durch das Loch ins Ei schiebt, so, dass es sich querlegt. Nun könnt ihr die Eier an schöne Zweige oder an einen grünen Kranz hängen. So habt ihr einen Osterstrauß oder einen Osterkranz. Der Kranz ist ein Sinnbild des Sieges, und Jesus hat ja den Tod besiegt. Da gehört der Osterkranz unbedingt zu Ostern.

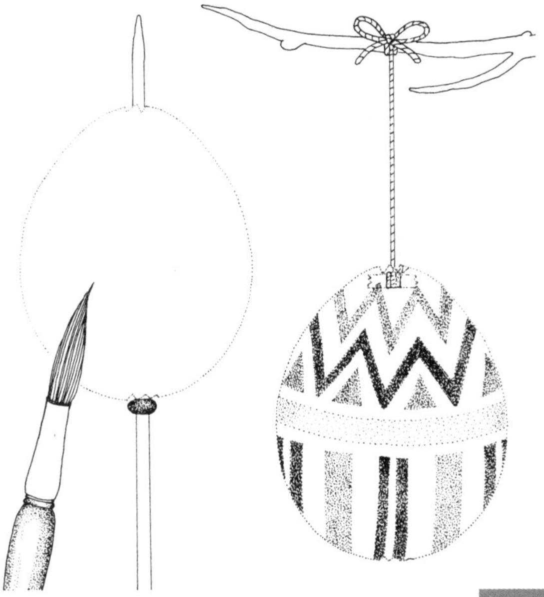

Am liebsten würden wir weinen.
Darum streichen wir vorsichtig mit den Fingern über die Augen.
Uns ist so schwer ums Herz wie den Jüngern.
Darum atmen wir tief und schwer.

Die Frauen überlegten, wer ihnen wohl den Stein vom Eingang des Grabes wegwälzen könnte. Er war sehr groß. Doch als sie zum Grab kamen, sahen sie, dass der Stein schon weggewälzt war. Sie gingen ins Gab hinein und sahen auf der rechten Seite einen jungen Mann sitzen, der mit einem weißen Gewand bekleidet war.

Wir wollen wie die Frauen sein.
Wir sind genauso erschrocken wie sie.
Darum schauen wir mit ganz großen Augen.

Wir sind genauso ängstlich wie sie.
Darum machen wir uns ganz klein und schütteln uns.

Der Mann aber sagte zu ihnen: Erschreckt nicht! Jesus lebt! Er ist vom Tod auferstanden! In Galiläa werdet ihr ihn treffen! Die Frauen verließen das Grab. Sie waren sehr erschrocken und entsetzt. Sie erzählten niemanden von ihrem Erlebnis, weil sie Angst hatten.

Die Auferstehung Jesu feiern

fragen – suchen – entdecken **68/69**

1. Hintergrund

Die Doppelseite **fse 68/69** gibt Einblick in die liturgische Osterfeier. Dabei spielt die Symbolik des Lichtes eine zentrale Rolle.

Das Feuer als Symbol

Das Feuer ist für die Menschen seit jeher wichtig gewesen. Es wärmt sie und erhellt die Dunkelheit. Deshalb wird das Feuer auch mit der Sonne verglichen, die der Erde Wärme gibt und Leben schenkt. Früher hat man deshalb Feuer entzündet, wenn sich die erste Frühlingssonne mit ihren wärmenden Strahlen zeigte, um sie freudig zu begrüßen: Das Kalte und Erstarrte des Winters sollte verbrennen, damit das neue Leben durchbrechen kann. Auch heute noch werden in manchen Gegenden zu Beginn der Fastenzeit Funkenfeuer entzündet, um den Winter zu vertreiben.
Wenn Christen an Ostern ein Feuer entzünden, wollen sie ihre Überzeugung darstellen, dass Jesus mit der Auferstehung neues Leben schenkt.

Osterfeuer und Osterkerze

In der katholischen Kirche beginnt die Feier des Osterfestes bereits in der Nacht. In dieser so genannten „Osternacht" wird als erstes ein Feuer draußen vor der Kirche entzündet. Das Feuer, das Licht und Wärme gibt, erinnert die Christen an Jesus, der in der Bibel häufig „das Licht" genannt wird (besonders Joh 8,12). Im Gegensatz dazu steht die Nacht für Tod und Grab. Das Feuer stellt zeichenhaft dar, wie das Licht Jesu in die Dunkelheit des Todes kommt und sie besiegt.
An dem Feuer wird zuerst die Osterkerze angezündet, gesegnet und dann in den dunklen Kirchenraum getragen. Dabei wird ein österliches Jubellied angestimmt: Licht Christi (lumen Christi).
Danach zündet der Priester seine Kerze an der Osterkerze an und gibt das Licht weiter. Alle anderen kleinen mitgebrachten – oder in der Kirche bekommenen – Kerzen der österlichen Festgemeinde werden angezündet. Jede Kerzenflamme kommt in dieser heiligen Nacht vom geweihten Feuer; denn es soll sichtbar werden, dass alles Licht und Leben von Jesus, dem auferstandenen Herrn, ausgeht.
So zeigen die Fotos **fse 68/69** ein hell loderndes Osterfeuer (links oben), das Entzünden der Osterkerze (rechts oben), das Weitergeben des Lichtes im Kirchenraum durch MinistrantInnen (links unten) und GottesdienstbesucherInnen (rechts unten) sowie die durch das Licht erhellte Kirche **fse 69** in der Osternacht.
Ein Halleluja-Ruf ist Ausdruck der Freude, die Christinnen und Christen angesichts der Auferstehung von Jesus empfinden.

Große Leute, kleine Leute

Liederkiste 1/2 11

Ein Osterlied

T: Rolf Krenzer/M: Paul G. Walter

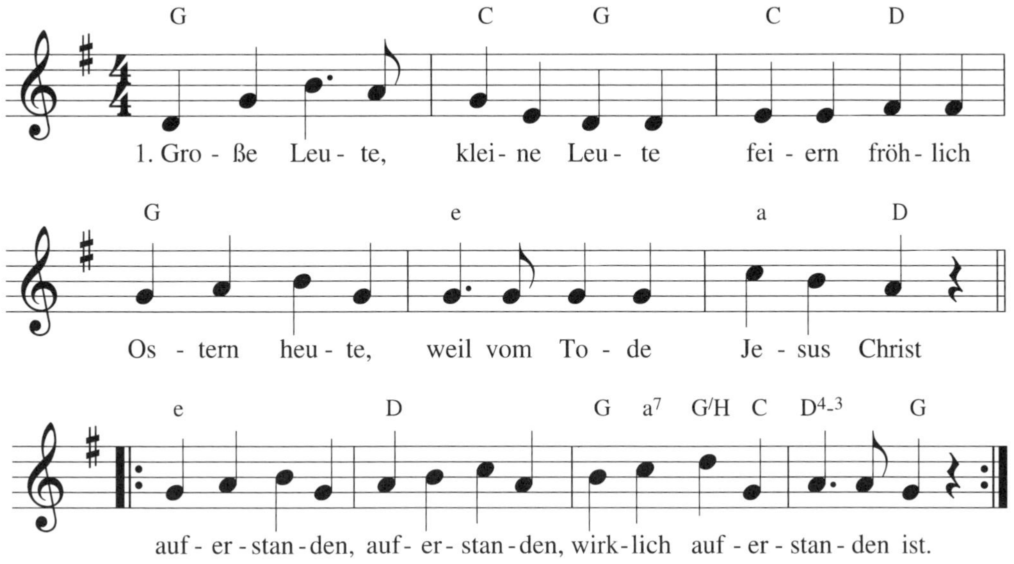
G C G C D
1. Gro - ße Leu - te, klei - ne Leu - te fei - ern fröh - lich
G e a D
Os - tern heu - te, weil vom To - de Je - sus Christ
e D G a7 G/H C D4-3 G
auf - er - stan - den, auf - er - stan - den, wirk - lich auf - er - stan - den ist.

2. An das Kreuz ward er geschlagen,
er war tot, doch nach drei Tagen
wissen wir, dass Jesus Christ
auferstanden, auferstanden, wirklich auferstanden ist.

3. Das konnt einem nur gelingen,
einer konnt den Tod bezwingen.
Singt mit uns, dass Jesus Christ
auferstanden, auferstanden, wirklich auferstanden ist.

2. Einsatzmöglichkeiten im RU

Dunkel und hell

- Sch erzählen von dunkel-und-hell-Erfahrungen: Warum war es dunkel? Wie habe ich mich im Dunkeln gefühlt? Woher kam dann Licht? Wie habe ich mich danach gefühlt?

Fantasie-Übung

Sch hocken auf dem Boden im Kreis. Sie vollziehen die angesprochenen Bewegungen langsam mit.
Du bist ein kleines Samenkorn, das in der warmen dunklen Erde liegt. Lange hast du dich hier geborgen und geschützt gefühlt, aber nun wird es dir zu eng. Du dehnst dich und weitest dich aus. Da kitzelt dich von oben ein Sonnenstrahl. Du streckst dich ihm entgegen. Immer größer wirst du, immer mehr wächst du in die Höhe dem Licht entgegen. Schließlich stößt du durch die weiche Erdkrume und lässt dich ganz von der hellen Sonne bescheinen.

Die Osternacht feiern

- L beschreibt, wie im Gottesdienst der Osternacht gefeiert wird.
- Sch verfolgen die Beschreibung auf den Fotos **fse 68/69** mit.

Einen Osterkanon singen

- Sch erlernen den Kanon **fse 69**.
- Ein einfacher Liedruf findet sich im Gotteslob Nr. 233,3.

Auferstehung

- L schreibt die Anfangsbuchstaben des Wortes **AUFERSTEHUNG** untereinander an die Tafel.
- Sch überlegen sich, welche Wörter zu den Anfangsbuchstaben passen.

3. Jahrgangsübergreifende Lerngruppe

- Sch aus der 2. Jahrgangsstufe drücken ihre Gefühle zu Hell und Dunkel mit farbigen Kreiden aus. Sie nehmen ein DIN-A4-Blatt im Querformat. Auf der linken Seite malen sie, wie sie sich in der Dunkelheit fühlen. Rechts, wie, nachdem es wieder hell um sie geworden ist.
- Als weitere Möglichkeit bietet sich hier die Verklanglichung von Dunkel und Hell in GA an, die nachher allen Kindern vorgestellt wird.

Ostermorgen

fragen – suchen – entdecken 70/71

1. Hintergrund

Die Doppelseite **fse 70/71** vermittelt, wie ein Ostermorgen in einer Familie aussehen kann. Dabei bildet die Osterkerze auf dem Foto **fse 70** den Anknüpfungspunkt an die vorangehende Seite. Viele Menschen tragen nach der Feier der Osternacht ihr Licht nach Hause zum anschließenden Osterfrühstück. Auch die auf dem Tisch befindlichen Speisen werden im Gottesdienst geweiht. Wir sehen Ostereier, ein Osterlamm und einen blühenden Osterstrauß.
Erstmals nach der langen Fastenzeit darf jetzt wieder alles gegessen werden, worauf man vorher freiwillig verzichtet hat. Eine große Freude ist für die Kinder das Suchen des Osternestes. Dabei entdecken sie zugleich die erwachende Natur mit ihren frischen grünen Blättern und den ersten bunten Frühlingsblumen.
Das Lied und die Geschichte **fse 71** regen an, mit Sch gemeinsam ein Osterfrühstück im Klassenzimmer zu halten.

2. Einsatzmöglichkeiten im RU

Die Fotos vom Ostermorgen betrachten

- Sch betrachten das Foto vom Osterfrühstück und bringen es mit dem Ende des Osternacht-Gottesdienstes in Verbindung.
- Sch ergänzen die Beobachtungen zu beiden Fotos mit eigenen Erfahrungen und erzählen, wie sie Ostern feiern.

Ostereier färben

Sch haben immer wieder große Freude daran, ausgeblasene Eier zu färben bzw. für Ostern kreativ zu gestalten. **AB 1.5.6, Arbeitshilfen S. 195**, zeigt, auf welche Weise Sch die Eier verschönern können: mit färbenden Pflanzenbädern und Wachsplatten. Tipps sagen, wie die Eier beim Anmalen nicht gleich zerbrechen. Evtl. ist fächerübergreifender Unterricht möglich.

Ein Osterfrühstück planen

- Nach dem Kennenlernen der Ostergeschichte **fse 71** überlegen Sch in GA, wie sie ein Osterfrühstück gestalten wollen. Sch tragen die Ergebnisse zusammen und malen ins Heft, was sie alles brauchen. Überschrift: Unser Osterfrühstück.

Die Zeichen der Osterkerze

Das Kreuz
mit den fünf Nägeln
erinnert an
Jesu Leiden und den Tod am Kreuz.

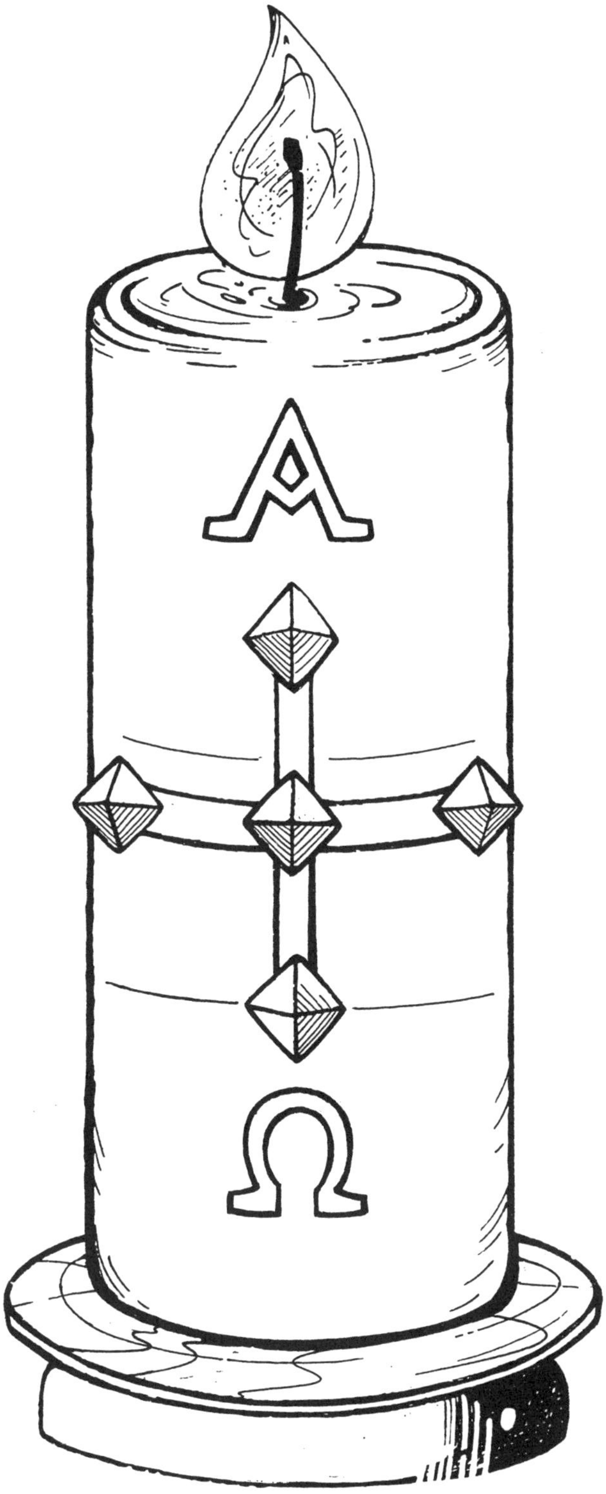

Das Licht der brennenden
Osterkerze erinnert an
Jesu Auferstehung aus dem Tod.

Die griechischen Buchstaben A und Ω zeigen,
dass Jesus auch am Anfang und am Ende unseres Lebens bei uns ist.

- L und Sch verteilen die verschiedenen Aufgaben untereinander, z. B. Tischschmuck, Eier verteilen, Essen, Trinken, ...
- Zu Beginn der nächsten Stunde werden Raum und Tische geschmückt. Die Klasse versammelt sich und beginnt mit einem gemeinsamen Lied, z. B. „Große Leute, kleine Leute" (**fse 71**). Alle Strophen enthält **AB 1.5.7, Arbeitshilfen S. 197**. Sch finden Bewegungen zum Lied. Das Lied ist als Lied 11 in der Liederkiste 1/2 enthalten. Dann nehmen Sch an der Ostertafel Platz.

3. Jahrgangsübergreifende Lerngruppe

Sch der 2. Jahrgangsstufe schreiben für alle Klassen Osterwünsche auf Ostereier aus Fotokarton und schenken diese zusammen mit einem selbstgebackenem Osterlamm jeder Klasse.

Tod und Leben

fragen – suchen – entdecken 72/73

1. Hintergrund

Auf der Doppelseite **fse 72/73** werden die Themen Tod und Vorstellungen vom Leben nach dem Tod aus der Sicht des christlichen Auferstehungsglaubens angesprochen und bildlich dargestellt. Dabei wird die Bedeutung von Ostern für das Leben der/s Einzelnen aufgezeigt: Wie Jesus aus dem Tod auferweckt wurde, so hoffen auch Christinnen und Christen auf ein neues Leben bei Gott. Zum Text **fse 72**: Tobias Oma ist gestorben. Im Gottesdienst wird für die Verstorbenen gebetet. Die Osterkerze ist Symbol der Hoffnung auf ein Leben nach dem Tod. Wenn der Priester die Osterkerze entzündet, kann Tobias durch den Kopf gehen: Das Anzünden der Osterkerze weist hin auf die Auferstehung, die nicht nur für Jesus gilt, sondern auch für alle, die an seine Auferstehung glauben. Tobias kann den Schluss ziehen, dass der Priester beim Anzünden der Osterkerze ausdrücken möchte, dass auch für seine Oma die Auferstehungshoffnung gilt.

Die Zeichen der Osterkerze

Die Osterkerze ist festlich geschmückt: Immer sind der erste und der letzte Buchstabe des griechischen Alphabets – Alpha und Omega, das bedeutet Anfang und Ende – mit schönen Wachsbuchstaben auf die Kerze aufgedrückt. Das bedeutet: Jesus Christus ist der Anfang und das Ende der Welt. Außerdem sind fünf rote Wachsnägel aufgebracht. Sie erinnern an die fünf Wunden Jesu am Kreuz. Es wird damit ausgedrückt, dass Jesus in der Auferstehung sein Leiden überwunden hat. Die Osterkerze steht in der Kirche auf einem eigenen Leuchter. Sie wird bis zum Fest Christi Himmelfahrt bei jedem Gottesdienst angezündet.

Auf der rechten Seite **fse 73** zeigt die Zeichnung eines 10jährigen Mädchens, wie es sich den Übergang vom leiblichen Tod zum Weiterleben im Detail ausmalt. Die Zeichnung ist entstanden in einer Unterrichtsstunde, in der sich Sch mit dem Thema beschäftigten: Wenn ich einmal tot bin. L gab den Bildrahmen vor mit einigen Zeilen zur Erklärung. Die Beschäftigung mit Vorstellungen der Kinder von einem Leben nach dem Tod ist vom LP nicht verlangt, bietet sich aber im Zusammenhang mit dem Thema „Tod und Leben" in der Unterrichtseinheit über Ostern an.
Kinder im Grundschulalter denken sich diesen Prozess konkret-material: Das Mädchen zeichnet sich aufrecht sitzend, im 90-Grad-Winkel die ausgestreckten Beine, auf einer blauen Sitzfläche, wie sie von Gottes überdimensional großem Arm auf der Hand getragen wird. Den rechten Arm hebt das gezeichnete Mädchen wie zum Abschiedsgruß. Der Körper ist dem Arm Gottes zugewandt, was die Situation vertrauensvoll erscheinen lässt.

Mit Kindern über den Tod sprechen

Die Todesvorstellungen von Kindern verändern sich in das Jugendalter hinein. Nach neueren Untersuchungen (Kuld/Rendle/Sauter) wird das christliche Konzept nur noch von einer Minderheit der größeren Sch geglaubt. Demnach helfen die Inhalte des RU den meisten Sch nur dann für ihren Umgang mit dem Tod, wenn der Unterricht die Pluralität der beschriebenen Todesvorstellungen aufgreift. Für Jugendliche und vermutlich auch für viele Kinder ist der RU einer der wenigen Orte, an dem sie über den Tod sprechen können und/oder wollen. Vom Tod zu sprechen muss man lernen. Das geht nicht von allein. Auch wenn Grund-Sch noch von einer natürlichen Fragelust geleitet werden, brauchen sie doch Räume ungestörten Nachfragens und Nachdenkens über ihre im Alltag gemachten Beobachtungen. Der RU bietet sich hier an.
Das Sprechen über den Tod gewinnt da an Tiefe, wo persönliche Erfahrungen der Sch mit der Endlichkeit des Lebens in das Unterrichtsgespräch einbezogen werden, z. B. wenn der Tod der geliebten Oma oder anderer nahe stehender Personen zur Sprache kommt.

Es war so schön dort

„Willst du mitkommen, Felix?", fragte die Großmutter. „Ich will Opas Grab neu bepflanzen."

„Och", sagte Felix, „auf den Friedhof! Da kann man ja nicht spielen."

Aber dann kam er doch mit. Er trug die Gießkanne. Die Großmutter trug die Schippe und den Korb mit den Stiefmütterchen. „Oh", rief Felix, als sie durch das Friedhofstor kamen, „hier blüht es ja toll!"

„Das kommt, weil so viele Lebende mit Liebe an ihre Toten denken", sagte die Großmutter. „Und weil sie ihnen nichts anderes Gutes mehr antun können, pflanzen sie ihnen wenigstens Blumen auf die Gräber."

„So wie du dem Opa", sagte Felix. „Glaubst du, er kann's noch irgendwie spüren?"

„Das weiß ich nicht", antwortete die Großmutter. „Wir wissen ja nicht, wie's auf der anderen Seite vom Leben ausschaut. Aber möglich ist es schon."

Als sie bei Großvaters Grab angekommen waren, machte sich die Großmutter gleich an die Arbeit.

„Höchste Zeit", murmelte sie. „Ringsherum blüht schon alles. Reiß mal das alte Kraut raus und trag's dort hinüber auf den Abfallhaufen."

„Warum ist denn das Grab so breit?", fragte Felix nach einer Weile. „So viel Platz braucht doch der Opa gar nicht."

„Das ist ein Doppelgrab", erklärte die Großmutter. „Neben dem Opa ist noch ein Platz frei. Der ist für mich, wenn ich sterbe."

Felix dachte nach.

„Was glaubst du, wie alt du werden wirst?", fragte er. „Glaubst du, dass du hundert Jahre schaffst?"

„Kaum", antwortete die Großmutter. „Und ich weiß auch nicht, ob ich mir das wünschen soll."

Felix starrte die Großmutter mit großen Augen an.

„Warum denn nicht?", fragte er erstaunt. „Ich wünsch mir, überhaupt nicht zu sterben!"

„Na ja", sagte die Großmutter, „du bist erst neun Jahre alt. Werd mal so alt wie ich: achtundsiebzig. Da wird man langsam müde. Ewig leben, das bekäme man bald satt. Das ist so ähnlich wie ewig wach bleiben müssen. Das kennst du doch auch, wie man sich fühlt, wenn man ganz müde ist. Da wünscht man sich nichts anderes, als sich ins Bett zu verkriechen und in Ruhe schlafen zu können."

„Ja", sagte Felix, „das stimmt. Aber wenn ich mir vorstelle, ich muss hier im Grab liegen, für immer."

„Da drin liegt ja nur der Körper", sagte die Großmutter.

Felix verstummte nachdenklich.

„Hast du denn keine Angst davor?", fragte er nach einer Pause.

„Meinst du, vor dem Tod?", fragte die Großmuter. Felix nickte.

Die Großmutter ließ sich Zeit mit der Antwort. Sie hackte die Erde auf und zerkleinerte die Schollen.

„Weißt du", sagte sie dann, „früher hab ich mich auch davor gefürchtet, sehr sogar, vor all dem Ungewissen. Man möchte doch so gerne alles ganz genau wissen. So ist der Mensch. Aber seit dein Opa gestorben ist, hab ich keine Angst mehr."

„Wieso?", fragte Felix.

„Damals warst du noch nicht auf der Welt", erklärte die Großmutter. „Er starb ja schon, als er erst einundfünfzig Jahre alt war. Da hatte er den schweren Autounfall: Beckenbruch und Rippenbrüche und eine Leberquetschung und noch andere Verletzungen. Ich war die drei Tage, die er danach noch lebte, fast immerzu bei ihm im Krankenhaus. Er war bei Bewusstsein, er hat noch mit mir gesprochen. Wir dachten schon, er würde es schaffen, aber da kam noch eine Lungenentzündung dazu. Er hat selbst gemerkt, dass er sterben musste.
„Mach's gut, Gretel, und danke für alles", hat er noch gesagt, dann hat er das Bewusstsein verloren und sein Herz hat aufgehört zu schlagen. Aber der Arzt wollte ihn retten, er gab nicht auf, er tat sein Möglichstes. Er brachte ihn nach ein paar Minuten wieder ins Leben zurück." „Geht denn das?", fragte Felix verblüfft. „Heutzutage kann man das manchmal", sagte die Großmutter. „Aber es war zu gar nichts nütze. Im Gegenteil. Weißt du, was dein Opa gesagt hat, als er wieder zu atmen anfing und zu sich kam? ‚Warum habt ihr mich zurückgeholt?', hat er ganz leise geseufzt. ‚Es war so schön dort.' Und dann ist er endgültig gestorben. Der Arzt hat zwar noch einmal versuchen wollen, sein Herz wieder in Gang zu kriegen, aber ich habe ihn gebeten, Opa in Ruhe sterben zu lassen. Wenn er dort doch so glücklich ist."
Sie kramte ein Taschentuch aus ihrer Jackentasche und schnäuzte sich heftig.
„Ob's stimmt, dass es dort so schön ist?", fragte Felix.
Die Großmutter fuhr sich noch schnell mit dem Taschentuch über die Augen, dann sagte sie: „Ich hab mich immer auf das, was dein Opa gesagt hat, verlassen können. Ich glaub's. Ich glaub's ganz fest. Und deshalb habe ich keine Angst vor dem Tod."
„Jetzt hab ich auch keine mehr, Oma", sagte Felix.
Nachdem sie das Grab über und über voll Stiefmütterchen gepflanzt hatten, gingen sie zusammen heim.
„Das soll aber unser Geheimnis bleiben", sagte Felix.
„Dass wir keine Angst vor dem Tod haben?", fragte die Großmutter. „Das würde uns doch keiner glauben, wenn wir's behaupten würden. Also bleibt es schon von ganz allein unser Geheimnis."
„Ja, Oma", sagte Felix feierlich, nahm die Gießkanne, die zwischen ihm und der Großmutter hin- und herpendelte, in die andere Hand und schob seinen Arm unter Großmutters Arm.

Gudrun Pausewang

Eine Osterkerze verzieren

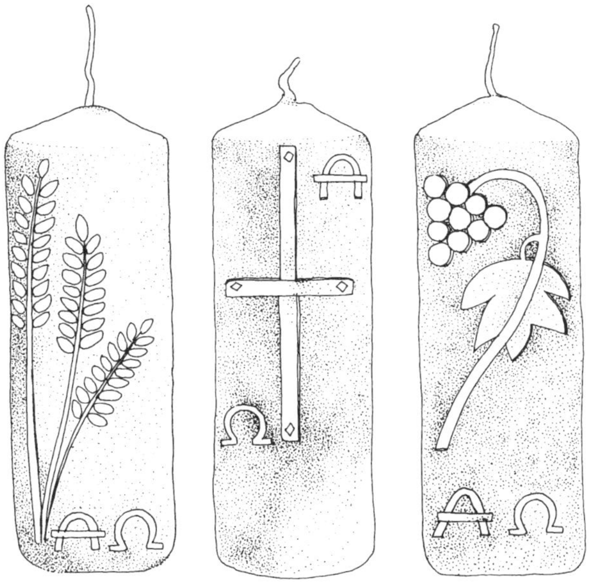

Du nimmst eine dicke, nicht zu hohe Kerze. Dazu brauchst du noch bunte Wachsplatten und ein scharfes kleines Messer, damit du aus den Wachsplatten Formen herausschneiden kannst. Aber Vorsicht mit dem Messer! Die kleinen Wachsplättchen haften von selbst auf der Kerze, wenn du sie gut andrückst.

Ein lebendiges Osternest ansetzen

Wenn du ungefähr 14 Tage vor Ostern Getreidekörner, Gras- oder Kressesamen in eine kleine Schale mit Erde säst, kannst du wieder eine österliche Wandlungsgeschichte erleben: Aus den kleinen Körnern in der dunklen Erde sprießen junge Halme hervor und du erhältst ein lebendiges Osternest für die bunten Ostereier.

Die vermittelten Gefühle und Erlebnisse berühren auch andere Sch. Bei Gesprächen über den Tod ist zu beachten, dass das einzelne Kind diese Erfahrungen macht und deshalb nicht einfach verallgemeinert werden darf. Es gilt das Individuum wahrzunehmen. Alle Menschen sind sterblich (Wir-Ebene). Dennoch erlebt es die/der Einzelne unterschiedlich (Ich-Ebene).

Literatur

Kuld, Lothar/Rendle, Ludwig/Sauter, Ludwig, Tod – was dann?, in: Religionspädagogische Beiträge 45(2000), S. 69-88

Oberthür, Rainer, Kinder und die großen Fragen, München [5]2003, S. 95-104

Ders., Kinder fragen nach Leid und Gott, München [3]2002

2. Einsatzmöglichkeiten im RU

Über die Osterkerze meditieren

- Sch schauen die Kerze an, sehen das Flackern des Kerzenscheins:
  Wie fühlt es sich an? Wenn du nicht zu nahe kommst, wärmt die Flamme die Hände, die Wärme tut dann gut. Wenn du mit den Fingern zu nahe kommst, tut es weh. Feuer ist kraftvoll und gewaltig. Feuer wärmt und macht hell, erleuchtet den Raum.

Die Zeichen der Osterkerze deuten

Sch erhalten **AB 1.5.8, Arbeitshilfen S. 199**, lernen die Symbole kennen und malen unter den angegebenen Text die entsprechenden Symbole.

„Es war so schön dort" – eine Erzählung hören

- L liest Sch die Erzählung „Es war so schön dort" vor: (**AB 1.5.9, Arbeitshilfen S. 201 f.**) bzw. lässt sie von Sch vorlesen.
- Anschließend Unterrichtsgespräch.

3. Jahrgangsübergreifende Lerngruppe

Sch der 2. Jahrgangsstufe lesen die Geschichte **AB 1.5.9, Arbeitshilfen S. 201 f.**, erst leise und dann für alle Kinder laut vor.

Osterkerze – Ostertanz – Osterschmuck

fragen – suchen – entdecken 74

1. Hintergrund

Zum Abschluss des Kapitels **fse 74** werden Osterkerze, Ostertanz und Osterschmuck als Elemente vorgestellt, mit denen Sch aktiv handelnd umgehen können.

Osterbrunnen

Ohne Wasser gibt es kein Leben. Keine Pflanze würde wachsen, kein Tier könnte leben und auch kein Mensch. Es ist unser Wasser des Lebens. Aber Wasser hat auch vernichtende Kraft, wenn es Landstriche überschwemmt oder bei Sturmfluten überrollt. In manchen Gegenden wird das Wasser mehr geachtet als bei uns, weil es, wie in der Wüste, Mangelware ist. Menschen müssen es dort auch heute noch aus Brunnen schöpfen und nicht selten sind sie versiegt. So spüren die Menschen die Segenskraft des Wassers.
In der Osternacht wird das Osterwasser geweiht, das besagt, dass Jesus lebendiges Wasser für uns ist. Manche Menschen nehmen das Osterwasser in kleinen Flaschen mit nach Hause. Sie segnen damit ihre Wohnung und besonders Schutzbedürftige. Alternativ zum Brunnen (vgl. **fse 63**) schmücken manche Pfarreien ihre Taufbecken bzw. Taufkübel.

2. Einsatzmöglichkeiten im RU

Eine Osterkerze verzieren

- Nach dem Kennenlernen der Kerzensymbolik gestalten Sch ihre eigene Kerze zunächst als Bild im Heft.
- Sch erhalten **AB 1.5.10, Arbeitshilfen S. 203**, eine Kerze und Wachs. Die Kerzen sollten groß genug sein, damit Sch sie gut verzieren können. Bunte Wachsplatten findet L in Bastelabteilungen, einschlägigen Wachs- und Kerzengeschäften oder beim kunstgewerblich-künstlerischen Versandhandel.

Ein Osternest bauen und verschenken

- Jede/r Sch bastelt ein Osternest, das sie/er später dem oder der Banknachbar/in schenkt.
- Eine *Alternative* zu den herkömmlichen Osternestern ist das lebendige Osternest aus Getreide-, Gras- und Kressesamen (**AB 1.5.11, Arbeitshilfen S. 203**). Ganz fein wäre es, wenn Sch das Körbchen im Kunstunterricht aus Tonwülsten zusammenbauen, mit einer Glasur überdecken und im Ofen brennen könnten. Ansonsten basteln Sch ein Papierkörbchen aus 1,5-2 cm breiten Papier- oder Kartonstreifen, die im Kreuzflechtmuster zusammengeführt und dann mit einem Abschlussstreifen oben herum festgeklebt werden, oder neh-

Einen Ostergarten aufstellen

Was verbirgt sich hinter der Bezeichnung? Wie die Weihnachtskrippe versucht, das Weihnachtsgeschehen anschaulich zu machen und für die Menschen in greifbare Nähe zu rücken, versucht dies auch der Ostergarten mit dem Ostergeschehen. Eine breite Fensterbank oder ein freier Tisch mit einer dunklen, alten Decke müsste zur Verfügung stehen.
Der jeweilige Schrifttext wird nach der Grundschulbibel vorgelesen, besser aber frei erzählt.
Sch singen das Lied „Jesus zieht in Jerusalem ein": AB 1.5.2, Arbeitshilfen S. 187.

- Jesus wird der Weg bereitet: mit blühenden Zweigen (z. B. Forsythien), mit Sand und Steinen, worüber kleine Stoffreste ausgebreitet werden. Dazu wird ein kleiner Esel gestellt, der aus dem Fundus der Kuscheltiere mitgebracht wird.

- Jesus und weitere Personen wie die Menschen, die seinen Weg säumen, Pilatus oder Maria, können aus Pfeifenputzern gebastelt werden.

- Die Stadt bzw. Häuser und Stadttor von Jerusalem werden aus Karton hergestellt.

- Als zweite Station wird das Haus, in dem Jesus das Abendmahl mit seinen Jüngerinnen und Jüngern feierte, wichtig.

- Als dritte Station kann der Ölberg als Ort des Verrates gestaltet werden. Eine Anhöhe wird aus Erde, Moos etc. geschaffen.

- Die vierte Station könnte die Burg des Pilatus sein.

- Für die fünfte Station, die Golgota heißt, werden drei kleine Holzkreuze zusammengenagelt.

- Die drei Frauen (aus Pfeifenputzern, Stoff und Styroporkugeln) werden dazugestellt.

- Große Steine (Felsbrocken) bilden Jesu Felsengrab.

- Am Morgen nach den Osterferien zünden wir dort die Osterkerze als Zeichen für Jesu Auferstehung an.

men einen Ton-Blumenuntersetzer mit einem Durchmesser von 14 cm.

- Wird ein Papierkörbchen hergestellt, füllen Sch es mit Ostergras (Papier hell- bis mittelgrün anmalen, trocknen lassen und in feine Streifen schneiden)
- Ein Ei kochen und anmalen: Die Eier werden z. B. im Wasserkocher gekocht, anschließend von Sch bemalt und in das Nest gelegt.
- Wenn alles fertig ist, kann die Verschenkaktion beginnen.

Wir tanzen vor dem Licht

- Sch erlernen das Lied **fse 74**
- und setzen es in folgende Tanzbewegungen um:

AUSGANGSPOSITION:	Kreisaufstellung mit Handfassung um eine Mitte mit Kerze
Zeile 1 (Takt 1-4):	8 Schritte im Kreis nach links gehen
Wiederholung Takt 1-4:	8 Schritte im Kreis nach rechts gehen
Zeile 2 (Takt 5-7):	stehen mit Blick zur Mitte im Wechsel in die Hände klatschen und auf die (Jesus-) Kerze weisen: *klatsch,* rechte Hand zeigt zur Mitte *klatsch,* linke Hand zeigt zur Mitte *klatsch*
Zeile 3 (Takt 8-11):	In die Hocke gehen und eine Kauerhaltung einnehmen, die Arme auf den Kopf legen (Höhle, geschlossene Knospe)
Zeile 4 (Takt 12-15):	sich langsam aufrichten und dabei die Arme nach oben strecken und weiten (geöffnete Blüte)

3. Jahrgangsübergreifende Lerngruppe

- Sch der 2. Jahrgangsstufe gestalten mit selbst gesammelten und mitgebrachten Dingen einen Ostergarten für die Klasse. Der Ostergarten, der nicht so bekannt ist wie die Weihnachtskrippe, stellt analog zu dieser das Ostergeschehen anschaulich dar. **AB 1.5.12, Arbeitshilfen S. 205**, enthält einen Gestaltungsvorschlag für L, wie ein Ostergarten gemeinsam mit Sch im Klassenzimmer aufgebaut werden kann.
- Sch gestalten mit Wachsplatten eine große gemeinsame Klassen-Osterkerze. Anschließend modelieren alle Sch ihren Namen in Wachs und befestigen ihn an der Kerze.

Literatur

Barff, Ursula/Burkhardt, Inge/Maier, Jutta (Hg.), Das große farbige Bastelbuch für Kinder, Niedernhausen/Ts. 1986/1990

Früchtel, Ursula/Ohla, Astrid/Othmer-Haake, Kerstin, Tod und Auferstehung. Das Thema im Unterricht der Kirche und Schule, Göttingen 1996

König, Hermine, Das große Jahresbuch für Kinder. Feste feiern und Bräuche neu entdecken, München 2001

Niehl, Franz W. (Hg.), Leben lernen mit der Bibel. Der Textkommentar zu *Meine Schulbibel*, München 2003

Oberthür, Rainer, Kinder und die großen Fragen, München ^{5}2003

Schweizer, Eduard, Jesus, das Gleichnis Gottes. Was wissen wir wirklich vom Leben Jesu?, Göttingen ^{2}1996

6 Gottes Welt entdecken

1. Religionspädagogische und theologische Hinweise

Kindern wird der unmittelbare Zugang zur Natur immer schwerer, da sie in einer weitgehend von Technik und Medien geprägten Welt aufwachsen.
Aus diesem Grunde sollen sie angeleitet werden, sich ihrer Sinne bewusst zu werden und sich selbst und die Welt deutlicher wahrzunehmen. Auf diese Weise können sie sensibel werden für die Wahrnehmung der Schönheit der Natur und für das Geheimnis des Lebens.
Nach Auskunft der strukturgenetischen Entwicklungspsychologie (vgl. Literatur) neigen Kinder im Grundschulalter dazu – vor allem dann, wenn sie religiös erzogen wurden – sich Gott als den großen „Macher" (Deus ex machina) vorzustellen. Die Welt erscheint ihnen so gewaltig, dass sie in ihren Augen nicht von selbst entstanden sein kann, sondern von jemandem erschaffen worden sein muss. Die Person eines göttlichen Schöpfers verbürgt den Sch, dass Lebewesen und Dinge der ihnen vertrauten Umwelt zu einer großen Ordnung gehören. Dies ist wichtig, weil Kinder alles Ungeordnete und Chaotische viel unmittelbarer als Erwachsene und als bedrohlich empfinden.
In religionspädagogischer Hinsicht ist es daher notwendig, die Schöpfung als Gabe und Geschenk zu begreifen. Daraus erwächst der verantwortliche Umgang mit ihr. Heute zeigt sich die Schöpfung mehr denn je gefährdet und im Spannungsfeld von religiösem und naturwissenschaftlichem Weltbild.
In der Grundschule fragen Kinder selten im naturwissenschaftlichen Sinne nach Weltentstehung und Evolution, sondern eher „Warum ist das so?" „Was war, als ich noch nicht war?" und versuchen, ihre Eindrücke und Erfahrungen zu ordnen. Schöpfungstexte werden deshalb im RU weniger eigenständig behandelt, sondern sollen als Erzählelemente im Zusammenhang konkreter Begegnungen mit der Natur, des Lobpreises (Psalm 8, Psalm 104) und des Gebetes wirken. Diese Texte werden ebenfalls nicht dazu gebraucht um Kinderfragen nach dem Woher oder Warum zu erledigen. Sie laden vielmehr ein, von den Erfahrungen des Geschöpf-Seins und des Lebens zu erzählen, darüber zu reden oder zu singen.
Gerade weil Religion Sch oft nicht mehr vertraut ist, heißt es Schöpfung unterrichtlich zu erschließen und den Sch zu entsprechender Frage- und Sprachfähigkeit zu verhelfen.
Über das eigene Erleben finden Kinder einen Zugang: Wenn sie von elementaren Begegnungen mit der Natur erzählen und mit Gegenständen aktiv umgehen (Dinge in die Hand nehmen und spüren), wenn sie von Begegnungen mit Tieren und Pflanzen berichten und von Haustieren erzählen. Zugänge schaffen wir auch über die Förderung und Schulung der sinnlichen Anschauung, des Aufspürens und Entdeckens.

Literatur

Kuld, Lothar, Das Eigentliche ist unsichtbar. Wie Kinder und Jugendliche Religion verstehen, München 2001
Oser, Fritz/Gmünder, Paul, Der Mensch – Stufen seiner religiösen Entwicklung, Gütersloh 1988

2. Das Thema im Lehrplan

Das sechste Kapitel in fse legt den Schwerpunkt auf den ersten Themenbereich des Lehrplans: „Ich, die Anderen, die Welt und Gott". Ausgehend von der eigenen Lebenssituation und eigenen Erfahrungen lernen Sch die Welt als Schöpfung Gottes zu deuten. Kinder finden heute, aufgrund der weitgehend von Technik und Medien geprägten Welt, immer schwerer einen unmittelbaren Zugang zur Natur. Deshalb werden sie hier angeleitet sich ihrer Sinne bewusst zu werden und sich selbst und die Welt deutlicher wahrzunehmen. Auf diese Weise können sie sensibel werden für die Schönheit der Natur und für die Geheimnisse des Lebens.

3. Jahrgangsübergreifende Einsatzmöglichkeiten

Ausgehend von Lebenssituationen der Sch werden hier die grundlegenden menschlichen Fragen nach Ursprung und Sinn des Lebens thematisiert. Dazu werden im Folgenden zu jeder einzelnen Lernsequenz Aufgaben-Vorschläge für jahrgangsübergreifende Lerngruppen gemacht, die bereits vorhandene Lernerfahrungen oder weiter entwickelte Schreib- und Lesefähigkeiten aufgreifen und für die gemeinsame Themenbearbeitung nutzen.

4. Verbindung zu anderen Fächern ...

Viele Bezüge zu anderen Unterrichtsfächern ermöglichen eine Zusammenarbeit und die Vertiefung des Themas auch außerhalb des RU:

EVANGELISCHE RELIGIONSLEHRE: Wir leben in Gottes Schöpfung; Gott begleitet uns auf dem Lebensweg; Miteinander leben.
DEUTSCH: 1.1 Fähigkeiten und Fertigkeiten zur Orientierung in der Lebenswelt und im Umgang miteinander; 3.1 Entwicklung einer Gesprächskultur; 3.3 Entwicklung einer Lese-Schreib-Kultur.
KUNST: 2.1 Das Wahrnehmen weiterentwickeln; 2.1 Erfahrungen mit Materialien und Werkzeugen; 3.1 Gestalten in verschiedenen Materialfeldern.
MUSIK: 1.1 Entwicklung der musikalischen Erlebnis- und Ausdrucksfähigkeit; 3.1.1 Musik machen mit der Stimme („Vogelhochzeit"); 3.1.2 Musik machen mit Instrumenten; 3.2 Musik hören („Wassermusik").
SACHUNTERRICHT: 1.1 Beschaffen, Verarbeiten, Präsentieren von Informationen; 1.3 Verantwortungsvoller Umgang mit der natürlichen und gestalteten Lebenswelt und den Ressourcen; 3.1 Natur und Leben.

... und zu anderen Kapiteln

Schon das erste Kapitel des LP „Ich, die Anderen, die Welt und Gott" und besonders das Thema „Die Welt als Schöpfung Gottes deuten" stellten Beziehungen zur Natur her: „Über Gott und die Welt nachdenken; Fragen, die mich beschäftigen". Dabei werden die Wunder der Natur vorgestellt, die Menschen zum Staunen führen. Dieses Staunen wird Anlass sein für eine Ahnung vom Schöpfer und Folie für Gotteserfahrungen: Gott ist wie Sonne und Licht, wie Sonnenstrahlen nach der dunklen Nacht. Staunen, Freude und Dankbarkeit wollen audgedrückt werden. Der LP nennt Gebet, Lied und Tanz um Freude und Lob ins gestaltete Wort, in Lieder und in Bewegung zu bringen. RU erweist sich hier als Sprach- und Ausdrucksschule.
Die Eingangsseiten „Stille entdecken" sprechen die Sinne an: Darin wird die Fähigkeit „hören" vertieft. Das Foto vom Mädchen mit der Muschel **fse 5** und das Lied „Wir werden jetzt ganz leis" **fse 6** laden zum Lauschen ein. Ebenso bilden die Natur-Mandalas **fse 5** eine Brücke zum Kapitel „Schöpfung", da sie mit Materialien aus der Natur gelegt werden.

5. Lernsequenz

Planungsskizze	Überschriften in fse	Inhalte im Lehrplan
I. Mit den Sinnen die Welt entdecken Meine eigene Welt entdecken	Gottes Welt entdecken **fse 75** Die Welt von oben sehen **fse 76/77** Als Gast bei einem Baum **fse 78/79**	3.1 Ich, die Anderen, die Welt und Gott
II. Wir staunen und fragen: Woher kommt das alles? Wir greifen Sorgen auf	Wie wertvoll hast du mich erschaffen **fse 80/81** Wie wunderbar sind deine Werke! **fse 82/83** Was auch passieren kann **fse 84/85**	3.1 Ich, die Anderen, die Welt und Gott
III. Die Schöpfung achten, sich an ihr freuen Gebete und Lieder als Ausdruck der Freude über das Geschenk des Lebens	Ich tu, was ich kann **fse 86/87**	3.1 Ich, die Anderen, die Welt und Gott 3.3 Das Wort Gottes und das Heilshandeln Jesu Christi in den biblischen Überlieferungen

6. Lebensbilder 1/2

Folgende Fotos aus der Folienmappe Lebensbilder 1/2 sind für einen situativen Einsatz hier besonders hilfreich:

Nr. 2: Ich staune; Nr. 18: Wir untersuchen und entdecken; Nr. 23: Blüte; Nr. 24: Knospende Kastanie; Nr. 27: Ameisen im Baum; Nr. 28: Marienkäfer; Nr. 29: Vogelnest; Nr. 35: Wasserstufen.

1. Hintergrund

Paul Klee (1879-1940)

Paul Klee wurde 1879 im Kanton Bern geboren. Sein Geburtshaus war die Schule, an der sein Vater damals Gesang, Klavier und Geige unterrichtete. Sein Vater stammte aus Thüringen und war Musikpädagoge. Seine Mutter stammte aus Südfrankreich und war Sängerin. Im Elternhaus wurde viel musiziert. Paul lernte Geige und spielte bereits mit elf Jahren im Orchester. Seine Großmutter mütterlicherseits aber war ein Augenmensch. Sie war es, die Paul zum Zeichnen ermunterte. Später notierte er in seinem Tagebuch: „Sie weckte in mir früh die Freude am Zeichnen und am Pinseln." Deshalb konnte sich Paul schwer zwischen seiner Liebe zur Musik, zur Malerei und zur Literatur entscheiden. Er wählte die Malerei und studierte in München an der Akademie der bildenden Künste.

Paul Klee: „Der Vollmond", 1919

Öl auf grauem Ölgrund, Papier auf Pappe aufgezogen, 51 x 37 cm.

Das Gemälde ist als Folie 10 enthalten in der Schatzkiste 1/2, vgl. Arbeitshilfen S. 19.

Paul Klee verglich die Entstehung eines Bildes mit dem Wachstum von Bäumen. Die Wurzeln waren für ihn Inspiration. Sie sind zahlreich und verlaufen in verschiedene Richtungen. Der Stamm stellt den Künstler selbst dar, bescheidener Vermittler zwischen den Wurzeln und der Baumkrone. Er verwandelt seine Inspiration, seine Quellen in Bilder. Das Geäst des Baumes ist das Bild. Wenn wir es für selbstverständlich halten, dass eine Baumkrone nicht aussieht wie die Wurzeln eines Baumes, weshalb sollte sich dann ein Bild peinlich genau an die Wirklichkeit halten? Sie tritt, indem sie zum Bild wird, in eine neue Welt ein, in die Welt der Linien und der Farben, was Veränderung beinhaltet. „Kunst gibt nicht das Sichtbare wieder, sondern macht sichtbar" (Paul Klee).

Es sind vier oder fünf Zonen, in die Klee sein Gemälde gliedert. Am unteren Bildrand sehen wir die spitzen Drei- und Vierecke, die auf nichts Gegenständliches schließen lassen – vielleicht auf Kristalle. Darüber liegt das Ineinander von Vierecken und Rechtecken, wie eine Aufsicht auf Felder und Äcker, mit dem Fenster unter der Schräge. Rechts in der Mitte sind Architekturformen und Baumhieroglyphen zu sehen, links oben ein Kugelbaum und ein Fenster, oben – fast in der Mitte – der gelbe Mond, der die Strukturen konzentriert bündelt und das Bild beherrscht.

Der Vollmond bescheint eine Landschaft ohne Menschen, aber man spürt deren heimliche Anwesenheit im Zusammenklang von gestalteter Grünfläche und Bäumen, Haus und Fenster, von Außen und Innen. Die Nacht ist ruhig. Das Mondlicht erlaubt Entdeckungen.

Der Weg des Bildes beginnt wahrscheinlich links unten und geht diagonal nach rechts oben. Aber nirgends ist ein Anfang und ein Ende. Der Weg lässt auch den oberen Bildrand nicht aus. Die unregelmäßigen Vierecke ziehen sich selbst oberhalb des Mondes von rechts nach links und stoßen dort auf den Kugelbaum. Der Mond gebietet Abstand nach allen Seiten, er ist Schlüssel zum Ganzen. Nach ihm ist das Gemälde benannt. Er schafft eine eigene Welt, in der das Ineinander und Miteinander von Natur und Mensch zu einer Einheit wird. Bäume, Fenster, Häuser und Türme fließen ineinander über und sind nicht mehr unterscheidbar. Die roten Lichtquellen, die wie kleine Monde erscheinen, können vielleicht als künstliche Laternen gedeutet werden.

2. Einsatzmöglichkeiten im RU

Einen Ort im Bild suchen

- Gemäß dem empfohlenen Verlauf einer Bildererschließung (vgl. Booklet in Schatzkiste 1/2 und Arbeitshilfen S. 74) entdecken Sch zunächst, was sie auf dem Bild sehen, bevor wir mit einer Zusammenschau des Bildes fortfahren.
- Sch suchen einen Ort im Bild, wo sie gerne wären (vermutlich hinter dem Fenster).
- Was spricht Sch auf dem Bild besonders an?

Ein Vollmondbild malen

- Sch malen mit Wasserfarben oder Pastellkreiden ein eigenes Bild von der Welt im Mondenlicht.
- – Es empfiehlt sich eine bestimmte Perspektive zu wählen, z. B. den Blick aus dem Fenster eines Klassenzimmers. Sch entdecken dabei, dass ihre Umgebung aus Teilen der Natur, aber auch sehr aus „Menschenwerk" besteht.

3. Jahrgangsübergreifende Lerngruppe

- Sch der 2. Jahrgangsstufe collagieren ein Vollmondbild aus Zeitschriften. Dazu schneiden sie ähnliche Farben aus und setzen sie zusammen.
- Sie schreiben eine Geschichte: „In der Vollmondnacht" zu ihrem Bild.

- Sch gestalten ein Bild mit Kreiden oder Wasserfarbe mit ihrem Vollmond. Anschließend finden sie hierzu drei treffende Sätze.
- Danach schreiben Sch die Buchstaben des Wortes Vollmond untereinander und finden zu jedem Buchstaben ein neues Wort.

Die Welt von oben sehen

fragen – suchen – entdecken **76/77**

1. Hintergrund

Die Doppelseite **fse 76/77** setzt das Kapitelthema fort mit einem Überblick, was in Gottes Welt alles zu sehen ist und was damit alles gemeint ist. Relix überblickt dabei von einem Ballon aus die Welt und steht stellvertretend für Sch. Dort, wohin Relix sein Fernglas gerade richtet, können Sch manche Details noch genauer erkennen.
Wie schon durch das Titelbild von Paul Klee künstlerisch eingeführt, sehen wir hier wieder das Ineinander von Natur und Mensch bzw. die Welt als von Menschen gestaltete Natur.

2. Einsatzmöglichkeiten im RU

Was siehst du alles?

Sch äußern nach und nach ihre Entdeckungen:

- Auf einem kleinen See tummeln sich Segelboote oder Surfer, auf dem Campingplatz sind kleine und große Zelte, Wohnwagen und Wohnmobile zu entdecken. Ein Steg führt ins Wasser; Schilf wächst in der Uferzone.
- Von vorn nähert sich noch ein Auto mit Anhänger dem Campingplatz; von unten geht jemand mit einem Hund auf den See zu. Ob er vergessen hat, den Kofferraum des roten Autos zu schließen?
- Hinter dem Campingplatz am See sehen wir ein kleines Wäldchen, darin einen mächtigen Strommasten, der mit anderen die sanft durchhängenden Stromleitungen – vorbei an einem Dorf mit Kirche im Zentrum und den Rotoren einer Windkraftanlage auf dem Hügel – bis zum Horizont führt.
- Rechts am Bildrand ist eine Stadt zu sehen mit Hochhäusern, einer großen Kirche und einer Fabrik mit rauchenden Schornsteinen. Straßen und Brücken führen zu ihr hin.
- Im Mittelgrund entdecken Sch ein Gehöft mit einem Reiter, der gerade zum Sprung über ein Hindernis ansetzt. Ein Geländewagen mit Pferdeanhänger steht bereit.
- Auf dem benachbarten Getreidefeld wird gearbeitet: Der Mähdrescher hat bereits einen Teil des Getreides geerntet und die zu Rollen gepressten Strohhalme auf dem Feld zurückgelassen.
- Straßen und Wege verbinden die Ortschaften, Wiesen und Felder. Eine zweispurige Straße führt durch die Landschaft, die von vielen Fahrzeugen befahren wird: Ein Transporter mit Verkehrsschildern, PKWs, ein LKW mit Zementmischmaschine, ein Motorradfahrer und große und kleine Busse sind unterwegs. Hinter einem Traktor staut sich der Verkehr.
- Im rechten Vordergrund spielen Kinder auf der Wiese bei einem frei stehenden Baum; zwei Kinder radeln heran, sie werden schon winkend begrüßt. Eins tollt mit dem Hund.
- Rechts am Bildrand schließen sich eine Kuhweide und ein kleines Wäldchen mit einem Hochsitz an; das dreieckige grüne Schild weist auf ein Naturschutzgebiet hin.
- Die Landschaft wird überspannt von einem Regenbogen. Hinter ihm zeigen sich dunkle Wolken, die auf ein Gewitter schließen lassen. Am Himmel zeigen sich Wolken und links am Ballon fliegt ein Schwarm Tauben.

Die Welt von oben sehen

- Sch erhalten **AB 1.6.1, Arbeitshilfen S. 211**, und malen, was sie „zwischen Himmel und Erde" kennen und was ihnen wichtig ist.

Wir unternehmen eine Ballonfahrt

Diese Fantasiereise vertieft die Betrachtung des Bildes und wird als Ballonfahrt zu einem inneren Erlebnis. Sch setzen sich bequem auf den Stuhl und schließen ihre Augen oder richten den Blick auf den Boden.
Sicher kennst du einen großen bunten Heißluftballon. Manchmal siehst du welche am Himmel schweben. Es muss ein tolles Gefühl sein, mit einem solchen Ballon mitzufahren ...
Vor deinem inneren Auge taucht eine Wiese auf ... und mitten darauf ... ein riesengroßer Heißluftballon ..., in bunten Farben ..., unten mit einem Korb für den Ballonfahrer. Noch ist der Korb am Boden ..., mit einem dicken Seil am Boden festgebunden ... Du bist neugierig ..., gehst näher ...
Da ruft dir jemand aus dem Korb zu ..., winkt dir freundlich und lädt dich zum Mitfahren ein ... Es ist der Steuermann des Heißluftballons.
Du zögerst ein wenig ..., dann kletterst du in den Korb ..., siehst dich ein wenig um ... Die heiße Luft einer Gasflamme strömt in den Ballon ..., füllt ihn prall ..., die Leinen werden losgelassen ..., sanft schwebt der Ballon empor ...

Die Welt von oben sehen

Du spürst, wie du nach oben getragen wirst ..., ganz sanft ..., höher ..., immer höher ..., ein angenehmes Gefühl ..., unter dir wird alles kleiner ... die Menschen, die Häuser, die Autos.
Ruhig und lautlos schwebt der Ballon dahin ..., immer weiter in den blauen Himmel hinauf ... Es wird immer ruhiger ... Du atmest die frische Luft hier oben, atmest ganz frei ..., man spürt diese Leichtigkeit des Schwebens ... Und unter dir tauchen immer wieder neue Landschaften auf. Das siehst du alles. Bauernhof, Mähdrescher, einen kleinen See mit Segelbooten, einen Baum, unter dem Menschen sitzen, eine Kuhherde, in der Ferne eine kleine Stadt, eine Kirche, alte Häuser und Hochhäuser ... Lass dir ruhig Zeit, dir einzuprägen, was du vor deinem inneren Auge alles siehst ... Es ist ein herrliches Gefühl hier oben zu schweben und alles zu überblicken.
Nach einer Weile beginnt der Ballon langsam zu sinken ... Ihr steuert eine große Wiese an und setzt auf dem Gras wieder auf ... Der Steuermann sichert den Ballon wieder mit dem starken Seil. Dann kletterst du aus dem Korb auf den Erdboden.
Nun kommst du langsam wieder hierher in die Klasse zurück, du bewegst deine Finger ..., atmest tief ein und aus ..., du räkelst und streckst dich ... und öffnest langsam wieder deine Augen ...

- Sch tauschen ihre inneren Bilder und Erfahrungen aus. „Wie hast du dich im Ballon gefühlt?" „Was hast du alles gesehen?" (Idee nach: Treml, Helga und Hubert, Komm mit zum Regenbogen, Linz 1994, S. 62 f.)
- Sch malen ein Bild von ihrer Ballonfahrt.

Regenbogen erforschen

- Sch und L klären, wie ein Regenbogen zustande kommt (L stellt Wasserglas in die Sonne und zeigt Spektralfarben).
- L führt ein, dass Menschen seit alters her den Regenbogen als Verbindung von Himmel und Erde ansehen (der Regenbogen als Bundeszeichen wird Thema im Schöpfungs-Kapitel **fse 2**).
- Sch hören das Lied 17: „Regenbogen, buntes Licht" aus der Liederkiste 1/2, vgl. Arbeitshilfen S. 19.

3. Jahrgangsübergreifende Lerngruppe

Sch der 2. Jahrgangsstufe erhalten **AB 1.6.2, Arbeitshilfen S. 213**, „Ich steige auf und fliege ..." und malen und schreiben von ihrer Ballonfahrt: „Wohin bin ich gefahren?" „Was habe ich gesehen?" „Wie habe ich mich gefühlt?"

Literatur

Maschwitz, Gerda und Rüdiger, Von Phantasiereise bis Körperarbeit. Existenzielle Methoden – gekonnt eingesetzt. Ein Handbuch für die Praxis, München 2004
Müller, Doris, Phantasiereisen im Unterricht, Braunschweig 1994
Müller, Else, Du spürst unter deinen Füßen das Gras, Frankfurt/M. 1984

Als Gast bei einem Baum

fragen – suchen – entdecken **78/79**

1. Hintergrund

Während die vorhergehende Doppelseite **fse 76/77** die Welt „von oben" vom Ballon aus im Überblick gezeigt hat, ist Relix nun bei den Kindern auf der Wiese mit dem frei stehenden Baum (**fse 77**) gelandet. Auch die beiden Radler sind inzwischen angekommen. Diese Doppelseite (**fse 78/79**) lenkt nun den Blick auf den Nahbereich, auf den „Mikrokosmos", die Lebensgemeinschaft von Baum und Wiese. Sch werden zum Entdecken mit allen Sinnen, zum Betrachten von Details und zum Staunen eingeladen.
Im Zentrum der Doppelseite steht der Baum mit seinem Stamm und seiner Krone. Ein Mädchen lehnt an ihm. Mit Händen, ihrem nackten Fuß und dem ganzen Rücken erspürt sie die Rinde. Vielleicht lauscht sie auf die hungrigen Vögel im Nest oder riecht das Grün des Baumes? Links unter dem Stamm liegt ein Junge auf dem Rücken in der Wiese. Er deutet nach oben in das Geäst des Baumes auf einen Vogel, der drei Junge füttert, die mit weit aufgerissenen Schnäbeln auf Nahrung warten. Vielleicht hat er auch schon den Nistkasten entdeckt. Der Hund entdeckt, was unter der Wiese lebt. Rechts im Vordergrund des Bildes beobachten zwei Sch eine Raupe unter dem Vergrößerungsglas. Die Streichholzschachtel könnte zu einer Wohnung für die Raupe werden.
Im Unterschied zu den Sch, die die Natur bestaunen, rennt in der rechten oberen Bildhälfte ein Junge mit abgerissenen Mohnblumen in beiden Händen. Er ist die Gegenfigur zu den betrachtenden Sch: Er will die anderen an seinen Entdeckungen beteiligen, aber dazu rafft und reißt er aus.
Die Wiese um den Baum herum liegt wie eine Insel in der betriebsamen und verkehrsreichen Welt, die durch die Straße mit den Autos und dem Traktor in der oberen Bildhälfte vertreten ist.
Das Betrachten dieser Doppelseite und das Entdecken

Ich steige auf und fliege

der Tiere (Eidechse, Marienkäfer, Schnecken, Wespe, Spinne, Schmetterlinge, Kühe, Rabe) und der Pflanzen (Gänseblümchen, Löwenzahn, Klee, Gräser und Getreide, Mohn und Kamille, Margariten, Dotterblumen, Wegerich, Schafgarbe) kann die Aufmerksamkeit wecken und das genaue Wahrnehmen schulen. Eigentliches Ziel ist aber die unmittelbare Begegnung mit der Natur. Nur auf diese Weise kann eine Erfahrung mit allen Sinnen erfolgen. Dann lässt sich auch die Frage nach dem Urheber dieser Schöpfung stellen. Dabei müssen wir unterscheiden zwischen zwei Weisen, der Natur zu begegnen:

Natur im Haus: Im Hereinholen von „Ausschnitten" aus der Natur, wie z. B. Pflanzen, Vogelstimmen usw., um eine wenigstens in Ansätzen authentische Begegnung zu ermöglichen.

Hinaus in die Natur: Der Idealfall ist ein Unterrichtsgang in die Natur, der aber – je nach örtlichen Gegebenheiten – den Rahmen einer Unterrichtsstunde sprengen wird.

2. Einsatzmöglichkeiten im RU

Pflanzen und Blumen kennen lernen

- Soweit möglich, bringen Sch Blumen oder Pflanzen, die im Bild zu sehen sind, in das Klassenzimmer mit: einen Löwenzahn, blühend oder als Pusteblume, eine Kamille oder eine Mohnblume, einen Rotklee oder ein Gänseblümchen.
- Sch nehmen in kleinen GA zunächst schweigend die Pflanzen oder Blumen wahr und beobachten, was sie dabei alles entdecken. Evtl. benutzen sie eine Lupe. Sch teilen jeweils ihren Nachbarn mit: Was sehe ich? Was gefällt mir besonders? Was habe ich bisher auf diese Weise noch nicht wahrgenommen?
- Sch sollten auf diese Weise mindestens drei Pflanzen kennen lernen.
- Im Stuhlkreis stellen wir die Pflanzen in die Mitte und berichten in der Klasse einander von unseren Beobachtungen.

Pflanzen erschnuppern

- Sch riechen an den einzelnen Pflanzen und vergleichen den Duft miteinander.
- L verbindet einigen Sch (nur freiwillig!) die Augen. Sie riechen, ob sie die jeweilige Pflanze am Geruch erkennen (Melisse, Pfefferminze).

Die Blätter eines Baumes betrachten

Von einem Baum bringen Sch einige Zweige mit Blättern mit.

- Die Klasse sitzt im Stuhlkreis, Sch reichen die Zweige herum. Jede/r Sch nimmt sich ein Blatt davon ab.
- Vorschlag für die gelenkte Beobachtung:
  Schaue das Blatt in deiner Hand an – die Farben – die Form – die Blattart. Glatte, raue, gleichmäßige und verkrumpelte Stellen. Betrachte, wie die Adern verlaufen.
  Kannst du kleine Härchen feststellen?
  Schließe nun – wenn du kannst – die Augen.
  Bewege das Blatt vorsichtig zwischen deinen Fingern – spüre seine Form – die Adern – glatte, unebene Stellen.
  Halte nun das Blatt unter deine Nase.
  Atme seinen Geruch ein.
  Dann öffne langsam deine Augen.
- Vergleiche das Blatt mit dem deiner Nachbarin/deines Nachbarn und stellt Gemeinsamkeiten und Unterschiede fest.
- Sch berichten einander im Stuhlkreis.

Vogelstimmen erkennen

- L spielt Vogelstimmen vor; CDs bzw. Kassetten sind im Fachhandel erhältlich.
- – Sch werden dabei ruhig, um die einzelnen Vogelstimmen unterscheiden zu können: Wie viele Vogelstimmen sind zu hören?

Den Sommer spüren

Die Wahrnehmung mittels unserer Sinnesorgane wird angeregt.

- Sch schließen die Augen. Sie werden ruhig, sammeln sich und hören Musik.
- – L spricht dann leise in die Stille hinein: „Den Sommer können wir hören."
- Nach einer kleinen Pause geht L mit einem blühenden Zweig, duftendem Obst oder einer wohl riechenden Blume an jeder/m Sch vorbei. L sagt einmal dazu: „Den Sommer können wir riechen."
- In einer kleineren Pause gibt L allen Sch z. B. eine Erdbeere zum Essen. „Den Sommer können wir schmecken."
- Anschließend trägt L das Gedicht möglichst lautmalerisch vor.
- Sch erhalten das Lied **AB 1.6.3, Arbeitshilfen S. 215**, zum gemeinsamen Lesen und/oder Singen.
- Zur Vertiefung malen Sch zu einem Duft, Geschmack oder Klang, der ihnen besonders gefällt, ein passendes Bild
- oder begleiten die Strophen mit Orff-Instrumenten.

Als Gast zu einem Baum gehen – Exkursion in die Natur

Bei der Vorbereitung des Unterrichtsganges werden Verhaltensregeln festgelegt unter der Überschrift als Leitmotiv: Wie verhält sich ein Gast?

- Wir sind bei unserem „Gastgeber" willkommen, er will uns einiges zeigen und erklären, aber wir müssen uns an die Regeln, die bei ihm gelten, halten.

Sommerkinder

T/M: Rolf Zuckowski
© Mit freundlicher Genehmigung MUSIK FÜR DICH Rolf Zuckowski OHG, Hamburg

Sommerkinder wollen jeden Tag zum Baden geh'n
und von früh bis spät nur die Sonne seh'n.
Sommerkinder wollen spielen irgendwo am Strand
und ein großes Eis in ihrer Hand.

1. Sie träumen von einer Dusche unterm Gartenschlauch
und Hula-Hoop mit ihrem braun gebrannten Bauch.

2. Sie träumen von alten Freunden, die sich wieder sehn,
und Sommerferien, die nie zu Ende gehn.

Du gabst mir Augen

T: © Rolf Krenzer, Dillenburg/M: Ludger Edelkötter
© KiMu KinderMusikVerlag GmbH, Essen

Du gabst mir Augen, dass ich dich sehen kann.
Und deine Schöpfung schau ich staunend an.
Du gabst mir Augen, dass ich dich sehen kann
und deine Schöpfung schau ich staunend an.

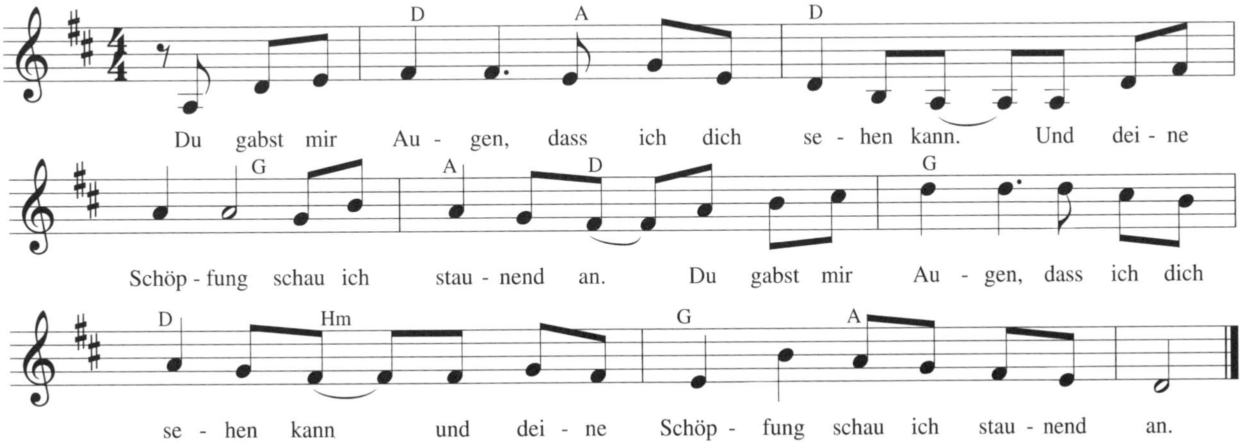

2. Grün sind die Wiesen und bunte Blumen blühn.
Darüber schaukeln Schmetterlinge hin.
Du gabst mir Augen, dass ich dich sehen kann.
Und deine Schöpfung schau ich staunend an.

3. Im Winde wiegen sich Ähren auf dem Feld.
Ein goldnes Leuchten, schön ist deine Welt.
Du gabst mir Augen ...

4. Wälder und Berge bis hin zum Himmelsblau.
Vor deiner Schöpfung steh ich da und schau.
Du gabst mir Augen ...

5. Du gabst mir Augen und alles seh ich hier.
Für meine Augen, danke, Gott, ich dir.
Du gabst mir Augen ...

Das bedeutet, dass wir nichts zerstören oder zertrampeln, sondern auf die Dinge und Tiere achten.

- „Gäste" toben und schreien nicht herum, sondern sind ruhig und leise, damit sie auch wahrnehmen können, was in der Natur Geheimnisvolles zu entdecken ist.
- In der Natur sucht sich jede/r Sch ein kleines Stück aus, das sie/er zunächst für sich nach folgenden und ähnlichen Fragen erkundet:
  - Welche Pflanzen und Blumen wachsen hier?
  - Welche Tiere lassen sich beobachten – Käfer, Fliegen und andere Insekten?
  - Wie sehen sie aus?

Trampelpfad einmal anders

- Über ein Gelände mit möglichst verschiedenartigen Untergrund (Gras, Moos, Blätter, Holz, Steine ...) wird ein Seil gespannt, sodass Sch dies mit ihren Händen auf Hüfthöhe ergreifen können.
- Sch mit verbundenen Augen und nackten Füßen tasten sich nacheinander blind am Seil vorwärts. Der Weg dabei muss ohne zu sprechen gegangen werden.
- L leitet an, z. B.: Du gehst jetzt einen Geheimpfad entlang. Die Indianer sind Meister im leisen Gehen. Wenn sie einen Geheimpfad gehen, kommt kein Laut über ihre Lippen. Das Schweigen bei all dem, was man spürt, ist das allerschwierigste bei dieser Aufgabe.
- Anschließend gehen Sch diesen Weg mit offenen Augen und sehen, was sie zuvor nur erspürt haben.
- Sch tauschen ihre Beobachtungen aus.

3. Jahrgangsübergreifende Lerngruppe

Sch der 2. Jahrgangsstufe planen den Trampelpfad, sammeln die Materialien und bereiten ihn für die ganze Klasse vor. Anschließend führen sie die Sch der 1. Jahrgangsstufe ganz behutsam über den Trampelpfad.

Literatur

Redding-Horn, Birgitta/Senger, Johanna, Gedichte im Anfangsunterricht, München 1996

Wie wertvoll hast du mich erschaffen!

fragen – suchen – entdecken 80/81

1. Hintergrund

Das Thema der Doppelseite **fse 80/81** ist die bewusste Wahrnehmung dessen, was wir Menschen alles können, und die erstaunliche Erkenntnis darüber, wie wunderbar wir ausgestattet sind. Der Text auf der linken Seite **fse 80** beginnt mit dem Staunen über die eigenen Körperfunktionen: Sch beobachten sich gezielt selbst. Sch werden damit angeregt, Vorgänge, die automatisch ablaufen und daher in der Regel nicht bewusst gemacht werden, bewusst wahrzunehmen und zu schätzen. Die rechte Seite **fse 81** zeigt ein Gemälde von Paulo, dem Sohn Pablo Picassos. Der Junge ist in das Malen vertieft.

Pablo Picasso (1981-1973)

Pablo Picasso (*1881 in Malaga, †1973 in Mougins) gilt als einer der erneuerungsfreudigsten Künstler des 20. Jahrhunderts. Neben seinen unzähligen Gemälden trat er auch als Grafiker, Keramiker und Bildhauer hervor. In der Schaffensperiode, in der das Werk entstanden ist, wechseln sich streng geometrische mit naturalistischen Bildern ab. Zugleich zieht Picasso den stereometrischen Formen seiner früheren Arbeiten jetzt eher rundplastische vor.
Über die Kinderbilder ihres Vaters schreibt Maya Picasso in „Erinnerung – Kinderbilder": „Picasso, mein Vater, hat zweifellos die Kinder genauer als jeder andere Künstler studiert. Die Kinder und vieles andere mehr, aber man kann sagen, dass ihn dieses Thema derartig beschäftigt hat, dass es zahlenmäßig bestimmt mehr Kinder- als Frauenporträts gibt. Die vielen tausend Kinder, die mein Vater in seinen Bildern aufgenommen hat, sind da, um uns das Leben – ‚La Vie' mit einem großen ‚V' zu lehren, ‚V' wie Victoire/Sieg über die Zukunft" (Spies, S. 66).

Ein Grundmodell der Bilderschließung findet sich in den Arbeitshilfen S. 74 und im Booklet der Folienmappe Schatzkiste 1/2.

Pablo Picasso: „Paulo beim Zeichnen", 1923

Das Bild „Paulo beim Zeichnen" stammt von Paulos Vater, dem Maler Pablo Picasso. Vor allem seine eigenen Kinder hat Picasso häufig porträtiert. Seine Tochter Maya schreibt in ihren Erinnerungen: „Ich bin überzeugt, dass dieser Mann, der mein Vater war, stets ein besonderes Interesse für die Geheimnisse des Lebens und damit auch für das Kind hatte. ... wie anders die Kinder aussehen, sobald sein erster Sohn, Paulo, auf der Welt ist. Die kindlichen Gesten bekommen für

Ich staune über mich

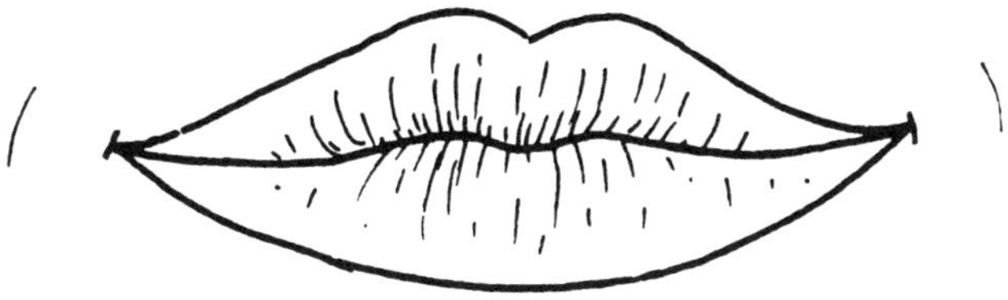

schmecken

riechen

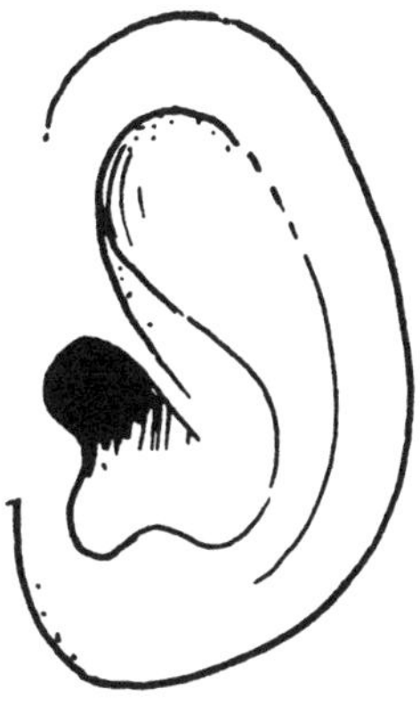

hören

ihn eine Bedeutung, die er bis dahin nicht erkannt hatte. Das Kind steht nicht mehr regungslos und verlassen da, solidarisch mit dem Schicksal seiner Eltern, seiner Mutter. Hinfort ist es König. ... Man merkt, wie stolz der Vater auf seinen Sohn ist, ja er selbst verschwindet fast vor diesem Gott. In vielen Darstellungen seines Sohnes Paulo wendet sich Picasso Stillleben-Elementen zu, in denen seine geheimen Wünsche durch kräftige oder aggressive Farben zu Tage treten" (Spies, S. 57 ff.).
Konzentriert und mit großer innerer Ruhe sitzt der Junge an seinem Zeichentisch. Seine Haltung beweist, dass er mit seinem Schaffen in Einklang steht und dass er sich voll auf seine Arbeit konzentriert. Der Gesichtsausdruck verrät Ernsthaftigkeit. In Klarheit und in strahlendem Licht liegt die angestrebte Zeichnung des Jungen auf dem Tisch. Sie ist gleichsam der Focus, um den sich alles rundet, auf den sich alles bezieht. Vielleicht sieht sich Paolo auf dem Papier wie in einem Spiegel. Der Junge sitzt tatsächlich da wie ein kleiner Erwachsener, der in seine Arbeit vertieft ist und ein neues Werk schafft.
Damit wird angedeutet, was das Thema der Doppelseite aussagt: Wie wertvoll hast du mich erschaffen! Malen zu können, zu zeichnen, sich eine neue Welt auszudenken, ist etwas, was den Menschen allein auszeichnet. Wir staunen über die Werke der Kunst. Aber wir haben noch mehr Anlass über uns selbst zu staunen.

Literatur

Spies, Werner (Hg.), Picassos Welt der Kinder, München 1995

2. Einsatzmöglichkeiten im RU

Die folgenden Vorschläge zeigen unterschiedliche methodische Zugänge und Möglichkeiten, die ausgewählt oder arbeitsteilig in verschiedenen GA gewählt werden. Sch berichten anschließend von ihren Erfahrungen. **AB 1.6.4, Arbeitshilfen S. 217**, enthält ein Schema zum Ausfüllen und Ergänzen.

„Mein Atem kommt und geht, auch wenn ich schlafe ..."

L nimmt die Textzeile 2 (**fse 80**) auf.

- Erste Beobachtungen des Atmens setzen am besten nach einer körperlichen Anstrengung oder einem lebhaften Spiel ein.
- Dann setzen sich Sch hin oder legen sich auf den Boden.
  Lege einmal deine Hände auf deinen Bauch und spüre, was sich da tut. Lege die Hände auf deine Brust, was spürt du da? Warum bewegt sich der Bauch, die Brust? Bleiben die Bewegungen gleich oder werden sie kleiner?
  Wie kommt Luft in den Körper? Halte einmal die Hände mit Abstand über dein Gesicht. Was spürst du? Wo lässt du die Luft rein und raus? Halte dir einmal selbst (nie bei anderen!) abwechselnd Mund und Nase zu. Wo geht die Atmung gut, wo mühsam? Wie fühlt sich die Luft an, wenn sie durch den Mund, wenn sie durch die Nase einströmt? Manchmal ist die Luft, die die Nase verlässt, so fein, dass du sie kaum spürst. Dann kann sie mit einer Flaumfeder, einer Spirale aus dünnem Papier oder durch das Ausatmen in ein Schüsselchen voll Wasser sichtbar gemacht werden.
- Wenn ich weiß, dass der Atem durch Nase und Mund ein- und ausströmt und den Körper bewegt und wenn ich noch die Stimme als gestaltete Luft dazu nehme, dann kann ich spielerisch ausprobieren, auf Entdeckungsreise gehen.
  – Was passiert, wenn ich huste, wenn ich gähne, wenn ich lache, wenn ich schreie, wenn ich singe, wenn ich ganz still daliege, wenn ich ganz schnell gelaufen bin, wenn ich einen Moment die Luft anhalte?
- All dies hilft zu entdecken, dass sich unser Atem unserem Tun anpasst und der Körper sich die Luft holt, die er braucht. Die Beschäftigung mit dem Atem im Ganzen kann Sch zu größerer Achtsamkeit sich selbst gegenüber führen. Die Beobachtung des Atmens hat eine beruhigende und sammelnde Wirkung, die ihnen gut tut.

Meditative Atemübung

Die folgende Atemübung kann wiederholt zu Beginn einer Unterrichtsstunde oder des Schultages eingesetzt werden um Sch zur Konzentration und Ruhe anzuleiten:
Wir sitzen auf unseren Stühlen. Wenn du es kannst, dann schließe die Augen. Ich passe auf euch auf, dass euch nichts dabei geschieht. Lege deine rechte Hand leicht auf deinen Bauch, die Bauchdecke hebt sich, die Bauchdecke senkt sich, die Bauchdecke hebt sich, die Bauchdecke senkt sich. Atme aus, atme ein. Die Bauchdecke senkt sich, die Bauchdecke hebt sich. So kannst du beobachten, wie dein Atem geht und kommt, ganz von allein, du musst gar nichts dazu tun, du kannst es nur beobachten.
Du beobachtest, wie der Atem kommt und geht, ohne dass du dazu etwas tun musst. Es geht von ganz allein. Vielleicht spürst du nach einer Weile, wie das Einatmen und Ausatmen immer regelmäßiger wird, du spürst dabei auch, wie du ruhiger wirst.
Nun kannst du deine Augen öffnen, nimm deine Hand vom Bauch und recke und strecke dich, vielleicht musst du auch gähnen.

Das Atmen weiter bewusst üben

- In der Form einer Blume: Alle Sch bilden einen Kreis und fassen sich an den Händen.

Dies ist meine Hand

Ich beuge den Mittelfinger,
den Zeigefinger
und gemeinsam den Ringfinger und
den kleinen Finger.
Dann strecke ich sie alle wieder aus.

Dies ist meine Hand.

Ich beuge den Daumen
und streck ihn wieder aus.
Er ist breit und stark.
Ich lasse ihn Kreise drehen,
kleine Kreise, große Kreise, kleine Kreise.

Dies ist meine Hand.

Mit feinen Linien durchzogen,
mit kurzen und langen,
mit senkrechten und waagerechten.
Feine und kräftige Linien,
kreuz und quer!

Dies ist meine Hand.

Ich schließe sie zu einer Faust.
Sie ist kräftig und stark,
warm und fest.
Ich öffne sie wieder.

Dies ist meine Hand.

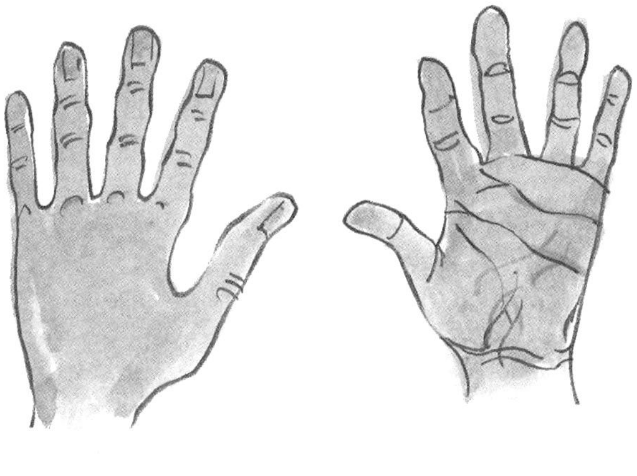

„Einatmend nehmen wir die Arme gemeinsam hoch über den Kopf, ausatmend senken wir sie nach vorne. Dabei machen wir eine kleine Verneigung."

- In der Form eines Tors: Diese Übung betont das bewusste Sich-Öffnen und Wieder-Schließen mit dem ganzen Körper und fördert die Konzentration: „Du sitzt aufrecht auf deinem Stuhl, du nimmst deine Hände vor die Brust und legst sie mit den Innenflächen aneinander. Beim Einatmen hebst und öffnest du die Hände wie ein Tor, beim Ausatmen senkst und schließt du sie."

„Was meine Hände, was meine Füße alles können ..."

Die vierte Textzeile **fse 80** spricht Hände und Füße an.

- Sch erproben, was sie nicht könnten, wenn ihre Hände und Finger nicht wären. Im ersten Schritt ballen Sch ihre Hände leicht zur Faust, halten sie geschlossen und prüfen, was sie damit können bzw. nicht mehr können.
- L gibt dazu Hinweise, z. B. den Schulranzen öffnen, Hefte herausnehmen, aufschlagen, schreiben oder einander begrüßen.
- Die gemachten Erfahrungen werden ausgetauscht und besprochen und
- anschließend erweitert: Was passiert, wenn wir miteinander einen Tagesablauf durchgehen und uns vorstellen, dass unsere Hände uns nicht zur Verfügung stehen?
- *Analoge Übung:* Was wäre, wenn meine Beine nicht funktionsfähig wären?

Danke sagen

- Die Wertschätzung der Hände oder Füße bringen Sch in ein Gebet ein: „Guter Gott, ich danke dir für meine Hände, denn mit ihnen kann ich ...".
- L oder Sch leitet Betrachtung an, Sch führen die angesprochenen Bewegungen aus: **AB 1.6.5, Arbeitshilfen S. 219**.

„Wie ich meinen Puls und meinen Herzschlag fühlen kann ..."

- L nimmt die Textzeile 10 auf **fse 80** zum Anlass und leitet Sch an, an der linken Hand der Nachbarin, des Nachbarn nach dem Puls zu suchen und die Schläge (pro halber Minute) zu zählen.
- Im Klassengespräch erfahren Sch, was der Pulsschlag bedeutet und dass vom Herzen aus Blut durch den ganzen Körper gepumpt wird.
- Aus diesem Grunde versuchen Sch, ihren Herzschlag zu fühlen (weiter atmen!). Sie legen ihre rechte Hand entweder auf das linke Handgelenk, wo sie den Puls fühlen, oder in die Gegend des Herzens, um zu spüren, wie das Herz schlägt.
- In deiner linken Brust schlägt das Herz. Dieses Herz arbeitet bei Tag und bei Nacht. Es pumpt das Blut durch den Körper. Dieses Blut hat in der Lunge Sauerstoff aufgenommen. Der Sauerstoff kann durch dein Atmen in die Lunge. Durch die Arbeit des Herzens können wir leben. Dieses Herz arbeitet von ganz alleine, es arbeitet, auch wenn du schläfst, dieses Herz hält dich am Leben. Guter Gott, ich danke dir, dass du mir ein Herz geschenkt hast, das mich am Leben hält.

„Was ich für Träume habe ..."

Zur Textzeile 11 **fse 80**:

Das Wort „Träume" kann die so genannten Wunschträume am Tag und die Träume im Schlaf meinen.

- Wunschträume: Was ich mir alles wünsche und wovon ich träume, das können wir sammeln und zusammentragen. Sch träumen, dass sie Lokomotivführer oder Tänzerin werden, dass sie mit einer Rakete um die Erde oder selbstständig fliegen können usw.
- L lenkt Sch aber auch hin auf alte Träume der Menschheit, z. B. von einer gerechten Welt, und macht mit der berühmten Rede von Martin Luther King bekannt: „Ich habe einen Traum, dass eines Tages weiße und schwarze Kinder miteinander in die Schule gehen und die gleichen Rechte haben."
- L leitet zu meditativer Musik eine Traumreise an: *Schließe die Augen zu einer Traumreise. Stell dir eine Welt vor, so wie du sie dir wünschst, in der alles gut und schön ist. Eine Welt, in der die Menschen liebevoll miteinander umgehen. Du denkst an Menschen, die dir wichtig sind. Diese schöne Welt kannst du dir in deiner Fantasie ausmalen – wie ein Paradies für dich. Wähle einen Platz, wo du jetzt gerne bist. Wie siehst du aus? Ist jemand bei dir? Oder bist du alleine? Was tust du?* – Zeit lassen, Musik leiser stellen – *verabschiede dich nun von deiner Vorstellung, komme von deiner Traumreise zurück zu uns in dieses Klassenzimmer. Dehne dich, strecke dich, öffne deine Augen und sei wieder ganz hier.*

– Sch erzählen von ihren Traumbildern und/oder malen eine Szene.

„Was ich alles denken kann ..."

Zur Textzeile 12 auf **fse 80**: Sch sammeln, was sie alles denken können, z. B., dass sie rechnen oder sich eine Geschichte ausdenken können. Sie können planen, wie sie den Nachmittag verbringen, was sie Papa oder Mama zum Geburtstag schenken, was sie einmal werden möchten usw.

„Ich bin in deinen Augen wertvoll!"

Die vielfältigen Beobachtungen und Entdeckungen, wie wertvoll jeder und jede von uns ist, werden in einer Schlussbetrachtung gebündelt.

Du hast uns deine Welt geschenkt

T: Rolf Krenzer
M: Detlev Jöcker

Liederkiste 1/2 4

2. Du hast uns deine Welt geschenkt:
die Länder, die Meere.
Du hast uns deine Welt geschenkt:
Herr, wir danken dir.

Welt: Mit Händen eine Kugel formen.
Länder: Hände zur Fläche nach vorn ausbreiten.
Meere: Wellenbewegungen mit den Händen.

3. Du hast uns deine Welt geschenkt:
die Sonne, die Sterne.
Du hast uns deine Welt geschenkt:
Herr, wir danken dir.

Welt: Mit Händen eine Kugel formen.
Sonne: ausgestreckte Arme, Hände nach oben überkreuzt.
Sterne: Hände öffnen sich, bleiben oben.

4. Du hast uns deine Welt geschenkt:
die Blumen, die Bäume.
Du hast uns deine Welt geschenkt:
Herr, wir danken dir.

Welt: Mit Händen eine Kugel formen.
Blumen: Hände bilden einen Kelch.
Bäume: Arme über dem Kopf verschränken.

5. Du hast uns deine Welt geschenkt:
die Berge, die Täler.
Du hast uns deine Welt geschenkt:
Herr, wir danken dir.

Welt: Mit Händen eine Kugel formen.
Berge: Hände über dem Kopf schließen.
Täler: geschlossene Hände nach unten.

6. Du hast uns deine Welt geschenkt:
die Vögel, die Fische.
Du hast uns deine Welt geschenkt:
Herr, wir danken dir.

Welt: Mit Händen eine Kugel formen.
Vögel: Flugbewegungen mit ausgestreckten Armen.
Fische: Schwimmbewegungen mit gefalteten Händen.

7. Du hast uns deine Welt geschenkt:
die Tiere, die Menschen.
Du hast uns deine Welt geschenkt:
Herr, wir danken dir.

Welt: Mit Händen eine Kugel formen.
Tiere: Größe der Tiere ca. 50 cm über der Erde mit den Händen andeuten.
Menschen: beide Arme in Brusthöhe ausgestreckt nach vorn.

8. Du hast uns deine Welt geschenkt:
du gabst mir das Leben.
Du hast mich in die Welt gestellt:
Herr, wir danken dir.

Welt: Mit Händen eine Kugel formen.
Leben: mit beiden Händen auf sich zeigen.

9. Du hast uns deine Welt geschenkt:
du gabst uns das Leben.
Du hast uns in die Welt gestellt:
Herr, wir danken dir.

Den Kreis schließen, alle fassen sich an, gehen zur Mitte und heben die Hände zum Himmel. Langsam die Arme senken und zurück in den großen Kreis. Der große Kreis geht langsam in die Runde.

- Sch sitzen im Stuhlkreis, in dessen Mitte in großen Buchstaben das Zitat aus Jesaja 43,4 (**fse 80**) „Ich bin in deinen Augen teuer und wertvoll" gelegt wird.
- Jede/r Sch teilt die Beobachtungen mit, warum sie/er meint, besonders teuer und wertvoll zu sein, z. B. was meine Füße und Hände können.
- Dieses Jesaja-Zitat wird, schön gestaltet, ins Heft übertragen.

Wie Paulo zeichnen

- Sch betrachten sich im Handspiegel: ihre Augen, ihre Nase, ihren Mund, vielleicht ein Ohr ...
- Sie entscheiden sich für ein Sinnesorgan, zeichnen es und malen es aus. L stellt dafür farbiges Papier zur Verfügung.
- Zum Schluss wird das Gemälde mit einer Zierleiste umrandet.
- Alle Sch-Bilder werden aufgehängt.

3. Jahrgangsübergreifende Lerngruppe

Sch der 2. Jahrgangsstufe erhalten bei dieser Lernsequenz die Möglichkeit, mehrere von ihnen ausgewählte Zugänge intensiv zu erleben. Sie arbeiten an mehreren Stationen nacheinander.

Wie wunderbar sind deine Werke!

fragen – suchen – entdecken **82/83**

1. Hintergrund

Sch wurden bisher (**fse 76-79**) angeleitet, Schönheiten und Geheimnisse der Natur zu entdecken. Auf der Doppelseite **fse 80/81** lernten Sch erkennen, wie vielseitig und unermesslich die Fähigkeiten sind, mit denen ein Mensch ausgestattet ist. Die Doppelseite **fse 82/83** lenkt jetzt den Blick von der Schöpfung zum Schöpfer.

Die Fotos zeigen verschiedene Ausschnitte der Schöpfung und stehen stellvertretend für komplexe Lebenszusammenhänge. Sie zeigen Tiere der Erde, des Wassers und der Luft, die sich aber auch zwischen diesen Elementen bewegen können. Sie zeigen unscheinbare Pflanzen (Gräser im Morgentau), üppige Vegetation (die Hibiskusblüte) und die Vergrößerung eines Blütenblattes, deren Äderung auch zu einem Insektenflügel gehören könnte. Die beiden oberen Fotos zeigen die Gewalt der Meeresbrandung und die Schönheit eines Regenbogens über der weiten Landschaft (vgl. weitere Erscheinungsformen des Wassers **fse 16**).

Die Fotos sind in der Spirale eines Schneckenhauses angeordnet, das selbst wunderbar gestaltet ist und seiner Bewohnerin Schutz und Wohnung bietet (vgl. Spirale **fse 18**). Diese Wunder der Schöpfung weisen hin auf den Schöpfer.

Psalm 104

Der Psalm gehört zu den Hymnen- und Lobpsalmen, die mit einer Aufforderung zum Lob JHWHs beginnen und dann den Lobpreis begründen und durchführen. Die Psalmen sind insgesamt ein Lobpreis Gottes und eine Antwort (Gerhard von Rad) auf Gottes Wirken und Gegenwärtigsein in der ganzen Schöpfung. – Die Psalmen waren das Lieblingsbuch des entstehenden Christentums; sie gehören zu den großen Dichtungen der Weltliteratur; sie wurden im kirchlichen Stundengebet und als Antwortpsalmen in der Liturgie wichtig. Sch werden eingeführt in diese lange Gebets- und Meditationstradition. Die Sprache und der Rhythmus der Psalmverse gibt eine Struktur vor, Sch nachahmen und mit eigenen Worten füllen können. Psalmen sind daher häufig der erste Schritt zur Mitteilung an andere und bereiten das individuelle Gebet vor.

Literatur

Niehl, Franz W. (Hg.), Leben lernen mit der Bibel, München 2003,
S. 27 f.: Ders., Ein Schöpfungslied (Ps 104)
S. 149-151: Vom Reichtum der Psalmen
S. 326-331: Rainer Oberthür, Worte der Psalmen (Ps 104)

2. Einsatzmöglichkeiten im RU

Fotos sortieren

- Sch betrachten die Fotos im Schneckenhaus **fse 83** und identifizieren, was sie sehen können.
- L hat Kopien der Fotos vorbereitet, die unter verschiedenen Überschriften gruppiert werden können:
  - Alle Tiere, in der Reihenfolge ihrer Größe,
  - alle Pflanzen, in der Reihenfolge ihrer Größe.
  - Woher kommen die jungen Tiere?
  - Mit welchen Tieren kannst du spielen? Sch erzählen von ihren Haustieren.
  - Sch tragen zusammen, wie sich (die) Tiere (auf den Fotos) fortbewegen: auf zwei, vier, acht Beinen, mit Flossen, im Wasser und an Land, fliegend, kriechend am Boden,
  - in welchen „Behausungen" sie leben (Spinnennetz, Schneckenhaus, evt. Eierschalen).
  - Sch besprechen die Vielzahl der Nahrungsmittel und Nahrungsaufnahme (Picken von Körnern, Jagen von Fischen, Insekten verdauen durch Säfte, gefüttert werden von Menschen).

Gott hält das Leben in der Hand

T: Ernst Bader/M: Spiritual, Bearb. Horst Wende

1. Gott hält das Le - ben – in der Hand, er schuf den
Him - mel, Meer und Land, er schuf die Berge –
und den Strand, er hält mein Le - ben fest in der Hand.

2. Gott schützt den Sperling auf dem Baum,
er kennt den Käfer am Waldessaum.
Gott schützt die Lilien auf dem Feld,
er schützt das Leben in der Welt.

3. Gott hält mein Leben in der Hand,
er hält dein Leben in der Hand,
Gott hält die Erde in der Hand,
er hält uns alle in seiner Hand!

He's got the whole world in his hand

T/M: Traditional

He's got the whole word in this hands. He's got the
whole world in his hands. He's got the whole world
in his hands. He's got the whole world in___ his hands.

2. He's got the tiny little baby in his hands.
3. He's got you and me brother in his hands.
4. He's got the son and the father in his hands.
5. He's got the mother and her daughter in his hands.
6. He's got everybody here in his hands.
7. He's got the sun and the moon in his hands.
8. He's got the whole world in his hands.

Gott erschafft die Erde

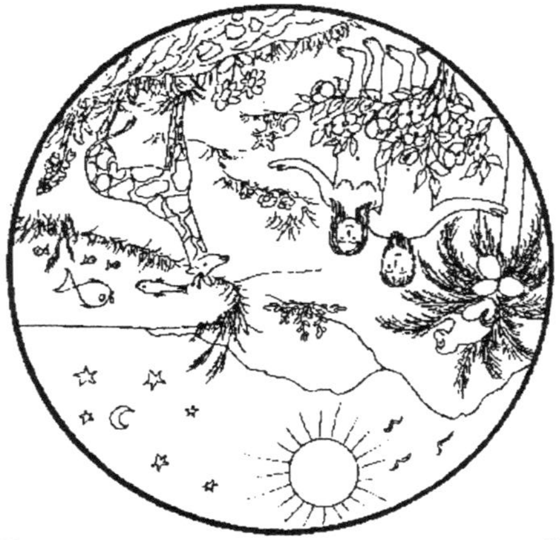

Dieses Schöpfungsbuch gehört:

„Ich habe alles sehr gut gemacht“

7. Tag
Gott ruht

3. Tag
Gott macht die Blumen,
die Bäume und alle Pflanzen

4. Tag
Gott macht die Himmelslichter:
Sonne, Mond und Sterne

1. Tag
Gott macht den Tag und die Nacht

6. Tag
Gott macht den Menschen
als Mann und Frau

2. Tag
Gott macht das Wasser
und das Land

5. Tag
Gott macht die Tiere

- Sch staunen über die vielfältigen Formen des Wassers: als hohe Welle, als Lebensraum der Robben, als Tautropfen auf dem Gras, als Gewitterwolken und Tröpfchen, die den Regenbogen ermöglichen.
- Leitgedanke der ausgewählten Gespräche ist es, das Staunen über die Vielfalt und der Lebens- und Erscheinungsformen und ihrer sinnvollen „Einrichtung“ zu wecken und zu vertiefen.
- Sch malen Bilder oder bringen Fotos mit von staunenswerten Tieren, Pflanzen oder Naturerscheinungen, kleben sie in Form einer Spirale auf, versehen sie mit der Überschrift „Wie wunderbar sind deine Werke!“ und hängen das Plakat in der Klasse auf.

„Du hast uns deine Welt geschenkt" singen

Das Lied ist als Lied 4 enthalten in der Liederkiste 1/2, vgl. Arbeitshilfen S. 19. Zur Liederschließung vgl. Arbeitshilfen S. 48 f.

- Sch hören und singen das Lied und
- stellen die einzelnen Strophen szenisch und gestisch dar: **AB 1.6.6, Arbeitshilfen S. 221**.
- Sch stehen dabei am besten im Kreis.
- L macht die Bewegungen jeweils vor, sodass Sch sie nachvollziehen können.

Weitere Schöpfungslieder kennen lernen

- „Gott hält das Leben in der Hand“: **AB 1.6.7, Arbeitshilfen S. 223**.

Schönes aus der Natur „sammeln"

- Sch schließen ihre Augen und überlegen, an welche schönen Dinge in der Natur sie sich erinnern (Lichtung im Wald, Schnee etc.).
- Sch erinnern sich, welche (schönen) Dinge sie schon gesammelt haben (Muscheln, funkelnd Steine, besondere Gesteinsformen etc.).
- Sch malen mit Buntstiften oder Wasserfarben ei Bild mit schönen Dingen, Pflanzen und Tieren aus der Natur.
- Sch gehen mit L in den Schulgarten und suchen interessante Dinge (trockene Äste, Blätter, Steine etc.).
- Sch überlegen, wer diese Dinge erdacht, erfunden bzw. geschaffen haben könnte.

Loben und preisen

Sch formulieren mit dem Psalmisten. Dabei greifen sie auf die Fotos **fse 83** zurück oder auf die Fotos/Bild-Spirale der Klasse (vgl. s. o., linke Spalte) oder auf ihr eigenes gemaltes Bild (s. o.).

Ein Schöpfungsbüchlein anfertigen

- Sch erhalten **AB 1.6.8, Arbeitshilfen S. 224 f.**, kleben diese gegeneinander und schneiden das Blatt in der Länge auseinander. Dann werden die DIN-A6-Büchlein zwei Mal geheftet und von Sch individuell, entsprechend den Schöpfungserzählungen, gestaltet.

3. Jahrgangsübergreifende Lerngruppe

Sch der 2. Jahrgangsstufe erstellen ein Modell zu jedem Schöpfungstag. Auf einer runden Styroporplatte gestalten sie ihn mit Fotokarton, Knetgummi, Korken, Stoffen, Wasserfarbe, Folie und anderen geeigneten Materialien.

Was auch passieren kann

fragen – suchen – entdecken **84/85**

1. Hintergrund

Die vorhergehenden Seiten gingen von einem unproblematischen Verhältnis von Mensch und Natur aus. Menschen greifen aber, wo immer sie tätig werden, in die Natur ein. Natur tritt uns immer schon als gestaltete Natur entgegen. In der Dilemmageschichte Doppelseite **fse 84/85** stoßen verschiedene Interessen(sgruppen) aufeinander. Eine einfache Lösung gibt es nicht. Drei Kinder treffen sich täglich in einem Baumhaus. Sie beobachten dort die Vögel und andere Tiere, tauschen ihre Gedanken aus oder machen dort Picknick. Auch sie greifen damit in die Natur ein. Um ihr Baumhaus zu befestigen, haben sie Nägel in die Äste geschlagen; ein Trampelpfad führt zu ihrem Baumhaus, über den sich der Besitzer der Wiese bei ihnen beschwert.
Von ganz anderer Dimension zeigt sich freilich das umfassendere Geschehen auf der rechten Seite **fse 85**. Ein großer Lastwagen und eine Raupe sind vorgefahren, ein Mann steckt ab, wo das Erdreich abgetragen werden soll. Voraussichtlich wird hier ein Gebäude errichtet.

2. Einsatzmöglichkeiten im RU

Wie könnte die Geschichte weitergehen?
Sch sammeln Argumente der Kinder, des Besitzers und des Baggerführers und bringen sie im Rollenspiel vor.

- Die Kinder könnten sagen: „Diese Wiese am Waldrand ist eine Heimat für sehr viele Tiere: für Käfer und Schmetterlinge und Raupen, für den Maulwurf oder die Mäuse im Boden. Für die Vögel, wie die Lerche, die in der Wiese nisten und Junge ausbrüten. Diese Wiese dient den Hasen und Rehen am Abend und am Morgen als Nahrung. Wir selbst können hier schön spielen. Wo sollen wir sonst hingehen? Wir protestieren, dass diese schöne Wiese zerstört wird, nur damit darauf Häuser gebaut werden."
- Der Besitzer könnte sagen: „In unserem Ort gibt es zu wenig Wohnungen und zu wenig Arbeitsplätze. Es hat sich ein Fabrikant gefunden, der auf dem Gelände eine Werkshalle errichten wird. Er wird dort viele Menschen, Männer und Frauen, einstellen, die dort eine Arbeit finden können und sonst vielleicht arbeitslos wären. Wollt ihr mit eurem Protest, liebe Kinder, verhindern, dass Väter und Mütter von euren Mit-Sch arbeitslos sind, nur weil hier keine Fabrik gebaut werden darf? An einem Ende dieser Wiese sollen außerdem neue Wohnungen errichtet werden. Ihr alle wohnt in schönen Häusern. Wieso wollt ihr anderen nicht gönnen, dass auch sie schöne Wohnungen beziehen? Und ich werde zum Schluss, wenn alles fertig gebaut ist, eine schöne Hecke um das Grundstück pflanzen, darin können viele Vögel nisten. Ihr könnt euer Baumhaus an einer anderen Stelle errichten."
- Der Baggerführer könnte sagen: „Ich bin Baggerführer und verdiene mit meiner Arbeit Geld. Ich fahre meine Raupe oder meinen Bagger dorthin, wohin mein Chef mich schickt. Ich kann nicht selbst bestimmen, wo ich arbeite, sonst werde ich entlassen. Ich habe zu Hause Kinder und eine Frau, die von meinem Lohn leben müssen. Außerdem halte ich es für sinnvoll, wenn in unserem Ort eine neue Fabrik gebaut wird und zusätzliche Wohnungen errichtet werden."
- Sch besprechen eine gute Lösung des Interessenkonflikts, bei der möglichst alle beteiligten Gruppen etwas gewinnen.

3. Jahrgangsübergreifende Lerngruppe

Sch der 2. Jahrgangsstufe betrachten das Bild **fse 84/85** und überlegen sich ein mögliches Gespräch zwischen dem Besitzer, dem Baggerfahrer und den Kindern. Anschließend nehmen sie es auf Kassette auf und stellen es den anderen Kindern vor.

Ich tu, was ich kann

fragen – suchen – entdecken **86/87**

1. Hintergrund

Dem Kennenlernen der Schöpfung, dem Staunen über sie, auch dem Bewahren der Schöpfung folgen konkrete Handlungsvorschläge. Sie sollen vermeiden helfen, dass Sch angesichts „großer" Umweltprobleme belastet werden. Sie stärken zugleich das Verantwortungsbewusstsein und den Gestaltungswillen für den Nahbereich. Die Doppelseite **fse 86/87** bietet Ideen für einen Projekttag bzw. projektorientiertes Arbeiten. Die einzelnen Vorschläge auf dieser Anschlagtafel werden am Ende des Schuljahres gerne auch in Zusammenarbeit mit dem HSU als ein Projekt bearbeitet und organisiert.

2. Einsatzmöglichkeiten im RU

Ich tu, was ich kann – projektorientiert arbeiten

Es werden für diese projektorientierten Arbeiten GA gebildet, die sich jeweils einen Bereich vornehmen, z. B.:

- Eine Gruppe plant eine Sammelaktion von Müll auf dem und um den Schulhof oder in einem Park oder kleinen Waldgebiet.
  - Wie kann Müll dauerhaft vermieden werden?
  - Wie trennen wir unseren Müll in der Schule?
- Eine Gruppe stellt einen Plan auf, wann und wo Wasser eingespart werden kann.
  - Wie kann das gemessen werden?
  - Wer beteiligt sich daran?
  - Nach einem Tag, nach einer Woche wird berichtet.
- Eine andere Gruppe widmet sich den Haustieren (z. B. Katze, Hund, Vögel, Mäuse) und erkundigt sich, was diese zum Leben benötigen.
  - Wer kann von einem eigenen Tier erzählen?
  - Wer bringt Fotos und anderes Informationsmaterial mit?
  - Wer nimmt die Tierstimmen mit einem Kassettenrekorder auf?
- Eine weitere Gruppe besorgt ein Pflanzenbestimmungsbuch,
  - lernt fünf Pflanzen (keine Zimmerpflanzen!) mit Namen kennen,
  - kann sie zeichnen
  - und informiert die Klasse über ihre Lebensbedingungen.
- Eine Gruppe lernt Zimmerpflanzen kennen. Welche Pflanzen eignen sich für die Schulklasse? Wie werden sie richtig gepflegt? Vgl. **AB 1.6.9, Arbeitshilfen S. 229**.

Einen Schöpfungsgottesdienst feiern

- Am Ende des Projekttages danken Sch mit allem Gelernten und Zusammengetragenen dem Schöpfer.
  - Sie schmücken den Altar oder die Kreismitte mit Blumen und anderen Naturschätzen.
  - L zeigt Folie 10, Sch tragen zusammen, was sie auf dem Gemälde von Paul Klee entdecken.
  - Alle singen „Du gabst mir Augen“ oder andere Lieder (**fse 82, AB 1.6.10, AB 1.6.7, Arbeitshilfen S. 215** und **S. 223**).

3. Jahrgangsübergreifende Lerngruppe

Sch der 2. Jahrgangsstufe schreiben einen Bericht über ihren Projekttag und mailen ihn an die örtliche Presse, mit Fotos von den geschaffenen Objekten.

Literatur

Baur, Eva-Maria, Mehr Lust am Lernen, München 1997

Björk, Christina / Anderson, Lena, Die schnellste Bohne der Stadt. Wir pflanzen Kerne, Samen und Früchte, München 1980

Treml, Helga und Hubert, Komm mit zum Regenbogen, Linz 1994

Liederbuch: Gottes Schöpfung uns anvertraut, Gelnhausen/Freiburg 1986

Die Kunst des Gießens

Jetzt will ich alles erzählen, was ich vom Gießen weiß. Denn das ist sehr wichtig, wenn man seine Topfpflanzen behalten will.
Die Pflanzenblätter und auch die Wurzeln brauchen Luft zum Atmen und zum Leben. Wenn man zu viel gießt, kann keine Luft durch die pitschnasse Erde zu den Wurzeln vordringen. Dann ersticken sie und nach einer Weile stirbt die Pflanze. Deswegen soll man nur gießen, wenn es nötig ist.

Aber wie weiß man, dass die Pflanze Wasser braucht?
Bevor du gießt, prüfst du die Erde. Wenn sie kalt und feucht ist, ist kein Wasser nötig. Wenn sie trocken ist, gießt du.
Du kannst auch gegen den Topf klopfen. Wenn es sich wie „kloink" anhört, ist die Erde drinnen trocken (und hat sich von der Topfwand gelöst). Sofort gießen! Wenn es nur dumpf „knack" macht, ist die Erde vermutlich noch feucht.

Ordentlich gießen!
„Tropfengießen" mögen die Pflanzen gar nicht. Dann kommt das Wasser nie bei den Wurzeln an (im schlimmsten Fall wachsen sie dann nach oben, um das Wasser zu erreichen. Das ist nicht gut). Nein, viel gießen, sodass der ganze Topf durch und durch feucht wird und das Wasser auf den tiefen Teller rinnt, auf dem der Topf steht. Ich gieße meine Blumen, die Wasser brauchen, immer morgens, bevor ich frühstücke. Wenn ich mit Frühstücken fertig bin, gehe ich mit einer Schüssel herum und gieße das überflüssige Wasser von den Tellern ab. Denn die Pflanzen mögen nicht mit den Wurzeln im Wasser stehen. Und das ist verständlich. Wenn das Wasser nicht abgegossen wird, fangen Wurzeln und Erde zu faulen an. Oder es bilden sich kleine Würmer in der Erde.

Die einen Pflanzen brauchen mehr, die anderen weniger Wasser
Große Pflanzen mit vielen Blättern und Blüten in einem großen Topf brauchen mehr Wasser als kleine Pflanzen in kleinen Töpfen. Und Gewächse, die aus Wüstengebieten stammen, zum Beispiel Kakteen, brauchen weniger Wasser als tropische Regenwaldgewächse.
Alle Pflanzen brauchen, wenn sie wachsen, mehr Wasser, als wenn sie ruhen.
Und im Sommer trocknen sie natürlich schneller aus, weil es wärmer ist als im Winter.

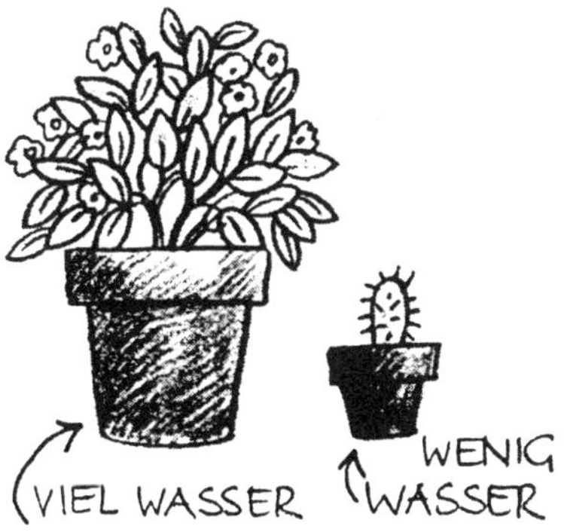

Hilfe, ich habe meine Pflanze vergessen!
Eines Tages entdeckte ich, dass eine meiner Pflanzen die Blätter schrecklich hängen ließ. Die Erde im Topf war ein einziger trockener Klumpen. Ich hatte vergessen, sie zu gießen! Was tun?
Sofort einen großen Topf mit Wasser her! Da hinein senkte ich die ganze Pflanze, bis das Wasser ein gutes Stück über den Blumentopfrand ging. Sie musste so lange drin stehen, bis keine Blasen mehr kamen.
Glaub es oder glaub es nicht: Nach wenigen Stunden richtete sie sich auf. Meine Pflanze war gerettet!

Stichwortregister

Quellenverzeichnis

1.0.1 T: Gina Ruck-Pauquet/M: Klaus Gräske
1.0.2 In: Religionsbuch 3, Auer Verlag, Donauwörth ^{3}1975, S. 127
1.0.3 T: Wolfgang Longardt/M: Detlev Jöcker, in: »Sei gegrüßt lieber Nikolaus« © Menschenkinder Verlag und Vertrieb GmbH, Münster
1.0.4 In: Berg, H. K./Weber, U., Symbole erleben – Symbole verstehen. Freiarbeit Religion, Band 4, Kösel-Verlag, München 2000
1.0.5 Abb. ebd., Symbol: Tür, Karte 36 © Calwer Verlag, Stuttgart
1.0.6 Der goldene Schlüssel, in: Brüder Grimm, Kinder- und Hausmärchen (KHM), Band 2, dtv, München 1984, S. 691 (bearbeitet)
1.0.9 In: Bellinghausen, Christine/Schwaller, Josef, Mandalas II. 30 neue Mandalas zum Ausmalen und Kopieren mit zehn unterrichtspraktischen Beispielen, Mandala-Malblock mit Einführungstext, hg. v. DKV, München 1995
1.0.10 Maschwitz, Gerda und Rüdiger, Neue Mandalas, Kösel-Verlag, München 1998, Bild 10
1.0.11 In: Bellinghausen, Christine, Die Welt mit Licht füllen, hg. v. DKV, München 1998
1.0.12 Monika Molnar, Mandala-Malbuch © RPA Verlag, Landshut
1.1.2 T: © Rolf Krenzer, Dillenburg/M: Ludger Edelkötter, in: Weil du mich so magst © KiMu Kinder Musik Verlag GmbH, Essen
1.1.3 T/ M: Hanni Neubauer, in: Religionspädagogische Praxis, Handreichung für elementare Religionspädagogik, »Einfache Liedrufe und Lieder«, 1996/1, S. 20 © RPA-Verlag, Landshut
1.1.4 T/M: Rosa Bichler, Auer Verlag, Donauwörth
1.1.5 Nach einem Vorschlag von G. Neumüller (Hg.), Basteln im Religionsunterricht, Kösel-Verlag, München 1994, S. 20 und S. 92
1.1.6 Klaus Kordon, in: Hans-Joachim Gelberg (Hg.), Das achte Weltwunder © 1979 Beltz & Gelberg in der Verlagsgruppe Beltz, Weinheim/Basel
1.1.7 Annemarie Wietig, in: Hans-Joachim Gelberg (Hg.), Geh und spiel mit dem Riesen © 1971/90 Beltz & Gelberg in der Verlagsgruppe Beltz, Weinheim/Basel
1.1.10 T/M: mündlich überliefert – T/M: Franz Kett, in: Religionspädagogische Praxis, Handreichung für elementare Religionspädagogik, 1994/3, S. 3, »Es war einmal ...« © RPA-Verlag, Landshut
1.1.11 In: G. Neumüller (Hg.), Basteln im Religionsunterricht, Kösel-Verlag, München 1994, S. 99
1.1.12 T/M: Andras Ebert © Hänssler Verlag, D – 71087 Holzgerlingen – Margot Eder, Seebruck
1.1.14 Margot Eder, Seebruck
1.1.15 T: Jutta Richter/M: Ludger Edelkötter, in: Weil du mich so magst © KiMu Kinder Musikverlag GmbH, Essen
1.1.16 Petra Freudenberger-Lötz, in: Religion heute Nr. 37/März 1999, Friedrich-Verlag, Velber
1.2.1 Georges Rouault, Haupt Christi © VG Bild-Kunst, Bonn 2004
1.2.6 T/M: Franz Kett, in: Religionspädagogische Praxis, Handreichung für elementare Religionspädagogik, 1999/4, S. 58, »Tanz der Schöpfung 2« © RPA-Verlag, Landshut
1.2.11 Text 1 in: Krautter, A./Schmidt-Lange, E., Arbeitshilfe Religion, Grundschule 3. Schuljahr © 1997 by Calwer-Verlag, Stuttgart
S. 88 Foto: Walter Liehmann, Bad Endorf
1.2.12 In: Krautter, A./Schmidt-Lange, E., Arbeitshilfe Religion, Grundschule 3. Schuljahr, © 1997 by Calwer Verlag, Stuttgart
1.2.13 Nach: Petra Schneider, Jesus heilt Bartimäus, in: Religion erleben – Materialien für den fächerübergreifenden und projektorientierten Religionsunterricht, Ausgabe 1, RAABE Fachverlag für die Schule, Stuttgart 2000
1.2.15 13 Heilung des Blinden, 1973, Holzschnitt von Schwester M. Sigmunda May OSF, Kloster Sießen
1.2.16 T/M: Gertrud Lorenz, in: Singen und Spielen, Verlag Konrad Wittwer, Stuttgart 1988
1.2.18 Léo Joseph Suenens, Der Sprung © Léo Joseph Suenens, in: Andreas Baur u. a. (Hg.), Mitten unter euch 5/6, Religionsbuch, Auer Verlag, Donauwörth 1993, S. 18
1.2.20 T/M: Gertrud Lorenz, Quelle unbekannt – T/M: Franz Kett, in: Religionspädagogische Praxis, Handreichung für elementare Religionspädagogik, 1979/3, S. 23, »Fortgehen – Heimkommen« © RPA-Verlag, Landshut
1.2.21 T: Arnim Juhre/M: Karl-Wolfgang Wiesenthal, Rechte bei den Autoren
1.2.25 In: Berg, Horst Klaus/Weber, Ulrike, So lebten die Menschen zur Zeit Jesu, Kösel-Verlag 1998
1.2.26 Ebd.
1.2.27 Nach: Freudenberg, Hans (Hg.), Religionsunterricht praktisch. Unterrichtsentwürfe und Arbeitshilfen für die Grundschule, 2. Schuljahr, Vandenhoeck & Ruprecht, ^{6}1999, S. 47
1.3.1 Quelle unbekannt
1.3.2 T: Jesaia 60,1/M: Kommunität Gnadenthal © Präsenz-Verlag, Gnadenthal – in: E. Bihler, Symbole des Lebens – Symbole des Glaubens, Lahn 2002, S. 32
1.3.3 T: Maria Ferschl/M: Heinrich Rohr 1954, GL 115 – in: E. Bihler, Symbole des Lebens – Symbole des Glaubens, Lahn 2002, S. 34
1.3.4 T: Elisabeth Zöller/M: Ludger Edelkötter, in: Kleines Lichtlein leuchte © KiMu Kinder Musik Verlag, Essen
1.3.5 T: Rolf Krenzer/M: Detlev Jöcker, in: »Sei gegrüßt, lieber Nikolaus« © Menschenkinder Verlag und Vertrieb GmbH, Münster
1.3.6 T/M: Franz Kett, in: Religionspädagogische Praxis, Handreichung für elementare Religionspädagogik, 1998/4, S. 61, »Luzia, Luzia« © RPA Verlag, Landshut 1998
1.3.7 T/M: Wolfgang Longardt © Verlag Ernst Kaufmann, Lahr
1.3.8 T: Rolf Krenzer/M: Peter Janssens, in: Kommt alle und seid froh, 1982 © Peter Janssens Musikverlag, Telgte-Westfalen – Illustration: Ralf Bunse, in: Damit Kinder leben können. Aktionsheft des Kindermissionswerkes, Aachen 1996
1.3.10 James Krüss, Am Tage von Sankt Barbara: Quelle nicht zu recherchieren – Josef Guggenmos, in: ders., Ich will dir was verraten © 1992 Beltz & Gelberg in der Verlagsgruppe Beltz, Weinheim/Basel
1.3.11 In: Rolf Krenzer, Glauben erlebbar machen © Verlag Herder, Freiburg im Breisgau ^{6}1996

1.3.12 Ebd.
1.3.14 T: Franz Kett/M: Sr. C. Sillmann, in: Religionspädagogische Praxis, Handreichung für elementare Religionspädagogik, 1979/4, S. 63, »Empfangen – Schenken« © RPA-Verlag, Landshut
S. 132 Schülerarbeit, Grundschule Augsburg
1.3.15 T: © Rolf Krenzer, Dillenburg/M: Ludger Edelkötter © KiMu Kinder Musik Verlag GmbH, Essen
1.3.16 T: Rolf Krenzer/M: Detlev Jöcker, in: Hört ihr alle Glocken läuten © Menschenkinder Verlag und Vertrieb GmbH, Münster
S. 134 Foto: Privat
1.3.17 Rolf Krenzer, Dillenburg
1.3.18 In: Maria Werner, Stundenbilder für den RU. Die Feste des Kirchenjahres in der 1. und 2. Jahrgangsstufe, Auer 1995
1.3.19 Ebd.
S. 140 Schülerarbeit, Grundschule Augsburg
1.3.20 In: Stundenbilder, a. a. O.
1.3.21 30 Mandalas zum Ausmalen und Kopieren. Mandala-Malblock mit Einführungstext, DKV, München 1994, Nr. 10
1.3.22 T: Rolf Krenzer/M: Paul G. Walter © Strube Verlag GmbH, München-Berlin
1.4.2 Ana aus Guatemala, nach: Materialien für die Schule Nr. 25 »Ana aus Guatemala« von Ursula Kersting © MVG Medienproduktion, Aachen 1999 – nach einem Liedtext aus: Benecid al Senor. Cantos Religiosos, Diözese Quetzaltenango, Guatemala. Übers. Christine Pössinger, ebd.
1.4.3 *Ana und Silo* aus: Arbeitshilfe zur Kinderfastenaktion 1992 – Guatemala »Ana«, Illustrationen: Alfred Neuwald © Misereor Medienproduktion, Aachen 1992 – *Ramon, Mais, Fiesta* aus: Materialien für die Schule Nr. 25 »Ana aus Guatemala« von Ursula Kersting © Misereor Medienproduktion, Aachen 1999 – *Zahlen* in: La Vie privée des Hommes. Hachette Jeunesse, Paris – *Quezal* in: Guatemala en edores Publicaciones Fher, S.A. Bilbao, Spain
1.4.4 Max Bollinger, Weißt du, warum wir lachen und weinen?, Lahr 1977 © beim Autor
1.4.6 Susanne Kilian, in: H.-J. Gelberg (Hg.), Überall und neben dir, Tb 1986 Beltz & Gelberg in der Verlagsgruppe Beltz, Weinheim & Basel
1.4.9 T: Rolf Krenzer /M: Detlev Jöcker © Menschenkinder Verlag und Vertrieb GmbH, Münster
1.4.10 In: Peter Maiwald, Sieben Häute hat die Zwiebel, Klartext Verlag, Essen 1984
1.4.11 Nach: Fountain, S., Wir haben Rechte ... und nehmen sie auch wahr, Verlag an der Ruhr, Mülheim 1996, S. 19-22
1.4.12 In: Meine Rechte, hg. v. Deutschen Kinderschutzbund, Hannover 1997
1.4.13 In: Misereor Materialien für die Schule Nr. 25 »Ana aus Guatemala« von Ursula Kersting © Misereor Medienproduktion, Aachen 1999
1.4.14 *Curry-Bananen und Tortillas*, Zeichnung, ebd. – *Bananensalat* in: Misereor Fastenkalender 2001 © MVG Medienproduktion, Aachen 2001
1.4.15 *Krähe* in: Misereor Materialien für Kindergarten und Grundschule Nr. 6 »Kinder erleben die Dritte Welt« © MVG Medienproduktion, Aachen [1]1977 – *Gesichter malen* in: Wie leben Kinder anderswo? hg. v. Evangelischen Missionswerk in Deutschland (EMW) – Illustration: Doris Westheuser, in: Religion – spielen und erzählen, Bd. 3 © Gütersloher Verlagshaus GmbH, Gütersloh
1.4.16 In: Wie leben Kinder anderswo? hg. v. Evangelischen Missionswerk in Deutschland (EMW)
1.4.17 Fotos: 1, 3, 6) K.H. Melters/Missio 2) H. Theysen/present 4) H. Theyßen/Missio 5) T. Görtz/Missio
1.4.18 T: Eckart Bücken/ M: Reinhard Horn, aus Buch incl. CD „Welt-Lieder für Kinder". © Kontakte Musikverlag, 59557 Lippstadt
1.4.19 T/M: Klaus W. Hoffmann © Aktive Musik Verlagsgesellschaft mbH, Postfach 100 102, 44001 Dortmund
S. 176 Übers. Prof. Wünsche, Universität Bamberg
1.5.2 T/M: Gottfried Neubert © Christophorus-Verlag, Freiburg/Verlag Ernst Kaufmann, Lahr
1.5.3 Kösel-Archiv
S. 180 Illustration: Eva Amode, München, in: Hermine König, Das große Jahresbuch für Kinder, Kösel-Verlag, München 2001, S. 148
1.5.4 In: Das große farbige Bastelbuch für Kinder, hg. v. Ursula Barff, Sachzeichnungen: Inge Burkhardt und Jutta Maier, Niedernhausen/Ts. 1986/1990, S. 57
1.5.5 In: Das große farbige Bastelbuch für Kinder, a. a. O., S. 30
1.5.6 Nach: Hermine König, Das große Jahresbuch für Kinder, München 2001, S. 167 – Illustration: Eva Amode, München
1.5.7 T: Rolf Krenzer/ M: Paul G. Walter © Strube Verlag, München-Berlin
1.5.8 In: Zita Frede/Hedwig Landwehr, Der Jahreskreis im Kirchenjahr, Donauwörth [3]1996, S. 59
1.5.9 In: Pausewang, Gudrun, Frieden kommt nicht von allein © 1982 by Ravensburger Buchverlag Otto Maier GmbH, Ravensburg
1.5.10 Nach: Hermine König, Das große Jahresbuch für Kinder, München 2001, S. 171 – Illustration: Eva Amode, München
1.5.11 Nach: ebd., S. 169 – Illustration: Eva Amode, München
1.5.12 In: Mein bist du 1/2 – Lehrerhandbuch © Verlag Katholisches Bibelwerk, Stuttgart 1998
1.6.3 T/M: Rolf Zuckowski © Mit freundlicher Genehmigung MUSIK FÜR DICH Rolf Zuckowski OHG, Hamburg
1.6.4 In: Redding-Korn, Birgitta/Sänger, Johanna: Gedichte im Anfangsunterricht, Prögel Kopiervorlagen 41 © 1999 by Oldenbourg Schulbuchverlag GmbH, München, S. 17
1.6.6 T: Rolf Krenzer/M: Detlev Jöcker, in: »Viele kleine Leute« © Menschenkinder Verlag und Vertrieb GmbH, Münster
1.6.7 T: Ernst Bader/M: Spiritual, bearb. Horst Wende © Masterphon Musikverlag GmbH, Bergisch Gladbach – T/M: traditional
1.6.9 In: Christina Björk/Lena Anderson, Die schnellste Bohne der Stadt, Verlag Rabén & Sjögren, Stockholm – ebd., S. 24 f.
1.6.10 T: © Rolf Krenzer, Dillenburg/M: Ludger Edelkötter © KiMu Kinder Musik Verlag GmbH, Essen

Die überwiegende Zahl der Quellenangaben ist aufgeführt. In Einzelfällen ließen sich die Rechtsinhaber oder Quellen nicht rekonstruieren. Für Hinweise sind wir dankbar. Sollte sich ein/e nachweisbare/r Rechtsinhaber/in melden, zahlen wir das übliche Honorar.